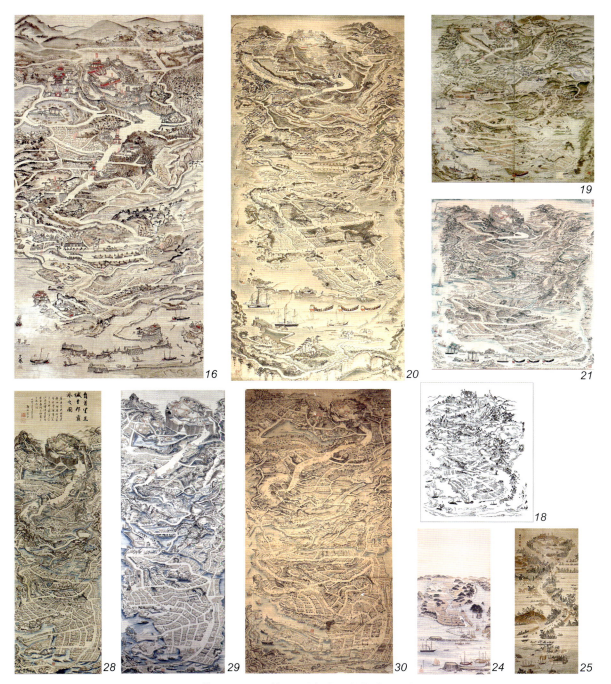

口絵 1　図 1-3　首里那覇鳥瞰図／単視点 C 型式

大きさ不同，図 No. は表 1-2No. と同じ，絵図原寸などは第 1 章を参照.

16「沖公文図」(「首里那覇鳥瞰図」沖縄県公文書館岸秋正文庫蔵).
18「琉球漫録付図」(『琉球漫録』沖縄県公文書館蔵).
19「那覇歴博善秀図」(「首里那覇鳥瞰図屏風」那覇市歴史博物館蔵).
20「立正大善秀図」(「首里那覇古繪地圖」立正大学図書館田中啓爾文庫蔵).
21「沖県図善秀図」(「首里那覇図」沖縄県立図書館蔵).
24「沖県図友寄図」(「那覇絵図」沖縄県立図書館蔵).
25「美ら島麻有信図」(「首里城周辺の図」一般財団法人沖縄美ら島財団蔵).
28「九博宗教図」(「自首里王城至那覇港之図」九州国立博物館蔵).
29「沖博美宗教図」(「首里那覇鳥瞰図」沖縄県立博物館・美術館蔵).
30「美ら島宗教図」(「首里那覇鳥瞰図」一般財団法人沖縄美ら島財団蔵).

口絵2　図1-8　古い形の正殿が模写・踏襲された首里城の図
　10「伝呉著仁図」(1808～37年)の正殿図を，15「沖縄志図」(1874～77年)，
17「友寄首里城図」(1860～79年)，25「美ら島麻有信図」(1883～85年)が模写・踏襲している．
　「伝呉著仁図」(「首里那覇全景図屏風」沖縄県立芸術大学附属図書・芸術資料館蔵，古写真)．
　「沖縄志図」(伊地知 1877:『沖縄志』所収)．
　「友寄首里城図」(「首里城図」沖縄県立図書館蔵)．
　「美ら島麻有信図」(「首里城周辺の図」一般財団法人沖縄美ら島財団蔵)．

口絵3　図3-2　「長府城下町屋敷割図」
下関市立歴史博物館蔵，原寸 103.2 × 191.1cm．

口絵 4　図 2-11　「臼杵城図」（表 2-1，通番 13）
臼杵市蔵，原寸 336 × 259cm.

口絵 5　図 4-5　「阿州御城下絵図」
徳島県立博物館蔵，74/L-04-000028，原寸：東西 191×南北 133cm.

口絵 6　図 5-5・7　「尾張国犬山城絵図」（左図）と城郭（右図，拡大図）
犬山城白帝文庫 60　2070，原寸：東西 147×南北 168cm.

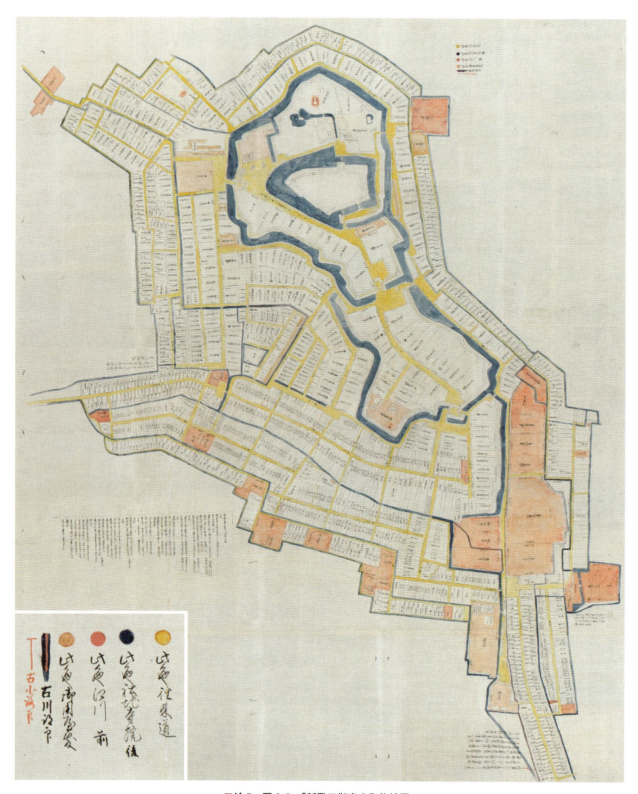

口絵7　図6-3　「新発田御家中町惣絵図」
新発田市立歴史図書館蔵，原寸264×206cm．
絵図中，黄は道，朱は寺社地，藍は水部（江川），橙は御用屋敷を表しているが，凡例では寺社地の朱に藍，水部の藍に朱が上塗りされている．これは，「古川跡」「古小路」を示す二つの記号が後に追記された際に改変されたとみられる．

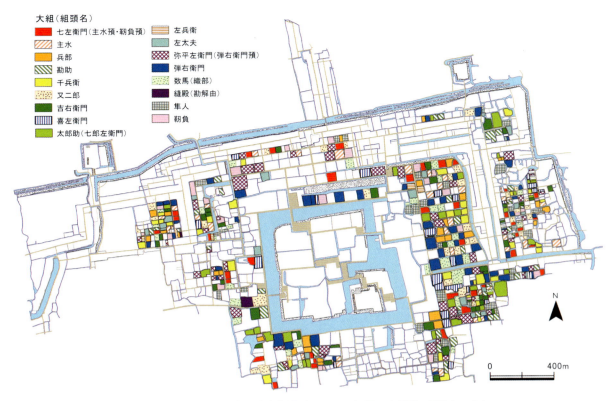

口絵8　図8-6　明和8年〜安永年間（1771〜81）頃の大組別の屋敷主の分布
資料：財団法人鍋島報效会（徴古館）編（2012a）：『明和八年佐賀城下　屋鋪御帳扣』によるGIS城下地図．

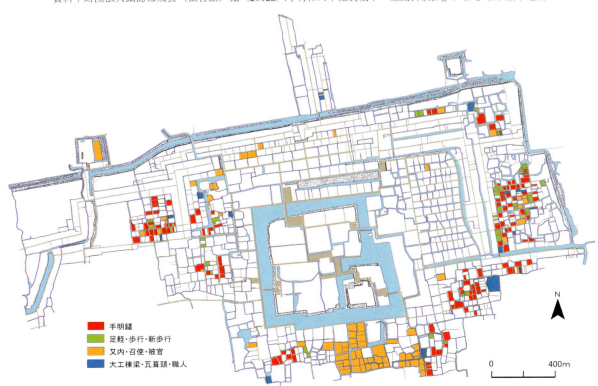

口絵9　図8-7　元文5年（1740）頃の下級武士・又内等の屋敷
資料：財団法人鍋島報效会編（2011a）：『城下大曲輪内屋敷帳』によるGIS城下地図．

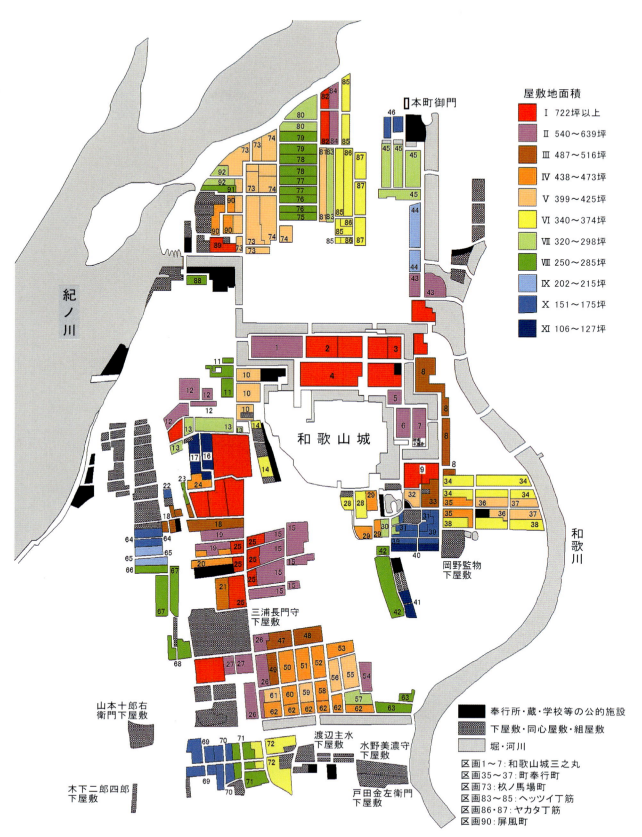

口絵10　図10-10　和歌山城下における武家屋敷地の規模別分布

口絵 11　図 11-1　「常陸国水戸城絵図」正保元年（1664）
国立公文書館蔵，正保城絵図，原寸：250 × 419cm.
(国立公文書館デジタルアーカイブ．https://www.digital.archives.go.jp/DAS/pickup/view/viewer/viewerArchives/0000000424)

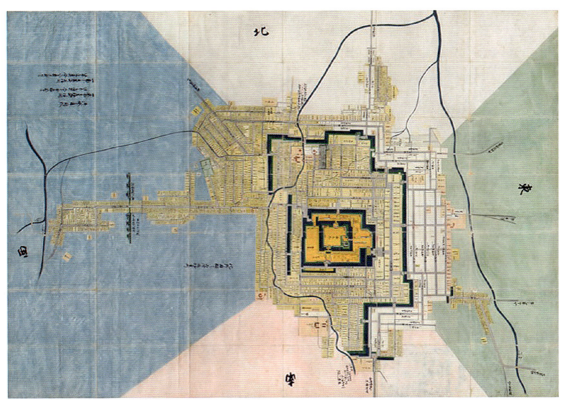

口絵 12　図 12-2　「米沢御城下絵図」
市立米沢図書館蔵，原寸 199.0 × 272.5cm.

近世城下絵図の
景観分析・GIS分析

平井松午 編

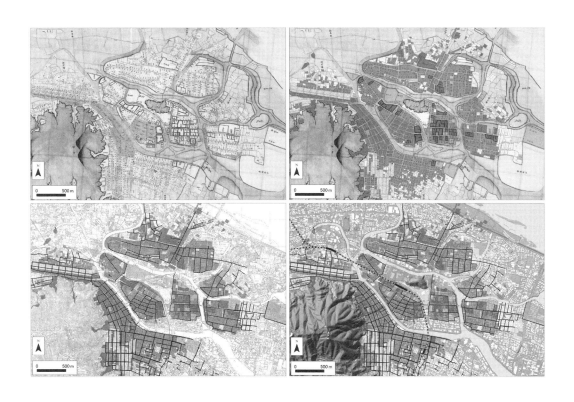

古今書院

An Analysis of the Maps of Early Modern Japanese Castle Towns

Edited by HIRAI Shogo

ISBN978-4-7722-3190-9

Copyright © 2019 HIRAI Shogo

Kokon Shoin Publishers Ltd., Tokyo, 2019
Printed in Japan.

は　し　が　き

　本書『近世城下絵図の景観分析・GIS分析』は、平成25（2013）〜28年度に交付を受けた科学研究費補助金・基盤研究（A）「GISを用いた近世城下絵図の解析と時空間データベースの構築」（研究代表者：平井松午、課題番号25244041）による研究成果14篇を収録した論文集である。序章（平井2014を加筆修正）以外の13篇は、今回新たに書き下ろされた論攷である。当科研メンバーは主に歴史地理学・考古学・地域史分野の研究者から組織され、メンバーの多くが本書の著者でもある。

　本書第Ⅰ部の第1〜7章では、首里・臼杵・長府・徳島・犬山・新発田の城下絵図や名所絵図の景観分析・GIS分析を通じて、絵図の作成時期や精度、さらには近世城下町の成立過程や町割・景観描写などが検証されている。城下町研究において城下絵図は多用されてきたが、本書第Ⅰ部では城下絵図に記載された景観要素や地図情報を個別に比較検証する中で、地図学的なアプローチにもとづく景観分析やGIS分析が城下絵図研究に有用な研究手法であることが示されている。

　第Ⅱ部の第8〜13章では、GIS（Geographic Information System）ソフトのデータベース機能を活用して、佐賀・和歌山・水戸・米沢の城下絵図に記載された武家（地）や町人（地）に関する歴史資料（分限帳・家譜・竈帳など）のデータをGIS上で地図データと結合し、屋敷地もしくは戸別単位で居住・異動に関する分析が試みられている。その結果、城下町における居住地異動（移動）や拝領屋敷の相対替え、侍の町人地居住などから、近世都市構造における空間的な身分的秩序、すなわち松本（1967）・矢守（1970）らが提唱してきた「地域制」が変質していくプロセスの実態が明らかとなってきた。併せて、19世紀末の南関東地方における都市−村落間における天然痘罹患率・死亡率の地域的差異についても歴史人口学的観点から検証されている。

　取り上げられた個々の城下町についてみれば、本書に収録された研究成果を通じて、絵図に記載された個々の景観要素や地図情報を初めて体系的かつ動態的に把握する手がかりを得たといえる。すなわち、これら景観要素や地図情報のGISデータを歴史資料データベースと結合することで、城下絵図の記載と異なる居住者（侍・町人）の実態や、居住者の配置や異動に関する空間変化が明らかになった点は、特定時期の城下絵図分析を対象として論じられがちであった城下町の地域制や空間構造について再検討を迫るものでもある。

　もちろん、城下絵図の作成目的や作成主体などにより、近世城下絵図が必ずしも居住実態を示すものではない"形式地図"の場合もあること、すなわち個々の侍氏名などが記載された城下屋敷割絵図の多くが侍屋敷地の配分・管理を目的とした拝領屋敷絵図であることも認識しておく必要がある（渡辺 2008:93-99頁）。そうした点では、本書で試みられたように、個々の城下絵図の編年史にもとづき、それらの城下絵図に描かれた景観要素や地図情報を丹念に比較分析する景観分析やGIS分析は、城

下絵図の実像や城下町の実体に迫りうる可能性を有しているといえる。

　また、近世都市でもある近世城下町の多くは平地部を中心に計画的に建設されて今日まで継続していること、さらに精度はともかくも一定の分間（縮尺）の下に近世城下絵図が作成されていることから、現在の地図との比較が容易であり、近世城下絵図は GIS 分析に適した絵図といえる（平井・安里・渡辺編 2014: iii）。言うまでもなく、GIS を用いることで種々のデータベースの情報を地図化・可視化して表現でき、データベースをもとにさまざまな空間解析が可能となる。とくに、家臣屋敷が数百〜数千にも及ぶ城下町研究において、武士（侍）の氏名や禄高、役職、異動、さらには町人などに関する多様な情報を一元的に分析する場合に、GIS の有用性は極めて高い。本書には収録できなかったものの、科研メンバーでもある渡辺・大矢（2017）が行った松江城下町における武家屋敷の流動性に関する GIS 分析は、絵図や屋敷明細帳などの膨大な地図情報やデータベースを構築して初めて可能になった研究成果であり、近世城下絵図を対象とした GIS 分析において一つの研究手法・モデルが示されたといえる。ぜひ、本書に収録された論攷と併せて参照していただきたい。

　なお、個々の城下町ごとに構築された「GIS 城下町図」は、城下町分析に際しての基盤的な時空間データベースになり得ることから、城下町研究や古地図・絵図研究のみならず、歴史地理学・考古学・地域史・空間情報科学といった関連分野への学術的波及効果が期待される。また本共同研究を契機として、徳島市立徳島城博物館や米沢市上杉博物館ではすでに、城下絵図情報と現代地図・空中写真等を組み合わせたマッピングシステムが公開されている。今後、城下絵図画像データや GIS 城下町図データなどのデジタルデータを、"地域遺産を活かす"さまざまな取り組みに活用することも期待される。そうした意味でも、共同研究成果の一環として本書を刊行する意義は大きいと考えている。

　末筆になりましたが、厳しい出版事情の中でこのような学術図書の出版をお引き受けいただいた古今書院の橋本資寿社長、ならびに煩雑な編集の労をとっていただいた鈴木憲子氏ならびに原 光一氏には心より篤く御礼申し上げます。

　なお、本書は平成 30（2018）年度の公益社団法人日本地理学会出版助成を受けて刊行することができました。平成 25 〜 28 年度科学研究費補助金・基盤研究（A）の採択と合わせ、研究を支援していただいた独立行政法人日本学術振興会ならびに公益社団法人日本地理学会、関係機関、関係各位に感謝する次第です。

平成 30 年（2018）12 月

編者　平井 松午

引用・参考文献

平井松午（2014）：近世城下絵図の分析と課題－歴史 GIS からのアプローチ－，史潮第 76 号，22-35 頁．

平井松午・安里　進・渡辺　誠編（2014）：『近世測量絵図の GIS 分析』古今書院．

松本豊寿（1967）：『城下町の歴史地理学的研究』吉川弘文館．

矢守一彦（1970）：『都市プランの研究－変容系列と空間構成』大明堂．

渡辺理絵（2000）：『近世武家地の住民と屋敷管理』大阪大学出版会．

渡辺理絵・大屋幸雄（2017）：18-19 世紀の松江城下における武家屋敷の流動性とその背景－歴史 GIS と屋敷管理史料からの分析を通して－，歴史地理学 59-2，1-26 頁．

目　　次

はしがき ……………………………………………………………………………… i

序章　近世城下絵図の分析と課題－歴史 GIS からのアプローチ－ ……………… 平井松午　1

 1　城下屋敷割図 ……………………………………………………………………… 1

 2　GIS 城下町図と家譜データベース－洲本城下町を事例に－ ……………… 4

 3　城下屋敷割図の実像－鳥取城下絵図を事例に－ ……………………………… 5

 4　小結 ………………………………………………………………………………… 8

第 I 部　近世城下町の町割と景観 ………………………………………………………… 13

第 1 章　首里那覇鳥瞰図の年代設定と描かれた景観の虚実……………………… 安里　進　15

 1　はじめに ………………………………………………………………………… 15

 2　首里那覇鳥瞰図の景観年代設定の方法 ……………………………………… 15

 3　景観年代の設定作業 …………………………………………………………… 20

 4　首里那覇鳥瞰図の展開と問題点 ……………………………………………… 26

 5　鳥瞰図に描かれた虚実－首里城と久茂地村－ ……………………………… 29

 6　むすび …………………………………………………………………………… 34

第 2 章　絵図に見る臼杵城下町の変遷－絵図資料論の観点から－ …………… 岡村一幸　37

 1　はじめに ………………………………………………………………………… 37

 2　臼杵城下町の概要 ……………………………………………………………… 38

 3　臼杵城下町の絵図 ……………………………………………………………… 41

第 3 章　長府城下町の重層的景観－古代国府・中世府中・近世城下町－ …… 礒永和貴　53

 1　古代長門国府と中世府中 ……………………………………………………… 53

 2　毛利秀元による城下町形成 …………………………………………………… 56

 3　長府城下町絵図の特徴 ………………………………………………………… 57

 4　近世長府城下町の景観的特徴 ………………………………………………… 59

iv

5　むすびに ……………………………………………………………………… 61

第4章　徳島城下町の町割変化－近世城下絵図の比較分析・GIS 分析－

………………………………………… 平井松午・根津寿夫・塚本章宏・田中耕市　63

1　はじめに ………………………………………………………………………… 63

2　徳島城下町の成立と再編 ……………………………………………………… 63

3　城下屋敷割絵図と研究対象絵図 ……………………………………………… 70

4　「阿州御城下絵図」の GIS 分析 ……………………………………………… 75

5　「阿州御城下絵図」にみる土地利用 ………………………………………… 76

6　徳島城下町の再編と拡大 ……………………………………………………… 78

7　おわりに ………………………………………………………………………… 81

第5章　尾張犬山城下絵図の系譜とその特性
－ 17 世紀後期における犬山城下町の空間構造－ ……………………… 山村亜希　87

1　成瀬氏と犬山城下町 …………………………………………………………… 87

2　犬山城・城下絵図の分類と系譜 ……………………………………………… 88

3　17 世紀後期の絵図と犬山城・城下町 ……………………………………… 91

4　おわりに ……………………………………………………………………… 101

第6章　越後国新発田城下町絵図とその GIS 分析… 堀　健彦・小田匡保・渡部浩二　105

1　越後国新発田城下町の概要 ………………………………………………… 105

2　城下町絵図の遺存状況と関係性 …………………………………………… 107

3　城下町絵図の関連資料 ……………………………………………………… 112

4　正保年間御家中絵図と新発田御家中町惣絵図との対比 ………………… 114

5　新発田城下町絵図と GIS 分析による精度評価 ………………………… 116

6　まとめ ………………………………………………………………………… 122

第7章　名所図会資料に対する歴史 GIS 分析 ………………………… 長谷川奨悟　125

1　はじめに ……………………………………………………………………… 125

2　近世名所図会資料の概要 …………………………………………………… 126

3　城下町を対象としたもの …………………………………………………… 131

4　『犬山視聞図会』にみる犬山城下町の場所と風景 ……………………… 136

5　おわりに ……………………………………………………………………… 147

目 次　v

第Ⅱ部　近世城下町の構造と空間変動 ……………………………………………………… 151

第8章　佐賀城下町の空間構成とその GIS 分析の試み

………………………………………… 宮崎良美・出田和久・南出眞助　153

1　はじめに ……………………………………………………………………………… 153

2　空間構成とその変容 ………………………………………………………………… 154

3　屋敷帳を用いた近世後期佐賀城下町の分析 ……………………………………… 159

4　武家地の配置に関する若干の検討 ………………………………………………… 162

5　おわりに ……………………………………………………………………………… 168

第9章　近世後期の佐賀城下町における町屋地区とその変容

　　　　－竈帳と町絵図を用いた GIS 分析の試み－ …… 宮崎良美・出田和久・南出眞助　173

1　はじめに－佐賀城下町の町屋研究－ ……………………………………………… 173

2　町屋地区の GIS 地図 ………………………………………………………………… 174

3　近世後期の町屋地区とその変容 …………………………………………………… 178

4　むすびにかえて ……………………………………………………………………… 182

第10章　城下町絵図からみた近世和歌山の構造

　　　　－武家屋敷地域の空間編制とその維持をめぐって－……………………… 渡邊秀一　185

1　はじめに ……………………………………………………………………………… 185

2　和歌山城下町の概要 ………………………………………………………………… 186

3　和歌山城下町の絵図 ………………………………………………………………… 191

4　和歌山城下町絵図の作成（景観）年代 …………………………………………… 195

5　和歌山城下における武家屋敷地域の空間編制 …………………………………… 202

6　和歌山城下における武家屋敷の拡大と移動 ……………………………………… 207

7　おわりに ……………………………………………………………………………… 221

第11章　水戸城下における 17 世紀中頃と 19 世紀中頃における禄高別拝領屋敷地の分布

　　　　…………………………………………… 小野寺　淳・田中耕市・永井　博・小橋雄毅　225

1　はじめに ……………………………………………………………………………… 225

2　研究対象とする水戸城下の確定 …………………………………………………… 226

3　GIS を援用した城下復原 …………………………………………………………… 229

4　本研究で利用する家譜 ……………………………………………………………… 232

5　考察 …………………………………………………………………………………… 234

6　おわりに ……………………………………………………………………………… 238

第 12 章　明和 6 年（1769）の米沢城下と原方集落における家臣の屋敷配置
　　　　　－ GIS 城下図の分析を通して－ …渡辺理絵・角屋由美子・小野寺　淳・小橋雄毅　241

　1　はじめに ……………………………………………………………………………… 241

　2　米沢城下絵図の選定 ………………………………………………………………… 243

　3　上杉家中の身分と家禄 ……………………………………………………………… 245

　4　GIS 城下図の作成方法 ……………………………………………………………… 246

　5　禄高別拝領屋敷地の分布に関する考察 …………………………………………… 248

　6　結論 …………………………………………………………………………………… 251

第 13 章　19 世紀末の関東地方南部における天然痘罹患率・死亡率
　　　　　の都市村落間格差 ………………………………………………………川口　洋　255

　1　はじめに ……………………………………………………………………………… 255

　2　主要史資料、史料分析システム、研究対象地域 ………………………………… 256

　3　19 世紀末における天然痘の流行 ………………………………………………… 260

　4　神奈川県における天然痘罹患者・死亡者の年齢構造 …………………………… 261

　5　天然痘罹患率・死亡率の都市村落間格差 ………………………………………… 263

　6　天然痘罹患率・死亡率に都市村落間格差が生じた要因 ………………………… 269

　7　おわりに ……………………………………………………………………………… 272

　　掲載図表一覧……………………………………………………………………………… 275

序章　近世城下絵図の分析と課題
－歴史 GIS からのアプローチ－

平井松午

　歴史地理学で活用されることが多い地籍図が整備されるのは明治以降であるため、歴史地理学的事象の空間分析や歴史景観の復原に際しては、古代荘園図や中世荘園絵図、近世の村絵図・耕地絵図など、同時代資料の直接的な利用が望まれる。ただし、これらの古地図資料には時代的・地域的な偏在性が高い。

　こうした中で、近世城下町については同時代資料としての城下絵図（城下町絵図）が数多く残り、城下町研究に多用されてきた。以下では町割・地割と地籍にかかわる絵図資料活用の観点から、近世城下絵図の分析課題と城下絵図を用いた城下町の GIS 分析事例を紹介することにしたい。GIS（Geographic Information System）は「地理情報システム」といい、地点・地物・地割（土地区画）などの位置情報を多様な地図情報や各種情報データベースと結びつけることで、定量的・定性的解析を可能にする新たな時空間分析ツールである。

1　城下屋敷割図

1）城下絵図と町屋絵図

　一般に「城下絵図」と称する絵図には、（ア）城郭部分のみを描く城郭絵図、（イ）城下町全体を描くものの、侍屋敷・町屋・寺町などのように土地利用のみを記す狭義の城下絵図、（ウ）侍氏名と侍屋敷地区画を明示した城下屋敷割図（絵図）とに大別される。（ア）・（イ）はおもには幕用図、（ウ）は主として藩用図として作成された（矢守 1974:82-88 頁）。ただし、城下屋敷割図の場合も足軽組屋敷については侍氏名が明記されず、町屋部分は街区のみが示されるケースが多い。これは、城下屋敷割図作成の主目的が拝領屋敷（受領地）の把握にあったためで、町屋については別に「町屋絵図」が作成されるケースもある。

　江戸城下ではこの町屋絵図に相当するのが「沽券図」で、各町屋敷の間口、奥行、地主（屋敷の持主）、家守（管理者）、坪数、沽券金高、小間高（間口 1 間あたりの売買価格）を明記した町屋敷の公的な基本図とされた（渡辺 2011）。沽券図は、町年寄を通じて町奉行所に提出された。沽券図の成立は宝永 7 年（1710）頃とされるが、こうした資料の存在は当時すでに町屋敷の土地が貸借あるいは売買の対象であったことを示す。城下屋敷割図や町屋絵図については精度や記載内容に差はあるものの、屋敷地区画の界線を記入している絵図が多く、これらの絵図は近世城下町における地籍図としての役割を担った。

　なお、「城下町絵図」という用語を厳密に解せば、城下屋敷割図と町屋絵図双方の内容記載を含む

絵図を指すことになるが、現実的にそうした絵図は数少ない。もちろん、そこには支配体制や作成主体・目的の違いもあるが、侍屋敷の区画規模に比して町屋敷区画が著しく狭く、同一の分間（縮尺）での表記が困難であったという地図学的な制約も無視できない。城下町の過半は侍屋敷地で占められることから、以下では城下屋敷割図を対象に論を進めることにしたい。

2）城下屋敷割図の成立

「城下屋敷割図」とは、大名家臣の武家地（侍屋敷）管理を目的として作成された絵図を指す。北条氏長作成の実測図の写とされる明暦3〜4年（1657〜58）「万治年間江戸測量図」（三井文庫旧蔵）は、各大名の江戸屋敷や旗本屋敷が詳細に記載された城下屋敷割図で、ニーズが高いこともあって同図に倣う「江戸大絵図」が板元を代えていくども出版された（俵 2003:94-114 頁）。

徳島城下町の場合には、屋敷地界は線引きされていないものの元禄4年（1691）の「（綱矩様御代）御山下絵図」（国文学研究資料館蔵、蜂須賀家文書 1228-2）が、屋敷地位置に侍氏名を記載した初めての城下屋敷割図である。それに先だって、徳島藩では承応2年（1653）には禄高に応じた新屋敷の間口・奥行、屋敷替えや下屋敷についての定書や「屋敷改帳面」が作成されて、武家地管理が行われた。同様に諸藩でも17世紀後半以降、武家地管理台帳が作成され、必要に応じて城下屋敷割図が作成された（渡辺 2008:93-99 頁）。徳島藩についていえば、城下屋敷割図とは別に享保17年（1732）には「御家中屋敷坪数間数改御帳」が作成され、個々の家屋・屋敷地の平面図を付した台帳も整備された。

もっと早い時期の城下屋割図も残されている。例えば、佐賀藩では鍋島氏が領国支配を継承した慶長13年（1608）の佐賀城総普請の際に佐賀城下町の町割が行われ、後年の写しで計画図的要素が強いものの（出田・南出 2014）、直後の同14〜15年頃の作成とされてきた「慶長御積絵図」には侍氏名と屋敷地区画が記載されている。また、寛永9年（1632）の「岡山古図」には、前領主であった池田忠雄の家臣氏名と屋敷地区画が明記され、その上に国替えとなった池田光仲家臣の氏名を記した懸紙が貼付されている。「岡山古図」の侍屋敷区画には間口と奥行の間数が記されていて、知行高に応じた屋敷配置が行われていたことを伺わせる。徳島藩の洲本城下町についても、寛永8〜12年の城下町建設時に家臣の屋敷配置計画を懸紙で示した屋敷割図を確認できた（平井 2009）。しかしながら、これらの絵図は計画図であったり、国替えに伴う引継ぎ絵図である点で、17世紀後半以降にみられる武家地管理を目的に作成された城下屋敷割図とは性格が異なる。

ただし、これらの絵図が、近世における初期城下町の様相を示す数少ない稀覯資料であることに違いはない。近世城下町の中には慶長5年（1600）以前に建設された豊臣系の城下町も多いが、建設当時あるいは初期の城下町の有様を示す城下絵図はほとんど残されていない。近世城下絵図の多くは、正保元年（1644）の「城絵図」調進命令以降に作成されてくるが、当初は町割・土地利用だけを示す概要図（前述の（イ）狭義の城下絵図）が多く、城下屋敷割図が整備されてくるのは、武家地管理が制度化されてくる17世紀後半以降である。

3）城下屋敷割図の表記と分析課題

城下屋敷割図の表記は多様である。城下絵図や城下屋敷割図の大半は見取図ではあるものの、多くの近世城下町は城郭を中心に平坦地に建設され、建設時には計画的に町割が施工されたことから、現

序章　近世城下絵図の分析と課題　3

図序 -1　城下絵図にみる表記の違い
①「淡路国津名郡須本之図」（国立公文書館蔵，『日本輿地図』177-1-172，表記は享保 16 年頃）
②「須本御城下町屋敷之図」（国文学研究資料館蔵，蜂須賀家文書 1217-3，表記は享保 16 年頃）
③「洲本之図」（国文学研究資料館蔵，蜂須賀家文書 1205，表記は天明 4 〜 6 年）
④「淡路御山下絵図」（国文学研究資料館蔵，蜂須賀家文書 1230-1，表記は正保 3 年頃）

在の街区と著しく異なることは少ない。

　図序 -1 に示した 4 枚の城下絵図（部分）は、いずれも淡路国洲本城下町（内町）の同じ範囲の侍屋敷地区を示しているが、絵図の記載内容はそれぞれ異なる。

　図序 -1 の①図は、近世中期に精力的に地誌図を編纂した森 幸安の『日本輿地図』に収録されている宝暦 4 年（1754）作の屋敷割図で、洲本城下に居住する侍氏名が屋敷地ごとに記載されている。城下屋敷割図の場合には、道に面した門（間口）に向かって侍氏名が記載される。森 幸安は町人出身の民間人で各地の絵図を収集・模写し、それらをもとにオリジナルな『日本輿地図』を編纂した（上杉 2005・10）。①図はその記載の侍氏名から、享保 16 年（1731）頃作の②図の模写図とみられる。

　②図は、徳島藩が作成した享保 16 年頃の屋敷割図である。①図と同様に侍氏名は記載されているものの、屋敷地の区画界線は図示されていない。また、侍氏名の右肩に「稲田九郎兵衛家来」もしくは「同」と付記されたものと、肩書きがないものとがある。「稲田九郎兵衛」とは、藩主蜂須賀家の筆頭家老で大名格の稲田家当主を指す。本図は藩用城下図であり、蜂須賀家の陪臣については「稲田九郎兵衛家来」と明記することで、藩主直属の本藩士と区分したことがわかる。

　③図は、徳島藩が寛政 4 〜 8 年（1792 〜 96）頃に作成したとみられる屋敷割図で、徳島藩士については氏名が記載され、屋敷地の界線も図示されている。しかし、本来は複数の屋敷地に分かれるはずの稲田家臣屋敷については、一括して「下屋敷」として茶褐色で着色されているだけである。④図は、正保 3 年（1646）頃の正保城絵図系の絵図で、屋敷地区画や侍氏名の記載はなく、ただ「侍屋敷」とだけしか記載されていない。しかし、①〜③図を踏まえれば、この侍屋敷の街区には徳島藩士屋敷

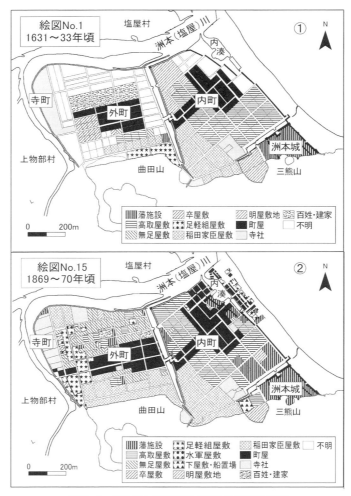

図序-2　寛永期と明治初期の洲本GIS城下町図

とともに藩の諸施設や陪臣と位置づけられた稲田家家臣屋敷も含まれていたことになる。

　このように、城下屋敷割図であっても、その作成主体・目的によって表記はかなり異なる。なかには屋敷地区画あるいは侍氏名を欠く屋敷割図もあり、これらの絵図を比較分析し絵図（地図）情報を共有できて初めて通史的分析が可能となる。さらに、これまでは絵図記載の侍氏名をデータベース化することは可能であっても、絵図仕立てが異なることからそれらの空間把握は困難であった。しかしながら、GIS分析では別の絵図に表記された屋敷地区画のポリゴン（多角形）データを転用したり、複数枚の絵図に描き込まれたさまざまな絵図情報を一元的に集約して表示・解析することができることから、城下町居住者の比較分析や通時的分析も可能になる。

2　GIS城下町図と家譜データベース－洲本城下町を事例に－

　図序-2は、いずれも徳島藩洲本城下町の城下屋敷割図を原図として筆者が作成したGIS城下町図で、

②図は明治 2 ～ 3 年〔1869 ～ 70）年頃作成の実測図である「洲本御山下画図」（徳島大学附属図書館蔵：徳 49）を原図としている。寛永 8 ～ 12 年（1631 ～ 35）に建設された洲本城下町は、高取藩士が占める内町地区と中下級藩士・足軽組屋敷・寺町が配置された外町地区とに分かれ、大手筋と直交する福良街道沿いに町屋が形成された徳川系のヨコ町型城下町を呈する。①図は、この②図をベースマップとして、「須本御城下屋敷之図」（国文学研究資料館蔵、蜂須賀家文書 1217-4）を参考に作成した城下町建設当時の様子を示す GIS 城下町図である。この時期には外町地区はまだ整備途上にあり、同図の内町地区には徳島本藩士（高取）の屋敷配置計画を示す懸紙が付されている。

　①図と②図では約 240 年間の時代差があるが、洲本城下町についてはその間の 6 期についても、侍氏名が記載された 6 枚の城下屋敷割図を参考に、侍居住や土地利用を特定することができた（平井2012）。それら合計 8 期の GIS 城下町図を作成するためには、各屋敷割図に記された侍氏名の抽出と、侍氏名の系譜関係を特定するデータベースの作成が不可欠となる。徳島藩士の家譜については、徳島大学附属図書館に所蔵される約 1,700 家分の「蜂須賀家家臣成立書并家系図」があり、それらをもとに編集された『徳島藩士譜』（宮本編 1972・73）によって、高取および無足クラスの藩士系譜を個々に確認することができる。

　こうした藩士家系データベースをもとに、①図に記載された高取藩士 46 戸について②図で同一家系を確認したところ、その居住率は 52.2%（24 戸）であった。無足クラスの定住率は 20 ～ 30% 前後とみられることから、高取藩士の定住率の高さが確認できる。享保期以降も、洲本（内町・外町）には高取藩士が約 50 戸確認できた。一部の家系に廃絶や異動はみられるものの、基本的に明治初年まで高取家臣数や屋敷区画には大きな変動はなく、徳島本藩から出向してきた「洲本三役」の下に洲本城下町は統治・経営された。しかしながら、幕末維新期には、洲本城下に居住する稲田家家臣（陪臣）と徳島本藩士（直臣）は対立を深め、明治 3 年（1870）にはついに庚午事変（稲田騒動）が勃発した（平井 1997）。

3　城下屋敷割図の実像 − 鳥取城下絵図を事例に −

1）「鳥取城下全図」と「鳥取市街実測地図」

　城下町研究では、城下屋敷割図を用いて近世都市の構造や地域変化について検討されることも多い。しかしながら、渡辺（2008:93-99 頁）が指摘するように、城下屋敷割図はあくまで拝領屋敷の把握を目的とするもので、それが必ずしも居住実態を示すものではないことに留意しなければならない。渡辺はそうした一例として、米沢城下町における武家地への町人居住の実態などを紹介しているが、ここでは安政期の鳥取城下絵図から侍の居住実態をみていきたい（平井 2014）。

　図序 -3 ①図の鳥取県立博物館蔵「鳥取城下全図」[1] は、当時曖昧になっていた家臣受領地（拝領屋敷）と居住実態の明確化を目的に、安政 6 年（1859）11 月に鳥取藩によって作成された城下屋敷割図で、同全図の下図として同 4 ～ 5 年には図序 -3 ②図「鳥取市街実測地図」（鳥取県立図書館蔵）[2] が作成された。両図の作成は、「藩士ノ受領地往古ヨリ引続ノ簿冊ニ雑記セシマテニシテ地図無キ故」（鳥取県編 1970:428 頁）に受領地（拝領屋敷）の管理に困難をきたしたため、屋敷奉行の要請に応じて作事奉行の業務の一環として行われた。拝領屋敷の受領帳と合わせて作成された「鳥取市街実測地図」は、

図序 -3　安政期の鳥取城下屋敷割図（立川町一丁目付近）
①「鳥取城下全図」鳥取県立博物館蔵（安政5年11月）．
②「鳥取市街実測地図（4）」鳥取県立図書館蔵（安政4～5年）．
③「鳥取城下全図」鳥取県立図書館蔵（安政5年11月）．
※表示範囲はいずれも立川町一丁目．

当時としてはめずらしい三角法を用いて作成された精度の高い実測図であった（鳴海 2014）。

②図「鳥取市街実測地図」では、城下および周辺在方に広がる侍屋敷地や町人地区画、社寺敷地、田畠のすべてについて間口・奥行の間数、さらには道の延長や幅員の間数が詳細に記されている。鳥取城下町ではこの他に、享保期および天保期の「町屋大切図」が鳥取県立博物館に所蔵されていて、いずれも近世期における精度の高い"地籍図"といえる。

「市街実測地図」の侍屋敷地には、拝領屋敷の「受領主」および在郷分年貢地に屋敷地を所有する「持主」の侍氏名が記入されているほか、受領主や持主から屋敷地を借り受けている「借主」については、「借」あるいは「カ」と注記した上で借主の侍氏名が併記されている。また、鳥取藩主池田家の分家筋にあたる東西両分知家の家中家臣氏名には□印（東御館）と△印（西御館）が付され、「鉄砲屋敷」「御旗屋敷」などの足軽組畢敷には組頭・物頭の侍氏名も記されている。さらに、侍屋敷地や町人地にかかわらず、在郷分年貢地の地所には、「在郷構」とされる●印、「町庄屋構」とされる○印が付されている。他方、鳥取県博蔵「鳥取城下全図」では、侍氏名が記載された「在郷構」管轄の在郷分年貢地は黄色で着色され、居住者（受領主・持主もしくは借主）である侍氏名が墨書で記入されるとともに、借地の屋敷地には朱字で貸主の侍氏名が併記されている（図序-3）。

　そこで、この「鳥取城下全図」を 1970 年代の 5,000 分の 1 国土基本図を基図として GIS ソフト上で位置補正し、記載されたすべての屋敷地区画や土地区画を GIS 上でポリゴンデータ化して分析したところ、藩施設・侍屋敷などの武家地は 191.9ha（66.4%）、町人地 41.6ha（14.5%）、寺社地 27.6ha（9.6%）となった[3]。このうち、藩士屋敷・御館家臣屋敷は合計 1,544 筆、144.6ha（50.0%）を占め、うち受領地（拝領屋敷）が 1,036 筆、118.1ha に対し、在郷分年貢地は 508 筆、26.2ha と、筆数で 22.9%、面積で 18.1% を数えた（平井 2014）。当時、拝領地だけでは侍屋敷地が賄えず、在御用場の大庄屋支配の地所で年貢が課せられる在郷分年貢地に、自ら屋敷を建てて居住する侍（おもには中下級藩士や分家家臣）の居住地が 2 割前後を占めていたことになる。

　鳥取城下町は 17 世紀初頭には、久松^{きゅうしょう}城を中心に薬研堀（旧袋川）より内側の郭内に上級侍屋敷、薬研堀と惣堀の役目を果たす袋川までの間に中級侍屋敷や町屋・寺町が配された惣構（総構）型の城下町を呈した（中林 1977、福井・坂本編 1984）。寛文年間（1661 〜 73）以降、袋川の外側に町屋（外町）が成立し、市街地が周辺の在方村に拡大したとされるが、侍屋敷も同様に郊外化が進んだ。

　さらに鳥取県博蔵「鳥取城下全図」では、朱書侍氏名の侍屋敷地は 443 筆にのぼり、侍氏名が記載されている全侍屋敷地（本藩士・両館家臣分）1,559 筆の 28.4% を占めたことから、幕末期には受領地を含む侍屋敷地の貸借が広く行われていたとみられる。

2）侍居住の実態

『鳥取藩史　第二巻』（鳥取県編 1970:427-428 頁）によれば、鳥取藩では寛永 9 年（1632）の御国替え時に下屋敷や新屋舗の屋敷割に関する覚、承応 4 年（1655）には屋敷奉行によって禄高に応じた給与地（屋敷地）や家作料・引越料が定められている。しかしながら、「拝領者の内には其屋敷に居住せず、之を畑として利用したる者」あるいは「拝領屋敷を町並として貸与せしもの」、「拝領屋敷を相互示談の上、交換し、又は貸借する事」があり、たびたび禁止令が出されている。しかしながら、加封・減封などにより拝領屋敷が家臣の禄高に見合わなくなったケースもあり、屋敷替えについてはその後も藩の許可のもとに容認されていた。

　一般に侍屋敷地の相対替えや売買、町人への貸与や菜園利用といった屋敷地の目的外利用については、近世中期以降各地で広くみられるようになる。そうした背景には、家臣の増加に伴う拝領地の不足あるいは幕府や藩の財政窮乏という事情があり、こうしたことから諸藩では拝領地の管理が複雑になり、屋敷割帳や屋敷割絵図が整備されることになる（渡辺 2008:63-101 頁）。

図序 -3 ①図の鳥取県立博物館蔵「鳥取城下全図」や②図「鳥取市街実測地図」の分析により、在郷分年貢地での侍居住や侍屋敷地の貸借の実態が明らかにされたものの、そうした実態は、藩主に提出されたであろう鳥取県立図書館蔵の図序 -3 ③図「鳥取城下全図」には反映されていない。①図と同様に、③図「鳥取城下全図」では受領地が無地、在郷分年貢地が黄色で色分けはされているが、受領地に記された侍氏名は拝領者のみである。「鳥取城下全図」は本来、侍（藩士・御館家臣）に対する拝領地の把握を目的とする屋敷割図であり、絵図の作成目的からすればこれは当然のこととも受け止められる。

しかし、この③図が鳥取城下町における侍居住の実態を示していないことは前述してきたとおりであるにもかかわらず、本図が復刻されていることもあって[4]、これまで鳥取城下町研究では主にはこの③図が基本図として用いられてきた。一般に藩庁文書の中に保管されている城下屋敷割図の中には、こうした最終上呈版の城下絵図も多く、「鳥取市街実測地図」や鳥取県立博物館蔵「鳥取城下全図」のような下図（原図）や現用図が確認されること自体がめずらしい。

さらに鳥取県博蔵「鳥取城下全図」では受領地であるにもかかわらず、下図である「鳥取市街実測地図」で受領主氏名とともに「畠」と併記されているケース（卯垣村・品治村・湯所町の一部）がある。これらの受領地はいずれも低湿な土地に位置していて屋敷地としては利用できず、天保期の耕地絵図である「法美郡卯垣村田畑地続全図」（鳥取県博蔵）に示されるように、実際には「御家中屋敷渡り」とされる「下畑」であったとみられる[5]。第二次大戦直後の昭和 22 年（1947）に撮影された空中写真でも畠利用が確認できる（平井 2014）。

図序 -4 は、卯垣村地内に受領地を拝領されている侍の実際の居住地（判明分）を示したものである。本図によれば、「鳥取城下全図」に氏名が記された侍は、卯垣村地内の受領地（拝領屋敷地）ではなく、城下のまったく別の在郷分年貢地に自分屋敷を構えるか、あるいは他の侍の受領地を借り受けて居住していたのである。

既述のように、鳥取藩では畑利用する拝領地については原則「召上」の措置が定められていたにもかかわらず、実際には田畠利用が黙認されていた。その理由としては、逼迫する藩財政や藩士の増加に伴い拝領地が確保できず、在郷分年貢地の買得などによる自分持屋敷を認めていた藩の施策が背景にある。鳥取藩では、在郷分年貢地における屋敷地の石盛は上畠と同級で新屋敷建築に際しては家作料も下賜されたが（鳥取県編 1971:426 頁）、それでも在郷年貢地の取得を強いられた中〜下級の侍たちにとって経済的負担が重かったとみられ、そうした年貢高に見合う受領地として城下町縁辺の田畠を藩から拝領された可能性が考えられる。

4 　小結

以上、本稿では筆者がかかわった GIS を用いた城下屋敷割図に関する事例報告から、近世中期以降に作成された城下屋敷割図の通史的分析の有効性や、分析結果から判明した城下屋敷割図の利用上の課題について、その一端を洲本城下町・鳥取城下町を例に紹介してきた。繰り返しになるが、一般に「城下屋敷割図」とも称される城下絵図の多くはあくまで拝領屋敷配置図であって、それがそのまま武家（侍）の居住実態を示してはいないことに十分配慮した上で、城下屋敷割図に基づく城下町分

序章　近世城下絵図の分析と課題　9

図序-4　卯垣村地内受領主の受領地（下）と実際の居住地（上）

析を進める必要がある。もちろん、「屋鋪帳」のような詳細な史料が残っていれば屋敷割図との照合により居住実態の把握も可能となるが、そうした史料がない場合には絵図の記載内容の詳細な分析や複数の絵図の比較分析などに頼らざるを得ないことになる。

　城下屋敷割図の通史的分析の必要性については、すでに矢守一彦（1978・79）が提唱しているが、現実には膨大な作業量や解析法がネックとなり、これまで多くの成果が得られていないように思われる[6]。そのような点で異なる絵図・史料の時空間情報を一元管理でき、相互検証や定量解析も可能な

GIS 分析の活用は、絵図解析の有効なツールの一つになりえることはいうまでもない。また、GIS 分析に必要なデータベースを構築する中で、地図情報・史料情報の検証も可能となる。

現在、国土地籍データについても GIS データ化が進められつつある。現時点ではまだ閲覧・利用上での課題はあるものの、技術的には我々が構築している GIS データとのリンクも可能であることから、将来的には多様な歴史情報・空間情報の構築によって、新たな時空間解析法が展開されることを期待したい[7]。

付記

本稿は、『史潮』（歴史学会）新 76 号（2014 年 12 月）に掲載された同名論文を加筆修正したものである。

注

1) 全体図は鳥取県立博物館 HP で公開されている.
　http://digital-museum.pref.tottori.jp/contents/jin001_menu.html（2018 年 9 月 13 日閲覧）
2) 全体図は鳥取県立図書館 HP で公開されている.
　http://www.library.pref.tottori.jp/kyodo/ezu_top.html（2018 年 9 月 13 日閲覧）
3) 不整形をなす屋敷地・区画の面積は GIS ソフトのジオメトリ演算で簡単に算出することができるが，絵図では屋敷地区画と水路・溝・小路・犬走りなどが区別されないため，計測上の面積は実際の給地面積よりも多めに算出される傾向にある.
4)『鳥取藩史』別冊（1972 年）に「藩史付図」として，この③図が復刻されている.
5) 松尾（1997）は,明治期の鳥取県の地籍図が必ずしも土地利用の実像を示していないことを指摘しているが，幕末期の鳥取城下絵図の一部についても同様な指摘ができる.
6) 金沢城下町などでは，都市計画分野から城下絵図や歴史資料を用いた GIS 分析が進められている（増田 2006・13 ほか）.
7) 最後に、近年の歴史 GIS 研究の主な成果を紹介しておく.
　矢野桂司ほか編（2007）:『バーチャル京都－過去，現在，未来への旅』ナカニシヤ出版.
　矢野桂司（2011）:『京都の歴史 GIS』ナカニシヤ出版.
　HGIS 研究協議会編（2012）:『歴史 GIS の地平』勉誠出版.
　平井松午・安里　進・渡辺　誠編（2014）:『近世測量絵図の GIS 分析』古今書院.
　古今書院編（2014）:「特集　歴史と GIS の接点」地理 59-9.

引用・参考文献

出田和久・南出眞助（2014）:佐賀城下町絵図の歪みと精度，平井松午・安里　進・渡辺　誠編:『近世測量絵図の GIS 分析』古今書院，239-256 頁.
上杉和央（2005）:地誌作成者としての森幸安，歴史地理学 47-4，17-33 頁.
上杉和央（2010）:地図史における森幸安の再布置，歴史地理学 52-1，56-68 頁.
俵　元昭（2003）:『江戸の地図屋さん』吉川弘文館.
鳥取県編（1970）:『鳥取藩史　第二巻　職制志・禄制志』鳥取県立図書館.
鳥取県編（1971）:『鳥取藩史　第五巻』鳥取県立図書館.
中林　保（1977）:近世鳥取藩の城下町，歴史地理学会紀要 19，67-107 頁.
鳴海邦匡（2014）:「鳥取城下全図」の作製技術について，平井松午・安里　進・渡辺　誠編:『近世測量絵図

の GIS 分析』古今書院，145-164 頁.

平井松午（1997）：北海道への士族移住とその定着状況－徳島藩洲本城代稲田家々臣団を例に－，徳島地理学会論文集 2，41-59 頁.

平井松午（2009）：近世初期城下町の成立過程と町割計画図の意義－徳島藩洲本城下町の場合－，歴史地理学 51-1，1-20 頁.

平井松午（2012）：洲本城下絵図の GIS 分析，HGIS 研究協議会編：『歴史 GIS の地平』勉誠出版，109-120 頁.

平井松午（2014）：安政期の鳥取城下絵図にみる侍屋敷地の実像－ GIS 城下図の比較分析－，平井松午・安里進・渡辺　誠編：『近世測量絵図の GIS 分析』古今書院，175-197 頁.

福井淳人・坂本敬二編（1984）：『久松山　鳥取城－その歴史と遺構－』鳥取県立博物館.

増田達男（2006）：「延宝金沢図」にみる城下町の空間構造－身分別居住地の配置構成から－，年報都市史研究 14，57-62 頁.

増田達男（2013）：城下町金沢の古地図に関する研究　GIS による延宝期と文政期との比較考察，日本建築学会北陸支部研究報告書 56，287-290 頁.

松尾容孝（1997）：地籍図に示された明治期中期の鳥取城下町，桑原公徳先生古稀記念事業会編：『歴史地理学と地籍図』ナカニシヤ出版，89-108 頁.

宮本武史編（1972・73）：『徳島藩士譜　上・中・下巻』徳島藩士譜刊行会.

矢守一彦（1974）：『都市図の歴史　日本編』講談社.

矢守一彦（1978）：福井城下絵図史について，藤岡謙二郎先生退官記念事業会編：『歴史地理研究と都市地理研究』大明堂，238-247 頁.

矢守一彦（1979）：御次御用金沢十九枚絵御絵図とその作成過程について，史林 62-3，77-88 頁.

渡辺理絵（2008）：『近世武家地の住民と屋敷管理』大阪大学出版会.

渡辺理絵（2011）：都市管理のための絵図－水帳・沽券図・城下絵図，杉本史子ほか編：『絵図学入門』東京大学出版会，54-59 頁.

第Ⅰ部　近世城下町の町割と景観

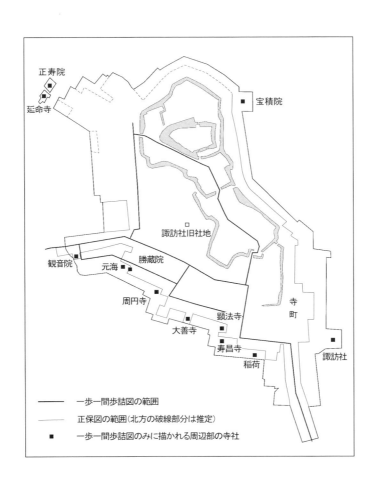

第 1 章　首里那覇鳥瞰図の年代設定と描かれた景観の虚実

安里　進

1　はじめに

　琉球国時代から明治期の 18 〜 19 世紀にかけて「首里那覇鳥瞰図」が多数作製された。首里城と那覇港を中心に首里・那覇市街を描いた城下絵図だ。幅 3m を超える大パノラマ図の屏風から長さ 1m 前後の掛け軸まで大小さまざまだが、構図は定型的で、手前近景に那覇港と那覇市街を描き、上部遠景には首里城と首里市街を描いている。

　近世の首里と那覇は、首里城を中心にした政治都市と那覇港を中心にした経済都市という 2 極構造の都市として機能していた。ちなみに 1815 年の人口は、「琉球一件帳」（那覇市史編集室 1970）によると首里に支配階級の「諸士」[1] を中心に 3 万 8 千人余が居住し、那覇には諸士と商売人や職人など 1 万 8 千人余が居住していた。首里那覇鳥瞰図からは、琉球の城下町についてのさまざまな歴史情報を読み取ることができる[2]。

　本稿では、鳥瞰図から歴史情報を読み取る前提となる絵図の年代について、①新たな手法で景観年代の設定を試みる。そしてこの景観年代をふまえて、②首里那覇鳥瞰図の変遷を整理し、③鳥瞰図に描かれた虚構の首里城図と、④ 18 世紀に職人の町として賑わった那覇の久茂地村が、19 世紀には村のほぼ半分が過疎化・無人化していた実像を浮かび上がらせる。

2　首里那覇鳥瞰図の景観年代設定の方法

1）鳥瞰図と測量絵図

　現在確認できる首里那覇鳥瞰図は、実物 16 点の他に古写真 2 点、書籍に模写印刷された図 1 点を加えると 19 点である。表 1-1 は首里那覇鳥瞰図の一覧表で、これに本稿で取り上げる首里城鳥瞰図、王府が作製した測量絵図や見取り図、中国の冊封使節による風景画、近代地図なども加えた。

　首里那覇鳥瞰図の年代設定にあたっては、王府が行政目的で作製した測量絵図や見取り図などと、絵師が私的に作製した首里那覇鳥瞰図を区別して扱う必要がある。測量絵図や見取り図は、その時点の実態を比較的正確に描写しているが、鳥瞰図には問題がある。

　首里那覇鳥瞰図は絵師が私的に作製したと考えられる。島袋全発（1930）は、慎克熙の「首里那覇泊全景図」について浦添家が薩摩藩への献上品として絵師に描かせたことを紹介している。浦添市美術館蔵「琉球交易港図屏風」のように土産品として鹿児島に持ち帰られたものもあった[3]。1 人の絵師または同一工房で作製したと考えてよい鳥瞰図も多い。このような鳥瞰図は、作製年代と描かれ

表 1-1 首里那覇鳥瞰図および関係図一覧

分類	表2No.・鳥瞰図略称	図名称	製作・編集者	所蔵機関・掲載図書	形状	本紙寸法(cm) 縦	横
首里那覇鳥瞰図	6 殷元良模写図	琉球図	中島憲秀	西尾市岩瀬文庫	1舗	80.1	135
	9 慎克熙図	首里那覇泊全景図（古写真）	慎克熙（泉川寛道）	沖縄県立芸術大学附属図書・芸術資料館	1舗？	95 （推定値）	18
	10 伝呉著仁図	首里那覇全景図屏風（古写真）	伝呉著仁(屋慶名政賀)	沖縄県立芸術大学附属図書・芸術資料館	6曲1隻	原寸不明	
	11 浦添美図	琉球交易港図屏風		浦添市美術館	6曲1隻	120.0	290
	12 滋賀大図	琉球貿易図屏風		滋賀大学経済学部附属史料館	6曲1隻	175.0	343
	13 京都大図	琉球進貢船図屏風		京都大学総合博物館	6曲1隻	94.5	255
	16 沖公文図	首里那覇鳥瞰図	阿嘉宗教か	沖縄県公文書館	1軸	135.0	68
	18 琉球漫録付図	首里城那覇港鳥瞰図（模写印刷）	阿嘉宗教か	『琉球漫録』渡辺重綱（1879）	原図の状態不明		
	19 那覇歴博善秀図	首里那覇鳥瞰図屏風	阿嘉宗教（善秀）	那覇市歴史博物館	2曲1隻	132.0	125
	20 立正大善秀図	首里那覇古絵地図	阿嘉宗教（善秀）	立正大学図書館（田中啓爾文庫）	1軸	127.0	59
	21 沖県図善秀図	首里那覇図	阿嘉宗教（善秀）	沖縄県立図書館	1軸	125.0	116
	24 沖県図友寄図	那覇絵図	友寄喜恒（恵光翰）	沖縄県立図書館	1軸	116.5	56
	25 美ら島麻有信図	首里城周辺の図	麻有信	沖縄美ら島財団	1軸	127.0	54
	28 九博宗教図	自首里王城至那覇港之図	阿嘉宗教	九州国立博物館	1軸	199.2	59
	29 沖博美宗教図	首里那覇鳥瞰図	阿嘉宗教	沖縄県立博物館・美術館	1軸	172.0	60
	30 美ら島宗教図	首里那覇鳥瞰図	阿嘉宗教	沖縄美ら島財団	1軸	185.0	93
	42 石洞美図	琉球那覇市街図		石洞美術館	1軸	88.9	156
	43 沖博美図	首里那覇港図屏風		沖縄県立博物館・美術館	8曲1隻	98.8	334
	44 那覇歴博図	首里那覇鳥瞰図（伊江家資料）		那覇市歴史博物館	8曲1隻	99.5	326
首里城鳥瞰図	17 友寄首里城図	首里城図	友寄喜恒（恵光翰）	沖縄県立図書館			
	32 査丕烈首里城図	首里旧城之図	査丕烈（仲宗根真補）	沖縄県立博物館・美術館			
	33 沖公文首里城図	沖縄首里城図		沖縄県公文書館（岸秋正文庫）			
	34 沖博美首里城図	沖縄首里城図		沖縄県立博物館・美術館			
	35 風俗図首里城図	首里城図		『琉球風俗図』, 国立国会図書館			
	45 石洞美首里城図	首里城図		石洞美術館			
	47 風俗図巻首里城図	沖縄県琉球国旧城図		『琉球風俗図巻』, 九州国立博物館			
その他鳥瞰図	15 沖縄志図	首里城図, 那覇港図, 那覇久米村図		『沖縄志』伊地知貞馨（1877）			
王府作製図 測量絵図	1	首里城（古）絵図（古写真）	首里王府	不明			
	4	首里古地図（東恩納図）	原図は王府	沖縄県立図書館			
	5	久茂地村屋敷図	首里王府	沖縄県立図書館			
	46	首里城正殿前城元設営図（古写真）	首里王府	沖縄県立芸術大学附属図書・芸術資料館			
見取図	8	首里城正殿図（『寸法記』）	首里王府	沖縄県立芸術大学附属図書・芸術資料館			
	14	御冠船之時御座構之図	首里王府	沖縄県立博物館・美術館			
風景画 冊封使	2	冊封中山王図	徐葆光	『中山伝信録』			
	3	奉使琉球図巻	朱鶴年	沖縄県立博物館・美術館			
	7	琉球八景図	周煌	『琉球国志略』			
近代測量図等	22	沖縄県首里旧城図（横内図）		那覇市歴史博物館			
	23	琉球那覇港及首里城間之図		沖縄県立博物館・美術館			
	26	沖縄県管内全図	久米長順	沖縄県公文書館			
	27	那覇港湾実測図		防衛省防衛研究所			
	31	分遣隊配置図		『琉球沖縄本島取調書』（法政大沖縄文化研究所 2014）			
	36	旧首里城建物評価書（図なし）		『壹大日記』			
	37	那覇区全図	臨時沖縄県土地整理事務局	立正大学図書館（田中啓爾文庫）			
	38	沖縄県管内図	沖縄県庁	那覇市歴史博物館			
	39	大正四年那覇区全図	那覇区役所	沖縄県立図書館			
	40	首里市地図	原賀技手	沖縄県立図書館			
	41	旧首里城図（坂谷図）		那覇市歴史博物館			

た景観年代が一致するとは限らない。後で詳細に議論するが、首里那覇鳥瞰図や首里城鳥瞰図の場合、絵師の世代を超えて模写されることはめずらしくない。しかも、絵師が古い鳥瞰図を模写しつつ新しい景観情報を加えるので、1枚の鳥瞰図の景観に年代的な矛盾が生ずることもある。本稿でいう景観年代とは、新しい方の景観年代つまり「景観年代の下限」である。

2）景観年代の設定方法

鳥瞰図の作製年代は、史料的制約のため明確にすることが困難な場合が多いが、景観年代は絵図自体から導き出すことができる。図に描かれた施設等や逆に描いていない施設等の設置・廃止年代から景観年代を絞り込む手法だが、これを鳥瞰図群全体の中で検討することで、絵図個別の景観情報の限界を超えることができる。また、この作業に作製年代が明らかな王府の測量絵図や見取り図、近代測量図を取り込むことで、景観年代をより正確に設定することが可能になるだけでなく、鳥瞰図内の景観年代の矛盾点も浮かび上がってくる。

表1-2の編年表には、18〜20世紀前半までの首里那覇鳥瞰図や首里城鳥瞰図、王府の測量絵図や見取り図、中国冊封使節の風景画、近代の測量図などについて、景観年代の指標にした施設等[4]を描いているか否かを記号で示してある。景観年代順に図を左から右に配列して通しナンバー（No.）を付けた。右端には、情報不足で景観年代を絞り込めなかった鳥瞰図をまとめた。

表1-2で太字の図名称は本稿で用いる鳥瞰図の略称である。鳥瞰図の名称は類似したものが多く紛らわしいので、本稿では、それぞれの図に表1-2のイタリックNo.と絵師名や所蔵機関の略称で、*9*「慎克熙図」、*16*「沖公文図」などと呼ぶことにする。年代指標の施設等も設置年代順に上から下に配列してある。太字の施設は首里城の正殿と奉神門である。後で議論するが、これらの首里城中枢施設の描画には誤りが多い。表中の太線は、琉球国が滅亡した明治12年（1879）を境にしている。

さて、表1-2の縦列には、それぞれの図について年代指標の施設等を描いていれば「●」、描いていると考えるが確証がないものは「○」、明らかに描いていないと判断したものは「×」、描いているが当該施設か不明、あるいは画面外や他の対象物に隠れているなどで存否の判断がつかない場合は「無記号」で表示してある。「濃いアミ」の部分は、当該施設等が存在していた期間、「薄いアミ」の部分は、図には描いていないが当該施設等は存在していた可能性がある期間である。「白ヌキ」は当該施設等が廃止・撤去された期間になるが、「白ヌキ」に●印があるものは当該施設等がすでに廃止や撤去されているが図には描かれていることを意味する。

各図の景観年代は、測量絵図や近代測量図の場合は製作（測量）年代と景観年代は一致するが、鳥瞰図では、最後の●と次の×までの期間を景観年代の下限として設定できる。例えば、*9*「慎克熙図」には、1803年にそれ以前の3棟構成から1棟に改築された波之上宮の社殿を描いているが（●）、1837年に設置された首里聖廟は描いていないので（×）、景観年代は1803〜37年に設定できる。

3）不明だった施設等の景観年代を絞り込む

表1-2の編年表から、文献史料では不明だった施設等の設置や廃止・撤去年代も導き出せる。前述したように縦列から鳥瞰図の景観年代が設定できるが、横列からは施設等の存続期間がわかる。施設等を横列でみると、「濃いアミ」の期間が施設等の存在期間になる。そして「薄いアミ」の期間は、

表 1-2 首里那覇鳥瞰図の景観年代編年

図No.

図名称／大字＝鳥瞰図略称

鳥瞰図の型式

単：単視点、多：多視点、首里：首里城鳥瞰図

作製・刊行年／＊印は推定

推定景観年代の下限

施設等が多い施設	設置	廃止・撤去等	
大字＝誤描写が多い施設			
奉神門	?	1709	焼失
首里城／正殿唐破風／柱間1間	?	1768	改修
首里城／正殿石段／直線階段	?	1729	改築
首里城／広福門／横樋	1729	1729	
首里城／高アザナの鋪設	?	1891-93*	撤去
首里城／用物座・系図座建物	?	1891-93*	撤去
首里城／東西森御嶽	?	1891-93*	撤去
首里城／鳥添アザナの通楼	?	1903-31*	撤去
首里城／世誇御殿	?	1903-31*	撤去
波之上宮／上宮の社殿	1715		改築
崇元寺門／豊見城御嶽	1718		
首里城／正殿石段／石積欄干	1729	1903-31*	撤去
首里城／供屋／広福門前	1729-1837*	1945	戦災
首里城／正殿石段／末広福門前	1729-1837*	1879-86*	戦災
首里城／佐敷御殿の旗	1732	1891-94*	撤去
首里城／金蔵・銭蔵	1732	1903-31*	撤去
久茂地川の干拓・宅地化	1733	1903-31*	撤去
古坂橋／中之橋	1733頃	1921	撤去

図No.

施設名	年代	状況
聖現寺／天久宮移転後	1734	戦災
黄金森橋／石橋	1736	戦災
首里城／日影台	1739	戦災
円覚寺／世添殿	1744	戦災
首里城／世誇殿	1753	撤去
首里城／鐘廟殿	1879-93*	撤去
首里城／奉神門／1棟3門	1903-31*	撤去
首里城／正殿唐破風／柱間3間	1903-31*	撤去
	1768	戦災
識名御殿／識名園	1782	
首里国学／書院	1799	戦災
波之上宮／竜潭池畔／1棟	1801	廃止
崇元寺村の川治道路	1803	改築
屏風東村人の漂着	1808	戦災
真玉王橋／6連橋	1830年代後半	
首里聖廟	1836	戦災
中国人・朝鮮人の名称	1837	移転
唐物方の名称	1841	廃止
新御板橋／電潭の北側	1844	
中城御殿／南殿の北側	1858	移転
中内務省省館	1873	撤去
熊本鎮台分遣台営所	1874	戦災
西本願寺／創建時	1876	廃止
	1878	
首里城／熊本鎮台分遣隊施設		撤去
首里分署／御客屋跡	1879　明治12	移転
小城／南風開の埋立	1879-85　明12-18*	
首里役所／真和志村	1880　明13	移転
勧農武験場／壺地辺原	1881　明14	移転
沖縄県庁舎／内務省跡地	1881　明14	
天使館前／魚小堀の埋立	1882-83　明15-16	
湯屋／蔵の前を埋立	1882　明15	移転
明治橋架橋／御物城西の木橋	1882　明15	
那覇郡役所／親見世跡内	1883　明16	撤去
木願寺学校数場／親見教寺	1884　明17	移転
西の海小堀／西本町1丁目	1884　明17	戦災
唐船小堀・思案橋／最橋移転後	1885　明18	戦災
首里役所／思案橋の埋立	1885-86　明18-19	
沖縄県医院を沖縄県病院に改称	1886　明19	戦災
松田橋／石橋	1886　明19頃	戦災
師範学校小学校／旧中央署跡	1888　明21	改修
三重城を水上警察署に改称	1889　明22	改修
首里中学校／日中御殿跡	1890　明23	移転
西の海埋立／西新町1・2丁目	1890　明23	?
明治坂東の南北橋	1891　明24	戦災
西の海埋立／西新町3丁目1-14	1891-1893　明25-27*	
汐渡橋	1903　明36	1941-42
	1906-15　明39-大4*	
	1909　明42	

施設等の記号・アミの凡例　●：描かれている（○は推定）, ×：描かれていない、無記号：存否不明

濃いアミ：存在した期間、薄いアミ：存在した可能性がある期間、白ヌキ：存在しない期間

20　第Ⅰ部　近世城下町の町割と景観

図には描いていないが施設等が当時存在していた可能性がある期間になる。そして最後の●と次の×までの間が廃止・撤去等の年代になる。こうして、設置や廃止・撤去の年代が不明だった施設等についてその年代が判明すると、これらを描いている鳥瞰図の景観年代をさらに絞り込むことができる。

　例えば、首里城内の高アザナの鐘楼、用持座・系図座建物、首里森御嶽などの撤去年代はこれまで不明だったが、琉球処分の際に熊本鎮台分遣隊が首里城に駐屯していた期間（1879〜96年）内の1891〜93年の間に設定できる。そして、これらの施設等を描いている 28「九博宗教図」、29「沖博美宗教図」の景観年代も 1891〜93 年に絞り込むことができる。

　しかし、施設等の廃止・撤去年代と鳥瞰図に齟齬があるケースがある。施設等の横列で「白抜き」の期間は、当該施設が廃止・撤去されて存在しない期間だが鳥瞰図には描かれていることを示す●印が付いたケースがある。逆に、施設等が存在していた期間の「濃いアミ」だが、これを描いていないことを示す×印のケースもいくつかある。こうした誤りがあるほとんどの事例は、表 1-2 で太字表記した首里城内の施設である。後で具体的に論じるが、これは首里那覇鳥瞰図や首里城鳥瞰図が、往々にして古い鳥瞰図を模写踏襲して描かれるという特性から生じている。

3　景観年代の設定作業

　年代指標の施設等から押さえた鳥瞰図の景観年代に、絵師の生没年などの情報を加味することで、景観年代をさらに絞り込むことができる。表 1-2 の「景観年代の下限」は、こうした作業で推定した年代である。以下に、首里那覇鳥瞰図と首里城鳥瞰図の景観年代について、先行研究と対比しながら検討しよう。繰り返すが、本稿のイタリックナンバーと鳥瞰図略称は表 1-1・表 1-2 の図 No. と略称である。

6「殷元良模写図」（「琉球図」）（図 1-1）　　この図の識には、「中山殷元良画琉球之図兼葭堂蔵幅／天保四年癸巳暮春令中島憲秀模　韻勝閣蔵」とある。大坂の収集家・木村兼葭堂が所蔵していた琉球人絵師・殷元良（1718 生－ 1767 没）[5] の「琉球之図」を、韻勝閣が天保 4 年（1833）に中島憲秀に模写させた図である。堀川（2008）は、この図に 1718 年創建の明倫堂が描かれ、久茂地川沿いの湿地が 1733 年の埋め立て以前の状態であることから、景観年代を 1718〜33 年としている。

　しかし、表 1-2 からみた景観年代はもっと新しい。図には、天久宮が聖現寺境内に移転した 1734 年以後の聖現寺や 1736 年に石橋に改修された美栄橋を描いているが、1782 年に開通した那覇東村の川沿い道路を描いていないので、景観年代は 1736〜82 年と推定できる。

9「慎克熙図」（「首里那覇泊全景図」）（図 1-1）　　実物は戦災で失われたが、鎌倉芳太郎が戦前に撮影した古写真がある。表 1-1 の本図寸法は、現存する慎克熙落款印の寸法（古美術観宝堂 1992）から計測したものである。鎌倉（1982:210 頁）は慎思九（1767 生－ 1844 没）の図として紹介しているが、堀川（2008）は、図の落款印から慎思九の子・慎克熙（1800 頃生〜没年不詳）の図であることを指摘している。島袋（1930）によると、この図は浦添家旧蔵で、同家の浦添朝英が王府の摂政を務めた 1794〜97 年に、薩摩藩への献納品として慎思九に描かせた図と「同筆同幅の図」として口伝しているという。慎思九図を息子の慎克熙が模写したのかもしれない。

　図の景観年代について堀川（2008）は、1782 年開設の東村の川沿い道路を描いていることと、那

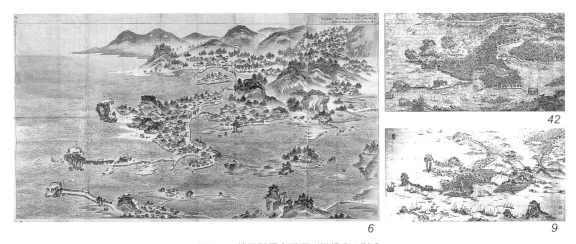

図 1-1 首里那覇鳥瞰図／単視点A型式
図 No. は表 1-2No. と同じ，大きさ不同（絵図原寸は表 1-1 参照）．
6「殷元良模写図」（「琉球図」西尾市岩瀬文庫蔵，寅 78），9「慎克熙図」（「首里那覇泊全景図」沖縄県立芸術大学附属図書・芸術資料館蔵，古写真），42「石洞美図」（「琉球那覇市街図」石洞美術館蔵，3967）.

覇港に描かれた進貢船を 1875 年の琉球国最後の進貢船の帰国とみて 1782 〜 1875 年としている。景観年代はさらに絞り込める。この図には年代が矛盾する 2 つの景観がある。久茂地川は 1733 年埋め立て以前の低湿地が広がる風景だが、波上宮には 1803 年に 3 棟構成から 1 棟に改築された社殿を描いている。一方、1837 年に創設された首里聖廟は描いていないので、景観年代は 1803 〜 37 年と推定できる。

***10*「伝呉著仁図」**（「首里那覇全景図屏風」）（図 1-2）　戦前まで那覇市役所に保管されていたが沖縄戦で焼失した。ここで検討する図は、鎌倉芳太郎が戦前に撮影した古写真である。作者については諸説ある。鎌倉（1982:206 頁）は、箱書きから琉球の絵師・呉著仁（1737 生－ 1800 没）画として、作製年代を呉著仁壮年期（1770 年代）とみている。琉球国末期〜明治期の画家・長嶺華国も、筆勢よりして呉著仁画とするメモを残しているという（真境名 1993b:165 頁）。一方、島袋（1930）は、明治初期に活躍した友寄某の作だとする那覇市長の意見を紹介している。真境名（1993b:112-113 頁）も、この図は明治期の友寄渓桃による作ではないかと疑っている。その根拠は、近世の御物城には建物がないが、図には 1884 年に建てた博物館らしい「建物」を描いていることである。

しかし、古写真を拡大して観察したところでは、御物城の「建物」（図 1-4-3）には、突き出した支柱や屋根に描かれた家紋らしきマークがある。同様な天幕が御物城の対岸の島にも数棟描かれており（図 1-4-4）、これらは那覇港の爬龍船競争を見物するための仮設天幕だと考える。御物城の「建物」を根拠に明治期の作とすることはできない。

堀川（2008）は、この図の景観年代を、1733 年の久茂地川湿地の埋め立て以後から、呉著仁が死去した 1800 年までとみているが、表 1-2 による景観年代の下限は、呉著仁の死去年以後になる。図には、1801 年に竜潭池畔に設置された首里国学を描いているが、その隣に 1837 年に設置された首里聖廟は描いていない（図 1-4-2）。また、那覇港の落平に 1808 年に建立された落平の石碑（図 1-4-1）も描いているので、景観年代は 1808 〜 37 年と推定できる。この景観年代と呉著仁の死去年との間に

22　第Ⅰ部　近世城下町の町割と景観

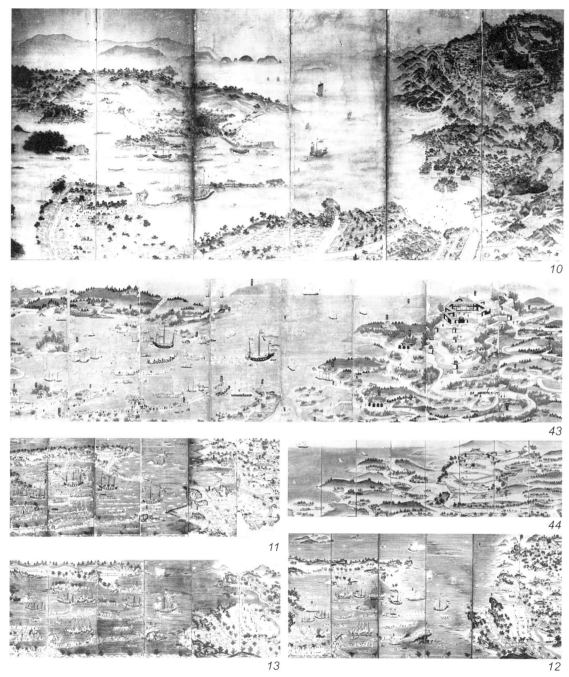

図1-2　首里那覇鳥瞰図／多視点B型式
図No.は表1-2No.と同じ，大きさ不同（絵図原寸は表1-1参照）．
10「伝呉著仁図」（「首里那覇全景図屏風」沖縄県立芸術大学附属図書・芸術資料館蔵，古写真），11「浦添美図」（「琉球交易港図屏風」浦添市美術館蔵），12「滋賀大図」（「琉球貿易図屏風」滋賀大学経済学部附属史料館蔵），13「京都大図」（「琉球進貢船図屏風」京都大学総合博物館蔵），43「沖博美図」（「首里那覇港図屏風」沖縄県立博物館・美術館蔵），44「那覇歴博図」（「首里那覇鳥瞰図（伊江家資料）」那覇市歴史博物館蔵伊江家資料，05002161）．

第1章 首里那覇鳥瞰図の年代設定と描かれた景観の虚実 23

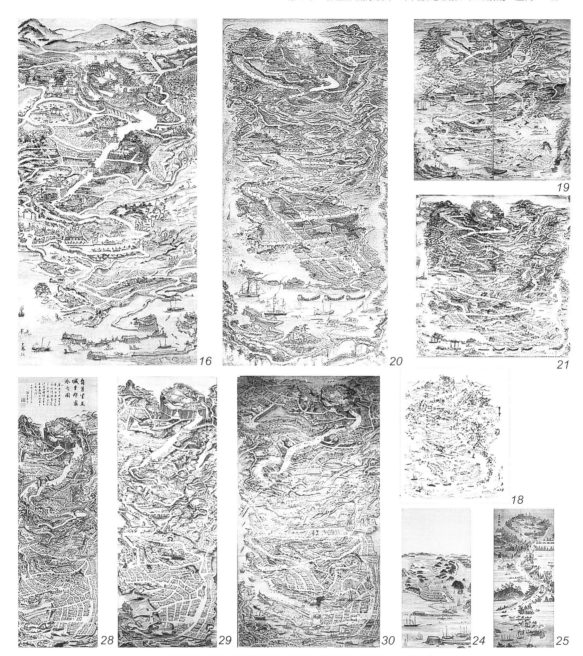

図1-3 首里那覇鳥瞰図／単視点C型式（口絵1参照）
図No.は表1-2No.と同じ，大きさ不同（絵図原寸は表1-1参照）．
16「沖公文図」（「首里那覇鳥瞰図」沖縄県公文書館岸秋正文庫蔵，T 00016942B），18「琉球漫録付図」（『琉球漫録』沖縄県公文書館蔵），19「那覇歴博善秀図」（「首里那覇鳥瞰図屏風」那覇市歴史博物館蔵），20「立正大善秀図」（「首里那覇古繪地圖」立正大学図書館田中啓爾文庫蔵，TKm291-99-1），21「沖県図善秀図」（「首里那覇図」沖縄県立図書館蔵，1001999448），24「沖県図友寄図」（「那覇絵図」沖縄県立図書館蔵，1001999455），25「美ら島麻有信図」（「首里城周辺の図」一般財団法人沖縄美ら島財団蔵），28「九博宗教図」（「自首里王城至那覇港之図」九州国立博物館蔵），29「沖博美宗教図」（「首里那覇鳥瞰図」沖縄県立博物館・美術館蔵），30「美ら島宗教図」（「首里那覇鳥瞰図」一般財団法人沖縄美ら島財団蔵）．

24　第Ⅰ部　近世城下町の町割と景観

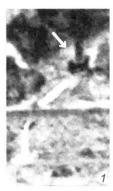

図 1-4　10「伝呉著仁図」の部分
1：落平の石碑（矢印）．2：首里聖廟の場所（四角囲み）は雑木林で首里聖廟が描かれていない．3：御物城の仮設天幕．屋根に家紋がある．4：爬龍船競漕見学用の天幕．屋根に家紋がある．「伝呉著仁図」（「首里那覇全景図屏風」沖縄県立芸術大学附属図書・芸術資料館蔵，古写真）．

はズレがあり作者については課題が残る．前述した 9「慎克熙画」や後述する図 No.28〜30 の阿嘉宗教図の事例からすると、この図は呉著仁画を模写した可能性もある。

　11「浦添美図」（「琉球交易港図屏風」）、12「滋賀大図」（「琉球貿易図屏風」）、13「京都大図」（「琉球進貢船図屏風」）（図 1-2）　この 3 点については、加藤（2007）が、構図・描画が酷似していることから同一の絵師または工房による作製だと指摘している。岩崎（2001・2002）は、12「滋賀大図」の屏風の下貼りに 1830 年頃の薩摩藩江戸藩邸の文書が使用されていたことから、この図は 1830 年代後半以降で明治期には下らないと指摘した。12「滋賀大図」の景観年代について豊見山（2004）は、屏風下貼り文書の年代と、1844 年に王府の唐物方が産物方に改称される前の唐物方の旗を描いていることから、成立年代を 1830 年代後半〜1844 年とした[6]。渡辺美季（2014）も、豊見山の推定年代はこれら 3 つの図に適用できるとしている。豊見山と渡辺の景観年代は表 1-2 の編年表と矛盾しないので、本稿では豊見山の景観年代を踏襲した（表 1-2 では便宜的に「1835-1844」と表記した）。

　15「沖縄志図」　伊地知貞馨『沖縄志』巻 1（1877）に掲載された「首里城図」「首里総図」「那覇久米村図」「那覇港図」などで、首里那覇鳥瞰図や首里城鳥瞰図の下図を模写印刷したと考える。伊地知は、琉球国末期の明治 6〜8 年（1873〜75）に琉球在番勤務や琉球出張をしている。景観年代は、1874 年設置の内務省館を描いていることと『沖縄志』の刊行年から 1874〜77 年に設定できる。

　16「沖公文図」（「首里那覇鳥瞰図」）（図 1-3、口絵 1）　この図について堀川（2008）は、「呉春」の落款と印があることから、江戸中期の京都の画家松村呉春（1752 生－1811 没）によって 1804〜11 年に作製されたと考証している。堀川説を承けて金田・上杉（2012:146-148 頁）は、呉春が大坂の博物収集家・木村兼霞堂が所有していた殷元良の「琉球図」を見て描いた可能性を示唆している。
　しかし図には、1858 年に久茂地川に架橋された新板橋（みーいたばし）が明確に描かれているが、首里城には 1879 年から駐屯した熊本鎮台分遣隊を描いていないので、景観年代は 1858〜79 年に推定できる。呉春の死去年から 47 年以上も後の図で、呉春作ではあり得ない。また図 1-3 でわかるように、琉球の画家・阿嘉宗教図と推定した 19「那覇歴博善秀図」、20「立正大善秀図」、21「沖県図善秀図」などと描画・構図、独特な白壁の首里城正殿など細部に至るまで酷似し、景観年代も近い。阿嘉宗教（あかそうきょう）（1826 頃生－90 頃没）作と考えるのが妥当である。呉春の落款と印は後世の作為の可能性がある。

17「友寄首里城図」（「首里城図」）　友寄喜恒（1845 生 − 85 没）画で、「琉球那覇友寄筑登之／喜恒図之」の落款と印がある。景観年代は、1879 年の熊本鎮台駐屯以前の首里城と、1754 年に 1 棟 3 門（中央棟に 3 つの門がある）に改修された奉神門を描いているが、友寄喜恒の生没年から友寄 15 歳以後の作製とみると、景観年代を 1860 〜 79 年に絞ることができる。この図の正殿は、当時すでに撤去されて存在しない柱間 1 間の唐破風や直線階段の正殿石段を描いている（図 1-7 参照）。

18「琉球漫録付図」（図 1-3、口絵 1）　渡辺重綱『琉球漫録』（1879）の付録図で首里那覇鳥瞰図を模写印刷したものである。原図は不明。1876 年に設置された熊本鎮台分遣隊の古波蔵分営所を描いているが、1879 年から首里城に駐屯した分遣隊を描いていないので、景観年代を 1876 〜 79 年に設定できる。この図は、構図や描写から阿嘉宗教作と考える。

19「那覇歴博善秀図」（「首里那覇鳥瞰図屏風」）、*20*「立正大善秀図」（「首里那覇古繪地圖」）、*21*「沖県図善秀図」（「首里那覇図」）（以上図 1-3、口絵 1）　この 3 点には、「黎氏 善秀」の落款印が押されている。外間 [7] は、「善秀」を阿嘉宗教の唐名または雅号と考えている。これらの図は、後述する図 No.28 〜 30 の阿嘉宗教図と構図や描写が酷似しており、同氏作と考える。景観年代は、1876 年設置の熊本鎮台古波蔵分営所を描いているが、1789 年に首里城に駐屯した熊本鎮台分遣隊施設は描いていないので、琉球国最末期の 1876 〜 79 年に推定できる。ただし、*19*「那覇歴博善秀図」はもう少し古くなる可能性がある。この図では、古波蔵分営所を白く塗り直して描いている。分営所設置以前に描いた図を、同所設置以後に修正・加筆した可能性がある。そうであれば、加筆以前の景観年代は、1858 年の新板橋設置〜 1876 年の古波蔵分営所設置以前になる。

24「沖県図友寄図」（「那覇絵図」）（図 1-3、口絵 1）　根拠は不明だが友寄喜恒が 1881 年頃に作製したといわれている。図には、天使館前の魚小堀が描かれていないが、この小堀は東恩納（1950:196 頁）によると，1882 〜 83 年頃に埋め立てられている。また、1882 年に設置された儀間村 垣 花 の監獄署や同年に埋め立てられた湯谷の前が描かれていないので、景観年代も 1882 年頃と考えられる。

25「美ら島麻有信図」（「首里城周辺の図」）（図 1-3、口絵 1）　麻有信（生没年不詳）の落款と印がある。1883 年に那覇港内の御物城西側に架橋された木製明治橋を描いていること、1885 年埋め立ての西の海（西本町 1 丁目）が描かれていないこと、1885 〜 86 年に埋め立てる前の思案橋を描いていることなどから、景観年代は 1883 〜 85 年に設定できる。

28「九博宗教図」（「自首里王城至那覇港之図」）、*29*「沖博美宗教図」（「首里那覇鳥瞰図」）、*30*「美ら島宗教図」（「首里那覇鳥瞰図」）（以上図 1-3、口絵 1）　いずれも「宗教」印があり、阿嘉宗教の作と考える。これらは構図、描写が酷似し、景観年代も同じである。とくに *28*「九博宗教図」は、別紙の賛の部分を除いた本紙の縦横寸法が 174.5 × 59.5 ㎝で [8]、*29*「沖博美宗教図」の縦横寸法（172.0 × 60.0 ㎝）とほぼ一致する。

28「九博宗教図」について、外間は「明治二十七年」（1894）の賛があることや 1891 年に旧中城御殿跡に移転した首里中学校を描いていることから、景観年代を 1891 〜 94 年の可能性があると報告している [9]。表 1-2 でもこの 3 図は、1891 〜 93 年に撤去された首里城の高アザナの鐘楼、用持座・系図座建物を描いているので、景観年代を 1891 〜 93 年に設定できる。しかし、外間が指摘しているように、この景観年代は阿嘉の死去年（1890 年頃）と齟齬がある。さきに阿嘉宗教作とした図 No.19 〜 21 の善秀図とは 12 〜 17 年の時間的開きがあるのも気になるが、阿嘉の死去年代が確実な情報で

はないので、ここでは落款印から阿嘉宗教画とした。今後の検討の余地がある。

32「査丕烈首里城図」（「首里旧城之図」）、*33*「沖公文首里城図」（「沖縄首里城図」）、*34*「沖　博美首里城図」（「沖縄首里城図」）、*35*「風俗図首里城図」（「首里城図」）　これらの図には、1891 〜 94年に撤去された首里城の東西アザナと漏刻門の旗が描かれていないが、1896年まで首里城に駐屯していた熊本鎮台分遣隊を描いていることから、景観年代は1891 〜 96年になる。ただし、*32*「査丕烈首里城図」には「甲午」（1894年）の銘があるので、この図の景観年代は1891 〜 94年になる。

42「石洞美図」（「琉球那覇市街図」）（図1-1）　1803年に改築された1棟構成の波之上宮社殿を描いている。1858年に久茂地川に架橋された新板橋の部分は、絵の具が剥落しており存否は判断できない。景観年代は、那覇港を出航（または帰国）する進貢船を描いているので1803年以後の琉球国時代としか判断できない。

43「沖博美図」（「首里那覇港図屏風」）、*44*「那覇歴博図」（「首里那覇鳥瞰図（伊江家資料）」）（以上図1-2）　*43*「沖博美図」は、波之上宮に1803年改築の1棟構造の社殿を描いている。真玉橋は1836年に6連橋に改修される以前の5連橋で描かれているが、一方では、1844年に来航したフランス船らしき異国船も描かれているが確かではない。首里城は熊本鎮台分遣隊の駐屯（1879年）以前の景観を描いているので、景観年代は1803年以後としか押さえられない。この図の瓦葺きや茅葺きの建物、人物、樹木などの描写は、*11*「浦添美図」・*12*「滋賀大図」・*13*「京都大図」と酷似しているが、*43*「沖博美図」の描写が丁寧である。*44*「那覇歴博図」は、*43*「沖博美図」の右半分を約2倍に引き延ばした図である。描写もほぼ同じだが描写の省略が多い。*43*「沖博美図」の模写図と考える。

45「石洞美首里城図」（「首里城図」）　*45*「石洞美首里城図」は、1768年に柱間3間に改修した正殿の唐破風を描いているが、1879年から首里城に駐屯した熊本鎮台分遣隊を描いていないので、景観年代は1768 〜 1879年になる。同図と*42*「石洞美図」は石洞美術館が同一の旧蔵者から入手したもので、建物や樹木の描写も酷似しており同一絵師が作製した可能性がある。

47「風俗図巻首里城図」（「沖縄県琉球国旧城図」）　　『琉球風俗図巻』（明治期）の首里城図である。1879 〜 93年に首里城に駐屯していた熊本鎮台分遣隊を描いているが、1879 〜 86年に撤去したと推定した漏刻門櫓の供屋を描いているので、景観年代は1879 〜 86年と推定する。

4　首里那覇鳥瞰図の展開と問題点

1）首里那覇鳥瞰図の型式分類

首里那覇鳥瞰図の景観年代を設定したところで、首里那覇鳥瞰図の登場から終末にいたるまでの展開を整理しよう。まず、鳥瞰図の型式分類から始める。首里那覇鳥瞰図の構図は定型的で、原則として下部近景に那覇港と那覇市街、上部遠景に首里城と首里市街を描く。例外的に首里城や那覇港を描いていない図もあるが、構図の特徴から首里那覇鳥瞰図に含めた。これらの鳥瞰図は「屏風図」と呼ばれることが多い。しかし、軸装も多く「屏風図」という分類名称は適切ではない。ここでは、これらの鳥瞰図に共通する構図の特徴から「首里那覇鳥瞰図」と呼ぶことにした。

首里那覇鳥瞰図は、上空からの視点と構図の違いで、単視点A型式（図1-1）、多視点B型式（図1-2）、単視点C型式（図1-3、口絵1）の3型式に分類できる。堀川（2008）が分類したグループA・

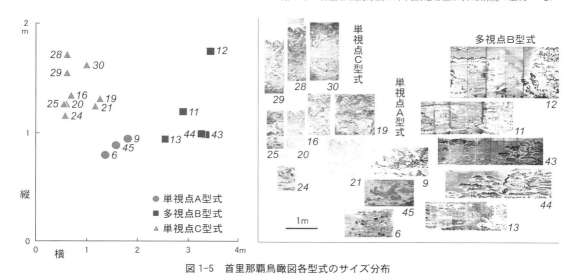

図1-5 首里那覇鳥瞰図各型式のサイズ分布

B・Cと対応する。堀川は、視座を陸地に置いたA・Bグループと海上に置いたCグループに分類しているが、筆者は、単視点と多視点の違い、そして横長・縦長といった図枠に規定された構図の違いで型式的特徴をとらえた。単視点A型式は、那覇港南方上空の1点から北方向を俯瞰した図で右上に首里城がある。多視点B型式は、上空複数の視点から眺めた景観の合成図である。単視点C型式は、単視点A型式と同じく那覇港上空の1点から首里城方面を見た図だが構図が違う。図1-5は、首里那覇鳥瞰図の各型式を縦横サイズの分布グラフにした図と分布イメージ図である。3型式は大きさでも構図でも違いがある。

2）単視点鳥瞰図から多視点鳥瞰図へ

首里那覇鳥瞰図は次のように型式変遷している。表1-2の「鳥瞰図の型式」欄を見ると、各型式が首里那覇鳥瞰図A→B→C・首里城鳥瞰図へと変遷していったことがわかる。これは、単視点鳥瞰図から多視点鳥瞰図へ、横長構図から縦長構図へ、屏風から軸装へ、そして首里城鳥瞰図の派生という展開である。

最初の首里那覇鳥瞰図は、殷元良が18世紀中葉に作製したという単視点A型式の「琉球之図」と思われる。この図の実物は不明だが、「殷元良図」を精密に模写した6「殷元良模写図」（図1-1）がある。那覇港上空の1点から北方向を俯瞰した単視点鳥瞰図で、手前に那覇港と那覇市街を大きく描き、右上遠景に首里城と首里市街を小さく描く。19世紀に入ると多視点B型式が登場した。図1-2の10「伝呉著仁図」が最初である。この図は、一見すると単視点A型式と同じ構図のように見えるが、那覇港口の向きが東西真逆になっている。図1-6左上に示したように、イ：南西から見た首里、ロ：南から見た真和志間切、ハ：東から見た那覇の町、ニ：北から見た那覇港と小禄間切、ホ：東から見た慶良間諸島などを巧みに合成して現実にはあり得ない景観を描きだした新型式の鳥瞰図である。

単視点鳥瞰図という自然な視点から、発想を転換して多視点鳥瞰図が出現した背景には測量絵図の整備があったと考える。10「伝呉著仁図」の各構成部分は、「間切図」（図1-6右）の各部分に対応している。「間切図」は、18世紀末に「間切島針図」や「首里古地図」などの測量絵図を編集した図で

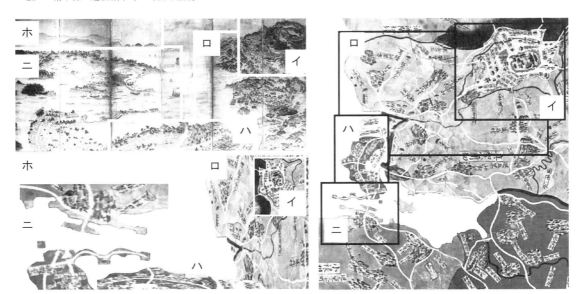

図1-6　多視点鳥瞰図（10「伝呉著仁図」）と測量絵図（「間切図」）の対応
10「伝呉著仁図」（左上）は，測量絵図（右）の各部分（イ:首里，ロ:真和志間切・泊，ハ:那覇・久米村，ニ:那覇港・小禄間切）を切り取り，拡張，圧縮，回転などの操作を加えて合成したと考えられる．「伝呉著仁図」（「首里那覇全景図屏風」沖縄県立芸術大学附属図書・芸術資料館蔵,古写真），「間切図」（「間切集成図」沖縄県立博物館・美術館蔵）．

あるが、伝呉著仁の多視点鳥瞰図は、これらの測量絵図の部分を切り取って、自在に拡張・圧縮・回転の操作を加えて合成したと考える。

　呉著仁は、鎌倉（1982:205-6頁）によると、乾隆23〜34年（1758〜69）に貝摺奉行所の絵師を勤め、乾隆35〜37年（1770〜72）に中国絵画研究のため北京に留学している。貝摺奉行所の絵師は測量絵図の調製も担当しており、呉著仁が貝摺奉行所絵師だった時期は、町方の村屋敷図や「首里古地図」も整えられ、乾隆検地における「間切島針図」の調製も完了した時期であった（安里　2014a・b）。呉著仁は、拡大・縮小など測量絵図作製技術を応用して多視点鳥瞰図を作製したのではないかと思うが、あるいは北京留学で多視点鳥瞰図に接したのかもしれない。

3）単視点C型式と首里城鳥瞰図の登場

　琉球国末期の19世紀後半から琉球国滅亡後の明治期にかけて、殷元良図系の単視点A型式とは異なる、那覇港上空から那覇・首里を単視点で描いた単視点C型式の鳥瞰図がつくられた。真四角に近い屏風仕立てや縦長の軸装で、手前近景に那覇港、上部に首里城を描いた鳥瞰図が登場した。最初の単視点C型式は、阿嘉宗教図の図No.16・18〜21である。阿嘉の鳥瞰図は、24「友寄図」や25「麻有信図」に踏襲された。

　単視点C型式の登場と同じ頃に、首里那覇鳥瞰図から派生した首里城鳥瞰図も登場した。首里城鳥瞰図のなかには、10「伝呉著仁図」の首里城部分を模写した15「沖縄志図」の「首里城図」、25「麻有信図」、17「友寄首里城図」、その発展形である47「風俗図巻首里城図」や34「沖博美首里城図」、35「風俗図首里城図」、33「沖公文首里城図」がある。大正から昭和初期には、琉球国時代の鳥瞰図や古地図を模写印刷または複写印刷した鳥瞰図が登場した。「首里那覇鳥瞰図」（沖縄県立博物館・美

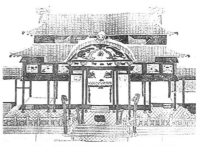

正殿／柱間1間唐破風・直線階段　　　正殿／柱間1間唐破風・末広階段　　　正殿／柱間3間唐破風・末広階段

奉神門／長屋門　　　　　奉神門／3棟3門　　　　　奉神門／1棟3門

1「首里城（古）絵図」1701〜07年　　*4*「首里古地図」1729〜32年頃　　*46*「首里城正殿前城元設営図」1768年以降

図1-7　王府作製図による首里城正殿・奉神門の変遷
「首里城（古）絵図」（伊從 2007:41頁，図3より），「首里古地図」（一般財団法人沖縄美ら島財団蔵），「首里城正殿前城元設営図」（沖縄県立芸術大学附属図書・芸術資料館蔵，古写真）．

術館蔵）、「首里那覇鳥瞰図」（沖縄県立図書館蔵）、「旧首里城鳥瞰図」（立正大学図書館田中啓爾文庫蔵）、「旧首里城鳥瞰図」（沖縄県公文書館蔵）、「弐百年前首里鳥瞰図」（沖縄県立芸術大学附属図書・芸術資料館蔵）などがあるが、これらの印刷鳥瞰図が量産品として流布すると、民間絵師が描いてきた首里那覇鳥瞰図や首里城鳥瞰図は終末を迎えることになる。

この他に、本論考では触れることができなかったが、首里那覇鳥瞰図から派生した鳥瞰図には那覇港を主題にした那覇港鳥瞰図もある[10]。

5　鳥瞰図に描かれた虚実－首里城と久茂地村－

1）虚構の首里城図

首里城の中枢施設である首里城正殿の唐破風と正面石段そして奉神門（図1-7）は、18世紀以後には次のように変遷したことが明らかになっている（伊從 1997・2004、安里 2013）。18世紀初頭には*1*「首里城（古）絵図」のような〈柱間1間の唐破風・直線石段・長屋門形式の奉神門〉という構成だった。その後、1715年に奉神門を3棟3門形式（中央棟と左右棟の3棟に各1門がある）に改修し、1729年には石段も末広階段に改修して、*4*「首里古地図」（1729〜32年）のような〈柱間1間唐破風・末広階段・3棟3門形式の奉神門〉構成となった。つづいて1754年の奉神門の1棟3門形式（中央棟に3つの門がある）への改修と1768年の正殿唐破風の柱間3間への改修で、*8*「首里城正殿図」（『寸法記』）[11]や*46*「首里城正殿前城元諸営図」のような〈柱間3間の唐破風・末広階段・3棟3門形式の奉神門〉という構成になり、琉球国滅亡までこの構成がつづいた。

ところが首里那覇鳥瞰図や首里城鳥瞰図には、1768年の改修以降もそれ以前の*4*「首里古地図」のような古い正殿と奉神門を描きつづけている。前に説明したように、表1-2横列の「白ヌキ」は当該

30 第Ⅰ部 近世城下町の町割と景観

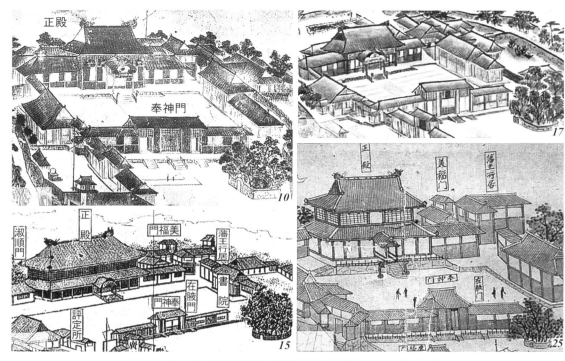

図1-8 古い形の正殿が模写・踏襲された首里城の図 （口絵2参照）
10「伝呉著仁図」（1808～37年）の正殿図を，15「沖縄志図」（1874～77年），17「友寄首里城図」（1860～79年），25「美ら島麻有信図」（1883～85年）が模写・踏襲している．「伝呉著仁図」（「首里那覇全景図屏風」沖縄県立芸術大学附属図書・芸術資料館蔵，古写真），「沖縄志図」（伊地知 1877：『沖縄志』所収）．「友寄首里城図」（「首里城図」沖縄県立図書館蔵），「美ら島麻有信図」（「首里城周辺の図」一般財団法人沖縄美ら島財団蔵）．

施設が撤去などで存在しない期間だが、この施設を図に描いていることを示す●印がいくつかある。あるいはその裏返しで、施設等が存在していた「濃いアミ」期間にもかかわらず図に描いていないことを示す×印もいくつかある。こうした誤った描写は、首里城の正殿と奉神門という中枢施設（表1-2の太字施設）に集中している。実際とは異なる首里城描写は、すべて鳥瞰図に限られているという点に鳥瞰図の景観年代の問題が現れている。

　例えば景観年代が1830年代後半～44年頃と推定されている 11「浦添美図」は、道光21年（1841）に漂着した中国人と朝鮮人を、数日間だけ泊村の漂着民収容施設に一緒に収容していた様子を描いている（豊見山 2016）。この図は、こうした1840年頃の最新時事情報を描く一方で、首里城については、1729年以前の正殿前の直線階段や1754年以前の3棟3門形式の奉神門、1768年以前の柱間1間の唐破風を描いている。つまり70～100年以上も前の古い首里城を描いている。これは、絵師が首里城正殿などの王府中枢施設を直接観察していないだけでなく、先行する鳥瞰図を模写するという鳥瞰図の性格に起因している。

　模写の踏襲事例を紹介しよう（図1-8および口絵2）。10「伝呉著仁図」の景観年代は1808～37年と推定したが、この図の首里城には、1768年に廃止された柱間1間の唐破風と直線石段を描いている。つまり、景観年代より40～60年以上前の首里城正殿の姿を描いているが、この図の首里城部分が、ほぼそのままの構図で琉球国末期の 15「沖縄志図」の「首里城図」や、25「美ら島麻有信図」、

図 1-9　5「久茂地村屋敷図」(1741 年) の地区割りと屋敷配置
村域内を 169 筆の屋敷が埋め尽くしている．久茂地川と中之橋道筋を境にして，東岸側 (88 筆) を北表東と南表東に区分し，西岸側 (81 筆) を北表西と南表西に区分している．「久茂地村屋敷図」(沖縄県立図書館蔵).

17「友寄首里城図」に踏襲されている。25「美ら島麻有信図」では、琉球国滅亡後の首里城景観の中に100年以上も昔の首里城正殿を描いていることになる。

2) 久茂地村の創設と賑わい

　首里那覇鳥瞰図は、虚構の首里城を描いているが、那覇市街の景観年代については矛盾が少ない。那覇市街の景観情報の信頼度が高いことを示しているが、これを那覇の久茂地村の景観から検証してみよう。

　久茂地村は、現在のモノレール県庁前駅から美栄橋駅に至る久茂地川一帯にあった。もとは久茂地川沿いの低湿地に創設された普門寺村という久米村の小さな分村だった。雍正11年（1733）における久茂地川一帯の埋め立てで168筆の宅地が造成され、2年後に久茂地村に改称した。久茂地村新設の背景には、17世紀末から18世紀初めにおける町方（首里・那覇）の人口増大で宅地が不足するという社会問題があった（田名　1992:200-266頁、安里　2004・2014a）。

　久茂地川の宅地造成から2年後（1735年）に作製した村屋敷図には168筆の宅地があったが、1741年に新たに1筆を加えて169筆となった。現存している5「久茂地村屋敷図」（図1-9）は1741年に一部補訂した図である。久茂地村を久茂地川の東岸側と西岸側に分け、さらに中之橋筋を境にして、東岸側の88筆を北表東（35筆）と南表東（53筆）に区分し、西岸側の81筆を北表西（38筆）南表西（43筆）に区分している。東恩納（1950:234-236頁）によると、久茂地村あたりには周辺から細工勝手の者が流れ込み、表具師、玩具製造、飾職、飛白結をはじめ指物、線香製造、粉挽などの小職人が群居して賑わいをみせていたという。

3) 過疎化・無人化する久茂地村

32　第Ⅰ部　近世城下町の町割と景観

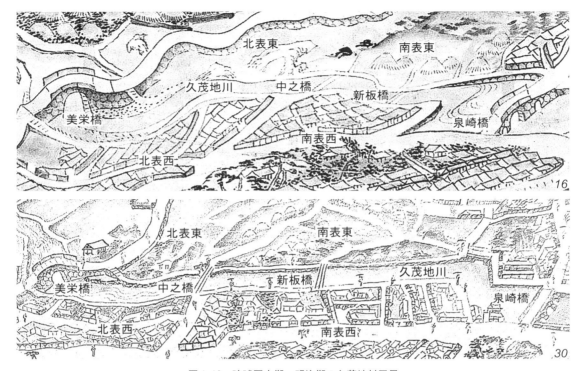

図1-10　琉球国末期～明治期の久茂地村風景
上：16「沖公文図」1858～79年，下：30「美ら島宗教図」1891～93年．久茂地川西岸側は瓦葺き建物が密集するが，東岸側は茅葺き建物が点在している．とくに北表東は無人化し30図では墓も描かれる．「沖公文図」(「首里那覇鳥瞰図」沖縄県公文書館岸秋正文庫蔵)，「美ら島宗教図」(「首里那覇鳥瞰図」一般財団法人沖縄美ら島財団蔵)．

　ところが、首里那覇鳥瞰図に描かれた久茂地村は、西岸側には瓦葺建物が密集するが、東岸側は茅葺建物が疎らにある過疎化・無人化した風景であった。当時は屋根葺きに規制があり、瓦葺建物は町方の建物にのみに許されていた。町方の久茂地村は、当初は西岸・東岸とも瓦葺建物だったはずである。東岸側に茅葺建物が描かれていることは、過疎化・無人化とともに重要な意味を含んでいる。こうした久茂地村の風景を、琉球国末期から明治期にかけて作製した一連の阿嘉宗教図で検証してみよう。
　景観年代の設定で述べたように、16「沖公文図」、18「琉球漫録付図」、19「那覇歴博善秀図」、20「立正大善秀図」、21「沖県図善秀図」、28「九博宗教図」、29「沖博美宗教図」、30「美ら島宗教図」の8点は、阿嘉宗教の図である。これらは景観年代で、前期（1858～79年、16「沖公文図」）、中期（1876～79年、18「琉球漫録付図」・19「那覇歴博善秀図」・20「立正大善秀図」・21「沖県図善秀図」）、後期（1891～93年、28「九博宗教図」・29「沖博美宗教図」・30「美ら島宗教図」）に編年できる。
　まず前期の16「沖公文図」に描かれた久茂地村（図1-10上）をみると、西岸側は瓦葺建物が密集しているが、東岸側の南表東は茅葺建物が疎らで、北表東は無人化している。泉崎橋の東側で南表東に接する部分には瓦葺建物が密集しているが、この部分は久茂地村域外である。中期の18「琉球漫録付図」、19「那覇歴博善秀図」、20「立正大善秀図」、21「沖県図善秀図」もおおむね同様な風景で、後期の28「九博宗教図」、29「沖博美宗教図」、30「美ら島宗教図」（図1-10下）では南表東に茅葺民家も増加しているが、中之橋から北側の北表東は無人化したままだ。久茂地川東岸側の過疎化・無

第1章 首里那覇鳥瞰図の年代設定と描かれた景観の虚実 33

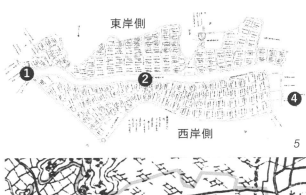

図 1-11 「久茂地村屋敷図」と明治期の測量図
5「久茂地村屋敷図」(1741年)で東岸側に密集していた屋敷群が、明治期の測量図 (23, 37) ではほとんど消失している. 明治期の測量図には，久茂地村の範囲を太枠線で加筆した. 23「琉球那覇港及首里城間之図」明治11～13年 (1878～80), 37「那覇區全圖」明治36年 (1903). ①美栄橋, ②中之橋 (古板橋), ③新板橋 (1858年設置), ④泉崎橋,「久茂地村屋敷図」(沖縄県立図書館蔵),「琉球那覇港及首里城間之図」(沖縄県立博物館・美術館蔵),「那覇區全圖」(立正大学図書館田中啓爾文庫蔵).

人化は、他の首里那覇鳥瞰図でも確認できる。久茂地村風景が省かれた25「美ら島麻有信図」をのぞいて、15「沖縄志図」、24「沖県図友寄図」、42「石洞美図」でも久茂地村東岸側は過疎化し、北表東は無人化している。

過疎化・無人化は、阿嘉宗教図と同時期の近代測量図でも確認できる(図1-11)。明治11～12年(1878～80)の23「琉球那覇港及首里城間之図」、明治36年(1903)の37「那覇區全圖」でも西岸側は市街地だが、東岸側は建物がないか疎らである。首里那覇鳥瞰図に描かれた久茂地村の過疎化・無人化の風景は、歴史的事実であることが確認できる。

久茂地村の過疎化・無人化は何時から始まったのだろうか。阿嘉宗教図より古い1835～44年の11「浦添美図」、12「滋賀大図」、13「京都大図」でも、西岸側で瓦葺建物が密集しているのに対し東岸の北表東一帯は無人化している。そして1803～37年の10「伝呉著仁図」も同様な景観を描いている。同時期の9「慎克熙図」では、久茂地川沿いの広い低湿地の両岸には護岸も建物もなく、田畠が広がっているが、この景観は1733年の埋め立て以前の風景であろう(図1-12)。

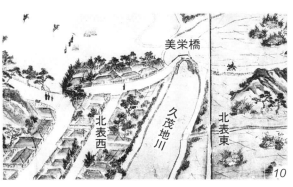

図 1-12 久茂地川埋立前と埋立後の久茂地村風景
左の9「慎克熙図」(1803～37年)には埋立前の風景が描かれている. 右の10「伝呉著仁図」(1803～37年)では埋立後の久茂地村が描かれているが、東岸側の北表東一帯が過疎化・無人化している.「慎克熙図」・「伝呉著仁図」(「首里那覇泊全景図」・「首里那覇全景図屏風」沖縄県立芸術大学附属図書・芸術資料館蔵，古写真).

34　第Ⅰ部　近世城下町の町割と景観

　さて、過疎化・無人化した久茂地村風景は、少なくとも 19 世紀初期の *10*「伝呉著仁図」まで遡ることができる。1733 年の埋め立てで 168 筆の宅地を造成して諸職人でにぎわった久茂地村は、わずか半世紀後の 19 世紀初期には過疎化・無人化していたのである。しかも、疎らに残る建物も、町方の瓦葺建物ではなく茅葺建物に変ったことからすると、いったん全域無人化して瓦葺建物が廃棄された後に、近隣間切からの移住者による茅葺建物が点在するようになった可能性がある。

6　むすび

　本稿では、琉球城下絵図について 18 ～ 19 世紀に描かれた首里那覇鳥瞰図群をとりあげ、景観年代の設定と図の型式変遷、虚構の首里城図、過疎化・無人化する久茂地村について論じた。

　首里那覇鳥瞰図群の年代については、王府が行政目的で作製した測量絵図や見取り図などや近代測量図を基準にして、個々の鳥瞰図に描かれた設置・廃止年代が明らかな施設等の有無を鳥瞰図群全体の中で検討して設定した。この年代設定をふまえて、首里那覇鳥瞰図が単視点鳥瞰図から多視点鳥瞰図へと展開し、首里城鳥瞰図が派生したことを指摘した。

　また、首里・那覇鳥瞰図について歴史資料としての問題点と有効性を論じた。首里那覇鳥瞰図には、古い鳥瞰図を模写踏襲しつつ新しい景観情報を加えるという特徴があり、一つの鳥瞰図内で景観年代に矛盾が生ずることがある。この問題が典型的に現れているのが首里城正殿の描写で、19 世紀の都市景観のなかに数十年あるいは百年以上も前の首里城正殿が描かれていることを明らかにした。

　一方、那覇市街の描写にはそうした問題が比較的少ないことを久茂地村の景観を取り上げて検証した。久茂地村は、1733 年に久茂地川両岸を埋め立て造成した諸職人の町で、1745 年には 169 筆の屋敷があった。ところが、首里那覇鳥瞰図の分析から、19 世紀初期には村の半数の屋敷があった久茂地川東岸側が過疎化・無人化していたことを指摘し、これを明治期の近代測量図でも確認した。なぜ、過疎化・無人化したのかは今後の課題だが、文献史料からは見えなかった町方人口の動向を、首里那覇鳥瞰図の分析をとおして提示できたのではないかと考えている。

　久茂地村を含む那覇の人口変動については、従来の研究（田名 1992）で 1654 ～ 1815 年の間に 5 千人余から 3.4 倍の 1 万 8 千人余に急増したことが知られている。脱稿後、那覇のうち東村と泉崎村の人口について新たな情報を得ることができた。両村とも、1746 ～ 1815 年は人口が急増しているが、1838 年と 1843 年頃の人口は減少に転じている [12]。19 世紀前半には琉球の総人口も急減しており、久茂地村の過疎化・無人化もこうした人口減少のひとつと考えられる。

謝辞

　「首里古地図」、首里那覇鳥瞰図、首里城鳥瞰図の利用については、表 1-1 に記載した所蔵機関から閲覧や画像の提供など便宜を図っていただいた。記して感謝申し上げる。

注

　1) 士（サムレー）と呼ばれた支配者層で，一般に「士族」と表記されている．
　2) 神奈川大学日本常民文化研究所の非文字文化資料センターが，2014・2015 年に首里那覇鳥瞰図を中心に

した公開研究会を実施している.『日本近世生活絵引』奄美・沖縄編編纂共同研究班編（2014）参照.

3）「琉球交易港図屏風」（浦添市美術館蔵）は，明治19年（1886）頃に沖縄に赴任した鹿児島の巡査・高良八十八が，折り畳んだ紙の状態の絵図を土産品として沖縄で購入して鹿児島に持ち帰ったものである．その後，高良家から浦添市美術館に寄贈され，同美術館が屏風に仕立てた（安里 2009）.

4）表1-2の年代指標となる施設等の設置・廃止年代については，次の文献を参照した．球陽研究会編（1974），東恩納（1950・1979），真境名（1993a・b），島袋（1930），琉球政府編（1966），琉球政府編（1976），那覇市史編纂室編（1974），田山編（1901），平凡社地方資料センター編（2002），沖縄大百科事典刊行事務局（1983）.

5）本稿の琉球人絵師の生没年は仲村（2009）による.

6）豊見山（2016）は，11「浦添美図」（「琉球交易港図屏風」）について，1838年に崇元寺西側の隙地に開かれた茶店や，泊村の収容施設に1841年に漂着した中国人と朝鮮人を描いていることも指摘しているが，いずれも1730年代後半〜1744年頃の間に収まる.

7）2014年9月13日の「琉球船と首里・那覇を描いた絵画史料」研究会における外間報告.

8）九州国立博物館の一瀬 智学芸員の教示による.

9）注7に同じ.

10）那覇港鳥瞰図には，浦添市美術館蔵「琉球交易港図」，沖縄美ら島財団蔵「那覇港図」のほか，実物は確認できないが比嘉崋山「爬龍船競漕」（ロバートK境ほか1981）などがある.

11）本稿では，『百浦添御殿普請付御絵図并木材寸法記』（沖縄県立芸術大学附属図書・芸術資料館蔵）を『寸法記』と略記する.

12）那覇市歴史博物館蔵福地家文書の「切支丹宗門改名書印判状」によるデータで，金城 善氏の教示による.

引用・参考文献

安里 進（2004）：近世琉球の漆器生産をめぐる問題点，漆工史第27号，漆工史学会，21-32頁.

安里 進（2009）：首里那覇鳥瞰図の系譜，『琉球絵画展−琉球王朝から近代までの絵画−』沖縄文化の杜，8-9頁.

安里 進（2013）：首里王府の重要施設絵図調製事業，首里城研究 No.15，首里城研究会，24-52頁.

安里 進（2014a）：琉球国の測量事業と印部石，平井松午・安里 進・渡辺 誠編：『近世測量絵図のGIS分析−その地域的展開−』古今書院，3-30頁.

安里 進（2014b）：琉球針図と絵図の精度に関する検証，平井松午・安里 進・渡辺 誠編：『近世測量絵図のGIS分析−その地域的展開−』古今書院，31-50頁.

岩崎奈緒子（2001）：「琉球貿易図屏風」の成立について−下貼文書の検討から−，滋賀大学経済学部附属資料館研究紀要34.

岩崎奈緒子（2002）：琉球進貢船図屏風，京都大学総合博物館ニュースレター No.12，6-7頁.

伊從 勉（1997）：首里城正殿唐破風の起源とその改修について：王権儀礼の舞台装置の誕生，首里城研究 No.3，首里城研究会，9-27頁.

伊從 勉（2004）：モノと図像が語る琉球史20 首里古地図（下），沖縄タイムス6月14日付朝刊.

伊從 勉（2007）：新発見の「首里城古絵図」の測量法について，民族藝術 Vol.23，民族藝術学会，37-46頁.

伊地知貞馨（1877）：『沖縄志』巻1.

沖縄大百科事典刊行事務局（1983）：『沖縄大百科』沖縄タイムス社.

加藤健二（2007）：琉球絵画「琉球進貢船図屏風」に描かれた内容の分析と考察−当時の那覇の生活文化を探る−，武蔵野美術大学研究紀要38，11-23頁.

柏書房編（1999）：『大正・昭和琉球諸島地形図集成』柏書房.

鎌倉芳太郎（1982）：『沖縄文化の遺宝（二分冊）』岩波書店.

金田章裕・上杉和央（2012）:『日本地図史』吉川弘文館.

球陽研究会編（1974）:『球陽』沖縄文化史料集成5，角川書店.

古美術観宝堂（1992）:『未公開作品による琉球王朝の書画』古美術観宝堂.

島袋全発（1930）:『那覇変遷記』琉球史料研究会.

高橋誠一（2000）:「首里古地図」と首里城下町の復元，東西学術研究所紀要，第33輯，関西大学東西学術研究所，75-107頁.

田名真之（1992）:『沖縄近世史の諸相』ひるぎ社.

田山花袋編（1901）:『琉球名勝地誌』博文館.

豊見山和行（2004）:モノと図像が語る琉球史（上），沖縄タイムス，1月5日.

豊見山和行（2016）:琉球交易港図からみる琉球の世界Ver.2,『日本近世生活絵引』神奈川大学非文字資料研究センター2014年度第5回公開研究会資料.

仲村　顕（2009）:琉球絵師人名事典,『琉球絵画展』沖縄文化の杜，86-96頁.

『日本近世生活絵引』奄美・沖縄編編纂共同研究班編（2014）:『日本近世生活絵引』神奈川大学常民文化研究所非文字資料研究センター.

那覇市史編集室編（1970）:『那覇市史』資料篇第1巻2，那覇市役所.

那覇市史編集室編（1974）:『那覇市史』通史篇第2巻近代史，那覇市役所.

東恩納寛惇（1950）:『南島風土記』沖縄郷土文化研究会・南島文化資料研究室.

東恩納寛惇（1979）:『東恩納寛惇全集』第6巻，琉球新報社.

平凡社地方資料センター編（2002）:『沖縄県の地名』日本歴史地名体系第48巻，平凡社.

法政大学沖縄文化研究所（2014）『琉球沖縄本島取調書』沖縄研究資料29.

堀川彰子（2008）:一九世紀以前の那覇を描いた俯瞰図的絵図の基礎研究―年代・構図・系譜―，史林91巻3号，史学研究会，121-142頁.

真境名安興（1993a）:『真境名安興全集　第2巻』琉球新報社.

真境名安興（1993b）:『真境名安興全集　第3巻』琉球新報社.

琉球政府編（1966）:『沖縄県史』第4巻各論編3，琉球政府.

琉球政府編（1976）:『沖縄県史』第1巻通史，琉球政府.

ロバート　K.境・松井正人・崎原　貢（1981）:『写真集望郷・沖縄』第5巻.

渡辺重綱（1879）:『琉球漫録』弘令社.

渡辺美季（2014）:「琉球交易港図屏風」考,『日本近世生活絵引』奄美・沖縄編編纂共同研究班編:『日本近世生活絵引』神奈川大学常民文化研究所非文字資料研究センター，143-167頁.

第2章　絵図に見る臼杵城下町の変遷
－絵図資料論の観点から－

岡村一幸

1　はじめに

　最初に臼杵城下絵図および臼杵城下に関する研究史を概観しておく。

　現在臼杵市が所蔵する臼杵藩関係の膨大な史資料は、大正6年（1917）の財団法人臼杵図書館（現・臼杵市立臼杵図書館）開館以来、旧藩主稲葉家より寄贈された資料が大部分を占めている。昭和11年（1936）頃には淵　誠一氏ら臼杵史談会のメンバーによってその重要性が認識され、その中に絵図が含まれることも知られていたが、戦後、その整理は十分行われないまま活用が進んでいった。

　ただ、『大分県史料』や『大分県史』、『臼杵市史（旧臼杵市分）』の編纂刊行などに臼杵藩の史資料も活用され、編纂内容に資する一部の史資料は目録化され、一定の成果を上げた。しかし、目録作成を網羅的に実施してはおらず、改めての整理の必要が指摘されていた。

　臼杵城下に関する研究は、戦国大名大友氏最盛期の当主、宗麟（義鎮）時代の研究を中心に展開し、渡辺澄夫（1936）、外山幹夫（1951）、福川一徳（1980）、三重野　誠（2003）各氏等の文献史学からの成果が数多く蓄積されてきた。また、近世臼杵城下については、秦　政博氏、豊田寛三氏らの研究が蓄積されてきた。

　昭和60年（1985）には観光資源保護財団（日本ナショナルトラスト）による調査報告における天正年間の伊勢参宮帳や文禄検地帳と絵図から抽出されたデータに関する論考が生み出され、平成12年(2000)の茨城大学教育学部小野寺　淳研究室の実習調査報告では、フィールドワークと絵図調査データの調査成果が公表されるなど、絵図の内容検討を含めた研究蓄積が進められた。しかし、この時点でも、絵図資料群の全容については不明のままであり、適宜発見された絵図を利用するしかないなかでの成果だった。

　中世臼杵城下に関する研究は、2000年代の神田高士氏（2001、2003、2013）によって新たな段階を迎えたといえよう。氏は、それ以前の文禄検地帳や参宮帳等による城下の社会構造研究において、近世絵図が中世臼杵の理解の材料として引用されていたことを再検討し、考古学的観点からあるいはイエズス会士記録などの海外資料翻訳から、キリスト教関係施設群の位置や16世紀末時点の海岸線の推定など、中世臼杵像を塗り替える業績を発表している。

　それまで臼杵城下に関する絵図資料は、ビジュアル面で臼杵城下を理解しやすいため、しばしば補助資料として引用された。これは、旧城下域の街路が大幅に改変されることなく、現代に至っても利用されているという希有な状況にあるため、近世絵図を見るだけで容易に当時の空間を想像しうると考えられたことが要因であろう。しかし、近世絵図に描かれた景観を宗麟の時代にまで遡及させるこ

38　第Ⅰ部　近世城下町の町割と景観

との妥当性は、実はあまり問われてこなかった。そうした中での神田氏の業績は、近世絵図の景観を補助的にせよ中世臼杵の理解に援用していたそれまでの研究とは一線を画すものといえよう。

　臼杵の絵図資料についても、2000 年代は状況に変化が訪れた。国絵図を中心にしながら、資料群全般の概要を把握することの重要性を唱えてきた川村博忠氏の研究（1984 など）が、臼杵の絵図資料群に含まれる国絵図の重要性を明らかにし、平成 13 年度（2001）からの臼杵市による近世古絵図史料調査事業実施へとつながっていく（2005）。その際、川村博忠、上原秀明、平井義人各氏による国絵図および資料群形成の研究の成果とともに、三河雅弘氏、川名 禎氏による仁王座村（近世武家地）絵図に関する研究成果が、目録とともに報告書として公表された（2004）。この事業により、「近世絵図資料群」（大分県指定有形文化財）として把握される絵図 1,081 点・関連資料（古文書・容器等）424 点の概要が明らかにされた。さらに、平成 21 〜 27 年度（2009 〜 2016）まで実施された臼杵藩政史料調査事業によって発見された新規絵図資料や、平成 19 〜 25 年度（2007 〜 2014）まで行われた近世絵図資料群保存修復事業などによって員数が改まり、絵図 1,200 点、関連資料 510 点の絵図資料群が把握されている。

　以上を踏まえ、神田氏の業績からみえる 16 世紀末段階の臼杵城下町の状況と、近世への移行期における変容、そして稲葉氏入封後の改変を概観する。そして、近世の城下絵図から見える臼杵城下の変容についてみていくこととする。

2　臼杵城下町の概要

1）臼杵城下町の成立

　臼杵城下町の成立は、臼杵城の成立と深い関係にあった。その城郭の成立は長らく『大友家文書録』等を根拠に、永禄 5 年（1562）または同 6 年築城説が有力視されてきたが、神田高士氏等近年の研究によって、少なくとも弘治 2 年（1556）には築城が完了していたことが明らかとなった。

　城下町の成立は、築城後の大友家家督・大友宗麟とその家臣団の移住に求められる。まず、武士層をはじめとする定住人口増加に伴って経済活動の活発化が起こった。そして、大名の保護下でのキリスト教布教活動により、聖堂、修道院等の設置等、宗教活動の拠点化が進み、それとともに対外的な経済活動も活発化し、天正年間末における中国商人の在住等も記録されている。

　日本側の史料では、天正 16 〜 19 年（1588 〜 91）の豊後国内の伊勢神宮参宮者名簿の写しである『参宮帳』、文禄 2 年（1593）の太閤検地の記録『臼杵庄惣町屋鋪検地帳写』等から、当時の城下は 10 町からなっていたことが明らかにされてきた[1]。これらの町名は、近世城下町化した臼杵の町名に近似したものが多いことにより、地形も中世近世通して大きな変化はなかったと考えられてきた。しかし神田氏の研究により、中世臼杵城下町は現在「八町大路」と呼ばれる道路を起点に、浅瀬ないしは干潟状態だった臼杵湾奥部に拡げられたが、それにはいくつかの段階があり、16 世紀末時点では想定復元図（図 2-1）のような状態だったのではないかと推定されている。

2）臼杵城下町の空間構成とその変容過程
① 17 世紀初期の臼杵城下改変－文禄 2 〜慶長 5 年（1593 〜 1600）－

第 2 章　絵図に見る臼杵城下町の変遷　39

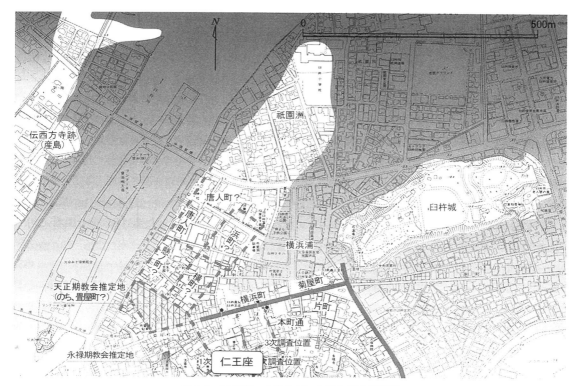

図 2-1　16 世紀末の臼杵城・臼杵町推定復元図
神田高士（2013:290 頁）を引用・加筆.

　臼杵城下町の空間構成は、17 世紀に入ると大きな変化が与えられた。その契機は豊臣政権による臼杵支配であった。文禄 2 年（1593）の大友氏除国により、大友氏旧領の豊後は秀吉政権の代官、大名に分割支配されることとなったが、臼杵には文禄 2 年に福原直高、慶長 2 年（1597）には太田一吉が入城した。
　この時大きく改変を加えられたのが、祇園洲であった。図 2-2 と図 2-1 を比較すると、半島状に湾へ突き出していた祇園洲を堀割（「堀川」と呼ばれた）で分割し、分割された部分を拡張した。このときにつくられた堀川より海側を三の丸とし、大手を設けた。また、周囲に土手や櫓を設置し、城郭の一部として整備した[2]。

② 17 世紀初期の臼杵城下改変－慶長 5 ～寛永 4 年（1600 ～ 1627）－

　太田一吉は慶長 5 年の関ヶ原合戦にて西軍につき、東軍についた岡城主中川秀成との間で臼杵城攻防戦を展開したが、太田方が西軍の敗報を聞いて降伏したことで、臼杵城は東軍、則ち徳川方の手中に収まった。同年 12 月、美濃国の郡上八幡城主だった稲葉貞通が臼杵城に移封され、以後廃藩置県に至るまで一貫して稲葉氏が臼杵城主として君臨することとなった。
　稲葉氏の入封により、現在見られる臼杵城および城下の街区などの原型が整備された。城郭については、本丸・二の丸の防衛機能を高めるため、丹生島への入り口だった「古橋」近傍にあった「菊屋町」を廃し、田町を形成した。また、惣構を形成するために葦堀から田町方面に開削工事を始めたが、途中で頓挫した。しかし、それによって発生した土砂が田町造成に転用されていることが、発掘調査

40　第Ⅰ部　近世城下町の町割と景観

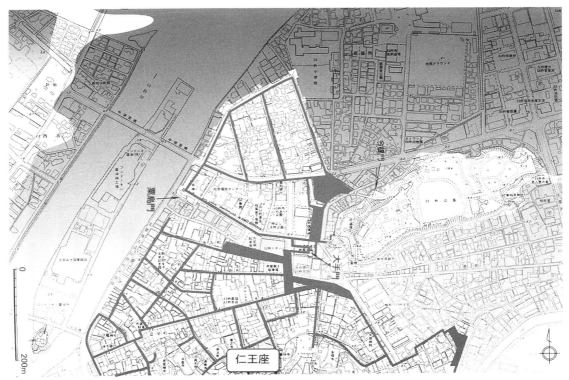

図 2-2　17 世紀初めの臼杵城・同城下推定図
臼杵市教育委員会編（2011:9 頁）を引用・加筆．

図 2-3　臼杵城下町内の武家地・町人地分布
岡村作成，ベースの絵図は整理番号 15「臼杵城下絵図」（臼杵市蔵，通番 21）．

によって明らかになっている。

　このように、近世臼杵城下の町割りは現在も街区にほぼそのまま活かされ、稲葉氏による近世の整備が大きな影響を与えているとみられるが、その淵源はやはり中世に遡る可能性が、神田氏によって指摘されている。

　神田氏の指摘（2013）によれば、宗麟の臼杵城および城下建設に伴って移住してきた家臣団が既存の陸地、つまり自然に陸地形成された祇園洲や仁王座（図 2-1、図 2-2）を屋敷地として占め、その後商人らは湿地化していたエリアを埋め立てなどで新たに造成し利用した。そして、太田氏による三の丸造成後、もと「祇園洲」は丹生島（本丸・二の丸）に近いこともあり、武家地のままとなり、堀川より内陸側がそのまま町人地となった。しかし、仁王座はもともと武家地だったことから、町人地を武家地で挟む近世城下町では異例の空間構成となった（図 2-3）。

　以上、16 世紀中頃の大友宗麟の城建設とそれに伴う城下町の創成以来、寛永 4 年（1627）までを概観した。以下では、伝来する臼杵市が所蔵する臼杵城下絵図について紹介するとともに、臼杵城下空間の変遷をみていくこととする。

3　臼杵城下町の絵図

　表 2-1「臼杵城下関係絵図リスト」は、これまで臼杵市が整理した所蔵の絵図資料群の情報（臼杵市教育委員会編 2005、2014）を再整理および加筆修正し、一部の絵図については原本やデジタル画像を精査した上で、一覧表化したものである。全 43 点のうち表の通番 1 ～ 15 は城絵図、同 16 ～ 32 は城下絵図（部分図含む）、同 33 ～ 43 は城または城下を主題として描かれた絵図ではないものの、何らかの形で城・城下が描き込まれている絵図を挙げた（以下「通番」とは、表 2-1 上の通番を指す）。

　臼杵城および城下空間の変遷を考える上で、年代指標となりうる絵図は、以下の絵図である。
　　　　　　　「豊後之内臼杵城絵図」（国指定重要文化財「正保城絵図」のうち。以下「正保図」という）
（図 2-4）「本城二三之曲輪共ニ破損所之覚」（通番 4 ＝承応 3 年（1654）3 月 11 日、以下「承応図」[3]）
（図 2-5）「豊後国臼杵（三之丸造成届出図）」（通番 10 ＝延宝 4 年（1676）4 月 18 日、以下「延宝図」）
（図 2-6）「豊後国臼杵城破損之覚」（通番 12 ＝宝暦 14 年すなわち明和元年（1764）4 月日、以下「宝暦図」）

（正保図所蔵；国立公文書館、承応・延宝・宝暦図所蔵；臼杵市）

　正保図は正保元年（1644）の幕令の存在が、承応・延宝・宝暦図は城修築等にかかわる届出図のため年月日が明記され、古文書等からその事実を確認可能であることから、指標となり得る絵図である。ここでは、この 4 点を起点に、表 2-1 の臼杵城下の変遷を絵図の情報によってみていくこととする。なお、以下に引用する臼杵市所蔵の絵図の資料名、資料番号、原寸は表 2-1 を参照されたい。

1）寛永臼杵城下絵図から承応図－拡がる・拡げられる城下－

　指標となる絵図で最も古い正保図の景観を確認すると、臼杵市史年表に寛永 13 年（1636）に形成されたとされる祇園馬場の描写があることから、やはり正保年間の景観である。しかし、延宝図、宝暦図に描かれている洲崎馬場は、正保図には描かれておらず、代わりに「すさき」と注記がある。そ

表 2-1　臼杵城下関係絵図リスト

通番	整理番号	資料名（括弧付き＝内容表題）	分類	年代	法量(cm)		技法（墨書・版本・彩色）		印・付箋・朱番など	摘要	料紙（◎は分析し確定）	コンディション
1	② -17	（臼杵城堀浚渫伺図）	城絵図	承応3年（1654）頃	115	73	墨書			朱筆で「サラヘ申度分」「此辺ヨリ西ノロマテ同北ヘヲシマハシ両橋ノサキ迄」「朱引ノ通南ノ方四間西ノ方八九間，如前々ツキナヲシ申度分，但南ノ方ハコシ石垣ニテ高サ一間程御座候」とあるので，石垣修復届出に関係ある絵図か．櫓，石垣，塀の描画に修正痕．描画は② -16 に書き直し，記載する文字情報をこの図に書いた上で，両図を以て「老中」（臼杵藩家老）ら藩幹部へ判断を仰いだ資料か．	楮系	欠失部分多し．
2	② -16	（臼杵城図）	城絵図	承応3年（1654）頃	102	153	墨書			② -17 と関連．「普請之時御老中へ見遣候絵図之写下書也」とあり．城以外は本丁の一部の水際のみ描く．	楮系	
3	② -118	（祇園洲石垣図）	城絵図	承応3年（1654）頃	105	157	墨書			祇園馬場の描画なし．洲崎部分の水際の表現が② -262 と酷似しており，同図の下書きとみられる．	楮系	
4	② -262	本城二三之曲輪共ニ破損所之覚	城絵図	承応3年（1654）3月11日	70	145	墨書	彩色		裏書「ふしんわけ公儀へ申立て下書ノトメ」とあり．らい紙には「三ノ曲輪」の櫓とその台座修築，堀浚え，三ノ曲輪門口下の水道構築を願い出る内容が記録されている．『稲葉家譜』信通巻2によれば，承応3年（1654）4月19日幕府老中奉書で二の丸，三の丸，堀川の石垣，櫓，浚渫等を許可，承応3年（1654）6月6日堀川普請開始，明暦元年（1655）7月12日竣功．	◎雁皮	
5	損 186	ふしんのわけ公儀へ申上候下書之ﾄﾒ（承応3年臼杵城修復届出図）	城絵図	承応3年（1654）3月11日頃	145	105	墨書	彩色		② -262 絵図と合せ印で接続させて利用する絵図．但し，糊による接続痕跡はなく，同図と並置して利用するものと考えられる．天守櫓付櫓描画なし．	雁皮系（填料入か）	
6	6	御城三丸迄（臼杵城内絵図）	城絵図	万治3年（1660）以前	140	277	墨書	彩色		原表題は端裏書．同末尾に「□（朱）」印が記載されている．洲崎馬場形成以前の状態を表す．後の「評定所」の場所が「蔵屋敷」となっている．（年表；「評定所」普請は延宝5年12月18日）天守櫓付櫓描画なし．	雁皮系	料紙劣化．
7	② -66	（洲崎築地計画図）	城下絵図（部分図）	正保4年～延宝年間	56	42	墨書			「しからミ」，浚渫土砂などを使った洲崎埋立の方法を表す．描法より，② -64 絵図と同時期のものか．	楮系	
8	① -50	（臼杵城図）	城絵図	万治3年（1660）～延宝4年(1676)	54	78	墨書	彩色		天守櫓付櫓描画なし．	楮系	破損．
9	① -30	（臼杵城三の丸造成計画図下図）	城絵図	延宝4年（1676）頃か	128	124	墨書	彩色		注記の「ミの殿より」を稲葉美濃守（老中；明暦3年～天和元年）とすれば，延宝期の城修復に関連した絵図（下書き）か．絵図本紙の北辺に糊で楮紙を接いで拡張し，拡張部分に墨書のみによる諏訪地区とみられる地形描出がある．また，南辺の平清水地区周辺には，墨線を重ね書きしている部分がある．天守櫓付櫓描画なし．	楮系．一紙あたりの大きさが異例．	裏打不適．付箋貼り直しの必要．
10	3	豊後国臼杵（三之丸造成届出図）	城絵図	延宝4年（1676）4月18日	77	65	墨書	彩色		「延宝四年辰四月十八日　稲葉右京亮　書判」．三の丸東端の築地造成計画の届出図控か．築地造成範囲を朱線で表記．天守櫓付櫓描画あり．	雁皮系	インクによる書込み（裏）
11	① -27	（臼杵城本丸二の丸被災箇所絵図）	城絵図	延宝4年（1676）以降	250	105	墨書	彩色		石垣，法面部分の崩落状況を記録した絵図．地震によるものか．天守櫓とつながる付櫓の位置が図示されていることから，付櫓設置後の景観か＝他の絵図調べ後に年代比定．	楮系	継離れ．

通番号	整理番号	資料名（括弧付き＝内容表題）	分類	年代	法量（cm）	技法（墨書・版本・彩色）	印・付箋・朱番など	摘要	料紙（◎は分析し確定）	コンディション
12	14	豊後国臼杵城破損之覚	城絵図	宝暦14年（＝明和元年・1764）4月	94／70	彩色墨書		「右絵図朱引之所前申候加元修補仕度奉願候以上」「宝暦十四申申年四月葉能登守 在判」天守櫓付櫓描画あり。	雁皮系	カビによる侵食甚大。
13	4	（臼杵城図）	城絵図	文政～明治5年（1872）	259／336	彩色墨書		文政・天保期に作成後、明治初期まで改訂を繰り返す。最後の改訂は明治4年～5年頃か。【詳細は川名・三河報告参照】描画あり。	楮系	折りジワ・ワニスの治りで損傷
14	②-260	（臼杵城修復届出図 控）	城絵図	文政2年（＝1819）	87／67	彩色墨書		額装 14、19、②-244など、類似の描画。長年観光施設に展示され、損傷。臼杵史談』23号口絵に「文政二己卯年二月 稲葉伊予守」とある。天守櫓付櫓描画大。	雁皮系	
15	24	（臼杵城図）	城絵図	文久2年（1862）か	65／51	彩色墨書	三浦義信氏贈	19番を元図として書かれた可能性。三の丸家臣屋敷地に番号有り。各櫓の表記名称の特定有り。天守櫓付櫓描画的か。表紙付き折本仕立て。	楮系	
16	9	（寛永臼杵城下絵図）	城下絵図	寛永4～11年（1627～1634）	141／182	彩色墨書		19番の注記有り「長さ八百横四百 文久二年立」豊後国八郡絵図（慶長国絵図）」と酷似している。洲崎の形成、田町の状態、臼杵寺の描画、見星寺立つ。「2代藩主」には、「稲葉家譜」には、寛永の治か典通の治か。寛永3年に作られた絵図に井戸丸という曲輪が描かれている「丸」とする記述と一致することから、この絵図がそれに近似する内容であると推定される。	◎雁皮系（填科入）	裏打ち不彩色。填。色・紙の劣化。
17	21	（臼杵城下絵図）	城下絵図	寛永13年（1636）～万治3年（1660）	135／147	彩色墨書		大橋寺が森島にあり、祇園馬場なく、洲崎の表現が正保年間の「豊後之内臼杵之城図」（国立公文書館蔵）に酷似している。導縄割付に参考となる小書きが多いこと。このためのサンプルとして利用された可能性もある。	雁皮系	欠失部分多し。
18	25	（臼杵城下絵図）	城下絵図	寛永13年（1636）～正保年間（1648）	163／196	彩色墨書		らい紙「此絵図分間壱間を五太之積」。正保年間の「豊後之内臼杵之城図」（国立公文書館蔵）に酷似している。但し、図の範囲が公文書館之絵図とは違っており、正保図の下書きに相当する可能性がある。海添・平清水・三の丸の範囲を国間ま歩で目盛がある。	◎雁皮系（填科入）	緑青焼け欠失部分多く、填失部分有り。
19	7	（臼杵城下絵図）	城下絵図	寛永13年（1636）～正保2年（1645）	239／210	彩色墨書		大橋寺下に渡しの記載あり（「此市ノ舟渡り広サ六十間余」）。	雁皮系	欠失部分多し。インクによる書込み。
20	23	万治歳中御絵図（臼杵城下絵図）	城下絵図	万治年間（1658～1661）原作（文久3年9月写）	81／82	彩色墨書	三浦義信氏贈	屋敷地の名前書込は武家地に限られている。表紙、題簽がつけられている。	楮系？	
21	15	（臼杵城下絵図）	城下絵図	延宝4年（1676）～元禄2年（1689）	175／379	彩色墨書		光圓寺の位置と洲崎の形成過程から時期を推定。屋敷地の人名に貼紙があるので、ある程度の期間利用されたものと考えられる。	楮系	

通番	整理番号	資料名（括弧付き＝内容表題）	分類	年代	法量(cm)	技法（墨書・版本・彩色）	印・付箋・朱番号など	摘要	料紙（◎は分析し確定）	コンディション
22	22	（臼杵城下絵図）	城下絵図	延宝5年(1677)～延享2年(1745)	157　178	墨書　彩色		洲崎馬場形成、兼元山八幡下の道の形成から年代を推定。「栗屋十郎左衛門」「渡辺五郎兵衛」の屋敷地の名前から。下限を元禄頃に見ることも可能か。	楮系	欠失部多く分多し。裏打不適。
23	②-202	臼杵城下合絵図	城下絵図	17世紀後半	175　350	彩色　墨書		損傷甚大ながら描出範囲等から、整理No.15もしくは22の絵図の下書きと思われる。	楮系	貼紙多し。破損大。シワ。
24	16	臼杵御御城下其々之図	城下絵図	元禄10年(1697)～正徳頃(1716)	219　232	彩色　墨書		八幡山下の新道、光蓮寺の位置、可児玄な屋敷などから、年代を推定。	楮系	
25	8	（臼杵城下絵図）	城下絵図	嘉永4年(1851)～安政4年(1857)	170　366	彩色　墨書	「甲三」（付箋）	もとは障壁画か。上下左右に巾1.5cmほどのはがし痕跡があり、部位によって折線跡に沿って4cm幅の損傷箇所が見られる。金地の小さな布断片が付着しているか、あるいは屏風風仕立か。描画には「総役所」が見られる。	雁皮系	擦れ・シワ・緑青焼けがある。
26	②-64	（祇園馬場～浜築地計画図）	城下絵図（部分図）	寛永13年(1636)～正保2年(1645)	65　28	墨書		42、43、52、②-64と一連の絵図。作図順は「②-64⇒43⇒42⇒41⇒52」か。埋め立てに関する資料として作成か。41、42に描かれた景観以前の築地造成計画を示す。「築地＝成分未引之内也」等の注記あり。	楮系	
27	43	（祇園馬場付近図）	城下絵図（部分図）	正保2年(1645)～万治年間(1661)	104　117	彩色　墨書		41の摘要参照。浜築地と安野平右衛門東側街路が正保臼杵城下絵図にはなく、方治地中区にはあることから、年代を推定。関連絵図も同年代か。		
28	42	（祇園馬場付近図）	城下絵図（部分図）	正保2年(1645)～万治年間(1661)	55　92	彩色　墨書		41の摘要参照。		
29	41	（祇園馬場付近図）	城下絵図（部分図）	正保2年(1645)～万治年間(1661)	105　121	彩色　墨書		42、43、52、②-64と一連の絵図。作図順は「②-64⇒43⇒42⇒41⇒52」か。埋め立てに関する資料として作成か。		
30	52	（祇園馬場付近図）	城下絵図（部分図）	正保2年(1645)～万治年間(1661)	117　158	彩色　墨書		41の摘要参照。		
31	10	古城下図（海添・八町・二王座・平清水周辺）	城下絵図（部分図）	明暦(1655)～元禄2年(1689)	266　290	彩色　墨書	「□」印（朱色）	1筆ごとの間口・奥行きを書き込む。臼杵城は描画からは外されている。時期は不明ながら四辺が切り落とされている。光蓮寺が浜町にあるので、元禄2年以前。	雁皮系	裏打不適。
32	②-309	（臼杵城絵図・総役所周辺）	城下絵図（部分図）	明治頃	157　105	彩色　墨書	稲葉神社へ寄贈	臼杵城の実測図。明治27年(1894)11月に留恵社から稲葉神社に奉納された。	楮系	輪装される。もも切れ等有り、損傷著しい。

通番	整理番号	資料名（括弧付き＝内容表題）	分類	年代	法量(cm)		技法（墨書・版本・彩色）	印・付箋・朱番など	摘要	料紙（◎は分析し確定）	コンディション
33	48	（臼杵藩領絵図・国絵図写）国絵図	領内絵図	原図は元和2年(1616)～寛永5年(1625)か	96	143	墨書 彩色		国絵図と城絵図の写しを合わせたものとみられる。村形は慶長豊後国絵図(83, 84)に見られる貫門に近い形状。城絵図は寛永臼杵城下絵図(9)に近い描写と洲崎の地形による。朱色村形＝臼杵藩領(石高も注記)＝石川忠総（元和2～寛永10年日田藩主、毛利伊勢守(寛永5年没)・加藤肥後守(寛永9年改易)等の領主名、国絵図的な描画面から元和2～寛永5年の原図を写したものか。	楮系	インクによる書込み(黄)
34	65	（口絵"領内図之図"）道中図	道中図	延宝～元禄(1673～1704)	87	73	墨書		洲崎築地の進行具合と原山新道がないことから年代推定。臼杵城下以東及び府内以西が欠落。臼杵領内のみ彩色。「此節御宿」の付箋＝巡見使等に関するものか、39と40とも関連か。。	楮系	裏打不適、四隅のボール紙、破損。
35	32	海添（屋敷地割図）	領内絵図	近世末期～明治初期	355	224	彩色 墨書	臼杵町役場寄贈印	4・50・51・59番と同じ凡例および描画。近世末期～明治初期にかけて利用か。近代に入っても役場等で利用されたものか。【詳細は川名・三河報告参照】	楮系	裏打不適
36	50	唐人町・畳屋町・掛町（屋敷地割図）	町絵図	近世後期～明治初期	278	290	墨書 彩色		4・32・51・59番と同じ凡例および描画。近世末期～明治初期にかけて利用か。近代に入っても役場等で利用されたものか。【詳細は川名・三河報告参照】	楮系	裏打不適、付箋貼り直しの必要。
37	51	（平清水・福良・屋敷地割図）	町絵図	近世後期～明治初期	296	351	墨書 彩色		4・32・50・59番と同じ凡例および描画。近世末期～明治初期にかけて利用か。近代に入っても役場等で利用されたものか。【詳細は川名・三河報告参照】	楮系	裏打不適、貼り直しの必要。
38	89	御領分川筋分量地絵図（臼杵川）	川筋図	天保2年(1831)	182	237	墨書 彩色		臼杵川河口から障子岩付近まで書を、障子岩付近に描かれた「合印」で、372とある。作成するのは「二枚之内」とあらのセットを指す。らい紙「御領分」とあるのは「御領分」御役場所。61, 62, 89, 372の絵図は同様の描法をもって描かれる。付箋「御測所」とあり、測点にはビットホールあり。	楮系	裏打不適
39	20	米山御屋敷御分量地絵図	沿岸図	嘉永6年(1853)2月	95	214	墨書 彩色		らい紙「御代官五郎平作」とあり。弘化年間に作成された海岸の番号とよく似た描写ながら、沿岸以外の情報も凡例がもうけられている。30番と接続可能か。付箋「此所有但此所当時畑に相成居候」とあり。	楮系	紙縒の痕跡あり(側面の縁)。
40	30	米山地図 大	沿岸図	嘉永6年(1853)2月	217	283	墨書 彩色		20番と接続可能か。縮尺は35～38の絵図と同じ。縮尺は35～38番の絵画には「いの割」等の番号が記されている(田畑に注記なし)。屋敷地らしき区画には「いの割」等の大きさいと、屋敷地らしき区画、山地主名、村境の書き分け、35番より陸地の情報に重点を置くか。	楮系	海面より色料が欠けている。
41	36	（臼杵領内沿岸図中津浦～新地）	沿岸図	弘化4年(1847)	188	271	墨書 彩色		臼杵城下の米山から楢屋鼻・楢屋まで。楢屋まで(資料番号289番)に書かれた沿岸の深さは注記的とすることが関連史料(資料番号289番)に書かれている。沿岸の正確な地勢の把握を目的としている一方、岩礁の細かな描写を目的とする村名、岩礁の細部が描かれている一方、沿岸の細部から村境、海岸線における村境にあたる村名、基準線の設定、網代表の沿岸関連資料の情報…に重点を置くことができる。これら一連の沿岸ポイント間の距離、基準線の設定、網代表の沿岸関連資料(南)「海岸分間絵図三枚並び関帳…」に巻いた状態で収納されていたと考えられる。(資料番号269番)「海岸分間絵図」に巻いた状態で収納されていたと考えられる。	楮系	近年の裏打の際、失大・錯誤の主も誤の主有り。
42	37	（臼杵領内沿岸図佐志生～下ノ江）	沿岸図	弘化4年(1847)	194	517	墨書 彩色		同上	楮系	
43	376	（総役所絵図）	屋敷図	明治期	166	131	墨書 彩色		材質的に見て、近代に入ってからの作成もあり得る。景観年代からは、文久3年前後か。	楮系	

46　第Ⅰ部　近世城下町の町割と景観

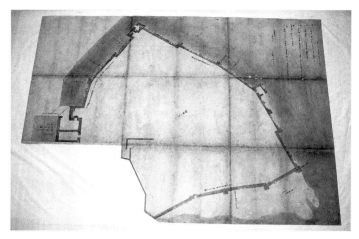

図 2-4　「本城二三之曲輪共ニ破損所之覚」（臼杵市蔵，通番 4）

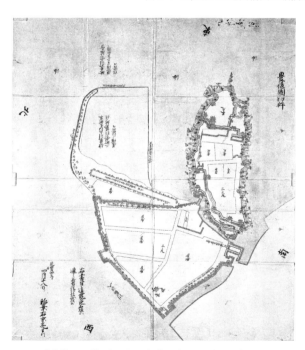
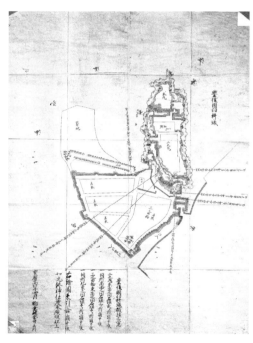

図 2-5　「豊後国臼杵（三之丸造成届出図）」（臼杵市蔵，通番 10）　　図 2-6　「豊後国臼杵城破損之覚」（臼杵市蔵，通番 12）

の次に古い承応図にも「スサキ／松林有之」と注記があるのみである。

　では、この洲崎馬場はいつ形成されたものであろうか。これも市史年表等によれば、万治 3 年（1660）2 月 21 日竣工とあり、正保図、承応図には見られない景観要素ということになる。

　さらに「すさき」と呼ばれる汀線部をみると、通番 16 絵図「寛永臼杵城下絵図」（図 2-7）は汀線内の面積が正保図・承応図より小さく、松林のような植生の描画がある。16 図は景観的には田町があるため、寛永 4 年以降と推定することが可能であるが、汀線内に描かれた松林様の植生が実際に形成されていたとすると、寛永 4 年よりさらに遡る可能性は高い[4]。通番 33 絵図「臼杵藩領図・国絵

第 2 章 絵図に見る臼杵城下町の変遷　47

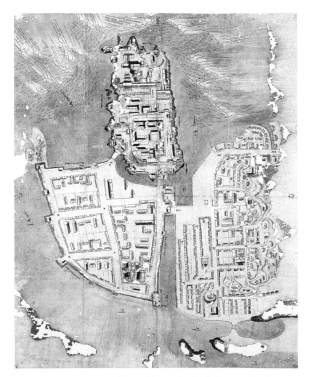

図2-7 「寛永臼杵城下絵図」（臼杵市蔵，通番16）

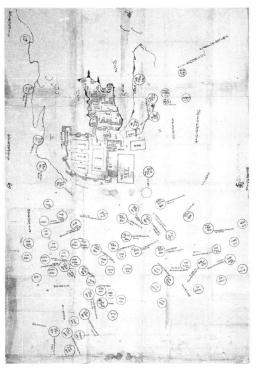

図2-8 「臼杵藩領図・国絵図写」（臼杵市蔵，通番33）

図写」（図2-8）には「すさき」と同じ位置に汀線は描かれていない。33図は、町の描写がないものの、慶長豊後国絵図と近似した村形があり、その領主名から元和2年（1616）～寛永5年（1625）の作成年代であることがわかる。とすれば、汀線の状況を16図と比較すると、16図に描かれた植生の形成にかかる時間が必要なので、せめて元和期に遡ると考えるのが妥当ではないだろうか。但し、33図の本紙は楮紙系統とみられるため、製作年代は16図の方が古い可能性が高い[5]。

　以上を整理すると、太田一吉によって整備された三の丸東側には、稲葉氏入封後の元和期に洲崎が形成され始め、植生が見られるようになった。正保～承応期にはそれが拡大し、万治3年には洲崎に馬場がつくられた、ということになろう。

2）延宝図から宝暦図、近代図 – 現在につながる城下像 –

　万治3年の洲崎馬場形成後、臼杵藩は延宝図にみられる「築地」造成計画を幕府に願い出る。結果としてこの計画は実現し、築地は完成している。しかし、築地はなぜ必要だったのか。
　これを考える上で見ておきたいのが承応図と、通番9「臼杵城三の丸造成計画図下図」（図2-9）等の絵図である。
　承応図（図2-4）には、三の丸石垣や櫓の修理と、堀川の浚渫とともに、「三ノ曲輪門口（＝臼杵城大手門）」下に「水道」を設置したい旨のらい紙がある。この「水道」とは、堀川の水を大手門の下をくぐらせて反対側へ抜けるようにしたいという記述から、暗渠と考えられる[6]。
　また、通番9図には、大略以下のような記述がある。

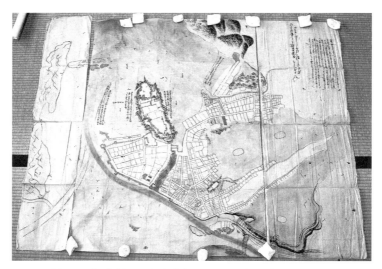

図 2-9 「臼杵城三の丸造成計画図下図」（臼杵市蔵，通番 9）

「城下の堀は先年浚えたが、また埋れだした。城下に波で運ばれてくる土砂対策として、少なくとも二〇〇～三〇〇人程度で毎年夏秋、三～五日ずつ動員し、土砂浚えを行えば、いつまでも大して埋もれることはないだろう。絵図に描いたとおり、ジャカゴを（長さ）二町ほど（湾内へ）突き出すように造れば、埋もれ難くなるだろう」

つまり当時、臼杵藩は城下周辺に波で運ばれてくると考えられていた土砂の対策に苦慮し、浚渫のための動員計画まで検討していたことがわかり、これら浚渫土砂の行き場として築地造成が計画されたのである。この他に、通番 7、8、26～30 の絵図からは、洲崎の築地だけでなく、海添にも築地造成の計画が練られて実行されたことがわかる。

延宝図で届出された造成計画が実施された後の臼杵城下の姿は、おそらく通番 21 図（図 2-3）のような状況であったと思われる。この後、元禄 2 年（1689）に大火が起こり、海添の宝蓮寺、浜町の光蓮寺はそれぞれ現在の所在地に移転させられたが、同図はその直前の景観とみられる。そして、通番 25 図（図 2-10）のような城下として幕末を迎えることとなる。洲崎周辺の埋め立ては延宝図に示された段階でとどまり幕末を迎えるが、通番 24 図（元禄～正徳頃）と 25 図を比較すると、海添方面では造成が進んでおり、松島から下流へ土砂が堆積し、近世の間に中州（現在の中須賀）が形成されていったが、幕末の景観とみられる通番 25 図を見ると、そこに護岸が整備され、何らかの土地利用が企図されていた。それらを指標に年代を推定することも可能であろう。

3）文化～近代初頭－近代図への胎動－

これまで取り上げた絵図は、城および城下の形成にかかわり、城・城下のいずれか全体を描くものがほとんどであった。しかし、通番 13（図 2-11）、35～37 の 4 点の絵図は、城（＝通番 13）、城下（＝35～37）を切り分けて描いた絵図として注目される。これらの絵図は、同じ凡例で彩色していること、土地一筆の間口・奥行き、当主名を記録していること、貼り札で土地の当主名を修正していること等の特徴を備えている。これらから、ある特定の時期に、屋敷地の面積と利用形態、その土地に

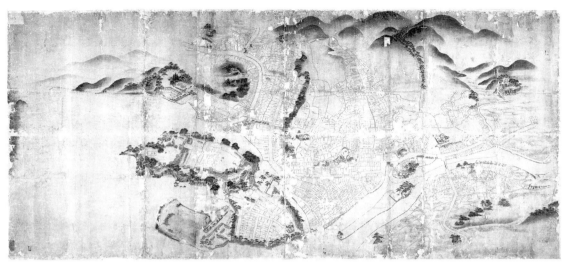

図2-10 「臼杵城下絵図」（臼杵市蔵，通番25）

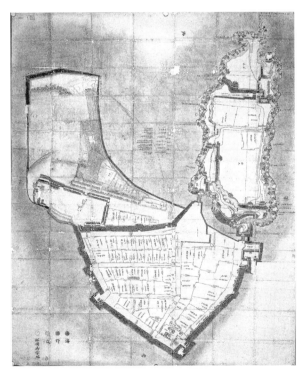

図2-11 「臼杵城図」（臼杵市蔵，通番13）
口絵4を参照のこと．

住む（あるいは利用する）当主の名前を把握することを目的としていると考えられることから、天保の藩政改革とのかかわりが推定されている（三河・川名 2005）。同改革では、一村ごとに詳細な絵図と検地が命じられ、長年通用してきた石高を徹底して見直す作業が行われた。このことから、これら屋敷割絵図と同改革との関係が推定されている。また、通番13図記載の一部人名から、文政期まで遡れる内容であることを確認しているが、これらを絵図作成に関する記録等がないため、今後も調査を継続する必要がある。

また、この図の他、表には掲載していないが、整理番号53の「海添組仁王座村分間量地絵図」を含め、近世末期に作成された絵図が近代の地籍図などに影響を与えたことが指摘されている（三河・川名 2005、岡村 2011）が、その詳細まで踏み込むことはできないため、今後の課題としておきたい。

4）臼杵城下空間変遷の指標

以上雑駁ながら、臼杵城下空間の変遷を絵図情報からみてきた。その変遷をみる指標となる絵図は

先に挙げたが、指標となる地物、歴史的事象等をまとめると、以下のようになる。

　A：陸地形成；洲崎、馬場（祇園・洲崎）、本丁、塩田、海添、中須賀（松島周辺）

　B：構造物；城郭建築（櫓等）

　C：街路

　D：事件・災害；火災、地震、洪水

　E：人名

　F：寺社の位置

　G：描かれる範囲；海添、諏訪、市浜、平清水

　承応図、延宝図、宝暦図のような、年紀入りの城下絵図は存在せず、正保図のように確かな状況証拠がある絵図や、城絵図、古文書等から推定を重ねなければならないのが、臼杵城下絵図研究の現状である。さらにいえば、絵図に描かれた景観を推定するための地物、事象の年代を示す史料も、1次史料と呼べるものは少なく、編纂史料などを根拠とせざるを得ない場合が多い。今後は発掘調査による成果や新出あるいは未見の史料をさらに追求する必要があろう。

注

1) 唐人町, 唐人町懸町, 横町, 浜町, 畳屋町, 横浜町, 菊屋町, 吉水小路片町, 祇園洲, 海添中町.

2) 臼杵市所蔵『稲葉家譜』貞通巻2には「一吉移後,築石壁祇園洲,造前門及諸門揚櫓,以為三郭」（読点筆者）とある. また, 家譜では文禄2年に太田が移封されてきた旨記載し, その根拠として同年の臼杵城下掛町検地帳に太田の家臣名が記載されていることを挙げているが, 現在その史料は行方不明である.

　　　この時期には, 17世紀以後の本丸・二の丸に当たる「丹生島」に天守が設置されるなどの改変もあったことが, 臼杵市および神田氏らの調査研究によって明らかになっているが, 城下に接続する部分の改変は三の丸が大きなものといえよう.

3) 承応図は, 承応3年（1654）3月11日に幕府に提出された絵図の控えとみられるものである. 控えとみられる理由は, らい紙の記載内容が城修築絵図に記載される文言に近い内容であること, 現在行われている修復事業において,雁皮紙が用いられていることが判明したことなどの情報から判断した. らい紙には「三ノ曲輪」の櫓とその台座修築, 堀の浚渫,「三ノ曲輪」門口下の水道構築を願い出る内容が記録されている. この届出内容と同様の内容が「稲葉家譜」に記録されている. 則ち, 同家譜の信通巻2によれば, 承応3年4月19日に幕府は老中奉書で二の丸, 三の丸, 堀川の石垣, 櫓, 浚渫等を許可し, 同年6月6日に堀川普請開始, 明暦元年（1655）7月12日竣功した. この承応図成立については, 通番1～3絵図が同4・5絵図の作成過程を示しており興味深いが, その内容紹介を別途行う予定である.

4) 臼杵市所蔵絵図には慶長豊後国絵図（原表題「豊後国八郡絵図」）, 寛永巡見使関係の絵図など, 幕府とのやりとりのなかで作成されたとみられる絵図が多数残されているが, これらは概して雁皮系の上質な料紙を使用している. 16絵図もいわゆる「間似合紙」を用い, 製作されている. 16絵図に関しては, 豊後国八郡絵図と波の描写が近似しており, 慶長期作成の可能性も視野に今後検討する必要がある.

5) 前掲注4参照.

6)「水道」に関するらい紙には,「不済」と付記されているため, 実現はしなかったとみられる.

引用・参考文献

茨城大学教育学部人文地理学教室編（2000）:『茨城大学人文地理学野外実習報告第3号（臼杵・佐賀関）』1-24頁.

臼杵市編（1990）：絵図最多保有の謎（第 2 編第 4 章第 6 節），『臼杵市史　上巻』629-632 頁．

臼杵市編（1992）：臼杵市歴史年表，『臼杵市史　下巻』595-718 頁．

臼杵市教育委員会編（1992）：臼杵城修理火事等関係記録，『県指定史跡臼杵城跡保存整備計画策定書』47-91 頁．

臼杵市教育委員会編（2005）：『臼杵市所蔵絵図資料群調査報告書』．

臼杵市教育委員会編（2010）：『臼杵城－臼杵城再生整備事業に伴う発掘調査－』．

臼杵市教育委員会編（2011）：『臼杵城三の丸－都市計画道路祇園洲・柳原線改良工事に伴う発掘調査－』．

臼杵市教育委員会編（2014）：『臼杵市近世絵図資料群修復報告書』．

臼杵市教育委員会編（2015）：『臼杵藩政史料調査事業報告書』．

臼杵史談会編（1937）：口絵「臼杵城平面図」「文久元年の臼杵市街図」（文久は天保 2 年の誤り；筆者注），『臼杵史談』23 号および 25 号．

大分放送株式会社編（1990）：『大分歴史事典』．

岡村一幸（2011）：大分県豊後国地域の明治期地籍図，『国立歴史民俗博物館研究報告』第 163 号，461-468 頁．

川名　禎・三河雅弘（2005）：臼杵藩天保地押絵図の表現内容とその作成過程，臼杵市教委（2005）所収，85-102 頁．

川村博忠（1984）：『江戸幕府撰国絵図の研究』古今書院．

川村博忠（1996）：『国絵図』吉川弘文館．

川村博忠（2000）：『慶長 国絵図集成』柏書房．

神田高士（2001）：戦国期都市臼杵について，大分市教委・中世都市研究会編：『南蛮都市・豊後府内』．

神田高士（2003）：文禄期臼杵町を復元する，文化財学論集刊行会編：『文化財学論集・続』第 2 分冊．

神田高士（2013）：大友都市臼杵とは何であったか，鹿毛敏夫編：『大内と大友』勉誠出版，285-342 頁．

国立公文書館デジタルアーカイブ「豊後之内臼杵城絵図」．https://www.digital.archives.go.jp/DAS/pickup/view/detail/detailArchives/0305000000_8/0000000466/00（閲覧年月日 2017 年 1 月 29 日）

財団法人観光資源保護財団（日本ナショナルトラスト）編（1986）：『臼杵＝うすきの歴史的環境と町づくり』，4-22 頁．

外山幹夫（1951）：大友義鎮の入道と府内・臼杵，『九州文化史研究所紀要』20 号，27-60 頁．

平凡社地名資料センター編（1995）：『大分県の地名』平凡社，647-659 頁．

福川一徳（1980）：豊後国臼杵町の建設を巡って，豊田武古稀記念会編：『日本中世の政治と文化』吉川弘文館，513-539 頁．

淵　誠一（1935）：臼杵藩編纂の古史捷，『臼杵史談』第 17 号，31-35 頁．

三重野　誠（2003）：『大名領国支配の構造』校倉書房．

三河雅弘・川名　禎（2005）：臼杵における地籍図類の作成経緯とその特色，臼杵市教委（2005）所収，103-114 頁．

渡辺澄夫（1936）：大友時代末期の豊後臼杵，『大分県地方史』13・14・15・16 合併号．

第3章　長府城下町の重層的景観
－古代国府・中世府中・近世城下町－

礒永和貴

1　古代長門国府と中世府中

1) 問題の所在

　山口県下関市長府は古代に長門国府がおかれて以来、現代にいたるまで都市としての長い歴史を
もっている。古代では長門国府のほかに長門鋳銭所や長門国二宮（忌宮神社）が置かれ、政治・宗
教都市として機能した。中世には国府がそのまま踏襲され、その後には忌宮神社の鳥居前町が商業都
市として発展し、さらには大内氏の長門守護所と守護館が設けられ「府中」となった。近世になると
毛利家の支藩である長府藩の城下町となる。しかし、近代になると明治政府の成立によって武家政権
が崩壊して都市的機能が著しく衰退し、ほとんどの家臣たちやその生活を支えた町人たちもこの地を
去っていった。長府は大正年間になると再び活気を取り戻すこととなる。北九州工業地帯の工場用地
が飽和状態になり、周防灘に面する利便性から海岸の埋め立て工事が始まり神戸製鋼をはじめとする
工場が移転し、それらの工場に務める従業員や家族がやってきたことにある。現在は、前面を響灘に
面して背後を緑豊かな山谷に囲まれ、自然豊かなベッドタウンとなった。また、高杉晋作が功山寺で
元治元年（1864）に決起したことなどから、「明治維新の発祥の地」として多くの観光客が訪れている。
　しかし、前述したような古代国府、中世府中、近世城下町への景観の連続性や断続性と、その特異
性については理解が乏しいように考えられる。長門国二宮である忌宮神社には、南北朝期に作成され
たと考えられる国の重要文化財である貴重な「忌宮神社境内絵図」が所蔵されている。山村亜希（2009）
は、この図を活用して古代長門国府から中世の「府中」へと変化した過程について詳細に検討し、そ
の景観を明らかにしている。また下関市立長府博物館には、近世長府城下町を描いた承応年間（1652
〜 54）の「毛利家所蔵長府古図」、宝暦10年（1760）の「乃木家所蔵長府古図」、弘化3年（1846）の「長
府屋敷割図」などが所蔵さているが、これらの城下町絵図自体の研究や近世長府城下町の景観復原研
究はほとんど進んでいないのが現状である。
　本論では長府城下町に重層的に残る古代国府や中世守護町兼鳥居前町（府中）と近世城下町の歴史
的景観について検討するものである。

2) 近年の国府研究と長府

　ここでは、山村の研究（2009:34-68頁）によりながら、近年の国府研究と中世の都市「府中」につ
いて概観し、近世長府城下町の前身となる中世都市「府中」の景観について検討する。中世国府につ
いての研究は近年大きく前進した。それは、古代国府が中世に連続的に「府中」として継続された点

であろう。

　歴史地理学では早くから古代国府についての研究が行われてきた。その基本は、藤岡謙二郎（1969）らにより古代都城のミニチュアとして「方形・方格プラン」に基づく国府の復原研究がなされてきた点にある。その典型としてしばしば引用されてきたのが、同じ山口県防府市にある周防国府である。国府研究の嚆矢とされる三坂圭治（1933）によって、この地が東大寺領で中世・近世を通じて「国衙方八町」と呼ばれてきたことに基づき、8町（872m）×8町のプランが復原された。さらに、1961～66年にかけて藤岡・小野忠煕・小田富士夫は歴史地理学と考古学との共同発掘調査によって、上述の三坂の復原プランをやや修正して条里地割と符合する案を提示した。中央には幅42尺の朱雀大路が通り、それに沿って「朱雀」の小字名が残ることなどから、小字「国庁」付近に方2町の政庁が想定された。そして、発掘調査によって築地と四門が確認されたのであった（防府国府調査団編1967）。

　このようなことから、同じ山口県にあった長門国府もまた「方形・方格」のプランであることが前提に調査が進められてきた（下関市史編修委員会編 1965）。しかし、その後の金田章裕（1995）の研究によると、「一定の範囲が国府域と認識されていても、国庁と道路を核ないし軸として、官衙・館・工房などが、いくつも『郭』的な形で配置された『市街地不連続・機能結節型』とでも表現し得る都市形態であった」との指摘もある。そもそも藤岡らの提唱した古代都城のミニチュアとしての「方形・方格プラン」は理念的であり、そのプランが生き写しのように地方の国府に採用されたとするのは早計といわざるを得ない。山村も「中世国府（府中）と古代国府との間に大きな画期を想定するよりも、古代国府を継承した空間構造の可能性を考慮に入れる必要があると思われる」としており、古代国府の不連続的な構造が中世の府中へと連続的に連なったと考える方がごく自然の流れのように考えられる。

　さて、古代の長門国府の位置は従来、豊浦宮の伝承地である忌宮神社の位置とされてきたが、考古学的な確証には乏しい。鎌倉時代の元の日本襲来以降、長門国府には長門・周防両国の守護を兼務して長門探題が設置され、北条氏がその任についた。元弘3年（1333）に長門探題は在地の厚東氏によって滅ぼされ、翌建武元年（1334）に北条氏が長門守護職として長門国府に入った。正平14年（1360）には大内氏が長門国守護職に任じられ国府に入り、その後同氏は周防・長門両国の守護職となりその支配を確立した。

　このような南北朝期の長府の景観を知る上できわめて重要史料として、前述した「忌宮神社境内絵図」がある。「忌宮神社境内絵図」は、忌宮神社を中心に正方位を意識して東に周防灘、南に関門海峡を配し、東西の周囲に取り囲む山稜を描き、大きく四角にデフォルメした構図となっている。道路や河川は、この構図に合わせて直交する街区を形成しているように描かれている。この構図の背景について山村（2009:57-58頁）は、吉田（1986）の提示する「社寺の四至結界の絵図表現」と、10世紀以降に国衙領が集中する国府域をひとまとまりとする領域の認識存在を示す、金田（1995）との見解を合わせた空間認識として解釈している。その上で山村は、このような背景には、建武元年に新守護の厚東氏より「二宮社領府中鯉河以下敷地」の所領安堵を受けている点が関係することを明らかにしている。

　「忌宮神社境内絵図」は、その筆法から鎌倉時代とされてきたが、山村はこの所領安堵を目的に作

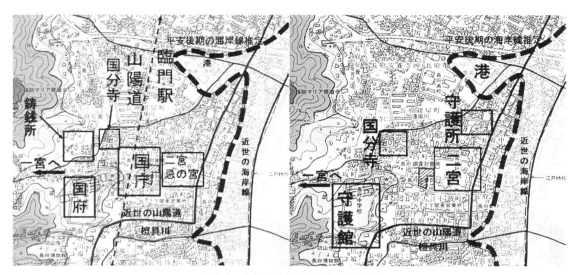

図 3-1　古代国府と中世府中の概念図
左図：古代，右図：中世.

成されたとしたのであった。「忌宮神社境内絵図」は、まさに長府が府中であった時期を描いた絵図であると考えられる。また、道路や河川などのほかに、忌宮神社や守護館、守護代所、国分寺などの所在地を描いている点は、府中であった長府を復原する際に重要な意味をもっている。これらの所在地は、国庁であったと考えられる忌宮神社を中心に分散しながら所在しており、前述した国府域 8 町の正方形区画ではなかったと考えられる。さらに、山村（2009）による発掘調査と近世城下町絵図や地籍図よる地割との考察によると、北から東に 10 度～ 30 度振れた現行地割の状況は、近世以前に遡る可能性が高いとされている。

　このような諸点を踏まえながら、近世城下町の長府が、古代国府・中世府中の地割をいかに踏襲し、どのように改変していったかが本論の課題となる。また、中世と近世をつなぐ大内氏から毛利氏の支配期の串崎城下としての府中にも、注目する必要がある。

3）中世の府中

　図 3-1 は 1/2,500 の都市計画図を主に、山村（2009）の研究を参考としながら、長府の古代・中世の景観をまとめたものである。ここでは、中世長府の「府中」の景観について検討する。

　大内氏は南北朝期（1330 ～ 1393）に周防・長門の守護職を兼ね、朝鮮半島との交易を積極的に進め巨大な利益を得た。大内氏の経済力を支えた朝鮮半島との交易の中心地は、府中である長府とその外港としての赤間関であった。また、長府の守護代所北側の「北浜」に港が存在していたと考えられ、ここもまた国内外への物資が交易され、府中の発達に大きく寄与したと考えられる。また、正応 4 年（1291）には「府中北濱銀大工」が確認されており、北浜の港の近くに長門国の鋳物師集団が統括する惣官職が居住して、鍛冶や鋳物の生産が行われていたものと考えられる。これらの鋳物集団は、近世城下町時代まで継続して存在した（網野 1984:431-538 頁）。

　とくに大内弘世は、他の守護大名を圧倒する経済力と軍事力を背景に京へ進出し、周防・長門両国

56　第 I 部　近世城下町の町割と景観

は一つの独立国ともいうべき状況にあった。大内義弘の代には豊前国の守護職までも手に入れ、大内
氏が居を構えた山口は「西の京」と呼ばれるまでになった。このような大内氏の支配下にあって、長
門国支配の本拠地であった守護館や守護代所があった府中も変貌したと考えられるが、その実態は不
明な点が多い。しかし、関門海峡の瀬戸内海側の出入口にあった串崎城（後掲の図 3-2 参照）の軍事
的な位置づけは大きかったものと思われる。串崎城の北に位置する黒門地区は、平時の家臣たちが居
住する地区であったことが推定される。黒門地区は狭隘な谷状の地形で隔絶されており、防御的にも
優れている。ここは近世、長府城下町になっても家老級の重臣たちが集住する地区でもあった。
　また、山村（2009:42 頁）が指摘するように、応安 4 年（1371）までには山陽道も近世期のルート
に変更されたと思われる。天正 2 年（1574）の「長門国一二両社祭式」（忌宮神社文書）によれば、「長
府市場」は「南ノ町・中濱町・中ノ町・惣社町・土居ノ内町」としており、山陽道沿いに町が形成さ
れていたものと考えられる。大内氏の長門国支配の本拠地であった長府府中は、忌宮神社を中心にし
ながらも新しく改変された山陽道に沿って拡張し、前述した「北浜」の港地域を含めた城下市町とし
て発展し、国内と海外の交易を背景とした経済的にも重要な地域として位置づけられたとものと考え
られる。
　しかし、大内氏は天文 20 年（1551）に家臣の陶 晴賢によって滅ぼされ、その陶氏も毛利氏によっ
て滅亡した。毛利氏は山陰の尼子氏を攻略して石見・出雲・因幡国の 3 国を併合し、さらに備中・備
前も手中に収めて中国地方 10 国の大領主となったのである。毛利氏の支配下においても、長府にあっ
た「府中」は長門国の中心都市として機能し、大内氏時代と変わりなく九州そして瀬戸内海を結ぶ航
路の港町、そして日本海から朝鮮・中国さらには東南アジアへの海外交易の拠点としても、重要な経
済都市として発展したと考えられる。

2　毛利秀元による城下町形成

　毛利輝元は実子に恵まれなかったことから、天正 13 年（1585）に甥の秀元を養子とした。しかし、
文禄 4 年（1595）に輝元に実子が生まれたことから、秀元は家督相続を固辞し、慶長 4 年（1599）に
秀元へは長門一国、周防国吉敷郡、安芸国佐伯郡の合計 17 万石余が分置された。秀元は、その領地
を支配する拠点を関門海峡の瀬戸内海側の出入り口にあたる現山口県下関市長府（長門国豊浦郡）と
した。長府は古代の国府であり中世の府中であったことから、当然の成り行きでもあった。居城は眼
下に関門海峡を望む周防灘の突き出した半島に位置する、かつて大内氏の家臣の内藤隆春の居城で
あったとされる串崎城（雄山城）に定めた。
　翌慶長 5 年の関ヶ原の合戦で敗れた毛利輝元は、周防・長門の 2 国に減封されて萩に城下町を構え
た。同年に毛利秀元には再度 6 万石が分封され、慶長 7 年に串崎城を改築して居城とした。ところが、
元和元年（1615）に江戸幕府が命じた一国一城令によって串崎城は取り壊され、その陸地側の隣接地
に居館（現、山口県立豊浦高等学校）を築いたのであった。秀元の築城した串崎城は、近年の発掘調
査と研究によって関見台公園として整備されている。
　城下町も築城時に整備されたと考えられるが、現存する最も古いと考えられる承応年間（1652 〜
55 年）の「毛利家所蔵長府古図」に描かれるような城下町がいつ頃形成されたかは不明な点が多い。

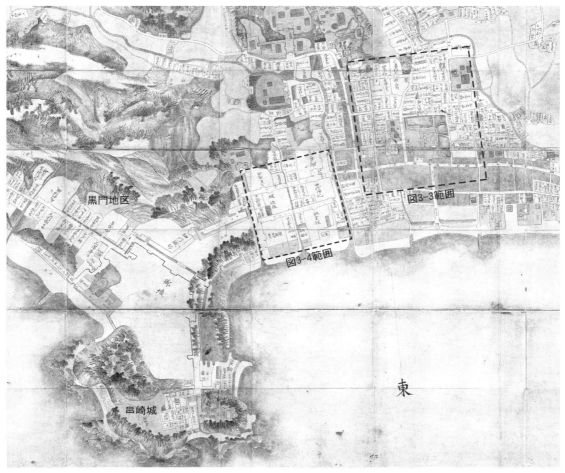

図 3-2 「長府城下町屋敷割図」の拡大図
（下関市立歴史博物館蔵，103.2 × 191.1cm）全体図は口絵 3 参照．

串崎城下町がまだ形成されていない時期の天正 2 年（1574）の「長門国一二両社祭礼之事」（忌宮神社文書）によると、当時の府中の町名は「北町、土居ノ内町、中ノ町、南ノ町、中浜町、惣社町、別所町、亀ノ甲町」の 8 町である。この当時も、南北朝以来の府中がほぼ連続的に保たれていた。慶長 15 年の検地帳によれば、屋敷数が 588 軒であることからすると、この頃までに城下町の基本的な骨格ができ上がっていた可能性が高いように考えられる。長府城下町はもと 17 万石の秀元が計画した城下町を大幅に縮小し、中世の府中町を生かした 6 万石に似つかわしい城下町が形成されたと考えられる。

3　長府城下町絵図の特徴

前述したように、下関市立歴史博物館（旧下関市立長府博物館）に所蔵される長府城下町絵図は 3 点である。ここでは、絵図の書誌学的な検討を行いその特徴について検討する。

1)「毛利家所蔵長府古図」

「毛利家所蔵長府古図」は後世に書写されたものであるが、原図の内容は承応年間（1652 〜 55）のものであり最も古い内容をもっている。道や家の一筆の区画は定規によって描かれており、字体も崩し字は使っていない。道路を朱色、海を水色で着色し、やや墨と海の青色を混色して海岸の松林や一部の山や藩主の「御屋敷」などに樹木を描いているが、装飾的な要素は一切ない。寺社などの名前が記され、藩の施設と思われる屋敷を絵画的に描いているものの名称は見られない。虫損で名前の一部が消滅している場合「キレテミヘス」とし注釈を付し、虫損の形まで書写されている。

承応年間の年代比定は、「分限帳」との家臣の名前との比較によって行った。その結果、侍の氏名はほとんど一致しており、本図が家臣の名前にこだわったことが注目される。山陽道に沿った町人町についても筆界（一筆区画）を描いているものの、残念ながら町人の名前は記載されていないが、間口が均等の短冊形に描かれている点が注目される。

承応 2 年（1653）には長府藩領の 6 万石のうち、支藩の清末藩 1 万石が分知され誕生した。このことが本図作成の直接的な目的であったと考えられる。分知に際しては家臣たちの異動があったとみてよく、本図作成にあたっては詳細に家臣の名前を把握することが求められたと考えられる。ちなみに承応年間の分知にあたっては、長府藩領のうちどの村を清末藩領としたかを示した絵図が残されている。おそらくは、この分知を示した絵図と「毛利家所蔵長府古図」はセットで作成された可能性が考えられる。そうしたことから、長府毛利家の所蔵になる本絵図は、江戸前期の長府城下町を精確に描いた絵図とみなしてよい。ただ、定規によって道や筆界を画一的に描いていることから、絵図としての精度は低いものとなっている。

2)「乃木家所蔵長府古図」

日露戦争の旅順攻囲戦で有名になった陸軍大将の乃木希典は長府の出身であり、その乃木家に伝来したのが「乃木家所蔵長府古図」である。乃木家に伝来したといっても本図は書写図である。書写の年代ははっきりしないが、紙質や絵の具、方位記号などから幕末〜明治期に書写されたものである。原図になった絵図は「分限帳」との照合によると、宝暦 10 年（1760）頃の作成と考えられる。道路は薄赤色、海を青色で着色して、山を灰色に着色し樹木を絵画的に描いている。屋敷地は山と同じく灰色で着色している。武家屋敷地区は一筆区画の筆界を描き家臣の名前を書き入れるが、町人町は「丁」と書き入れるのみで筆界がない。本図の最も重要な情報は、さまざまな藩の施設や寺社の名称を詳しく書き込んでいることである。

3)「長府城下町屋敷割図」

口絵 3 および図 3-2 の「長府城下町屋敷割図」（下関市立歴史博物館所蔵）はすでに複製版がつくられており、最も整った内容をもつ長府の城下町絵図として広く知られたものである。これまで検討した絵図は後世の写しであるが、本図には「弘化三年五月吉日是新ム　籠屋又七是写」とあり、分限帳などとの照合した結果、弘化 3 年（1846）に作成されたものであることがわかった。「籠屋又七」がどのような人物であったかはまったく不明であるが、少なくとも本図を見る限り町人絵師であった可能性が高いと思われる。

凡例と方位があり、墨のみで山に丁寧に樹木を描き、雲を配置して鳥瞰図風に描いている。凡例は「寺社」（緑）、「同宮地」（薄赤）、「佛堂」（赤）、「寺地」（茶）、「道筋」（無色）、「田畠」（薄青）、「海」（青）、「山」（薄墨）、「町屋」（青）、「アヅカリ地」（茶）と10種見られる。武家屋敷地区は一筆区画の筆界を描き家臣の名前を書き入れるが、町人町は凡例の通り青色で着色するだけで筆界がない。本図は「乃木家所蔵長府古図」のような豊富な情報量はないが、さまざまな藩の施設や寺社の名称を詳しく書き込んでおり精度も高い。以上が下関市立歴史博物館所蔵の長府城下町絵図の概要である。

4　近世長府城下町の景観的特徴

筆者は長府城下町の現地調査をもとに、「毛利家所蔵長府古図」と「乃木家所蔵長府古図」の一筆筆界の復原を試みたが、図の歪みが大きいために十分な成果を得ることができなかった。そこで、最も精度が高い弘化3年（1846）「長府城下町屋敷割図」を基に典型的地割のある地域を選択し、地籍図や現地調査などをもとに、一筆筆界を1/2,500の国土基本図に照合作業を行った（図3-3、図3-4）。以下では、檀具川以北の古代・中世の景観残存地域と檀具川以南の近世城下町の景観について検討する。

1）檀具川以北の古代・中世の景観残存地区

図3-3は、檀具川から北に位置する忌宮神社から国分寺付近までの古代の長府国府、中世の府中に該当する地域の復原図である。侍町の筆界（細実線）は「長府城下町屋敷割図」の筆界を示し、図に記入された家臣の名前（番号）を示した。また、道路（太い破線）や町名等の書き込みも同図によっている。町人町の筆界（細破線）は同図に筆界は示されていないため、下関市役所長府支所所蔵の明治20年（1887）の地籍図をもとにして分筆された枝番の筆界を削除して、できる限り明治初期の地割にもどして示したものである。後掲の図3-4についても同じ手順によって作成している。

近世の長府城下町の町人町は中世の府中の町割を踏襲したものであった。そのために、城下のほぼ中央を中世に改変された山陽道が東西に通過し、北へと向かっていた。基本的に檀具川以南は侍町だけで形成されていたが、檀具川以北には中世以来の町人町があり、そのなかに中級家臣の居住した侍町もみられた。

図3-3からは、侍町の地割は間口が広い長方形か四角のブロック型であるのことが確認できる。各屋敷地の地割は西から東（山側から海側へと）へと傾斜している地形に大きく影響している。「長府城下町屋敷割図」では、国分寺の南に「サカ」（2ヵ所）、「キミサカ」、「キタトオシ」の書き込みがあり、図に書き込めない地形を文字によって表現している。この付近の侍屋敷の地割は北から東へ5度から7度振れており、近世城下町の建設に伴って新たに斜面を整地して侍屋敷の地割が施行されたものと考えられる。比較的城下町の景観が残る通称「古江小路」と呼ばれる坂を、海岸側から上ってくると一筆ごとに南北に段差があり、それが絵図の一筆の侍屋敷にあたり、階段状に整地されている様子がみてとれる。毛利邸付近には東西の段差があり、この付近も階段状に整地をしながら武家屋敷が形成されたことをうかがわせる。このように長府城下町は地形的な制約を受け、城下町建設時に階段状の侍屋敷をつくったことが景観的特徴の一つとなっている。

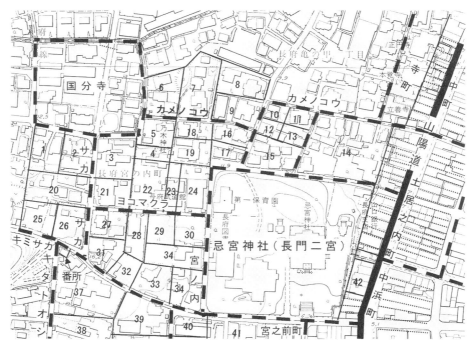

図 3-3　檀具川以北の町人町と侍町の混住地域

1：菅野清右衛門，2：土居要人，3：大久保五郎右衛門，4：庄原権助，5：江良文三郎，6：板原林之助，7：田上藤太郎，8：國嶋俊蔵，9：熊ノ三郎兵衛，10：伊藤平高，11：伊藤　貫，12：伊藤　仲，13：白井宇兵衛，14：二宮大宮司竹内伊勢守，15：二宮権大宮司，16：田上理兵衛，17：重光与光重，18：村岡惣蔵，19：井上治兵衛，20：伴野吉之助，21 小田亮太郎，22：江本傳左衛門，23：金藤粂蔵，24：中村信之介，25：松名半之丞，26：松田茂兵衛，27：小坂土佐九郎，28：桂理平兵衛，29：松本雄伯，30：松山小十郎，31：才栄次右衛門，32：羽仁貞右衛門，33：権勅役武久碩，34：松岡滝祭，35：飯田半兵衛，36：桂　久兵衛，37：武藤九右衛門，38：中村重右衛門，39：品川管吾，40：「神宮寺」などの宗教施設，41：本宿．

　忌宮神社の周囲の侍屋敷は平坦地にあって、山村（2009:39 頁）が近世以前の地割と指摘する北から東へ 10～30 度振れた地割が存在する。忌宮神社の門前にあって、中世の町割がそのまま踏襲した箇所と、近世の城下町建設に伴って新たに侍屋敷の地割が施行された箇所が混在化しているのであろう。

　町人町は北へと向かう山陽道に沿って間口が狭く、いわゆる均等な短冊型である。上述した天正 2 年（1574）の「長府市場」は「惣社町、南之町、中濱町、土居之内町、中之町、金屋町」とあり、現在の地名でも確認できる。図 3-3 では「中町、土居之内町、中浜町」の地割を示したが、筆界は均等に北から東へ約 20 度振れた状態を示していて、近世以前の地割がよく残存している。また、中町から金屋町の町人町の西裏に立善寺をはじめとする寺が集中しており、近世城下町の成立に伴って寺町が形成されたものと考えられる。現地調査で町人町の間口を測定した結果、ほぼ 2 間が全体の 80％近くを示し、道路については約 1.5 間を基準にしていることが確認できた。このような均等な地割が近世以前に遡る可能性については検討する必要がある。

2）檀具川以南の侍町

　檀具川以南は、長府毛利家藩主の館を中心に侍町のみが立地していた。「長府城下町屋敷割図」では、

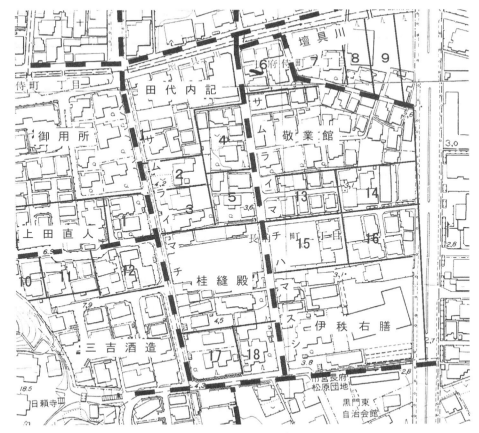

図 3-4 檀具川以南の侍町
1：岩間角蔵，2：飯田右源太，3：西　太郎次郎，4：藤田八右衛門，5：野村源太郎，6：吉岡与次兵衛，7：秋吉玄的，8：内藤与次右衛門，9：三澤内二兵衛，10：飯田橋馬，11：内藤十兵衛，12：井上彦右衛門，13：渡辺長三郎，14：臼井厳平，15：児玉勘兵衛，16：藤井真吉，17：井上新次郎，18：村井喜太郎．

「サムライマチハマスジ（侍町濱筋）」と「サムライマチ（侍町）」の2本のメイン道路に面して、中級から上級家臣の屋敷が設置されている。また、檀具川に沿って藩内の統治にあたった御用所や、侍町濱筋には藩校の「敬業館」も設置されている。檀具川が境となって、それ以南の地域が「侍町」として隔絶されて位置づけられている。

檀具川以南は、中世の府中町域に含まれず平坦地が残されていたことから、近世城下町がきわめて計画的に配置され、しかも上級家臣の侍屋敷も建設されることになった。檀具川以南の侍屋敷の地割は、檀具川以北の地割とまったく逆に、北から西へ10〜20度振れた状態を示している。しかし、この檀具川以南の地域は現在ではマンションや一般住宅地となっていて、ほぼ侍屋敷の面影を伝える建物はなく、道路の計画性や土塀などの一部が唯一の城下町景観となっている（図3-4）。

5　むすびに

本論では、長府城下町を描く城下町絵図の中でも最も精度が高い弘化3年（1846）「長府城下町屋

敷割図」を基に、典型的地割のある地域を選択し、地籍図や現地調査などをもとに寺社、侍町や町人町ほかの一筆筆界を 1/2,500 の国土基本図上に復原した。その結果、檀具川以北の古代・中世の景観残存地域では、山村（2009）が近世以前の地割と指摘する、北から東へ 10 〜 30 度振れた地割が忌宮神社の周辺の侍屋敷や町屋屋敷に色濃く残存することが明らかなった。他方、檀具川以南の近世城下町の建設に伴って新たに開発された侍屋敷の地割は、逆に北から西へ 10 〜 20 度振れていることが判明した。

　以上の点から長府城下町は、古代の国府、中世の府中、近世城下町の重層的な景観が残存していることが明らかになった。そうした都市的集落が古代〜中世〜近世と連続的に立地し続けてきた点に、長府城下町の歴史的特性をみることができるが、平坦地の限られた地形的な制約のなかで、同じ場所にどのように都市計画を再編・実施してきたのかという課題が浮かび上がってくる。

謝辞
　本論に利用した城下町絵図の高精細画像については、下関市立歴史博物館（旧下関市立長府博物館）の全面的な協力を得た。記して謝意を表したい。

引用・参考文献
網野善彦（1984）:『日本中世の非農民と天皇』岩波書店.

小川　信（1985）:中世の長門府中と守護館・守護代所−『忌宮神社境内絵図』による景観復原を中心として−, 国史学 127, 1-30 頁.

金田章裕（1995）:国府の形態と構造について, 国立歴史民俗博物館研究報告 63, 83-132 頁.

下関市史編修委員会編（1965）:『下関市史　原始−中世』下関市役所.

藤岡謙二郎（1969）:『国府』吉川弘文館.

防府国府調査団編（1967）:『周防の国衙』防府市教育委員会.

三坂圭治（1933）:『周防国府の研究』積文社.

山村亜希（2009）:『中世都市の空間構造』吉川弘文館.

吉田敏弘（1986）:中世都絵図のランガージュ研究にむけて, 水津一朗先生退官記念事業会編:『人文地理の視圏』大明堂, 233-244 頁.

第4章　徳島城下町の町割変化
−近世城下絵図の比較分析・GIS分析−

平井松午・根津寿夫・塚本章宏・田中耕市

1　はじめに

　城下絵図の中でも、近世中期以降に作成されてくる城下屋敷割絵図や町絵図は情報量が多く、古地図のGIS分析に比較的適している（平井 2014d）。そうした城下屋敷割絵図や町絵図をベースに作成したGIS城下町図と、城下居住者（侍・町人）に関する歴史資料の情報データベースとを組み合わせ、城下町の町割や土地利用の変化、侍の居住地移動や居住者異動などを明らかにすることで、幕藩社会の都市構造分析に直結する城下町研究・城下絵図研究の深化が期待される（平井 2012・2014b）。一方、同一地域においてスケールや表現内容の異なる複数の古地図情報（例えば城下絵図・町屋絵図・市中絵図や建物差図・分間絵図など）を同じGIS上で展開することで、さらなる地域の実像解明や景観復原が可能になる（平井 2014c）。

　本報告では、豊臣期の天正13年（1585）に城下町が建設着手された徳島城下町を事例に、近世城下絵図の比較分析ならびにGIS分析を通して、徳島城下町の成立過程ならびにその町割構造の一端を考察することにしたい。

2　徳島城下町の成立と再編

　天正13年の四国平定後に阿波国に入部した蜂須賀家政はいったん鮎喰川中流の山城一宮城に入ったものの、羽柴秀吉の指示の下にまもなく吉野川河口南岸のデルタに位置する徳島を新たな拠点に定めた。渭山（現・城山、標高61.7m）に平山城の徳島城を築き、翌14年には「去年ゟ徳島御城下市中町割被仰付町屋敷望之者於有之ハ 申出ニ任相応ニ地面可被下旨」（「阿淡年表秘録」徳島県史編さん委員会編 1964:6頁）の布令によって積極的に町人の移住を奨励し、以後、城下町建設が進む。豊臣政権下のもとに成立した徳島城下町は、全国的にみても早期に成立した近世城下町の一つである。当地が吉野川流域の「北方」と勝浦川・那賀川・海部川流域の「南方」の結節点にあたり、畿内にも近接し海上交通に利便であったためとみられている。

1）建設当時の徳島城下町

　徳島城下町プランの特徴は、吉野川の分流である新町川・寺島川・助任川・福島川などの網状河川を意識的に濠堀として利用した「島普請」にある（服部 1966）。徳島城はそれまでの渭山城と寺島城の2城[1]を取り込んで築城され、当時「渭津」と呼ばれた地は「徳島」に改称された。建設当初の

64　第Ⅰ部　近世城下町の町割と景観

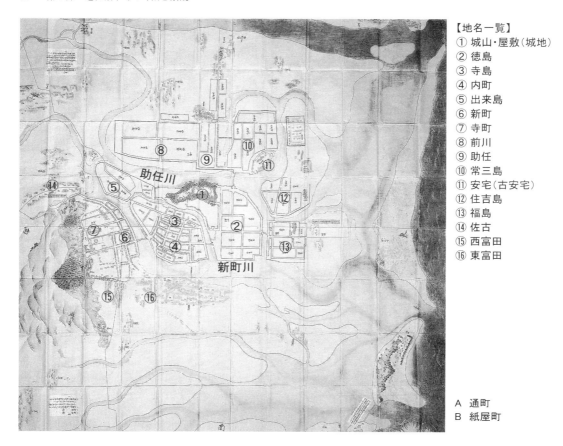

【地名一覧】
① 城山・屋敷（城地）
② 徳島
③ 寺島
④ 内町
⑤ 出来島
⑥ 新町
⑦ 寺町
⑧ 前川
⑨ 助任
⑩ 常三島
⑪ 安宅（古安宅）
⑫ 住吉島
⑬ 福島
⑭ 佐古
⑮ 西富田
⑯ 東富田

A　通町
B　紙屋町

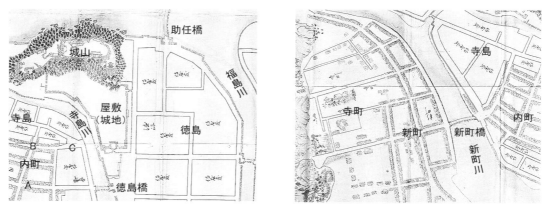

図 4-1　「御山下画図」（忠英様御代御山下画図）
（国文学研究資料館蔵，蜂須賀家文書 1227，寛永 8〜13 年〈1631〜36〉（推定），東西 344×南北 333cm）

　徳島城下町については不明な点も多いが、基本的には豊臣期の都市プランを反映したと考えられてきた。すなわち、城郭が位置する徳島地区ならびに大手筋（通町）にあたる内町・寺島地区を中心に、出来島[2]・福島・常三島・藤五郎島（元和 9 年に住吉島に改称）の 6 島と前川・助任・寺町・新町の各地区が徐々に整備された（図 4-1）。

このうち、「寺島」地名の由来は『阿波志　二巻』（国会図書館蔵）の記述「舊寺觀多曰〔因〕名天正中移之寺街」（〔　〕内は筆者補注、以下同じ）にちなむとされる。渭津について三好（2006:50頁）は、蜂須賀家政入部以前には中世以来の社寺の存在はほとんど確認されず、家政入部後に戦国期阿波国の政治的中心地であった細川氏・三好氏の勝瑞城館周辺にあった27ヵ寺のうち、6ヵ寺を寺島、8ヵ寺を徳島城下の寺町、2ヵ寺を眉山山麓に移したとする[3]。三好（2006:70頁）はさらに、幕府隠密徳島城見取図とされる寛永4年（1627）①-1[4]「讃岐伊予土佐阿波探索書添付阿波国徳島城図」（滋賀県甲賀市水口図書館蔵）の分析から、後述する「阿波九城」の解体に伴い支城に駐屯した家臣、とくに城下町再編の労働力の主体とされた足軽層を徳島城下に受け入れるために、寺島地区の寺院を眉山山麓の寺町や住吉島などに移転させ、跡地に屋敷割を行って、同図に記載される「侍町」が一時的に形成されたとする。

ラフタッチな当図は徳島城下町に関する最古の城下絵図で、徳島地区の城郭東隣3区画および徳島城側の寺島地区3区画、それに当時は「ちき連」（地切）と称したのちの福島地区2区画に「侍町」が記載されている。寺島地区にはこの他に「侍屋敷」「町や」「町」、城山西の丸の西隣に隣接した瓢箪島（一部は明屋敷、のち花畑）や出来島・常三島・前川に「侍屋敷」、助任に「町や」、福島川沿いに「町家」が記載され、新町川対岸の新町地区にも道路により町割が示されている。ただし、同図に示された「侍町」地区は後の城下絵図では上級家臣の屋敷地が多くを占め、阿波九城の破却時期を三好が説く元和元年（1615）としても、寺院の移転時期を「天正中」とする『阿波志』の記述と矛盾することになる。それゆえ、建設当初の徳島城下町の有り様については今後さらに検討を要しようが、三好も指摘するように初期には徳島・寺島・出来島などを中心とした小規模な城下町であり、徐々に町割が拡充整備されていったとみられる。

他方、徳島と寺島との間に架かる徳島橋（寺島橋）については、『阿波志　二巻』（国会図書館蔵）に「紙屋街　坊三有、旧名寺島街、国初徳島橋跨此後移橋于通街、官命許鬻〔販売〕紙他街不得」、「徳島橋　在左譙〔物見櫓〕門外、跨寺島川、旧在鼓楼下、跨紙屋街後移于此」とある。すなわち、城下町建設当時の徳島橋は当初は寺島街（町）と呼ばれた紙屋町に通じていたが、後に約100m南に移され、通町につなげたとする。通町（図4-1拡大図のA）は徳島城下町の大手筋にあたるが、仮に城下町建設当初は紙屋町（同B）が大手筋とすれば、徳島橋移設前の城下町構造は図4-1に示される寛永前期（1630年頃）までの様相とは多少異なっていた可能性もある[5]。豊臣期の城下町プランでは天守を仰ぐタテ町型の城下町建設が進んだとされる（足利1984、矢守1987、中西2003ほか）。紙屋町・通町のいずれの通りも城山山上の本丸もしくは東二ノ丸に置かれた天守を仰ぐことはできないが、北方道と紙屋町通りとが合流する三叉路地点（図4-1拡大図のC）からは徳島城南西隅に設けられた物見櫓[6]が正面に見えたはずである。

2）寛永前期までの都市構造

蜂須賀家は大坂の陣の功績により、元和元年（1615）に淡路一国約7万石が加増された。この時に徳島城の拡幅が行われ、徳島橋の架け替えが行われたとみられているが（服部1966、平凡社地方資料センター編2000:405頁）、当時の徳島城下町の町割自体には大きな変化はなかったと思われる。元和元年には幕府によって一国一城令が出されたが、当時の蜂須賀家による阿波国統治の基本は、入

部以来頻発した祖谷山一揆や丹生谷一揆などの領内鎮撫に9支城の城番家老があたる分権的支配体制、すなわち「阿波九城」体制であり、新たに淡路国の拠点となった由良成山城の城番には大西城（池田城）の城番を務めた牛田一長入道宗樹をあてている。根津（2011）や宇山（2017）が指摘するように、阿波九城の一宮城や川島城などは元和元年までにすでに廃城となっていたとみられるが、支城すべての破却が完了するのは島原の乱後の寛永15年（1638）と考えられている。

　ただし、徳島城下町の都市改造はこれに先立ち寛永期以降に本格化する。すなわち、寛永8～12年には淡路国支配の拠点を由良から洲本に移す「由良引け」が行われ、新たに洲本城下町の建設が進んだ（平井 2009）。他方、寛永8～13年頃の作成とみられる①-2「（忠英様御代）御山下画図」（図4-1）には、徳島城の建物・石垣の修復願いのほかに、当時の徳島城下（御山下）周辺の佐古村に「町屋ニ被成所」、福島東部の地先に「御舩置所」、富田渡場に「橋ニ被成所」などの懸紙が付されている。それゆえ本図は、徳島城修復ならびに城下町再編のための幕府伺いの計画図の控えとみられている（徳島市立徳島城博物館編 2000:44頁）。ちなみに、富田橋の度重なる建設申請は藩政期中には幕府に認められず、架橋されたのは明治に入ってからである。

　本図（図4-1）は「島普請」による徳島城下町の様子をよく描いていて、徳島・寺島・出来島・福島・住吉島・常三島・前川地区に侍屋敷が配置され、内町・新町・助任町・福島町の町人地は家並みが景観描写されている。内町には尾張・竜野出身の蜂須賀家譜代の特権商人が集められ（服部 1966、三好 2006、根津 2014ほか）、新町川を挟んだ対岸に地元商人が集住する新町が形成された。新町と眉山の間に寺町が設けられているが[7]、城下町縁辺に配置されることが多い足軽町は確認できない（三好 2006:60頁）。おそらくは、当時はまだ有力家臣による城番制が機能していて、支城ごとに約300人からなる家臣団が分散配置されていたためと思われる[8]。ただし、村方の佐古村や富田浦には生け垣で囲われた家屋が多数描かれていることから、一宮城や川島城の廃城などに伴い一部の中下級家臣が当時すでに城下周辺に集住していたとみられる。それらの家屋は朱筋で示された伊予街道・土佐街道沿いに建ち並び、家並みものちの町割を彷彿させる形状を示すことから、本図が作成された頃にはすでに徳島城下町の改造計画は実行に移されつつあったといえる。なお本図では、常三島の南東部（現・徳島大学理工学部付近）に寛永17～19年頃（根津 2005）に福島町地先に移転することになる安宅船置所（古安宅）や住吉島の加子（水主）屋敷なども描かれている。

　さらに、城下町の北側には蜂須賀家菩提寺の福聚寺（慶長6年に徳島城内より移転、寛永13年に興源寺に改称）や江西寺、城下東側に慈光寺（慶長11年に名東郡八万村より福島に移転）・蓮花寺（寛永8年に住吉島に移転ヵ）、城下南方の勢見には元和2年（1616）に勝浦郡大谷村より移転し徳島城下の守護仏とされた観音寺が描かれている。また本図には示されていないが、城下西接の佐古村には慶長7年（1602）に大安寺が創建されている。これらの城下四囲の寺院は城下町防衛の観点から重点配置されたともみられるが（福井 1957、「徳島城」編集委員会編 1994）、豊臣出自の蜂須賀家が慶長期以降も引き続き城下町整備に務めていたことを物語る[9]。

　以上、初期の徳島城下町は、同じく天正期に建設された近江八幡・岡山・広島・高松などのように方格状の町割や足軽町の形成をみなかった点でその町割プランは明確ではなく、徳川政権下の慶長期以降に次第に整備が進められたとみられる。

3）寛永後期の城下町再編

　こうした経緯の下、徳島城下町は寛永後期に大きく変質する。寛永15年（1638）までに阿波九城（支城）の破却が進み、寛永末〜正保期の1640年代には川口番所や境目（国境）番所、阿波五街道が整備された（平井 2004）。また、阿波九城を警護していた家臣団が徳島城下に集住したことから、村方の佐古村や富田浦の一部が新たに城下に組み入れられた。この新城下地区には徳川期の都市プランが採用され、伊予街道および土佐街道を軸に足軽組屋敷や中下級藩士屋敷、町屋からなる長方形街区の町割が整備された。この結果、同時期には「御山下」と称する徳島城下町の縄張りがほぼ確立した。洲本城下町の建設や徳島城下町の再編を主導したのは非城番家老の長谷川越前であり、三好（2006:15-21頁）や根津（2011）が指摘するように、蜂須賀家は幕府指導の下にこうした計画を遂行する中で、城番家老による分権的支配体制から藩主直仕置体制へと藩政改革を推し進めたものとみられる。

　図4-2は、新たに城下に編入された富田（東富田・西富田）・佐古における寛永18年（1641）の「屋敷割之絵図」（国文学研究資料館蔵）である。「屋敷割之絵図」を分析した羽山（2001a・02）によれば、東富田地区（図4-2A）は中下級家臣の拝領屋敷や有力家臣の下屋敷が多くを占めた。新町川南岸沿いに長方形街区が2列整然と区画され、東西幅はおおむね75間を基準とした。ただし、街区の南北幅は屋敷下賜基準を反映して40〜47間と微妙に異なる。一方、長方形街区の南側に立地する下屋敷の規模は大きく、町割は不規則区画を示している[10]。

　佐古橋で新町に通じる佐古地区（図4-2C）では、4間幅の伊予街道北側に東西55間（約100m）×南北15間（約27m）の町屋敷ブロックが9丁にわたって整然と配置されている。伊予街道と平行して北側に東西方向に伸びる4間道の両側および3間道の南側に、同じく東西55間×南北15間の街区ブロック3列が9丁連続し、それぞれの街区ブロックには間口を道路側に向けた11戸分の鉄砲組屋敷が短冊状に配置された。他方、鉄砲組屋敷ブロックの北側には、3間道を挟んで御台所衆・御長柄の組屋敷や中級高取屋敷が不規則に建ち並ぶ。

　佐古地区の長方形街区の形状は規模が多少異なるものの、寛永8〜12年の「由良引け」により成立した洲本城下外町の街区ブロック（60間×20間）にほぼ準じる。洲本城下町は福良街道につながる通町の両側を町屋が占め、街道を重視した徳川期に典型的なヨコ町型街区をなした（図序-2参照）。これに対して、「屋敷割之絵図」（図4-2C）では佐古町は片側町として表現されているが、実際には伊予街道の南側、佐古川との間にも町屋が形成された。こうした点で、佐古の新山下地区もヨコ町型都市プランを踏襲したといえる。

　西富田地区（図4-2B）も佐古地区同様に土佐街道を基軸に足軽町が形成されたが、町屋は配置されていない。足軽や無足の職制は鉄砲組、御持筒衆、御長柄、御昇指（幟指）、御台所、御番衆、御鷹匠、御餌指、御徒士、御馬取（馬捕）など多岐にわたる。東西幅が30間を基準とする街区は整然と区画されているが、南北幅は屋敷下賜基準に則り63.5間、72間、87.5間、96間、105間、124間などと一様ではない（羽山 2002）。

　寛永末期の徳島藩士は3,374人を数え、その内訳は高取482人、無足444人に対し、無格奉公人が2,448人（72.6%）を占めた（高田 2001:141-142頁）。阿波九城の破却に伴い、これら中下級藩士を徳島城下に集住させる必要から、この時期、徳島城下町の大改造が行われたのである。寛永18年の「屋敷

68　第Ⅰ部　近世城下町の町割と景観

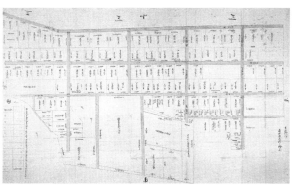

A　富田（東西 127 ×南北 78cm）

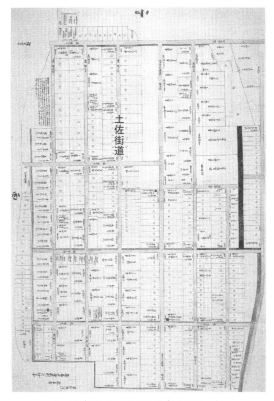

B　西富田（東西 127 ×南北 199cm）

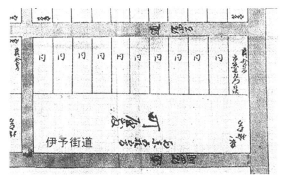

D　佐古一丁目の拡大図

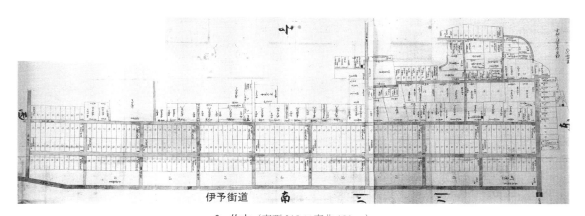

C　佐古（東西 318 ×南北 101cm）

図 4-2　富田・西富田・佐古「屋敷割之絵図」
（国文学研究資料館蔵，蜂須賀家文書 1216-4，寛永 18 年〈1641〉）方位は上が北．

割之絵図」については明屋敷・明地も散見されることから、移転計画は進行中であり、その意味でこれらの「屋敷割之絵図」は幕府に照会するための計画図的な性格も持ち合わせていたものとみられる。

4）正保城絵図にみる徳島城下町

第 4 章　徳島城下町の町割変化　69

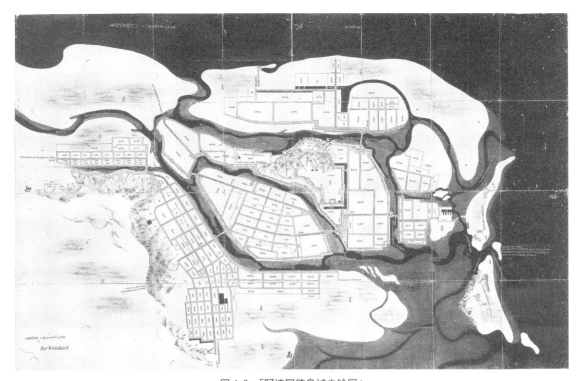

図 4-3　「阿波国徳島城之絵図」
(国立公文書館蔵，正保城絵図（諸国城郭絵図）169-0335-53，正保 3 年〈1646〉，東西 365cm ×南北 225cm)

　正保元年（1644）12 月に、幕府は国絵図・郷帳の調進と合わせて城絵図（城下絵図）の提出を求めた。「阿淡年表秘録」正保 3 年の項（徳島県史編さん委員会編 1964:121 頁）に「今年　御両国絵図且御城下之図郷村帳御家中分限帳依台命仰御指出」とあり、この時幕府に提出された正保城絵図（図 4-3）が国立公文書館に所蔵[11]されていて控図（①-5 個人蔵）も残り、「阿波国徳島城之絵図　正保三丙戌十一月朔日　松平阿波守」の奥付が確認できる。
　本図でまず注目されるのは、先の図 4-1「（忠英様御代）御山下画図」では村方表記になっていた佐古・西富田・東富田の侍屋敷地が「御山下」に編入されていることであろう。とくに西富田の足軽町は、徳島城下の守護を祈願した観音寺や金刀比羅神社が所在する勢見岩ノ鼻まで拡大されていることから、元和 2 年（1516）の観音寺や金刀比羅神社の同地への移転はこうした城下町再編計画をも見据えてのことかもしれない。福島地先には計画通り安宅船置所が設置され、付随して西側に「船頭町」も描かれる。船置場移転の結果、常三島の古安宅付近は絶対的不足を来していた「侍屋敷」に再編されている。また、阿波五街道に指定された讃岐本道・伊予本道・土佐本道・淡路本道の 4 街道は、徳島城鷲の門を起点に矢筋で示されている[12]。
　周知のように、正保城絵図は城地・石垣に関する情報のほかに、城下の町割と侍屋敷、足軽町、町家、寺町などの土地利用を記載する。「阿波国徳島城之絵図」ではこの他に、城地に屋敷や馬屋・蔵屋敷、安宅に船頭町、西富田に餌指町・鷹師町、寺町周辺や城下四囲に置かれた「寺」表記などをみることができる。ちなみに、洲本城下町に関して、正保城絵図系とみられる「須本御山下之絵図」（国

文学研究資料館蔵：蜂須賀家文書 1229-1）についてはその後の町割や道筋と実態が一部異なることから、正保城絵図が計画図的な側面も持ち合わせたことも指摘されている（平井 2009）。

　いずれにしても、寛永後期〜正保期にかけての徳島城下町の都市大改造によって、藩政期を通じて「御山下」と称する徳島城下町の縄張りがほぼ確立されることになるが、正保城絵図である「阿波国徳島城之絵図」はそうした町割再編計画の一応の完成を示す城下絵図と位置づけられる。渡部（2005）は、正保国絵図の徴集を寛永 14 〜 15 年の島原の乱を契機とした幕府制度の整備の一環と位置づけているが、正保城絵図の徴集についても同様な視点からのアプローチが必要となろう。

　なお、服部（1966）は徳島城下町の構造について文政 7 〜 8 年（1824 〜 25）頃の分限帳の分析から、上級藩士が居住する徳島・寺島・福島を徳島城下町の核心地域[13]、無足衆の比重が高まる出来島・常三島・助任・前川・大岡を第二次周辺地域、無足衆や無格衆が集中する佐古・西富田・東富田を第三次周辺地域と位置づけ、そこには城下町の空間的な身分的秩序、すなわち「地域性」が貫徹されていたとするが、併せて、「侍屋敷と町屋との地域的分離は立前」[14]であったことや、初期にも高取士分の者が町家に居住したケース、無足衆などの「屋敷拝領不仕」下級武士が町人所有の借家に住んでいたことも指摘している。ちなみに同氏は、領国支配の中心としての徳島城下町の確立期を、領国経済の特権的地位の確立過程から 1660 年代の寛文期とし、三好（2006:70-77 頁）もまた身分制にもとづく武家地確立の観点から城下町の確立期を寛文期としている。この点で、城下町における町割と構造の成立時期は必ずしも一致しないことを踏まえておく必要がある。

3　城下屋敷割絵図と研究対象絵図

　現在確認される徳島城下町全体を描く江戸期〜明治初年における一枚物の城下絵図は 37 点で、このうち町割・土地利用のみを示す寛永期や正保城絵図系の城下絵図は 18 点を数える。これらの城下絵図の多くは江戸前期に作成されていて、その中には幕用図の控えや写しも含まれる。寛文 5 年（1665）の① -6「阿波国渭津城之図」（徳島県立博物館蔵）や天和 3 年（1683）の① -7「阿波国渭津城下之絵図」（国文学研究資料館蔵：蜂須賀家文書 1228-1）なども、こうした徳島城下絵図である。ちなみに、慶安 5 年〜延宝 6 年（1652 〜 78）の間、「徳島」の地名は旧名の「渭津」に復したことから、両絵図には旧名が使われている。

　両絵図によれば、徳島城下町の町割は基本的に正保城絵図の「阿波国徳島城之絵図」と大きな変化はないが、安宅船置所地先の沖州村に「加子屋敷」が整備され、東富田地区の「侍屋敷」地区が南側に広がるとともに、佐古 9 丁目西側の伊予街道沿いに町屋（郷町）が確認できる。なお、徳島城下町の町（町屋）絵図については、城下南辺の土佐口に位置する二軒屋地区を描いた明治前期の② -16「二軒屋町内図」（徳島市立徳島城博物館蔵）や蔵本郷町に続く庄村・鮎喰村郷町の伊予街道沿いの②-17・18 町家絵図（個人蔵）が知られているが、享保 17 〜 19 年（1732 〜 34）頃の② -15「福島町裏出張絵図」（国文学研究資料館蔵：蜂須賀家文書 1320）以外に城下町内部の町屋敷を描く絵図は確認されていない。

　これに対して、徳島城下町全体をカバーする城下屋敷割絵図は 19 点を数え、元禄 4 年（1691）以降に武家地管理のための藩用図として作成されたとみられる（表 4-1）。以下で簡単に概要をみてお

第 4 章　徳島城下町の町割変化　　71

表 4-1　徳島城下屋敷割絵図一覧

No.	作成年代（ ）は推定	西　暦	収録図録番号	絵図題目および主要事項	所蔵先（整理番号）	展開法量（東西×南北 cm）	備　　考
1	元禄 4 年 6 月	1691	①-8	綱矩様御代御山下絵図	国文学研究資料館（蜂須賀家文書 1228-2）	192.0 × 156.0	侍氏名のみ，屋敷地区画なし
2	元禄 4 年?	1691?		御山下画図	国文学研究資料館（蜂須賀家文書 1228-3）	168 × 132	天保 6 年 御普請奉行写しカ，屋敷地区画なし
3	元禄 5 年正月	1692	①-9-1	御山下屋敷略図	個人	132.4 × 100.0	侍氏名・屋敷地区画
4	（元禄年間）	1688 ～ 170<	①-9-2	阿波城下絵図	個人	132.4 × 97.7	侍氏名・屋敷地区画
5	宝永 3 年	1706	①-9-3	阿波国徳島城下之図	個人	132.5 × 114.3	侍氏名・屋敷地区画
6	享保 7 年	1722		阿波藩城下屋敷図	徳島県立博物館（個人寄託）		
7	（享保 12 年）	1727	①-10	御山下絵図	徳島大学附属図書館（徳 49）	157.3 × 117.2	侍氏名・屋敷地区画
8	（享保 12 年）以後ヵ	1727 以後ヵ		阿州徳島図	大阪歴史博物館（歴 4410）	157 × 108	侍氏名・屋敷地区画
9	延享元年以前ヵ	1744 以前ヵ		徳島城下絵図	徳島県立博物館（S-01-000199）	129.2 × 99.4	侍氏名・屋敷地区画
10	宝暦 4 年	1754		徳島之地図（森 幸安「日本輿地図」）	国立公文書館（177-1-175）	153 × 103	侍氏名・屋敷地区画
11	天明年間	1781 ～ 1789	①-11	御山下画図	個人	201.5 × 159.0	侍氏名のみ，屋敷地区画なし
12	寛政 8 年	1796	①-13	▼御山下絵図	個人	491.0 × 341.5	侍氏名・屋敷地区画
13	（文化文政）	1804 ～ 1830	①-15	▼徳島御山下絵図（復刻版 2 鋪）	徳島県立図書館	229 × 229	侍姓のみ，屋敷地区画
14	天保 3 年	1832		▼徳島御城下絵図（写）	徳島県立博物館（L-02-000148）	86.6 × 60.8	屋敷地区画，社寺のみ記載
15	文久 2 年	1862		徳島府図（吉田耕雲堂）	徳島県立博物館（L-03-3049）	71.6 × 62.0	侍姓のみ，屋敷地区画なし
16	明治 2 ～ 4 年	1869 ～ 1871	①-16	▼徳島藩御城下絵図	徳島県立博物館（73 ／ L-05-000027）	178.8 × 176.0	侍姓のみ，屋敷地区画
17	明治 2 ～ 4 年	1869 ～ 1871		▼阿州御城下絵図	徳島県立博物館（74 ／ L-04-000028）	191 × 133	侍姓のみ，屋敷地区画
18	明治初年	明治初年		▼徳島舊士族禄高付図	徳島県立図書館	225.9 × 180	侍氏名の記載なし
19	明治初年	明治初年		▼徳島城下絵図	徳島県立博物館（リョウ 00005）		重臣屋敷地・氏名のみ記載

図録番号は，①『徳島城下絵図』（2000 年），枝番号は図録の掲載番号．▼は実測図系の城下絵図．

きたい。

　徳島城下町における屋敷下賜基準については、承応 2 年（1653）の「蜂須賀光隆定書」において禄高・家格別に定められたが（根津 1994a）、既述のように、羽山（2001a・02）によればこうした基準はすでに寛永期の城下町再編にあたっても適用されていたとみられる。元禄 4 年（1691）6 月の年紀を有する①-8「綱矩様御代御山下絵図」は現在のところ確認できる最初の城下屋敷割絵図で、侍氏名の記載はあるものの屋敷区画の境界線は引かれていない。他にも、表 4-1 中の No.2・15 などの屋敷割絵図にも屋敷区画の表記はない。全体的に、高取藩士については氏名（一部は姓のみ）が記載されているが、無足（卒）については職制名、無格の足軽クラスについても職制名か「足軽町」と一括されるケースが多い。

　表 4-1 中の No.8 は大阪歴史博物館に所蔵される「阿州徳島図」（図 4-4A）で、No.10 は国立公文書館所蔵の森 幸安作『日本輿地図』に収録された「徳島之地図」（図 4-4B）である。絵図収集家の渡辺吉賢は大坂天満宮の祝部で、江戸中期の地誌学者森幸安と親交があった（上杉 2007）。No.10 図

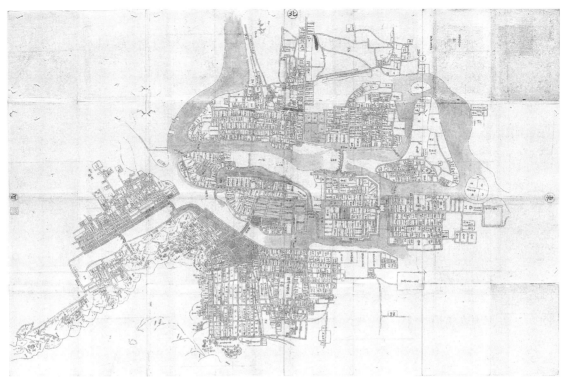

A 「阿州徳島図」（大阪歴史博物館蔵，歴4410，享保12年〜宝暦4年（1727〜54），表4-1中のNo.8）

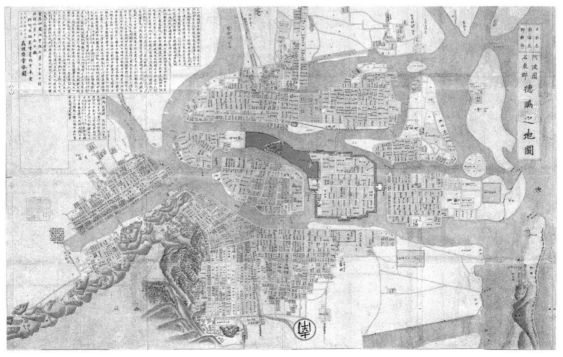

B 「徳島之地図」（国立公文書館，『日本輿地図』177-1-175，宝暦4年（1754），表4-1中のNo.10）

図4-4　渡辺吉賢・森 幸安の徳島城下絵図

（図 4-4B）は、城下主要部については渡辺吉賢所持図（No.8 図，図 4-4A）に依拠し、新町川河口付近については他の阿波国絵図を参考に森 幸安が新たに編集した徳島城下絵図とみられる。No.10 図の奥書には、「此ノ徳嶋ノ図ハ者。徳嶋蜂須賀衙君ノ之家中ノ士所レ貯渡邊主税者。傳テ写スレ焉。主税傳レ予因テ今予模焉。（後略）」とある。すなわち、No.10 図は、徳島藩士が所持した城下絵図を渡辺吉賢が写し、さらに森 幸安がさらにそれを模写したことが記されている。この徳島藩士を特定することはできないが、渡辺吉賢が写した城下絵図は、表 4-1 中の No.7「御城下絵図」（① -10、徳島大学附属図書館蔵：徳 49）[15] によく似ている。ただし、No.7 図と No.8 図・10 図とでは侍氏名や絵図細部が多少異なることから、渡辺吉賢は No.7「御城下絵図」をベースに作成されていた後年の城下屋敷割絵図を、おそらくは徳島藩大坂蔵屋敷の徳島藩士から入手して写したとみられる。

森 幸安はこの他に、渡辺吉賢が収集していた「阿州徳島図」（大阪歴史博物館蔵：歴 4411）をもとに、『日本輿地図』にほぼ同じ内容の「徳島之地図」（国立公文書館蔵：177-1-174）も収録している。この「阿州徳島図」と「徳島之地図」は城下屋敷割図ではないものの、徳島城下の寺社について詳細に記載されている。幸安は、『日本分国図』にも「阿波渭津城」（国立公文書館蔵：176-282-0208）という正保図系の城下絵図を収録していて、当該絵図については先の天和 3 年（1683）① -7「阿波国渭津城下之絵図」（国文学研究資料館蔵：蜂須賀家文書 1228-1）などを参考にしたとみられる。これらの絵図も、おそらくは「徳嶋蜂須賀衙君ノ之家中ノ士」を介して渡辺吉賢に渡ったものであろう。

表 4-1 中ではこの他にも、実測図にもとづく「新板江戸大絵図」を作成した遠近道印（藤井半知）の名を奥付に記す元禄 5 年（1692）の No.3「御山下屋敷略図」（① -9-1）をはじめとして各種の城下屋敷割絵図を確認できるが、これらはすべてラフタッチな手書き彩色の見取図である。

これらの見取図に対して、徳島藩では 18 世紀末以降に実測図系の絵図も作成されている。寛政 8 年（1796）の奥付を有する No.12「御山下絵図」（① -13、個人蔵）は、そうした最初の実測図系の城下屋敷割絵図である。絵図奥付には「製図併録」として渡部久右衛門の名があがる。本図は曲尺 1 分＝ 2 間とする縮尺 1 ／ 1,200 の精緻な測量絵図で情報量も多く GIS 分析に適しているが、絵図に記載された侍氏名は安政期（1855 〜 60）のものである（平井 2014a）。安政 6 年（1859）の作とみられる「御山下島分絵図」（個人蔵、『絵図図録第二集　徳島城下とその周辺』に収録）は、城下を島分（地区）ごとに 13 枚に切り分けた城下屋敷割絵図で、おそらくは No.12「御山下絵図」[16] をベースに作成されたものである。

明治 2 年（1869）の版籍奉還後に成立した徳島藩でも、徳島城下町の屋敷割絵図が複数枚作成されている（表 4-1）。今回は、この中から、明治 2 〜 4 年（1869 〜 71）年頃作成と推定される実測図系の「阿州御城下絵図」（徳島県立博物館蔵）をベースマップとして、徳島城下町の GIS 分析を試みることにしたい。

今回対象とした「阿州御城下絵図」（口絵 5，図 4-5）は、「明治五年壬申　阿州御城下絵図入袋五月吉日　矢部禎吉」と表書きのある袋に収納されている。御城内西ノ丸に置かれた長久館（明治 2 〜 4 年）や版籍奉還後に設置された租税方、裁判所、藍方、産物方、牧民所、司船方などの記載があることから、明治 4 年（1871）7 月の廃藩置県以前の徳島城下における屋敷割を示すものとみられる。

明治初期の徳島城下絵図を用いた理由は、GIS を用いて城下町の変遷史的分析を行う際には、できるだけ幕末期の城下絵図を基図として用い、基図から作成した GIS 町割・屋敷割データを、作成時

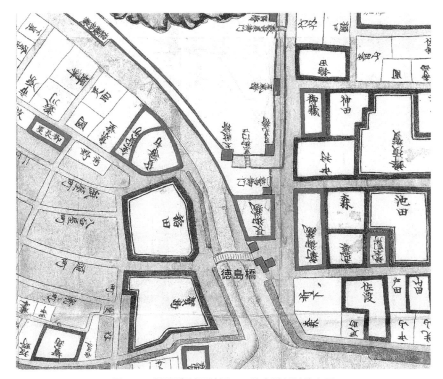

図 4-5 「阿州御城下絵図」の徳島橋付近拡大図
（徳島県立博物館蔵，74/L-04-000028，原寸：東西 191 ×南北 133cm）全体図は口絵 5 を参照のこと．

期の古い城下絵図より得られる地理情報に適宜置き換えることで、遡及的かつ変遷史的分析が可能となるためである（平井 2012）。

　版籍奉還後の明治初期に作成されたとみられる城下絵図は、他にも 3 点確認できる（表 4-1）。徳島県立博物館所蔵の No.16「徳島藩御城下絵図」（①-16）と No.19「徳島城下絵図」、徳島県立図書館所蔵の No.18「徳島舊士族禄高付図」である。このうち、後二者については町割・屋敷割の区画のみが記載されていて侍氏名・町名などの文字情報の大半を欠く。「徳島藩御城下絵図」は「阿州御城下絵図」とほぼ同じ仕立て・内容の絵図であるが、「徳島藩御城下絵図」の方位が文字（東西南北）で表記されるのに対し、「阿州御城下絵図」には文化・文政期（1804 ～ 1830）に活躍した測量家・岡崎三蔵らが用いた花形方位盤記号が用いられていて一定の精度を有していると考えられることから（平井 2014a）、本分析に際しては「阿州御城下絵図」を採用した。「阿州御城下絵図」の図幅は東西 191 ×南北 133cm で、縮尺は図の中央部で 1/2,560 ～ 1/2,775 の値を示す。

　ただし、「徳島藩御城下絵図」「阿州御城下絵図」ともに侍（旧家臣）屋敷区画は記載されているものの、侍氏名は姓のみしか記載されておらず、侍名が記載されていない屋敷地も多いことから[17]、徳島藩（蜂須賀）家臣の家譜を編集した『徳島藩士譜』（宮本編 1972・73）から得られる侍（藩士）家系の情報と付き合わせるには時間を要することになる。そこで以下では、明治 2 ～ 4 年（1869 ～ 71）頃の「阿州御城下絵図」から作成した GIS 城下町図をもとに、他の城下絵図・分間絵図などの地理情報を踏まえて、徳島城下町における町割の変化を中心に考察していくことにしたい。

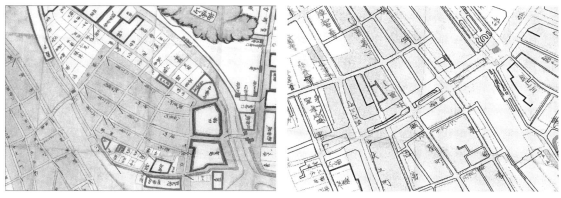

A　内町・新町付近のコントロールポイント　　　B　新町付近の拡大図（黒線は基盤地図情報の「道路縁」）
図 4-6　「阿州御城下絵図」の幾何補正（国土地理院基盤地図情報）

4　「阿州御城下絵図」の GIS 分析

古地図・絵図を用いる GIS 分析については、一般的には次のような手続きで行われる。

1）GIS ソフト上で、古地図・絵図の高精細画像データと重ね合わせるベースマップ（基盤地図情報・数値地図・オルソ空中写真など）を展開する。
2）古地図・絵図とベースマップの同一地点にコントロールポイント（CP）を設定し、古地図・絵図の高精細画像データをジオリファレンス（幾何補正）する。これにより、古地図・絵図の画像データに位置情報を付与することが可能となる。この段階で CP の誤差値を用いて、古地図・絵図の精度や歪みも計測できる（田中・平井 2006、塚本・磯田 2007、塚本 2012・2014、渡辺・小野寺 2014、出田・南出 2014、渡辺・野積・平井 2014 ほか）。
3）ジオリファレンスした古地図・絵図の地図情報を、点的・線的・面的データごとにトレースしてそれぞれレイヤを作成する。
4）GIS ソフトのシンボル機能や解析機能などを用い、作成した GIS データをもとに土地利用や居住地などの多様なデジタルマップを表示・分析する。

「阿州御城下絵図」についても同様な手続きで分析を行った。その際にベースマップとして用いたのは、昭和 21 年（1946）10 月撮影の米軍撮影空中写真（USA-R515・517・519）である。ただし、この米軍撮影の空中写真についても、数値地図化した平成 9 年（1997）作成の 1/2,500 徳島市全図をベースに位置補正（幾何補正）を行った。これにより、数値化した昭和 21 年米軍撮影の空中写真画像は、国土地理院の基盤地図情報（GIS データ）とほぼ重なる。

そうした前手続きののち、「阿州御城下絵図」については確認できた全ての同一地点 561 ヵ所に CP を設定した（図 4-6A）。これをアフィン（一次多項式）変換すると、最小誤差 1.21m、最大誤差 257.72m、平均誤差値 RMS54.64m という結果が得られた[18]。同様の手法で位置補正した曲尺 1 分 2 間（約 1/1,200 〜 1,260）の「洲本御山下画図」（徳島大学附属図書館蔵）や「鳥取城下絵図」（鳥取県立博物館蔵）の場合には RMS がそれぞれ 2.67m、7.95m という結果が得られていて（平井 2012・2014b）、これらの城下絵図と較べると「阿州御城下絵図」の精度はかなり劣る。

76　第Ⅰ部　近世城下町の町割と景観

「阿州御城下絵図」は、おそらくは 1 分 4 間（1/2,400 〜 1/2,600）程度[19]の分間（縮尺）で作成されたとみられる。奥書や凡例を欠くものの、絵図仕立てからみてその原図は、徳島藩の測量家であった岡崎三蔵が文化 8 年（1811）に完成したとみられる表 4-1 中の No.13「徳島御山下絵図」（① -15）の可能性がある。ただし、岡崎三蔵らの測量法を記した『図解　南阿量地法国図付録』（徳島県立図書館呉郷文庫）によれば、実測分間絵図では村図の分間を 2 寸 1 町（約 1/1,800）とするのに対し、城下町図は 1 寸 1 町（約 1/3,600）としている。つまり、『図解　南阿量地法国図付録』に従えば、「阿州御城下絵図」は「徳島御山下分間絵図」よりも大縮尺で作成されたことになる。ちなみに、徳島県立図書館所蔵の No.13「徳島御山下絵図」（① -15）[20]は呉服尺 1 寸 1 町の分間で作成され、花形方位盤記号を有する実測図であることから、本図が岡崎三蔵系の「徳島御山下分間絵図」に該当する可能性が高く、徳島県立博物館所蔵の「徳島藩御城下絵図」「阿州御城下絵図」はこの「徳島御山下（分間）絵図」をベースに版籍奉還後に模写されたと考えられる。その際、新設された役所名や藩庁に徴用された士族名（姓）を書き入れる調整（複製）段階で、絵図の分間を拡大変更した際に歪みを生じた可能性も考えられる。

　ただし、本稿では絵図の精度や歪みの測定を目的としているわけではないことから、GIS 徳島城下町図の作成にあたっては、いったんアフィン変換して幾何補正した絵図画像データを、さらにスプライン変換して誤差値をなくし、「阿州御城下絵図」の画像データを昭和 21 年撮影の米軍空中写真とできるだけ重ね合わせるようにした。スプライン変換はサーフェス全体の曲率を最小限に抑える数学関数を用いた内挿法である。これによりアフィン変換で生じる誤差値 RMS の大半が 0m かその近似値を示すことになるが、幾何補正した絵図画像データの一部に歪みを伴うことになる。

　しかしながら、多くの箇所では城下絵図と基盤地図情報（道路縁）はほぼ重なり合い、その後に道幅が拡幅された状況も把握できることから（図 4-6B）、城下町の町割や侍屋敷地の分析に大きな支障はないと判断した。

5　「阿州御城下絵図」にみる土地利用

　図 4-7 は、幾何補正（位置補正）した「阿州御城下絵図」をトレースし、用途別に区分した土地利用図とその関連図である。武家屋敷の土地利用については旧高取層の重臣・侍屋敷、無足衆の卒屋敷、無格衆の旧足軽組屋敷に細分し、他は藩施設、下屋敷、未記入（の屋敷地）、町屋、神社・祠、寺院・庵、百姓、その他に区分した。「徳島御山下絵図」と同様に、「阿州御城下絵図」には御山下地区だけでなく、在方の下八万村、南浜浦、北浜浦、南斉田浦、山城屋浜、新浜浦、田宮村、矢三村のほか、侍屋敷や在郷町を一部包摂する富田浦、佐古村、蔵本村など、比較的広範囲が描かれ、これらの村浦にも無記名の屋敷地が記載されている。

　他方、前述したように、寛政 8 年（1796）の奥付を有するものの、記載の侍氏名から安政期（1854 〜 60）の状況を示すとみられる表 1No.12「御山下絵図」（① -13、個人蔵）には、富田浦の潮除堤内や住吉島、下助任村、上助任村、佐古村、蔵本村の地内に「御年貢地建家」の付箋が多数貼られていて、これらの大半は「屋敷拝領不仕諸士」の屋敷地とみられる。その多くは、拝領地不足のために城下（山下）内に屋敷地が下賜されず、年貢地である郡代支配地に居住している中〜下級家臣と推定さ

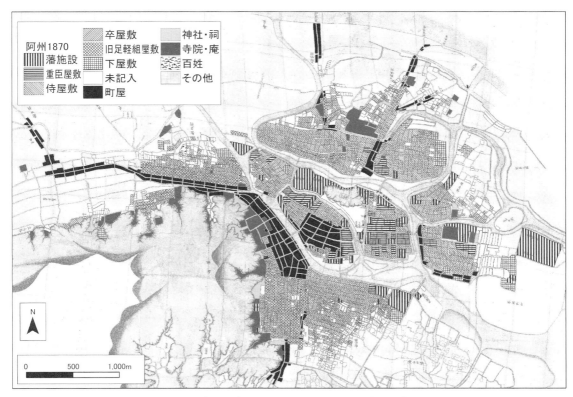

図 4-7 「阿州御城下絵図」をベースとした明治初期の徳島城下町

れる。徳島県立博物館所蔵の「徳島藩御城下絵図」では、南浜浦や北浜浦にもそうした侍（士族）屋敷地を確認できるが、他の無記名の屋敷地については侍屋敷と百姓屋との判別がつかない。また、実測分間図系以外の城下屋敷割絵図についていえば、その多くが南は御座船入江川までしか描かれておらず、南浜浦・北浜浦などの在方地域を含めた範囲で城下町を比較分析することは難しい。

そこで今回、「阿州御城下絵図」をベースとする GIS 徳島城下町図の作成にあたっては、No.12「御山下絵図」（①-13）も参考にしながら、南限・南東限については富田浦内の潮除堤までを対象範囲とし、田宮川以北の田宮村、矢三村についても対象から外すこととした。これらの地区については、姓名の記載がない屋敷地区画のみならず、寺社や下屋敷などについても分析対象から除外した。

この結果、「阿州御城下絵図」をベースとした GIS 徳島城下町図のポリゴン総数は 2,549 となった（表 4-2）。内訳は、藩施設 65、重臣屋敷 40、侍（士族）屋敷 1,272、卒（無足）屋敷 94、足軽組屋敷 93（区画）、下屋敷・船置場 24、町屋 188（区画）、神社・祠 28、寺院・庵 72、百姓（庄屋）3、未記入地 666、その他 4 である。このうち、未記入地 666 ポリゴンの多くは徳島城下周辺の年貢地に居住し、版籍奉還にともない平民籍となった旧侍の屋敷地とみられる。侍（武家）屋敷地は本来、藩主が家臣に対して下賜されるものであるが、諸藩においては近世後期〜幕末期には家臣が増加し、城下（山下）内に下賜すべき屋敷地が確保できず、御長屋や農民・町人屋敷に住む家臣も急増した。安政年間（1854〜60）の「屋敷拝領不仕諸士住所帳」によれば、徳島城下でも屋敷地を拝領・拝借していない者は 219 人を数えたという（根津 1994a）。安政期の鳥取城下町でも、拝領屋敷地 986 筆に対して、村方

表 4-2 「阿州御城下絵図」にみる土地利用

土 地 利 用	ポリゴン数	比率（%）	合計面積（m²）	比率（%）	平均面積（m²）
藩施設	65	2.6	530,376	10.2	8,160
重臣屋敷	40	1.6	268,357	5.2	6,709
侍屋敷	1,272	49.9	1,967,744	37.9	1,547
卒屋敷	94	3.7	59,290	1.1	631
旧足軽組屋敷	93	3.6	312,510	6.0	3,360
下屋敷・船置場	24	0.9	168,608	3.3	7,025
未記入地	666	26.1	748,351	14.4	1,124
町屋	188	7.4	630,735	12.2	3,355
神社・祠	28	1.1	91,795	1.8	3,278
寺院・庵	72	2.8	400,178	7.7	5,558
百姓	3	0.1	7,072	0.1	2,357
その他	4	0.2	1,703	0.0	426
合計	2,549	100.0	5,186,719	100.0	…

注）面積は，図 4-7 の GIS 徳島城下町図のジオメトリ演算により算出.

の年貢地に屋敷を構えていた家臣屋敷は 407 筆、面積では拝領地の 114.9ha[21] に対し、年貢地の屋敷地は 22ha を占めた。さらに、鳥取城下町では、拝領主と異なる居住者が占める割合は 28.4％にも及び、「相対替え」などが日常的に行われていた（平井 2014b）。

　そこで、未記入地 666 件を藩政期の侍屋敷とみなして用途別の面積を計算すると、徳島城下町の全土地利用面積約 518.7ha のうち、藩施設・侍屋敷地・卒屋敷地・足軽組屋敷・下屋敷・未記入地の武家地合計は 405.5ha で全体の 78.2％に及び、町屋地区が 12.2％、寺社地が 9.5％という結果となった。鳥取城下町の場合にも、在郷年貢地を含む城下における武家地は 65.7％を占め、町屋地区は 15.8％、寺社地は 8.7％であった。矢守（1970:292-306 頁）は、明治 10 年（1877）前後の調査にかかる「府県地租改正紀要」から旧城下町における侍屋敷：町屋地区の面積比を算出していて、徳島城下町については 78.3:21.7、鳥取城下町では 65.5:34.5 と推定している[22]。これらの数値を単純に比較することはできないが、徳島城下町・鳥取城下町についていえば城下において武家地が占める割合は極めて高く、「侍屋敷の面積は、大藩ほど大」とする矢守の指摘を裏付ける結果となった。

6　徳島城下町の再編と拡大

　既述のように、徳島城下町は天正 13 年（1585）の蜂須賀家政入部以降、平山城の城山を中心に城下町建設が進められた。城下町建設当時の都市プランや実態については不詳な点も多いが、「島普請」により惣構えをなす徳島・寺島を中心に城下町が建設された。こうした初期の徳島城下町が大きく再編されたのは、寛永期である。寛永 15 年（1638）の阿波九城の破却に伴い、阿波五街道や番所が整備されるとともに、新たに足軽町や中下級武家屋敷地が設けられた佐古・西富田・東富田地区が「御山下」に編入され、徳島城下町は名実ともに徳川政権下の城下町として発展していくことになる。

　図 4-8 は、「阿州御城下絵図」をもとに作成した明治初期の GIS 徳島城下町図に、佐古・西富田・東富田の「屋敷割之絵図」に示された新町割のおおよその範囲を示したものである。ただし、図 4-8 には街区内部の町割・屋敷割は明治初年の「阿州御城下絵図」の区画がそのまま反映されており、寛永 18 年当時の町割・屋敷割とは異なるであろうことを断っておく。また、富田（東富田）屋敷割地

第4章　徳島城下町の町割変化　79

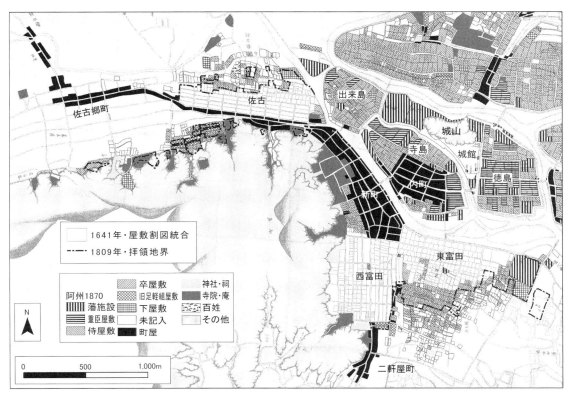

図4-8　寛永18年（1641）の町割とその後の侍屋敷・郷町の拡大
下図は「阿州御城下絵図」（徳島県立博物館蔵）

区南縁部の屋敷割は明治初期にはかなり変化しており、その範囲の確定には、今後さらに検討を加える必要がある。

　そうした前提条件付ではあるが、本図から改めて明らかになるのは、この寛永後期の城下町再編前に成立していた寺町および新町地区は、新城下地区が整備される以前には、徳島城下の西および南方面の防衛の役割を担っていたということである。仮に、天正年間末～慶長初期の1590年代に寺島に所在した寺院の寺町への移転が始まっていたのであれば、寺町は豊臣期の都市プランの下に整備が進められたことになる。その場合、新町川対岸の寺町・新町地区は、徳島・寺島地区防衛のための「外町」として位置づけられる。すなわち、新町川や助任川によって囲繞された徳島・寺島地区は、城下町建設当時は侍屋敷や町屋・寺院などが混在し、徳島城下町は矢守（1970:248-259頁）が説くBタイプの「総郭」型プランに分類されることになるが、1590年代には寺町・新町の整備を図ることで、いわゆるCタイプの「内町・外町」型プランに移行したことになる。

　それから約40年を経た寛永後期～正保期の1640年代になって、鷲の門を起点に阿波五街道を整備し、寺町・新町の両側に街道・足軽組屋敷・町屋などを配して新城下地区を拡張した。その後、城下町の発展に伴い、街道沿いに佐古郷町や二軒屋町が形成されることになる。

　寛永18年の図4-2C「佐古屋敷割之絵図」（②-9）では、足軽組屋敷と町屋が佐古9丁目まで配置されており、図4-8にはその範囲を図示している。さらに図4-9は、「阿州御城下絵図」と同じ方法

図 4-9 佐古町の景観
太一点鎖線：「阿州御城下絵図」記載の御山下・在方の境界，細破線：侍屋敷・街区の区画割．
下図は文化 6 年（1809）「名東郡佐古村・蔵本村分間絵図」（徳島県立図書館蔵，原寸 188.4 × 151.6cm）

でスプライン変換した文化 6 年（1809）の実測絵図「名東郡佐古村・蔵本村分間絵図」（徳島県立図書館蔵）の画像データに、「阿州御城下絵図」記載の御山下（拝領地）と村方との境界を太一点鎖線、御山下内の地目境界を細破線で重ね合わせたものである。これによれば、佐古地区では、寛永 18 年頃の拝領地（御山下）の範囲は約 170 年後の文化 6 年でも大きくは変わっておらず、55 間× 15 間の街区ブロックに 11 軒の足軽組屋敷が通りに面してひしめき合って建ち並び、その南側には伊予街道沿いに両側町を形成した佐古町屋の景観をみることができる。町屋には瓦葺き白壁土蔵を持つ町屋敷も多く、当時の繁栄ぶりを物語る。他方、足軽組屋敷北側の佐古村地内の地目「畠」の中に多数の茅葺き家屋をみることができ、明治初期の「阿州御山下絵図」でも侍屋敷地が確認される。これらはいずれも、「屋敷拝領不仕諸士」の「年貢地建家」とみられる。

　佐古地区では、侍屋敷よりも郷町の発達が顕著である。元禄 6 年（1693）に町奉行支配となった佐古郷町は、佐古五丁目から鮎喰川土手までの 4 ヵ村にわたって伊予街道沿いに延びる町場で、同年に112 軒を数えた家数は、寛政元年（1789）には 583 軒にまで増加している（根津 1994b）。なお、眉山（佐古山）北面側に広がる拝領地は寺社地である。

　他方、寛永 18 年頃に御山下に編入された富田地区についても、文化 6 年（1809）作成の「名東郡富田浦・東富田・西富田・新町分間絵図」（徳島県立図書館蔵）を用いて同様な分析が可能である。

　主に足軽組屋敷が配置された西富田地区については、拝領地（御山下）の外延的拡大はみられない

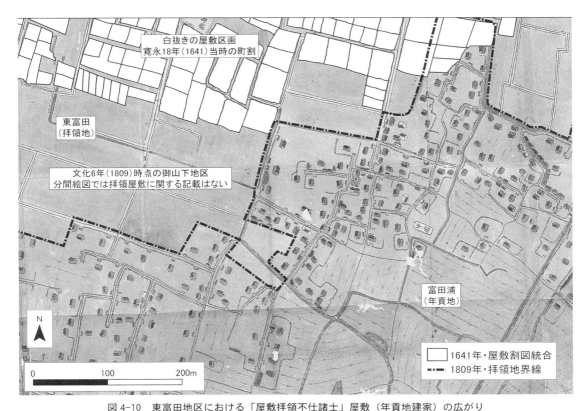

図 4-10　東富田地区における「屋敷拝領不仕諸士」屋敷（年貢地建家）の広がり
下図は文化 6 年（1809）「名東郡富田浦・東富田・西富田・新町分間絵図」（徳島県立図書館蔵，原寸 153 × 154cm）

ものの、城絵図である「阿波国徳島城之図」（図 4-3）に描かれた沼地が埋め立てられて中下級家臣屋敷となり、勢見岩ノ鼻の南側に場末的な二軒屋町が形成された。また、1650 年以降、眉山山麓に松岳寺、本源寺、松巖寺、光仙院などが新たな創建されたことにより、「御林」となる眉山の山麓一円が寺社地で充填され、眉山への立ち入りが制限されることになる。

これに対して、東富田地区では寛永 18 年以降も侍屋敷地は南方に拡大し、その一部は拝領地となった。また、新町川沿いの東側にも、のちに蜂須賀家の東御殿や家老稲田家・賀島家の下屋敷などが設けられ、その結果、東富田地区では御山下地区の実質的な拡大をみることになる。文化 6 年（1809）の「名東郡富田浦・東富田・西富田・新町分間絵図」では、「拝領地」の南側にも瓦葺き・茅葺きの家屋が多数散在しており、これらの多くは「屋敷拝領不仕諸士」の「年貢地建家」とみられる（図 4-10）。さながら、畠地にスプロール（虫食い）状に拡がる新興住宅地の様相を呈している。

7　おわりに

本稿では、寛永期に作成された城下絵図などから、徳島城下町の成立過程について検討してきた。初期の徳島城下町は、自然河川を利用した小規模で都市プランが不明瞭な都市景観を呈したとみられ、その背景として「阿波九城」制という分権的支配体制を指摘することができる。天正年間末から

慶長期にかけて、徳島藩では江戸初期に数多く成立してくる「内町・外町」型の都市プランを指向した城下町整備が進められたものの、元和元年（1615）の淡路国加増に伴い、蜂須賀家は27万5千石の大大名の居所として城郭や城下町の拡張が求められた。しかしながら、城番家老支配体制に加え新たに淡路国経営も影響して徳島城下町の再編は進まず、本格化するのは寛永期に入ってからとみられる。島原の乱を受けての寛永15年（1638）における阿波九城の破却は、それを決定づけるものとなった。その結果、大量の家臣を徳島城下に集約すべく、佐古・西富田・東富田を新たに御山下に編入し、これにより徳島城下町は洲本城下町と同様に、徳川期におけるヨコ町型町割を呈する城下町へと変容した。豊臣恩顧の大名の中にあって、蜂須賀家は関ヶ原の戦いや大坂の陣の功績が高く評価され、親徳川系大名として扱われることになるが（根津 2017）、そうした一面を城下町の再編にも見出すことができる。

　寛永後期〜正保期に新たに再編された徳島城下町は、寛文期までに士庶居住区分や身分制にもとづく侍屋敷配置が明確になったとされるが、この点についてはさらなる検証が必要となる。貞享2年（1685）における徳島城下町の町家戸数は1,558戸、人口は25,590人を数え（「阿波国市中町数並家数」徳島県史料刊行会編 1914:755-761頁）、伊予街道と土佐街道が交わる新町地区では町数・家数ともに内町地区を凌ぐ発展がみられた（服部 1966）。武家人口もほぼ同規模とみられることから、徳島城下町の人口は藩政期には5万人前後に達し、阿波藍の隆盛に支えられて発展を遂げて明治22年（1889）の市制施行時の人口は61,107人（全国第10位）を数えた。

　その結果、拝領屋敷地の慢性的な絶対的不足、侍屋敷地域の町屋化や郷町の拡大が進み、城下町の士庶居住区分制、すなわち地域制は崩壊し、下級家臣団の町人化なども進行したとされる（服部 1966、根津 2002）。侍屋敷地域や郷町の拡大といった景観的な変化については、本稿後半におけるGIS分析を通してその一端を明らかにすることができた。しかしながら、「阿州御城下絵図」をもとに作成した明治初期のGIS徳島城下町図については、本稿でも取り上げた各種の城下絵図に記載された地図情報、さらには徳島大学附属図書館所蔵の「蜂須賀家家臣成立書幷家系図」や『徳島藩士譜』（宮本編 1972・73）などを活用することで、藩士レベルや屋敷地レベルでの分析も可能となる。データの構築には時間を要することになるが、今後の取組課題としたい。

謝辞

　本研究にあたっては、徳島県立博物館ならびに同館学芸員の長谷川賢治氏、松永友和氏にご協力を賜りました。また、井口琢人氏にはデータ入力でお世話になりました。記して謝意を表します。

注

1) 沖野（1972）は，渭山城は富田郷を，寺島城は助任郷を支配し，この二つの拠点が対立しつつ，小規模ながらすでに集落地を形成していたとする.

2) 当初は徳島城西ノ丸の西側に瓢箪島もあったが，のちに出来島の一部となった.

3) ただし三好（2006:33頁）は，推測の域を出ないものの，猪山城山下や寺島城の周辺に根小屋式の麓集落が存在し，寺院があった可能性も示唆している.

4) 本稿の①〜③は,徳島市立徳島城博物館編による図録①『徳島城下絵図』,②『徳島城下とその周辺』,③『阿波・淡路国絵図の世界』の図録を指し，枝番は各図録の収録絵図番号を指す．以下，同じ.

5）なお，山村（2014）は正保3年（1646）の「徳島城下之図」（正保城絵図）に描かれた徳島城〜徳島橋〜寺島〜出来島を抜ける朱筋「北方道」を勝瑞に通じる初期の讃岐道に想定しているが，そうすると，この北方道も当初は100m北に位置した徳島旧橋を経由して徳島城に至っていたことになる．ちなみに，この北方道と紙屋町（現・寺島本町）通りは徳島旧橋西側の三叉路で分岐するが，この三叉路は現在も残っている（図4-1拡大図のC）．仮に北方道や大手筋が徳島旧橋を経由していたとすれば，当時これらの街道の起点は東向きの鷲ノ門ではなく南面する大手門となる．根津（2014）も，徳島城の築城時には大手門前を東西に進む道が設定されており，鷲の門が位置した三木郭が拡幅された際に寺島橋（徳島新橋）〜通町に進む道が大手ルートになったと指摘している．

6）城山山上の本丸天守は元和6年（1628）以前に取り壊されて，それに代わって東二の丸に2階3層の天守が設けられ，物見櫓も3階4層の太鼓櫓に取って替わったとみられる．なお，高見（2008:232-234頁）は，内町地区の内魚町および伊予街道の佐古裏町から城山本丸の弓櫓を，城山北側の助任町から城山本丸御殿をそれぞれ臨むことができることから，徳島城下町の町割にあたってはこれらのヴィスタ（眺望）が基軸にされたとしている．

7）図4-1の右下拡大図をみる限り，この時点で寺町はまだ形成途上であり，寺町25ヵ寺がおおむね揃うのは寛永年間とみられる．25ヵ寺のうち，16ヵ寺は勝瑞城館周辺に立地していた寺院である．なお，初代藩主蜂須賀至鎮の正室（徳川家康の養女）を祀る敬台院は，勝瑞から移転してきた持明院の家来屋敷を宛てて正保2年（1645）に創建されている（平凡社地方資料センター編 2000:419頁）．寺町25ヵ寺のうち，真言宗寺院9ヵ寺に対し，日蓮宗寺院が8ヵ寺，浄土真宗寺院が5ヵ寺を占めた．真言宗寺院が圧倒的に多い阿波国において日蓮宗寺院が寺町に数多く立地する理由について石井（2017）は，阿波国に地盤を置いた戦国期の三好一族が日蓮宗に帰依していたこと，さらに畿内町人にも広く日蓮宗が普及していたことから，寺町に隣接する新町の在地商人と日蓮宗寺院との関係性を示唆している．

8）平井（2004）は，寛永18年（1641）頃の作成とみられる「阿波国大絵図」（徳島大学附属図書館蔵，徳3）に「御固」7ヵ所，「見切」6ヵ所，「小繋」8ヵ所，「出張」23ヵ所の付箋が貼付されていて，「御固」7ヵカ所のうち妙見（撫養）・池田（大西）・富岡・和食（仁宇谷）の5ヵ所が旧阿波九城所在地（ほかは日和佐・大寺）で，「見切」6ヵ所はのちに番所が置かれる国境に位置したことから，阿波九城解体直後における国境や領内警護，あるいはその配置計画を示しているとする．

9）寺院の他にも，城下東に住吉神社・四所神社，北に八幡神社，南に金刀比羅神社，西に諏訪神社などが創建された．このような寺社の再配置について，根津は世俗との乖離という側面があったことを口頭報告している．なお，城下町四囲の寺社配置については，東二の丸の天守を挟んで住吉神社と諏訪神社とが「一直線上の配置」，同じく天守を基準点として興源寺と大安寺が「大和三角形」と，陰陽道や方位に関わる空間配置を指摘する説もある（高見 2009:112-117頁）．

10）根津（1994a・2014）は，承応3年（1654）の「下屋鋪帳」（国文学研究資料館蔵蜂須賀家文書）の分析から，寛永後期以降における城下町再編にともない，旧・御山下内に置かれていた有力家臣の下屋敷が東富田地区などに移転したこと合わせて，阿波九城体制下において徳島城下における武家屋敷は無規格・無計画な配置であったとしている．

11）国立公文書館デジタルアーカイブで閲覧可能．

12）図4-3「阿波国徳島城之絵図」では，讃岐街道とみられる北方道は従来通り寺島〜出来島ルートで描かれているが，同時に提出された③-6正保度阿波国絵図（下図，国文学研究資料館蔵：蜂須賀家文書1196-2）では，本ルートのほかに，佐古五丁目付近で伊予街道から分岐し田宮村で北方道と合流する讃岐街道ルートも朱筋で図示されている．正保4年（1647）〔明暦3年（1657）写〕の「阿波国海陸道度之帳」（国文学研究資料館蔵蜂須賀家文書）に記載された讃岐街道（本道）は公式には後者のルートを指し，阿波五街道制定後

は侍屋敷を貫く北方道の通行は制限されたと考えられる．

13）服部（1966）は都市地理学的な観点から，徳島・寺島・福島のうち，門台が設置され「惣構え」をなす徳島を政治的・軍事的核心地域，それに準ずる寺島を領国経済の中心をなす都心地域と位置づけている．

14）武家屋敷と町屋（内町）が所在する寺島地区では，武家地と町人地との境ごとに通りに木戸が設けられていた．

15）No.13「御城下絵図」については，徳島大学附属図書館 HP の「近世古地図・絵図コレクション高精細デジタルアーカイブ」（http://www.lib.tokushima-u.ac.jp/~archive/）でも公開されている．

16）No.12「御山下絵図」については，平成 29 年（2017）4 月より徳島市立徳島城博物館 HP の Web サイト「城下町とくしま歴史さんぽ」に掲載されたことから，「御山下島分絵図」とともに今後の研究の深化が期待される．

17）寛政 4 年（1792）に阿波・淡路両国合わせて家臣数 4,358 人（服部 1966）を抱えていた徳島藩は，版籍奉還によって士族・銃卒合わせて約 1,580 人規模（三好ほか 1992:35 頁）に減少している．このことから，「徳島藩御城下絵図」や「阿州御城下絵図」において侍名が記載されていない屋敷地の多くは平民籍に組み入れられたか，明け地（上知）となった旧侍屋敷地と推定される．

18）アフィン変換後の誤差値は絶対誤差値ではない（出田ほか 1998，田中 2014）．

19）1 間を 6 尺もしくは 6 尺 5 寸とする場合がある．

20）「徳島御山下絵図」（東西 229 ×南北 177cm）については閲覧制限されているが，復刻版が 2 種ある（鹿島研究所出版会版・昭和礼文社版）．なお，昭和礼文社版の解説（湯浅 1984）では当図を天保期（1831 ～ 45）の作成と推定している．

21）面積は ArcGIS のジオメトリ演算で算出．以下同じ．

22）各地の城下町における武家地面積と町人地面積の比率については松本（2013:25-27 頁）も，武家地の比率が圧倒的に高かったことを紹介している．

引用・参考文献

足利健亮（1984）:『中近世都市の歴史地理』地人書房．

石井伸夫（2017）:守護町勝瑞遺跡における寺院の立地とその存立基盤，石井伸夫・仁木　宏編:『守護所・戦国城下町の構造と社会－阿波国勝瑞－』思文閣出版，97-125 頁．

出田和久・木村圭司・宮崎良美（1998）:近世絵図の地図性－歪みの計測による若干の検討－，出田和久編:『平成 10 年度文部科学省科学研究費補助金特定領域研究「人文科学とコンピュータ」公募班研究成果報告書古地図に描かれた内容のデータベース化のためのシステム構築』，44-64 頁．

出田和久・南出眞助（2014）:佐賀城下町絵図の歪みと精度，平井松午・安里　進・渡辺　誠編:『近世測量絵図の GIS 分析』古今書院，239-256 頁．

上杉和央（2007）:18 世紀における地図収集のネットワーク－大坂天満宮祝部渡辺吉賢を中心に－，地理学評論 80-13，823-841 頁．

宇山孝人（2017）:阿波九城の成立と終焉をめぐって，史窓 47，24-47 頁．

沖野舜二（1972）:徳島　御山下絵図，原田伴彦・西川幸治編:『日本の市街古図（西日本編）解説』鹿島研究所出版会，67-71 頁．

高田豊輝（2001）:『阿波近世用語辞典』私家版．

高見敬志（2008）:『近世城下町の設計手法－視軸と神秘的な三角形の秘密－』技報堂出版．

高見敬志（2009）:『城と城下町－築城術の系譜－』技報堂出版．

田中耕市（2014）:GIS を援用した実測図の精度評価法についての一考察，平井松午・安里　進・渡辺　誠編:

『近世測量絵図の GIS 分析』古今書院，273-282 頁．

田中耕市・平井松午（2006）：GIS を援用した近世村絵図解析法の検討，徳島地理学会論文集 9，41-54 頁．

塚本章宏（2012）：近世京都の刊行都市図に描かれた空間，HGIS 研究協議会編：『歴史 GIS の地平』勉誠出版，121-130 頁．

塚本章宏（2014）：文化・文政期の鳥取藩における測量図の精度，平井松午・安里　進・渡辺　誠編：『近世測量絵図の GIS 分析』古今書院，131-143 頁．

塚本章宏・磯田　弦（2007）：「寛永後万治前洛中絵図」の局所的歪みに関する考察，GIS －理論と応用 15-2，111-121 頁．

徳島県史編さん委員会編（1964）：『徳島県史料　第 1 巻－阿淡年表秘録－』徳島県．

徳島県史料刊行会編（1981）：『御大典記念　阿波藩民政資料（複製）大正 3 年・物産陳烈所版』徳島県史料刊行会．

徳島市立徳島城博物館編（2000）：『徳島城下絵図図録』徳島市立徳島城博物館．

徳島市立徳島城博物館編（2001）：『絵図図録第二集　徳島城下とその周辺』徳島市立徳島城博物館．

徳島市立徳島城博物館編（2007）：『絵図図録第三集　阿波・淡路国絵図の世界』徳島市立徳島城博物館．

「徳島城」編集委員会編（1994）：『徳島城』（徳島市民双書 28）徳島市立図書館．

中西和子（2003）：織豊期城下町にみる町割プランの変容－タテ町型からヨコ町型への変化について－，歴史地理学 45-2，25-46 頁．

根津寿夫（1994a）：城下町徳島の再編について－下屋敷を中心に－，史窓 24，51-69 頁．

根津寿夫（1994b）：城下町，「徳島城編集員会編『徳島城』（徳島市民双書 28）徳島市立図書館，75-91 頁．

根津寿夫（2002）：文献史料からみた徳島城下町と助任・前川地区，徳島県埋蔵文化財センター調査報告書 36，129-139 頁．

根津寿夫（2004）：徳島水軍の再編－武家集団における秩序の形成－，高橋啓先生退官記念論集編集委員会編：『地域社会への試み』原田印刷出版，209-232 頁．

根津寿夫（2005）：安宅の移転について，国立大学法人徳島大学埋蔵文化財調査室編『徳島大学埋蔵文化財調査報告書　第 2 巻』国立大学法人徳島大学，60-71 頁．

根津寿夫（2011）：城下町徳島の成立と阿波九城の克服，史窓 41，1-12 頁．

根津寿夫（2014）：文献からみた城下町徳島の成立－天正～寛永－，城下町科研・徳島研究集会実行委員会編：『阿波の守護所・城下町と四国社会』同会，94-104 頁．

根津寿夫（2017）：大坂の陣と徳島藩－武威の伝統と藩社会－，史窓 47，4-23 頁．

服部昌之（1966）：城下町徳島における都市構造の変容過程，地理科学 5，23-36 頁．

羽山久男（2001a）：富田屋敷割之絵図，西富田屋敷割之絵図，佐古屋敷割之絵図，徳島市立徳島城博物館編：『絵図図録第二集　徳島城下とその周辺』徳島市立徳島城博物館，40-42 頁．

羽山久男（2001b）：寛永～元禄期の徳島城下絵図の復原的考察，小林勝美先生還暦記念論文集刊行会編集委員会編：『徳島の考古学と地方文化』小林勝美先生還暦記念論文集刊行会，239-258 頁．

羽山久男（2002）：17 世紀の徳島城下足軽組屋敷における空間構造について，徳島地理学会論文集 5，1-15 頁．

平井松午（2001）：徳島城下の土地利用，徳島市立徳島城博物館：『絵図図録第二集　徳島城下とその周辺』徳島城博物館，52-55 頁．

平井松午（2004）：国絵区にみる阿波五街道の成立，日下雅義編：『地形環境と歴史景観－自然と人間の地理学－』古今書院，171-179 頁．

平井松午（2009）：近世初期城下町の成立過程と町割計画図の意義－徳島藩洲本城下町の場合－，歴史地理学 51-1，1-20 頁．

平井松午（2012）：洲本城下絵図の GIS 分析，HGIS 研究協議会編：『歴史 GIS の地平』勉誠出版，109-120 頁．

平井松午（2014a）：徳島藩の測量事業と実測分間絵図，平井松午・安里　進・渡辺　誠編：『近世測量絵図の GIS 分析』古今書院，77-98 頁.

平井松午（2014b）：安政期の鳥取城下絵図にみる侍屋敷地の実像－ GIS 城下図の比較分析－，平井松午・安里　進・渡辺　誠編：『近世測量絵図の GIS 分析』古今書院，175-197 頁.

平井松午（2014c）：幕末箱館における五稜郭および元陣屋の景観復原，地理学論集 89-1，26-37 頁.

平井松午（2014d）：近世城下絵図の分析と課題－歴史 GIS からのアプローチ－，史潮 76，22-35 頁.

福井好行（1957）：近世城下町としての徳島，徳島大学学芸学部紀要（社会科学）7，53-62 頁.

平凡社地方資料センター編（2000）：『日本歴史地名大系 37　徳島県』平凡社.

松本四郎（2013）：『城下町』吉川弘文館.

宮本武史編（1972・73）：『徳島藩士譜　上・中・下巻』徳島藩士譜刊行会.

三好昭一郎（2006）：『近世地方都市成立史の研究』私家版.

三好昭一郎・松本　博・佐藤正志（1992）：『徳島県の百年　県民百年史 36』山川出版社.

山村亜希（2014）：勝瑞から一宮・徳島へ，城下町科研・徳島研究集会実行委員会編：『阿波の守護所・城下町と四国社会』城下町科研・徳島研究集会，13-24 頁.

矢守一彦（1970）：『都市プランの研究』大明堂.

矢守一彦（1987）：近世城下町の空間構造，矢守一彦編：『城下町の地域構造』（日本城郭史研究双書第十二巻）名著出版，373-383 頁.

湯浅良幸（1984）：徳島 御山下絵図 解説，『徳島城下町絵図』昭和礼文社.

渡部　淳（2005）：寛永 15 年「国絵図徴集」に関する史料について，財団法人土佐山内家宝物資料館研究紀要 3，17-25 頁.

渡辺　誠・野積正吉・平井松午（2014）：「金沢町往還筋分間絵図」と「金澤十九枚御絵図」の精度，平井松午・安里　進・渡辺　誠編：『近世測量絵図の GIS 分析』古今書院，167-174 頁.

渡辺理絵・小野寺　淳（2014）：鶴岡城下絵図の精度に関する GIS 分析，平井松午・安里　進・渡辺　誠編：『近世測量絵図の GIS 分析』古今書院，225-238 頁.

第5章 尾張犬山城下絵図の系譜とその特性
－ 17 世紀後期における犬山城下町の空間構造－

山村亜希

1 成瀬氏と犬山城下町

　尾張犬山は、北を木曽川に、東を愛岐丘陵に接する濃尾平野の北東角に位置する。木曽川と愛岐丘陵が尾張国と美濃国の国境であるため、犬山は国境の町であった。同時に、木曽川を介した山地と平野の接点の谷口集落でもあり、水上交通の結節点、とくに木曽運材の中継点としても重視された。このような立地は戦略上の要衝になり、戦国期の築城以降、城主の頻繁な交代をもたらした。この動乱の中で、犬山城は豊臣期以降、尾張国主の政務代行者の持ち城としての位置づけを確立させる。元和の一国一城令後も、尾張徳川家の名古屋城のほかに、犬山城はその存在を許され、元和 3 年（1617）から幕末まで、尾張藩付家老の成瀬氏が城主を務めた。現在の犬山城は、日本でも数少ない現存天守をもつ城として有名である。

　一般的に近世城郭は大名が城主であるが、犬山城主の成瀬氏は、それとは異なる付家老である。御三家成立時に、初代成瀬正成は幕府の直臣のまま、尾張徳川家の家老に付けられた。犬山城も、将軍秀忠より拝領した城であった。しかし、付家老の位置づけは時代とともに変化し、17 世紀半ばの 3 代正親の時には、同じ付家老の竹腰氏と並んで、尾張藩筆頭家老の地位を確立する。これは逆にいえば、成瀬氏が幕府の直臣ではなく、尾張徳川家の一家老になったことを意味する。それを不服とする成瀬氏は、その後も幕府との直接の関係を求め、家格回復運動に務めた（犬山城白帝文庫歴史文化館編 2005・2007・2014b）。

　このように、幕府と尾張藩との狭間にあった城主成瀬氏は、犬山城だけでなく、名古屋城三の丸の屋敷をはじめ、名古屋や江戸に複数の屋敷をもっていた。成瀬氏の家臣団は、犬山城下のみならず、名古屋城下にも配置され、その中で随時入れ替えがなされた（犬山市教育委員会ほか編 1997：461 頁）。つまり、犬山は一般的な城下町とは異なり、領国の都市機能を城下町に集約させる必要性に乏しい。名古屋が清須を含めた多くの中世都市から経済機能を集約して成立した城下町であるのとは対照的に、犬山は周辺の農村や川湊を城下町として編成することで形成された城下町であり（山村 2016）、成立当初より、中心性の高い経済都市ではない。結果的に、幕末まで犬山の町人地の範囲は形成期からそれほど大きく変化せず、全体の規模はコンパクトであり続けた。これらのことから、犬山は、城主の政治的立場や意向に左右されやすい「政治都市」という城下町本来の性格を、近世を通じて持ち続けたことが推定される。

　このような特性をもつ近世犬山城下町は、どのような空間構造であったのだろうか。前稿（山村 2016）では、戦国期から 17 世紀前期までの犬山城下町の形成プロセスを、寺社・町の来歴と分布、街路・

地割の形態分析、微地形のデータを総合した景観復原によって考察した。しかし、犬山で城絵図・城下絵図が描かれるようになる 17 世紀半ば以降の城下町の空間構造については、十分な考察を行っていない。旧城主の成瀬氏が所有していた犬山関連の絵図群は、公益財団法人犬山城白帝文庫（以下、白帝文庫と略す）に、良好な状況で保管されている[1]。筆者は、白帝文庫における城絵図・城下絵図の原本調査を行う機会を得た[2] ことから、本章ではその他の所蔵機関の絵図も含めた犬山城・城下絵図の全体的な分析を行い、それをふまえて絵図を活用し、近世犬山城下町の実態に接近する。

2　犬山城・城下絵図の分類と系譜

　犬山城は、木曽川を背にする独立丘陵の城山に築かれた。城山の山裾には内堀が構築され、その外側の台地に外堀と総構が構築された。内堀と外堀の間の三ノ丸は武家地とされ、外堀から総構にかけては、武家地、町人地、寺社地として利用された。

　犬山城下町の総構や町割は、豊臣期から 17 世紀初期の間に建設されたと推定される（山村 2016）が、それは犬山城の縄張りの形成（千田 2017）と同時期である。さらに城下町の外堀や総構に、城郭と同様の虎口や枡形がつくられていることからも、犬山城下町は城郭と一体的に建設された可能性がある。この観点に立てば、犬山の城下絵図と城山およびその周囲を描く城郭図とを分けて、それぞれの系譜・特性を検討するのではなく、両者の影響関係を視野に入れながら、全体の系譜を見出す試みに意味があるだろう。このような考えに基づいて、城郭図と城下絵図両方の調査を行った結果、年紀が明記される、あるいは内容から時期を推定されるものに限ると、表 5-1 に挙げた絵図を収集した。

　絵図の大半を占める白帝文庫図は、犬山藩[3] の行政資料として、城郭の修復箇所の申請、武家地・町人地の把握といった実務を目的に作成された公用図である[4]。公用図とはいえ、原図以外にも、その下図や控図、模写図など、多様な段階・経緯で作成された絵図が混在する。また、たとえ原図であっても、犬山藩内においては先行図を容易に参照・利用できる環境にあるため、その図が作成と同時代の地理情報をストレートに反映させているとは限らない。先行図の構図を基本的に踏襲し、その時点での目的に応じて、必要な部分に限って景観描写や文字情報を更新することも往々にしてある。つまり、絵図の作成年次と景観年代が常に一致するとは限らない。絵図から城下町の実態を考察するためには、絵図の描写内容の相互関係を検討して、その類型と系譜を明らかにしておく必要がある。

　そこで、収集した犬山城・城下絵図を、ベースとして描かれた地形、街路、街区、城郭構造物などの地物の形状や位置、表現法や全体の構図を基準として分類した。その結果、表 5-1 の丸番号のように、16 のパターンに分類することができた。これを、城郭図と城下絵図に分けて絵図相互の関係を検討し、系譜を抽出したものが図 5-1 である。ここでは、軍学・兵学の進展とともに、盛んに作成される縄張図も、犬山においては総構まで描くので、城下絵図の一つと位置付けている。

　図 5-1 からは、城郭図の作成時期のピークは、17 世紀半ばから 18 世紀半ばにあり、その後は 19 世紀半ば以降の幕末に小さなピークを迎えるまでの間に、数点しか作成されないことがわかる。城下絵図は城郭図に比べて絶対数が少ないが、軍学・兵学の縄張図も含めると、作成が集中する時期を見出せる。それは城郭図のピークよりも短く、17 世紀半ばから後期にかけてである。18 世紀以降にも城下絵図は作成されるが、明確なピークを見出しにくく、城郭図と同様に、幕末から明治初期にかけ

表 5-1 犬山城・城下絵図一覧

No.	図　題	所属先	番　号	絵図分類	年紀 和暦	年紀 西暦
①	尾張国犬山城絵図	林政	図物甲 218	城下絵図	正保 4	1647
②	犬山御城破損所之絵図【袋題】／犬山城絵図【仮】	白帝	60　2005-1 ～ 2	城郭図	寛文 7	1667
③	犬山御城当分之絵図【袋題・裏書】	白帝	F84（138）	屋敷割絵図	寛文 8	1668
④	犬山城絵図【袋題】／尾張国犬山城絵図【仮】	白帝	F83（155-2）	城郭図	寛文 8	1668
⑤	尾張国犬山城絵図【仮】	白帝	60　2070	屋敷割絵図	天和元	1681
⑥ -1	尾張国犬山城絵図【袋題】	白帝	60　2031	城郭図	天和 3	1683
⑥ -2	尾張国犬山城絵図【袋題】	白帝	60　2022	城郭図	貞享元	1684
⑦ -1	尾州犬山城図【仮題】	蓬左	図 205	縄張図	貞享 4 以前に編集，享保元写	1687
⑥ -3	尾張国犬山城絵図【袋題】	白帝	60　2021	城郭図	貞享 4	1687
⑥ -4	尾張国犬山城絵図【袋題】	白帝	60　2024	城郭図	元禄 2	1689
⑥ -5	尾張国犬山城絵図【袋題】	白帝	60　2027	城郭図	元禄 3	1690
⑥ -6	尾張国犬山城絵図【袋題】	白帝	60　2016	城郭図	元禄 3	1690
⑦ -2	〔諸国当城之図〕尾張六山	浅野		縄張図	天和～元禄	1681 ～ 1691
⑦ -3	〔諸国居城之図〕尾州六山之図	尊経	諸国居城之図 2 東海道（前）12	縄張図	元禄 4	1691
⑥ -7	尾張国犬山城絵図【袋題】	白帝	60　2020	城郭図	元禄 10	1697
⑥ -8	尾張国犬山城絵図【袋題】	白帝	60　2026	城郭図	元禄 10	1697
⑥ -9	尾張国犬山城絵図（控）【袋題】	白帝	60　2019	城郭図	元禄 12	1699
⑥ -10	尾張国犬山城絵図【袋題】	白帝	60　2025	城郭図	元禄 14	1701
⑥ -11	尾張国丹羽郡犬山城絵図【袋題】	白帝	60　2063	城郭図	元禄 17	1704
⑥ -12	尾張国犬山城絵図（控）【袋題】	白帝	60　2029	城郭図	宝永 5	1708
⑥ -13	尾張国犬山城絵図【袋題】	白帝	60　2030	城郭図	宝永 5	1708
⑥ -14	尾張国犬山城絵図（控）【袋題】	白帝	60　2056	城郭図	正徳 2	1712
⑥ -15	尾張国犬山城絵図【袋題】	白帝	60　2017	城郭図	享保 3	1718
⑥ -16	尾張国犬山城絵図【袋題】	白帝	60　2023	城郭図	享保 7	1722
⑧ -1	尾張国犬山城絵図【袋題】	白帝	60　2062	城郭図	享保 13	1728
⑧ -2	尾張国犬山城絵図　控【袋題・裏書】	白帝	60　2028	城郭図	享保 17	1732
⑧ -3	尾張国犬山城絵図　控【袋題・裏書】	白帝	60　2033	城郭図	享保 21	1736
⑨	犬山城郭絵図【仮】	犬山	市史史料目録 113	屋敷割絵図	元文 5 写，明治 4 写	1740 写，1871 写
⑩	犬山御城下之図【題箋】／犬山城属地絵図【仮】	白帝	137-1（F62）	城下絵図	元文 5	1740
⑧ -4	尾張国犬山城絵図　控【袋題・裏書】	白帝	60　2041	城郭図	宝暦 4	1754
⑧ -5	尾張国犬山城絵図【裏書】／犬山城修復願雛形絵図【仮】	白帝	60　2064	城郭図	安永 9	1780
⑪ -1	犬山御城下之絵図【仮】	白帝	F164（240）	屋敷割絵図	寛政 3	1791
⑪ -2	犬山城郭絵図【付箋】	白帝	F165（239）	屋敷割絵図	寛政 3	1791
⑫	町別屋敷割図【仮】	白帝	F175 ～ 188, 172	屋敷割絵図	寛政 5	1793
⑥ -17	尾張国犬山城絵図　下絵図【裏書】	白帝	60　2054	城郭図	享和 2	1802
⑥ -18	尾張国犬山城絵図　下【裏書】	白帝	60　2047	城郭図	享和 3	1803
⑬	城下諸士屋敷絵図【仮】	白帝	F154（256）	屋敷割絵図	文政 9	1826
⑭	犬山町家絵図【裏書】／犬山城下町絵図【仮】	白帝	F189（234）	屋敷割絵図	天保 10	1839
⑥ -19	尾張国犬山城絵図【裏書】／犬山城火災被害図【仮】	白帝	60　2069	城郭図	天保 13	1842
⑥ -19-a	尾張国犬山城絵図【裏書】	白帝	60　2065	城郭図	天保 13	1842
⑥ -19-b	犬山城火災被害図【仮】	白帝	60　2065	城郭図	天保 13	1842
⑮ -1	『尾張史』付図　犬山図【仮】	県図	635	城下絵図	弘化 15	1844
⑮ -2	犬山図【題箋】	岩瀬	子 244	城下絵図	弘化 2	1845
⑥ -20	尾張国犬山城絵図【袋題】	白帝	60　2055	城郭図	嘉永元	1848
⑥ -21	尾張国犬山城絵図【裏書】	白帝	60　2051	城郭図	嘉永 3	1850
⑥ -22	〔諸国御城並台場蔵屋敷絵図〕4　尾張国犬山城絵図　全【題箋】	国公	183-0703	城郭図	慶応元	1865
⑯ -1	犬山城下絵図【仮】	白帝	F25（101-9）	屋敷割絵図	慶応 4 ～明治 4	1868 ～ 1871
⑯ -2	尾張国丹羽郡犬山之陰図	林政	1689-2	屋敷割絵図	明治 6 ～ 15	1873 ～ 1882

所蔵先の略称は以下の以下の通りである.
林政：徳川林政史研究所，白帝：犬山城白帝文庫，蓬左：名古屋市蓬左文庫，浅野：広島市立中央図書館浅野文庫，尊経：前田育徳会尊経閣文庫，犬山：犬山市文化史料館，県図：愛知県図書館，岩瀬：西尾市岩瀬文庫，国公：国立公文書館.
図題は原則として地図中の表記を採り，袋や付箋，裏書の記載や仮題の場合は，【　】内に注記した．表現・記載内容や法量，年紀の根拠等の詳細情報は，拙稿（山村 2017）の「犬山城・城下絵図一覧表」（37 ～ 43 頁）を参照のこと.

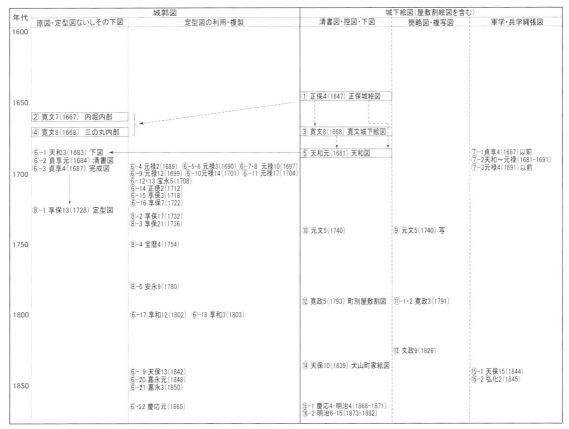

図 5-1　犬山城・城下絵図の系譜
実線の矢印は絵図の描写に先行図の影響を確認できるもの，点線の矢印は先行図の影響を推定されるものを示す．

て再び増加する。犬山においては、城郭図・城下絵図のいずれにおいても、17世紀半ばから後期にかけての近世前期に画期があることを指摘できる。

拙稿（山村 2016）で指摘したように、17世紀半ばの2代藩主正虎や3代藩主正親の時期に、城郭と連動した城下町の整備が進み、松丸－大手口－本町通り－八幡口－名古屋街道が直線で一線に並ぶ、明快な「タテ町型」の城下町が完成した。これを絵図の年代と対照させると、正保4年（1647）の正保城絵図（①）から寛文8年（1668）の「犬山御城当分之絵図」（③）にかけての時期に相当する。つまり、城郭図・城下絵図が互いに影響を与えながら多くの絵図が描かれた17世紀後期は、犬山城と城下町がリアルタイムで整備され、完成後も部分的に修正が加えられつつあった時期に他ならない。この点をふまえると、17世紀後期の犬山の城郭図・城下絵図には、建設途上の城郭・城下町の形成プロセスのみならず、完成後の修正や、変わりゆく景観に対する同時代の認識、藩側の対応といった城下町の実態が、反映されているのではないだろうか。

以上より、次節では、17世紀後期に作成された城郭図・城下絵図に焦点を絞って、その表現の特徴を分析する。それをふまえて、犬山城下絵図に特徴的な総構について若干の考察を行い、犬山城下町の特性の一端に迫ることとしたい。

図 5-2 「犬山御城破損所之絵図」にみる城郭の描写
（犬山城白帝文庫 60　2005-1～2，寛文 7 年，東西 40×南北 35cm）

3　17 世紀後期の絵図と犬山城・城下町

1）犬山城の建設過程

　現存最古の犬山の絵図は、正保 4 年（1647）の①「尾張国犬山城絵図」[5]（以下、正保城絵図と呼ぶ）である。これは、幕府に提出された正保城絵図の下絵である。白帝文庫にその写しや控図は伝来せず、下絵である本図が徳川林政史研究所に残る。正保城絵図の街路は実在のものであるが、形状は概して直線的に描かれ、現実の細かなカーブや屈曲までは十分に表現していない。また、寺社地と武家地、町人地の境界線（背割線）も一様に直線で、実際の敷地形態を反映したとは言い難い。正保城絵図には、町名や寺社名、個別の寺社境内の範囲も記載されない。よって、本図から街路や武家地・町人地・寺社地という単位での空間構成を知ることはできるが、それ以上の情報を得ることは難しい。このように正保城絵図は、城下については簡易な記載にとどまる一方で、城郭の縄張りや内堀、外堀、総構、石垣、土塁といった城郭施設の位置と形態については、詳細かつ具体的に表記する。そこで、正保城絵図とそれ以降の絵図とを比較することで、犬山城の建設過程を知ることができる。
　ここで注目したいのは、石垣である。正保城絵図は、成瀬正成が犬山城を拝領した元和 3 年（1617）から、既に 30 年が経過した時期に作成された。その時、既に本丸と山腹の曲輪群は総石垣となっていた。しかし、最も山麓に近い松丸は、切岸と塀によって曲輪を囲うだけで、周囲に石垣がまわされ

92　第 I 部　近世城下町の町割と景観

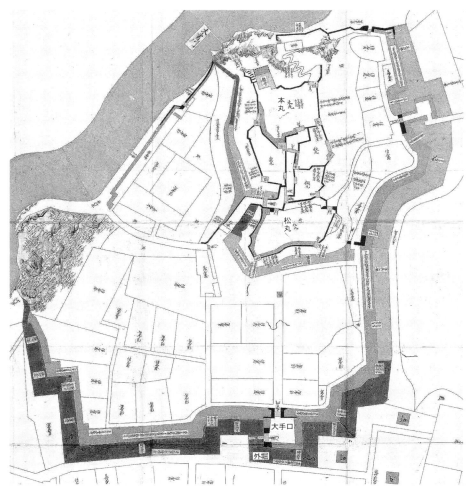

図 5-3　「犬山御城当分之絵図」にみる城郭の描写
（犬山城白帝文庫 F84（138），寛文 8 年，東西 321 × 南北 380cm）

ていない。その一方で、外堀を渡る方形の大手口は、四面すべてが総石垣となっている。城郭建設において、城郭の中心部に近い松丸よりも、大手口の正面観の方が優先されたことがうかがえる。

　この石垣の構築は、その後、どのように進められるのだろうか。寛文 7 年（1667）の②「犬山御城破損所之絵図」[6]によると、まだ松丸に石垣は構築されていない（図 5-2）。松丸においては、内田門に至る曲輪北東の出入口に、部分的に石垣が建設されただけである。そればかりか、松丸には、その東側に曲輪の拡張とみられる段差が描かれており、曲輪の造成段階であることが推定される。このような段階から状況が大きく変わるのが、寛文 8 年の城下絵図である③「犬山御城当分之絵図」[7]（図 5-3。以下、寛文城下絵図と呼ぶ）である。本図における黒い太線は、石垣の築造箇所と推定される。ここから、松丸の周囲には石垣がめぐらされ、総石垣とされたと考えられる。寛文 7 〜 8 年の間に、松丸の総石垣化が図られたことがわかる。

　その一方で、石垣が「後退」するのが、外堀を渡る大手口である。正保城絵図では四面を石垣で囲っていたが、寛文城下絵図においては、北側と西側の門の土台付近のみに石垣がある。門の設置に必要

第 5 章　尾張犬山城下絵図の系譜とその特性　93

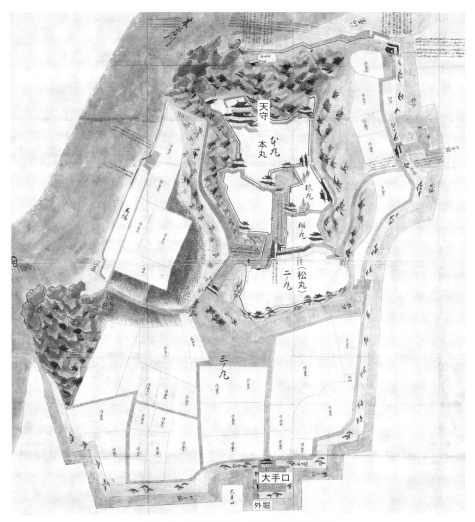

図 5-4　「犬山城絵図」にみる城郭の描写
(犬山城白帝文庫 F83（155-2），寛文 8 年，東西 144 ×南北 144cm)

な箇所に絞って石垣を敷設する様子は、寛文 8 年の城郭図である④「犬山城絵図」（図 5-4）[8]でも変わらない。これが、天和元年（1681）の⑤「尾張国犬山城絵図」[9]（図 5-5。以下、天和図と略す）になると、大手口の東側を除く三方に石垣が建設される。その後の絵図では、大手口の石垣は基本的に天和図と同じ三方にまわされ、大手口の四面すべてに石垣がまわることはなかった。近世前期における石垣の重要な役割は、権威の象徴として「見せる」ことであった。その点をふまえると、正保 4 年段階では、城郭と城下を結ぶ「タテ町」の結節点である大手口が「見せる」対象として重視されたが、松丸の普請が進むにつれ、寛文 8 年には「タテ町」の終着点である松丸御殿に重点が移ったのだろう。

　次に、正保城絵図における犬山城の三重の天守の特徴を指摘しておきたい。正保城絵図では天守は南の城下町から見た向きで絵画的に描かれる。寛文年間の城郭図（②・④：図 5-2・5-4）でも、天守の向きは同様である。しかし、その後に描かれる絵図は、すべて天守を北の木曽川から見た視点で描

94　第Ⅰ部　近世城下町の町割と景観

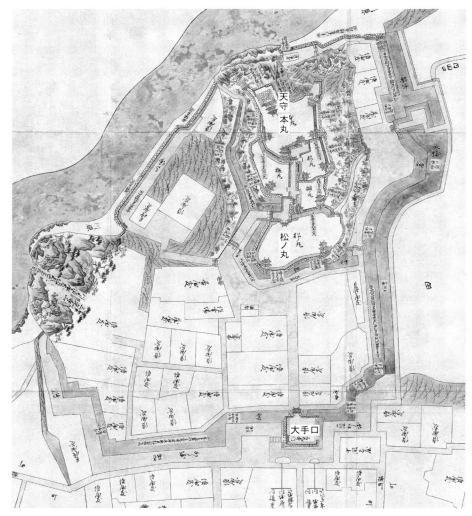

図 5-5　「尾張国犬山城絵図」にみる城郭の描写
（犬山城白帝文庫60　2070，天和元年，東西 147 ×南北 168cm）口絵 6 参照．

くようになる。南の城下町側からの視点の天守は、①、②、④にしか見られないことになる。城下町から見上げる天守像は、寛文期までしか見られない特徴である。

　拙稿（2016）では、3 代の成瀬正親によって、寛文年間に松丸御殿と本町通が一直線に並ぶよう、城郭と城下町の構造が変更されたと考えた。築城期の都市プランで重要視されていた天守ビスタが、寛文期の城下町再編時には既に意味を減じ、それに代わって御殿の重要性が強く認識されるようになったのだろう。正保期と寛文期の絵図にしか見られない城下町からの天守像は、このような城下町の再編によって消えゆく天守ビスタの刹那的な残像なのかもしれない。

2）寛文城下絵図と正保城絵図

　寛文 8 年（1668）の③寛文城下絵図（図 5-6）は、城下全体における侍屋敷・寺社の地割形態を表す絵図としては最古のものになる。本図は、①・②・④と比べて、曖昧な表現を控え、城郭と城下町

第 5 章　尾張犬山城下絵図の系譜とその特性　　95

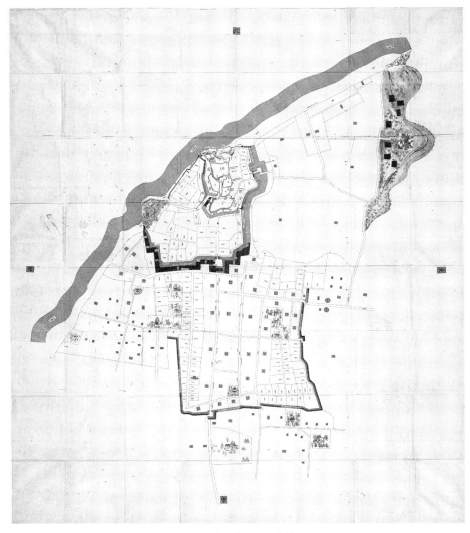

図 5-6　「犬山御城当分之絵図」
(犬山城白帝文庫 F84 (138)，寛文 8 年，東西 321 ×南北 380cm)

の平面プランを正確に記載しようとする点に特徴がある。例えば、台地上に掘削された内堀には、水堀と空堀が混在していたが、①・②・④においてはその境界は曖昧である。一方で、③においては、空堀と水堀の境界を明示する。また、城下町における街路は、①の正保城絵図では直線が多いが、③では実態に近い形状で表記する。それが端的に現れているのが、大手道に相当する本町筋である。実際の本町筋は、南に向かってやや西に振っており、完全な直線ではない。③は、このわずかなカーブを正確に表現する。

　その一方で、寺社境内と三光寺山、城山天守裏手の岩山は、絵画的に表現する。寺社境内の構造物は、板葺き、茅葺き、棟数、配置など細かく描き分けており、単なる記号ではなく、ある程度、実態を反映したものと思われる。これらの絵画的表現が施された地物に共通するのは、寺社や霊山といっ

96 　第Ⅰ部　近世城下町の町割と景観

た宗教性のある場所である。実測図並みに正確な城郭・城下町の平面プラン図に、それとは一見すると異質に思える、宗教的な場の描写が埋め込まれているのも、③の特徴である。

　寛文城下絵図は正保城絵図と異なる点が多いが、共通点もある。寛文城下絵図は寺社境内の絵画的表現を細かく描き分ける一方で、正保城絵図と同じく、寺社名の記載はない。寺社に限らず、全体的に地名表記も少ない。城下町の街路形態については、実状に沿った形状に修正されているが、城下町外の村の街路については、正保城絵図を踏襲しており、実態をふまえたとは言い切れない。これらのことから、寛文城下絵図は正保城絵図を基本としながらも、城下町内の形態については、実態に合わせて再作成したものと推定される。

　寛文城下絵図は、厚紙を貼り継いで大型の紙面を作成し、その上に丁寧に表記した清書図であり、犬山藩内で正式の公用図として保管されたと考えられる。これは、寛文城下絵図の描かれた時期が、まさに犬山城・城下町の整備事業が完成を迎えた時期に相当することと無縁ではないだろう。この時期は、成瀬氏の尾張徳川家の筆頭家老としての地位が確立する一方で、将軍の直臣としての地位が後退する時期でもある。成瀬氏が、自らの本拠としての犬山と城下町を改めて重視するようになり、そこに実態として明快な「タテ町型」城下町を完成させ、その認識を寛文城下絵図に表現したのではないだろうか。

3）城郭修復願図と天和城下絵図

　犬山藩では、犬山城の櫓・石垣・土塀・堀等の修復の際、破損箇所を明示する城郭図を作成し、幕府に修復願の添付図として、その都度、提出を繰り返した。城郭図の大半を占めるのは、この類の修復願図である。最も頻繁に作成されたのは、17世紀後期から18世紀前期であり、同じ年に2枚の城郭図が作成された年もあった（元禄3年：⑥-5・6、元禄10年：⑥-7・8、宝永5年：⑥-12・13）。これらの修復願図には雛型となる定型図があり、それに該当箇所を記入して作成された。この定型図の下図と思われる彩色のない簡素な図が、天和3年（1683）の⑥-1であり、それに修正と彩色を施して清書図としたものが貞享元年（1684）の⑥-2である。さらに修正を加えて定型図として完成したものが、貞享4年の⑥-3である。⑥のパターンの城郭図は、三ノ丸の内側のみならず、その南に広がる武家地と町人地（本町・練屋町・魚屋町・横町）の一部までを含んだ範囲を描く。ただし、城郭修復願図という目的からすると、外堀の外側の武家地や町人地の表記は、雛形としては不要である。この余計な外堀の外側を削除し、内側のみの雛形の定型図となったのが、享保13年（1728）以降に使用される⑧のパターンの城郭図である。

　⑥の定型図も、その元となった絵図があった。系譜の順序からは、寛文期の城郭図（②・④）がその元となったようにみえるが、それらとは天守の向きや侍屋敷の地割など、異なる表現が目立ち、寛文期城郭図が直接の原図とは考えにくい。定型図の原図と考えられるのは、⑥パターンの城郭図のうち最古の天和3年図（⑥-1）の2年前に作成された、天和元年の⑤天和図（図5-7）である。天和図は城下絵図であるが、このうちの城郭周辺が抜き出されて、⑥の定型図に利用されたとみられる。つまり、城郭修復願図の元図は、城下絵図にあったことになる。城下絵図から一部を抽出したために、三ノ丸の内側のみならず、城下の一部を含めた可能性が高い。⑥パターンの図には、近世を通じて外堀の南側壁面の修復箇所が繰り返し何度も記入される。あえて南側の城下の一部を範囲に含めたのは、

第 5 章　尾張犬山城下絵図の系譜とその特性　　97

図 5-7　「尾張国犬山城絵図」
（犬山城白帝文庫 60　2070，天和元年，東西 147×南北 168cm）口絵 6 参照.

城下に接する外堀南側の壁面が脆いことが、既に天和期には認識されており、その記載を想定してのことだろうか。

　⑥パターンの修復願図は、19 世紀半ばまで作成され続ける。その時々の破損箇所はともかく、城郭の縄張や構造物の位置・形状については、それを約 200 年も遡る古風な 17 世紀後半のものであったことになる。その意味では、城郭図の雛形を提供した天和図（⑤）が、後の城郭図に及ぼした影響は大きい。本図においても、外堀の南側の壁面に修復場所を記入していることから、絵図作成時ないしその後に追記され、天和図自体も城郭修復願図として利用されたことがわかる。

　この天和図も、一から独自に作成された城下絵図であるとは言い切れない。城山と三光寺山の間の西谷の記載をみると、窪地斜面の藪地まで平面として描こうとする寛文城下絵図に対して、天和図は藪をそのまま絵画的に描き、一見すると正保城絵図の描写に近い。その一方で、総構内の寺社境内に

98   第Ⅰ部　近世城下町の町割と景観

ついては、寛文城下絵図の絵画的描写と似ている。正保城絵図と寛文城下絵図の両方から、描写については、影響を受けた可能性がある。

　先述のように、寛文城下絵図は、城下町内の街路や敷地についての記載は正確であるが、城下町外の情報については、正確さを追求したものとは言い難い。それに対して天和図は、城下町外の村の道路や寺社境内の形状が、実態に合致している。それを顕著に示すのが、総構の南の徳授寺と祥雲庵の境内に沿う土塁と堀のラインである。この土塁と堀のラインは、それ以前の絵図には見られない。この堀と土塁は、後続の城下絵図にも描かれている上、現状でも跡地に地形の段差が残っており、実在したものと考えられる。総構の外部にあるこれらの堀と土塁が、近世城下町の都市計画において、何らかの意味があったとは思えない[10]。それでも、その場所に実在する以上、堀と土塁を丁寧に記載する点に、天和図の城下町外であっても、正確さを追求する姿勢を見出すことができる。

　以上のように犬山では、正保城絵図の影響を受けながらも、城下町の実態に合わせた正確で詳細な城下絵図が、寛文期と天和期に作成された。城郭修復願のための城郭図の雛形も、天和期の城下絵図の派生であった。このように犬山では、17世紀後期という近世でも早い時期に、正確で詳細な城下絵図が複数作成された点に特徴がある。

4）侍屋敷・足軽屋敷と総構

　図5-8と図5-9は、寛文城下絵図（図5-6）と天和図（図5-7）に基づいて作成した、寛文8年と天和元年の犬山城下町の復原図である。寛文城下絵図と天和図における街路・堀・土塁と寺社境内、侍屋敷、足軽屋敷を、明治9年（1876）の地籍図[11]の街路や地割、寺社境内と同定させ、台地と丘陵の地形をベースマップとして、復原図を作成した。ここではこれらの復原図から、犬山城下町における侍屋敷、足軽屋敷と総構の関係について考察する。

　近世犬山城下町の侍屋敷は、三ノ丸以外に、大本町沿線と、北宿、魚屋町北側の3ヵ所に配置されていた。城下中央の町人地の町割は、豊臣秀吉の家臣である石川光吉城主期（1595～1600年）に施工され、その後に総構も建設されたと推定される（山村 2016）。当初より、北宿や魚屋町北側は町人地の町割から外れており、総構の内側にありながら、武家地としてまとまった敷地を確保しやすかったのだろう。それに対して大本町は、中世古道の延長上にあり、平岩親吉城主期に崖下の坂下に町人を下すまで、犬山の中心的町場であった。大本町の町人の総構外部への移転は、犬山の都市軸の変更と軌を一にする、一大事業であったと思われる。これは、平岩期に急増した家臣のための侍屋敷の用地確保を目的として行われたものであり、その時以降、成瀬氏入封以降も、大本町は武家地となった。

　復原図に見るように、西側の総構は外堀に到達しておらず、崖下の鵜飼町は、総構の中とも外ともつかない空間であった。そこに空地はいくらでもあったにもかかわらず、町人を強制移転させてでも、台地上に侍屋敷が設定された点は注目される。これは成瀬氏以前の事業であるが、成瀬氏以降の犬山城下町においても、侍屋敷が崖下を避けて台地上に配置された状況は、寛文期（図5-8）と天和期（図5-9）の比較からうかがえる。寛文期には、侍屋敷の一部が、鵜飼町に近い、常満寺と専念寺西側の崖下に配置されていた。しかし天和期になると、その場所から侍屋敷は撤退し、かつてその地にあった通路も消えてしまう。その後の城下絵図を通覧しても、明治初期になるまで、この崖下の地に侍屋敷がつくられることはなかった。犬山城下町における侍屋敷は、総構が途中まで施工されていた台地

第 5 章 尾張犬山城下絵図の系譜とその特性　99

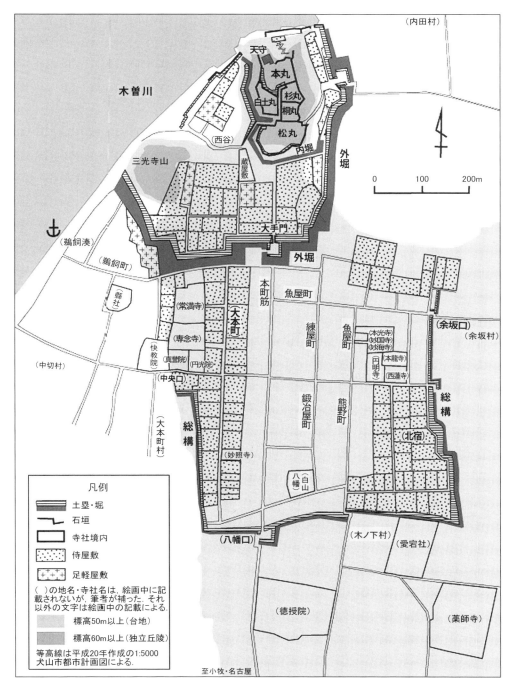

図 5-8　寛文 8 年（1668）「犬山御城当分之絵図」による犬山城下町の復原

崖線よりも上に配置するルールであったようだ。
　魚屋町北側の侍屋敷を見てみると、寛文期から天和期にかけて西に向かって拡大し、ついに外堀に到達している。台地上で地続きの東側に拡大することも容易であるが、総構を越えて侍屋敷が拡大す

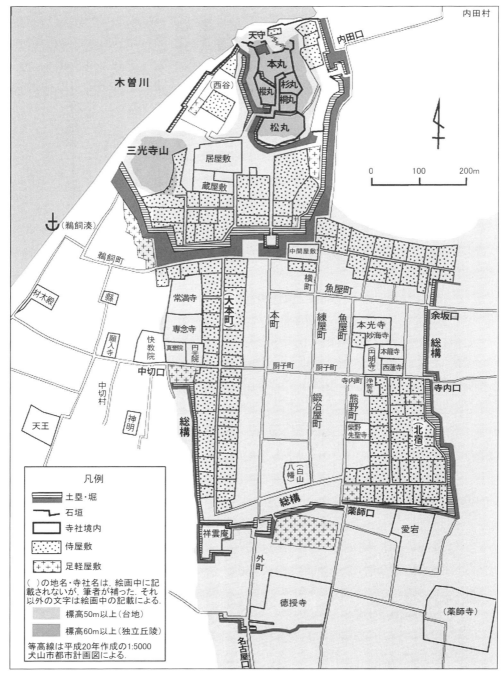

図 5-9　天和元年（1681）「尾張国犬山城絵図」による犬山城下町の復原

ることは、明治初期までなかった。ここからも、侍屋敷の設定において、総構の内側であることを遵守する意識がうかがえる。

　犬山城下町の総構内は、町人地・寺社地を除くと、武家地として使える空間は限られている。総構

という構造物があるがために、総構をもたない城下町に比べて、外への拡大に制約が生じる。近世を通じて侍屋敷は結果的に総構内に納まる数であったとはいえ、頑なに侍屋敷を総構内に配置する点は注目に値する。これは、近世における総構の機能・意義を推察する材料になるだろう。拙稿（山村2016）では、犬山城下町における総構の形態は、中世の集落構造によって決まった側面が大きかったと推定した。建設当初の総構は、必ずしも防御・境界施設として合理的な選択がなされた訳ではなかったと考える。しかし、このラインは近世前期になると、侍屋敷の配置という点で城下町に影響を及ぼすことになる。総構は、本来的には城郭の最外郭線であり、戦国期の籠城戦では、この中に武士や住人が籠るための施設であった。近世はそのような事態が生じる時代ではないが、総構は武士にとって犬山城を守る外郭線になるという認識が強く残存していたのではないだろうか。

次に、足軽屋敷の分布をみてみよう。寛文期と天和期を比較すると、足軽屋敷の分布はわずか13年の間にかなり変化しており、流動的な存在であったことがわかる。寛文期においては、足軽屋敷は三の丸内部や外堀周辺に限られ、外堀よりも外側には配置されていない。武家地としては城郭に近い一等地の三の丸であるが、足軽屋敷はその中でも、外堀西側の傾斜地や崖下、三光寺山の東側の細い谷、西谷の窪地、外堀に沿う狭い空地といった、地形条件の悪い場所で、侍屋敷の「隙間」を埋めるように分布していた。

天和期になると、三の丸から足軽屋敷が減少し、代わって外堀の外に散在するようになる。三の丸から完全に足軽屋敷がなくなるわけではないが、三の丸の正面にあたる、目立つ場所からは撤退している。内田口から松丸に至る内堀内部にも、寛文期には足軽屋敷があったが、隣接する侍屋敷とともに移転し、ここは通路空間として整理された。外堀の外部では、総構の八幡口に隣接して、大きな足軽地が形成され、中切口や薬師口に接する場所にも足軽屋敷が分布している。これらは、いずれも総構の主要な出入口であり、それを守る位置に置かれた。このように、寛文期には三の丸内と周辺に配置されていた足軽地が、天和期には城下に分散し、総構の出入口を意識した立地となっている。これと、先ほどの総構の近世的意義とを重ねて考えると、城郭の外郭線としての総構の重要性が、17世紀後期になって増してきたことを示唆している。

天和図以降、犬山では城下絵図は長らく作成されず、次に描かれたのは、元文5年（1740）に写された⑨「犬山城郭絵図」[12]と、同年作成の⑩「犬山御城下之絵図」[13]であった。これらの元文図においては、西側崖線の総構が外堀にまで、東側の総構も余坂口から北の台地の崖まで到達し、ついに総構が城下を完全に囲む様子が描かれる。17世紀後期から18世紀半ばにかけては、もはや軍事装置として総構を必要とする時代ではない。それにもかかわらず、総構が完成に至ったのは、その前提として、犬山城の最外郭線を守るのが侍の本務であるとする、身分秩序の正当性と関連付けられた総構への認識があったためと考えられないだろうか。

4　おわりに

本章は、尾張犬山における城郭図・城下絵図の系譜抽出と、絵図を用いた景観復原を通じて、17世紀後期の犬山城と城下町の実態に接近することを試みた。犬山では、17世紀後期に数多くの城郭図・城下絵図が描かれ、近世でも早い時期に絵図作成の画期が訪れた。この背景には、城主成瀬氏の政治

的地位の変質と、成瀬氏による犬山城下町の空間構造の変更・修正があると推定される。最古の正保城絵図の影響を受けつつも、整備後の完成形としての城下町を描く寛文城下絵図や、城下町と町続きの村の両方を正確かつ詳細に描き、幕末まで城郭修復願図の雛形として利用される天和図といった、犬山藩独自の絵図が作成された。寛文期と天和期の城下絵図を検討する中で、総構を犬山城の最外郭線として重視する武家の認識が、侍屋敷や足軽屋敷の配置、18世紀段階での総構の完成といった城下町の形態に影響を与えたことを推定した。これらの点から、近世前期における犬山城下町は、城主成瀬氏の政策や武家の認識から影響を受けやすい、政治都市の側面が強かったと考える。

　それでは、18世紀後期から19世紀になると、犬山城下町における政治機能と経済機能は、都市空間構造の中にどのように表出するようになるのだろうか。18世紀末の寛政年間には、町別の屋敷割絵図（⑫）や侍屋敷・町屋敷両方を含めた屋敷割絵図（⑪）が作成され、天保10年（1839）には、三の丸を除く城下の屋敷割絵図（⑭「犬山町家絵図」）が作成された。さらに幕末から明治初期にかけて、名古屋藩とは別に犬山藩が成立し、名古屋や江戸から多くの武士が犬山に移住して侍屋敷が急増した時期にも、侍屋敷・町屋敷両方を描く屋敷割絵図（⑯）が作成された。これらの屋敷割絵図の比較から、18世紀末から19世紀にかけての地割スケールでの都市空間構造の変化を検討できる。その分析を通じて、近世後期犬山城下町の空間構造における政治と経済の関係性について検討することを、今後の課題としたい。

謝辞

　犬山城白帝文庫所蔵の城郭図・城下絵図の原本調査と絵図画像の借用に際して、犬山城白帝文庫歴史文化館の松田之利氏、白水正氏、寺岡希華氏と、犬山市の井出修平氏、川島誠次氏のご協力を得た。原本調査では、愛知県立大学大学院生の岸田幸大氏にもご協力いただいた。明治9年地籍図の復原については、京都大学大学院生の三好志尚氏の協力を得た。ここに記して、深く謝意を表する。

注

1) 白帝文庫では，歴史文化館の特別展において，犬山城・城下絵図の主要絵図については，資料紹介と歴史的観点からの分析が行われてきた（犬山城白帝文庫歴史文化館　2006・2008・2012・2014a・2016）.
2) 白帝文庫での絵図調査は，犬山市教育委員会によって平成20〜28年度にかけて実施された犬山城総合調査の一部である．その経緯と成果は，山村（2017）にまとめた．本章は，この時の成果に基づいて17世紀後期の絵図に関する考察を深化させたものであり，内容が重複する部分もある.
3) 成瀬氏は犬山城主ではあるが，尾張藩の家老であって大名ではないため，正確には犬山藩ではない．しかし本章では，成瀬領における支配組織・機構の総称として，便宜的に犬山藩の用語を使用する.
4) 城郭図・城下絵図全体に占める公用図の割合の高さは，犬山の特徴でもある．その一方で，犬山城主成瀬家の主家である尾張藩側に，犬山の城郭図・城下絵図はほとんど伝来していない.
5) 原寸は東西272×南北320cm．絵図の画像は，犬山城白帝文庫歴史文化館（2006）20・21頁に掲載されている．本章での分析は，本図録に掲載の絵図を用いた.
6) 絵図の画像は，犬山城白帝文庫歴史文化館（2006）22頁にも掲載されている.
7) 絵図の画像は，犬山城白帝文庫歴史文化館（2008）117頁にも掲載されている.
8) 絵図の画像は，犬山城白帝文庫歴史文化館（2006）23頁にも掲載されている.
9) 絵図の画像は，犬山城白帝文庫歴史文化館（2006）24・25頁にも掲載されている.

10) これらの堀と土塁は，戦国期の天正 12 年（1584）に小牧・長久手の戦いに際して構築された，一時的な陣の遺構と推定される（山村 2016）．よって，近世城下町の都市計画と直接の関連はない．

11) 犬山市税務課所蔵の日公図．字「北古券」，「東古券」，「西古券」，「南古券」の地筆線と地目を，分筆が行われている部分については，元の地番に沿った地筆に戻して，可能な限り地番設定当初の形態に戻した上で，現在の都市計画図上に復原し，城下絵図の表記と対照させた．

12) 原寸は東西 36×南北 78cm．犬山市教育委員会・犬山市史編さん委員会編(1979)に複製図が所収されている．

13) 原寸は東西 111×南北 163cm．絵図の画像は，犬山城白帝文庫歴史文化館（2006）29 頁に掲載されている．

引用・参考文献

犬山市教育委員会・犬山市史編さん委員会編（1979）：『犬山市史　史料編 1　近世絵図集』．

犬山市教育委員会・犬山市史編さん委員会編（1997）：『犬山市史　通史編上　原始・古代 中世 近世』．

犬山城白帝文庫歴史文化館編（2005）：『付家老展－徳川御三家を支えた重臣たち－』．

犬山城白帝文庫歴史文化館編（2006）：『犬山城－城をめぐる歴史と天守創建の謎を探る－』．

犬山城白帝文庫歴史文化館編（2007）：『拝領と献上－犬山城拝領 390 年－』．

犬山城白帝文庫歴史文化館編（2008）：『犬山城主の武と美』．

犬山城白帝文庫歴史文化館編（2012）：『犬山城と城下町』．

犬山城白帝文庫歴史文化館編（2014a）：『図説　犬山城』．

犬山城白帝文庫歴史文化館編（2014b）：『犬山城と成瀬家－正成から正肥まで－』．

犬山城白帝文庫歴史文化館編（2016）：『犬山・名古屋・江戸－城主の見た絵図－』．

千田嘉博（2017）：縄張り，犬山市教育委員会編：『犬山城総合調査報告書』，218-225 頁．

山村亜希（2016）：犬山城下町の空間構造とその形成過程，地域と環境 14，1-23 頁．

山村亜希（2017）：近世絵図調査，犬山市教育委員会編：『犬山城総合調査報告書』，32-45 頁．

第6章　越後国新発田城下町絵図とそのGIS分析

堀　健彦・小田匡保・渡部浩二

1　越後国新発田城下町の概要

1）新発田藩の成立と変遷

　新発田城は、越後春日山の領主である堀 秀治の与力大名として、慶長3年（1598）に新発田へ入府した溝口秀勝によって築かれた。堀氏とその後の松平氏による越後国一国支配体制は20年弱で崩れ、以降は幕末まで幕府領や中小規模の藩が並立する状況が続いた。その中で新発田は高田、長岡、村上と並んで越後国における中規模大名の城下町として存続した。高田、村上の両藩は大名家の移封がしばしば行われたのに対して、新発田は溝口氏12代の城下町として幕末を迎えている。また、戊辰戦争および第二次世界大戦によって大きな被害を受けた長岡に比べ新発田は戦災の影響が少なかった。そのため、新発田藩は越後国の他藩に比べて藩政関係の資料が豊富に残されている。

　新発田藩は当初6万石で立藩された。慶長15年（1610）の2代目溝口宣勝が新発田藩を相続する際には、宣勝の弟である善勝によって、新田開発による2,000石と分知した1万石、善勝がもとから知行していた上野国の2,000石とをあわせた計1万4,000石をもって沢海藩が立藩された。陣屋を阿賀野川沿いの内水面交通の利便性が高い沢海に置き、貞享4年（1687）に収公されるまで新発田藩の支藩として存続した。

　沢海藩の立藩により、新発田藩の石高は5万石となった。寛永5年（1628）には、宣勝の長男である宣直が5万石を引き継ぎ、新田開発で増加した1万5,500石を次男以下3名に分知した。

　新発田藩は、現在の新発田市、新潟市、阿賀野市、加茂市、田上町などの範囲に藩領を有していたが（図6-1）、これらの地域は海岸に沿って発達した海岸砂丘によって、多数の河川が海への出口を塞がれてお

図6-1　天保年間頃の新発田藩領
新発田市教育委員会編（1998）：『城下町400年記念 城下町新発田400年のあゆみ』新発田市をもとに作成．

り、信濃川と阿賀野川という大河川が合流していた現在の信濃川河口のみが日本海へと流下すること
が可能な河口であった。信濃川や阿賀野川などの河川により運搬された土砂が堆積することで形成さ
れた蒲原平野は、福島潟や紫雲寺潟などの大小の潟が点在しており、陸化した土地も湛水しやすい卑
湿な土地条件を備えていた。

　そのため、水害にしばしば見舞われており、その対策に追われた新発田藩は藩士の知行・俸禄の借
り上げや召し放ちもしばしば行われるほど、財政の危機的な状況が常態化していた。財政の改善のた
めの新田開発は藩の命運をかけた事業であり、治水や干拓工事が江戸期を通して行われた。享保 15
年（1730）に湛水地を減らすため、信濃川と合流していた阿賀野川を直接、日本海へとつなげるため
の放水路を、松ヶ崎の海岸砂丘を開削して完成させた。放水路は、翌年春の融雪洪水によって本流と
なり、その後の河道の直線化工事により、さらに湛水地を減らし、新田の開発を推し進めた。このよ
うな治水事業と干拓工事により、新発田藩は江戸期を通して実高を増加させていき、万延元年（1860）
の 11 代目直溥の時に石高が 10 万石に高直しされ、幕末を迎えることになった。

2）新発田城下町の構造と変容過程

　新発田藩 6 万石の城下町は、戦国期新発田氏の居城をもととして計画された。城下町の西北に本丸
を配し、その東南には二之丸と三之丸が広い面積を占めている。新発田城は蒲原平野に築かれた平城
であり、阿賀野川水系に属する加治川から分流した新発田川の本支流を城の堀水や城下町の生活用水
として利用している。正保年間（1644 ～ 48）に作製された城絵図に描かれた新発田城下町は周囲を
沼田や沼に囲まれており、低平な蒲原平野では内水面交通による人やモノの移動が盛んに行われてい
たことに留意するならば、河川を介した交通を意識して、新発田城下町が立地・設計されたと考える
ことができる。

　文化 8 年（1811）に藩家老の溝口長裕が正保 2 ～ 3（1645 ～ 46）年頃の製作と推定した「正保年
間新発田藩家中絵図」（図 6-2）は「正保城絵図」に比べて家中屋敷は家臣の名前と間口・奥行が記
され、町屋敷は屋敷主の名前はないものの、短冊形地割をなしている様子が描写されている。町屋敷
地区が会津街道沿いに城南部に広がっていたこと、新発田川分流の北側には本町と称される 3 町が存
在し、川を挟んだ対岸には新町と称される 7 町が存在している。本町のうちの下町の地割普請は慶長
14 年（1609）に実施されており、城下町の形成は入府以降、慶長年間を通して進められていったこ
とがわかる。それに対して新町のうち、指物町などは元和 7 年（1621）頃に、材木町などは元文 2 ～
3 年（1737 ～ 38）頃に、職人町は寛永 2 年（1625）に町建てされた鍛冶町が元禄元年（1688）に移
転することで町がつくられており、町屋地区の拡大がみてとれる。

　寺社については、城の南東部にまとまって存在するほか、城下町の縁辺部に点在するような形で立
地している。泉町にある諏訪神社は新発田城下の総鎮守とされており、元禄元年に現在地に移転す
るまでは鍛冶町にあった。それ以前は城内の古丸に祀られており、新発田藩とかかわりの深い神社で
あった。城下町の拡大は、江戸後期に作製された「新発田御家中町惣絵図」（図 6-3）と比較すると
明瞭に読み取ることができる。

　18 世紀前半には 8 万石以上の幕府領預地を管理し、18 世紀後半には代替地を伴う上知が 4 度実施
され、さらには寛政元年（1789）から文政 12 年（1829）における一部所領替えによる陸奥国の飛び

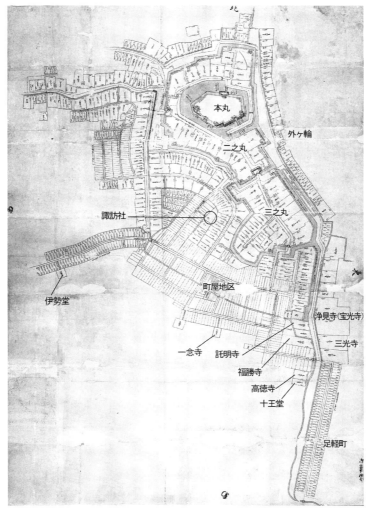

図 6-2 「御家中絵図」
(新発田市立歴史図書館蔵, 原寸 226 × 157.5cm, 表 6-1, No.4)

地発生など、新発田藩の管理地は大きく変化したが、藩城の移動を伴うような変化は生じなかった。

新発田城は寛文 8 年(1668)と享保 4 年(1719)という 2 度の大火災により大きな被害をうけたが、その都度、再建された。明治 6 年(1873)の廃城令により、表門と二之丸隅櫓、石垣以外の城内の構造物は破壊され、明治 8 年(1875)以降、歩兵第 3 連隊第 2 大隊、のちには陸軍歩兵第 16 連隊の敷地として利用された。現在、表門と二之丸隅櫓は国重要文化財に指定されているが、城跡の大半は、現在も陸上自衛隊の新発田駐屯地として使用されている。

2 城下町絵図の遺存状況と関係性

1) 城下町絵図の遺存状況

新発田城下絵図の遺存状況については、油浅(2002)の先行研究があり、「城図」2 点、「城下図」

108　第Ⅰ部　近世城下町の町割と景観

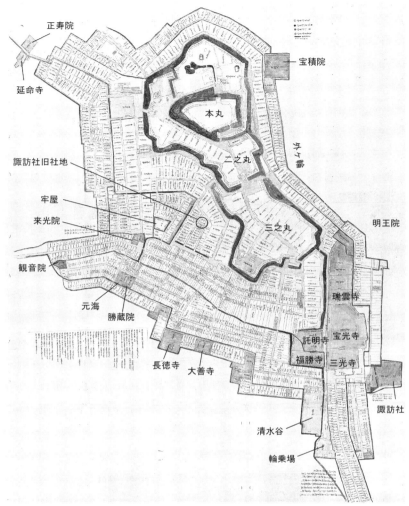

図 6-3　「新発田御家中町惣絵図」
（新発田市立歴史図書館蔵，原寸 264 × 204cm，表 6-1，No.10）口絵 7 参照．

15 点計 17 点の絵図を一覧化し、紹介している。しかし、それらの絵図の体裁・特徴や相互の関係性について明確ではない。表 6-1 は、油浅氏調査絵図に、今回新たに調査した絵図を加えた計 26 点について示したものである。整理にあたっては、城郭周辺を描いた「城図」2 点（No.1 〜 2）、城下町全体を描いた「城下町絵図」14 点（No.3 〜 16）、町屋敷を中心に描いた「町絵図」10 点（No.17 〜 26）に大きく 3 分類した。ここではとくに「城下町絵図」および「町絵図」の体裁と相互の関係性について述べる。

2）「城下町絵図」
①正保城絵図系の絵図

　No.3 は、正保年間（1644 〜 1648）に新発田藩から幕府に提出された、いわゆる正保城絵図であり、確認できる新発田城下絵図の中で最も古いものの一つである。「侍町」、「寺町」、「足軽町」、「中間町」、「町

第6章　越後国新発田城下町絵図とその GIS 分析　　109

表 6-1　新発田城下絵図一覧

	No.	名　称	年　代	所　蔵	寸法 (cm)	整理番号	備　考	油浅
城図	1	寛文四年絵図（内題・整理袋題：寛文4年之絵図城下外略）	寛文4年（1664）	新発田市立歴史図書館	55.7×80	1 X02 城図 2		1
	2	正徳二年新発田城之図	正徳2年（1712）	新発田市立歴史図書館	55×80	1 X02 城図 4	破損大	2
	3	越後国新発田之城絵図	正保年間（1644～48）	国立公文書館	181×246	169-0335	正保城絵図	3
	4	御家中絵図	正保年間（1644～48）	新発田市立歴史図書館（豊浦庁舎保管）	157.5×226	2 X02 10	県指定文化財に付属．町人地区の地割あり．破損で文字，地割線不鮮明の箇所．文化8年溝口長裕識	4
	5	新発田家中絵図（整理袋題・外題：正保年間新発田家中絵図）	正保年間（1644～48）	新発田市立歴史図書館	158×235	1 X02 家中 2	文化8年溝口長裕識．「溝口伯爵家所蔵分謄写」の注記．	
	6	正保絵図　新発田藩地図	正保年間（1644～48）	新発田市立歴史図書館（清水園展示）	162×241		文化8年溝口長裕識	5
	7	新発田藩御家中絵図	正保年間（1644～48）	新潟市立新津図書館	148×237	710	文化8年溝口長裕識	
城下町絵図	8	嘉永間家中屋敷図（仮題：新発田城下及び周辺絵図）	明暦元年（1655）～万治元年（1658）か	新発田市立歴史図書館	272×300	1 X02 家中 1	8と12は同一箱に収納．「郷図32」のラベル．「明暦元年ヨリ万治元年マデノ間ノ絵図」の鉛筆書き．	11
	9	一歩一間歩詰総絵図	天保11年（1840）以降	新発田市立歴史図書館	117.5×86	ワ X03 町図 7	複製．昭和49年古地図等刊行会発行．原図は岡田源作所蔵．	
	10	新発田御家中町惣絵図（題箋：一歩一間歩詰御絵図）	天保11年（1840）以降	新発田市立歴史図書館	264×204	ワ X03 町図 6	目録に岩淵氏寄贈，天保年間とあり．安永7年の記載あり．	
	11	城下家中屋敷割図	19世紀以降か	新発田市立歴史図書館（清水園展示）	206.5×277		溝口伊織家所蔵古図という．貼り紙多数．	16か
	12	嘉永間家中屋敷図（内題：御家中絵図　三ノ丸溝口伊織）	19世紀以降か	新発田市立歴史図書館	190×265	1 X02 家中 1	8と12は同一箱に収納．脱落多数．諏訪社あり．「郷図29」のラベル．	10か
	13	新発田城下絵図	江戸後末期か	北方文化博物館（清水園展示）	134×113		町人地区の地割は描かれない．諏訪社あり．	14
	14	明治初年の新発田藩家中屋敷割図（内題：明治初年の新発田藩家中屋敷割図）	明治初年（1868）	新発田市立歴史図書館	39×54	1 X02 家中 3	印刷図．新発田郷土研究社編　三扶誠五郎発行　昭和10年印刷　昭和40年再版（新発田市史資料2付図か）	
	15	新発田町・新発田本村地図（手書き外題：「新発田町図　新発田略記付記」）	明治17年（1884）	新発田市立歴史図書館	39×53	1 X03 町図 2	印刷図．明治17年の記事．新発田町・新発田本村などの凡例．	
	16	新発田藩家中屋敷図	明治以降	新発田市立歴史図書館	93×104	ワ X02 家中 6	軸装．昭和8年三扶誠五郎写．町人地区記載なし．2 X02-30「新発田藩家中屋（敷欠？）絵図」と同一．	15
町絵図	17	新発田町縮絵図	享保11年（1726）か	新発田市立歴史図書館	54×108	1 X03 町図 1（ロ）	17と20は同一袋に収納．「郷図57」のラベル．井筒石の凡例．享保11年と推定する識語．「小田嶋彦太郎氏所蔵」を明治42年写．蔵書印．「享保十三年新発田町図」の鉛筆書き．	
	18	新発田町古絵図（仮題：享保十一年新発田町縮絵図）	享保11年（1726）か	新発田市立歴史図書館	55.5×105	1 X03 町図 3	軸装（昭和5年）．軸外に「上野黙狂」の名と印．井筒石の凡例．享保11年と推定する識語．17と同系統か．	17か
	19	古今対照新発田町図稿　享保十二年図　上	享保12年（1727）	新潟市立新津図書館	38×695	711	巻頭に小泉蒼軒による嘉永6年2月の題言．	
	20	新発田町縮絵図（仮題：享保十三年新発田町縮絵図）	享保13年（1728）	新発田市立歴史図書館	61×123	1 X03 町図 1（イ）	17と20は同一袋に収納．享保13年9月改．井戸の凡例．「享保十三年新発田町縮絵図」の鉛筆書き．	
	21	新発田町屋敷図　写（軸題：享保十三戊申九月改　新発田町屋敷図　写）	享保13年（1728）	新発田市立歴史図書館	54×128.5	ワ X03 町図 8	軸装．享保13年9月改．昭和8年三扶誠五郎写．20と同系統か．	6
	22	延享元年新発田町家図	延享元年（1744）	新発田市立歴史図書館	211×100	ワ X03 町図 9	軸装．昭和8年三扶誠五郎写．新発田市史資料4に活字化複製．	7
	23	新発田御城下町家図	文化3年（1806）	新発田市立歴史図書館	97×225	ワ X03 町図 11	軸装．昭和8年三扶誠五郎写．諏訪前から職人町まで．	9
	24	新発田町人屋敷図	19世紀以降か	新発田市立歴史図書館	96×215	ワ X03 町図 10	軸装．昭和8年三扶誠五郎写．	8か
	25	新発田寺町方面絵図	年代不明	新発田市立歴史図書館	73×97	2 X03 1	町人地区および寺町．町人地区のすべてに地割は描かれない．	
	26	新発田町町裏屋敷割絵図	年代不明	新発田市立歴史図書館	44×90.5	2 X03 3	新発田城下町の拡大を考えるうえで重要か．	

注）・名称は，所蔵機関の目録（「整理番号」参照）により，（　）内にはそれを補足する名称を付した．清水園展示絵図（No.6，No.11）は展示キャプション名によった．
・年代は，筆写年・刊行年ではなく，絵図の記載内容を示すと思われる年代を表記した．
・新発田市立歴史図書館の整理番号の頭文字は，次の目録によっていることを示す．
　1：『郷土資料目録　一集』，2：『郷土資料目録　二集』，ワ：ワープロ目録（未刊行）
・「油浅」欄は，油浅（2002）40頁 Table1 に掲載される絵図番号を示し，本表掲載絵図との対比を試みた．

屋」といったように大まかな町割りがブロックで示されている。図 6-2 として示した No.4 は、No.3 と同時期に製作されたと考えられている絵図であるが、大きな違いは、個々の屋敷が短冊状に線引きされるなど町割りの記載が詳細なことである。家中屋敷には家臣名と屋敷の間口・奥行などの間数も記されている。町屋敷に居住者や間数などの記載はないが、簡単な線引きがなされ、屋敷割の様子がうかがえる。一部に破損があり、文字や地割線に不鮮明な箇所がある。本図には、文化 8 年（1811）に新発田藩家老溝口長裕が、絵図中にみられる家臣名から正保 2、3 年（1645 〜 46）頃の製作であると考証した別紙の添え書きがある。No.5 〜 7 にもこの添え書きとほぼ同文の文字記載が絵図中にあって No.4 と同類の絵図であることがわかり、その破損部分を補うことができる。以上のように No.3 〜 7 は正保城絵図系の絵図であり、本丸付近には石垣や櫓が絵画的に描写され、石垣の高さや堀の広さ、深さなどの文字記載がある点も共通している。

　No.8 の城下町部分は No.4 〜 7 とほぼ同様に描かれ、屋敷割や家臣名の記載もあるが、屋敷の間数のなどの文字記載はなく、No.4 〜 7 ではみられる足軽名などの記載もみられない。「明暦元年ヨリ万治元年マデノ間ノ絵図」の鉛筆書きがあり、17 世紀中頃の様子を示すと考えられる。No.8 の大きな特徴は、新発田城下を周辺の地勢とともに描いている点にある。城下の周辺一帯は、「田」、「ふか田」、「ぬま」が広がる低湿地となっている。また、城下を取り囲むように加治川が流れて福嶋潟や（嶋見）前潟ともつながり、川沿いの小湊村の「船入」が足軽町に続いている様子など、城下と河川舟運のつながりなどがわかる。また、城下につながる街道の様子も朱線で示されている。絵図西端には、「新発田より太郎代浜迄三里、拾町道ノ両方ぬまやち、太郎代より沼垂迄四里」といった付箋があって、新発田城下につながる街道の宿場であった太郎代浜から沼垂（当時、阿賀野川・信濃川が合流する河口部右岸に位置し、藩の年貢米の集積地、積出湊として繁栄）までの距離などを示している。

②「一歩一間歩詰」系の絵図

　No.9・No.10 は、ともに「一歩一間歩詰」の名を冠し、内容的にもほぼ同類である。そのうち、No.10 を図 6-3 として示した。一間（約 180cm）を一分（約 0.3cm）に縮尺した約 600 分 1 想定の絵図である。絵図中には、「安永七年当町引付歩間数」として本町（上町・中町・下町）、新町（立売町・万町・指物町・麩屋町・桶町・材木町・紺屋町）、職人町の間数や道幅の文字記載がある。また、町屋敷の居住者を、後述する延享元年（1744）の町絵図（No.22）や文化 3 年（1806）の町絵図（No.23）と比較すると、前者と合致する割合が高いようである。より厳密な検証が必要であるが、町屋敷については、前述のような安永 7 年（1778）頃の史料をもとにしている可能性があろう。

　一方、城郭の二之丸、三之丸にみえる家臣名は、19 世紀初頭の状況を示している可能性が考えられる（表 6-2）。そして絵図中には、「天保十一年庚子八月新馬場及川モ潰サル、同年来光院脇川西ケ輪裏江川堀割ニ成」といった文字注記がある。これは、徒町・同心町のエリアに元禄元年（1688）にできた新馬場およびその周辺の堀割が天保 11 年（1840）に潰され、新しい堀割がめぐらされたことを示すものであるが、これに対応する絵画描写もみられる。よって、町屋敷は安永 7 年（1778）頃の史料も参考にし、家中屋敷については 19 世紀初頭の様子も示すが、その後の情報も一部追加されて天保 11 年 8 月以降に仕上げられたと推察される。17 世紀前期の正保城絵図と比較すると、上足軽町（上鉄炮町）に隣接して東町が、寺町の裏に泉町が描き足されるなど城下町の拡張や景観の変化などがわかる。家中屋敷・町屋敷ともに居住者が記された新発田城下町絵図としても特筆される。城郭周辺の

表 6-2 「新発田御家中町惣絵図」二之丸・三之丸屋敷地の人名とその経歴

No.	居 所	人 名	経 歴
1	二之丸	堀 丈大夫	
2	二之丸	溝口 四郎左衛門	享和 2 年（1802）番頭，文化 2 年（1805）武頭，同 6 年（1809）御用人役.
3	二之丸	坂井 忠右衛門	
4	二之丸	坂井 数馬	寛政 2 年（1790）御用役，文化 3 年（1806）御中老格，同 10 年（1813）致仕.
5	二之丸	速水 八弥	寛政 6 年（1794）相続，同 9 年（1797）武頭，同 12 年（1800）番頭，文政 2 年（1819）御家老本役組頭、同 10 年（1827）没.
6	二之丸	仙石 幸之進	寛政 12 年（1800）相続，文化 4 年（1807）番頭，同 6 年（1809）武頭，文政元年（1818）致仕.
7	二之丸	窪田 平兵衛	
8	二之丸	溝口 兵庫	
9	三之丸	溝口 伊織	
10	三之丸	堀 主計	
11	三之丸	里村 文治	里村文次か．文化 6 年（1809）御目付，同 8 年（1811）宗家の里村官治英識（No.16）の養子に.
12	三之丸	佐治 藤右衛門	
13	三之丸	梶 佐源治	寛政 11 年（1799）相続，文化 6 年（1809）武頭，文政 8 年（1825）江戸詰.
14	三之丸	湯浅 源左衛門	文化 2 年（1805）相続，同 12 年（1815）番頭，文政 3 年（1820）武頭，同 10 年（1827）御徒支配，大目附兼役.
15	三之丸	溝口 半兵衛	
16	三之丸	里村 官治	
17	三之丸	堀 勘兵衛	
18	三之丸	大岡 勇馬	寛政 11 年（1799）相続，文化 6 年（1809）番頭.
19	三之丸	湯浅 権左衛門	寛政 12 年（1800）相続，享和 2 年（1802）御目付，文化 3 年（1806）寺社町奉行，文政 8 年（1825）没.
20	三之丸	山庄 小左衛門	

注）「経歴」欄の記述は，「続世臣譜」（『新発田藩史料第 2 : 藩臣篇』〈新発田市史資料第 2 巻〉）をもとにした．また，同名で襲名するなどして代替わりの年代の判断が難しい人名については空欄とした．

高禄家臣の屋敷には間口・奥行ともに記されるが、その他の家臣については未記載の部分がある。また、No.9 には、本町、新町と総称される町屋敷にも間口・奥行の記載がある。

No.9 は、「一歩一間歩詰惣絵図」として、新発田古地図等刊行会から昭和 49 年（1974）に限定 500 部で刊行されている。これに付属する解説書によれば、原図は縦 200cm、横 260cm の彩色絵図で、当時の新発田町検断で歴史家の安田 蕉鹿（1768 - 1854）が主となって製作したものと推定している。原図には「新井田斎藤氏蔵書」の印影があり、所蔵は岡田源作とあるが、原図は確認できていない。

No.10 は、新発田市立歴史図書館の目録には「岩淵氏」寄贈となっているが、絵図裏表紙に「新発田町岩城栄蔵」と文字記載がある。岩城栄蔵は新発田大手町の商人という。

No.11・No.12 は、椹図が No.9・No.10 と共通しており、19 世紀以降の製作と考えられる。No.11 は、新発田藩家老の溝口伊織家所旧蔵とされる。他の絵図にない大きな特徴として、屋敷替えが行われた度に新居住者名を記した紙が当該屋敷部分に貼り足されており、居住者の変遷を追うことができる可能性がある。家中屋敷が中心であるが、町屋敷の一部にも居住者の記載や貼り紙がみられる。公的に用いられたとすれば、新発田藩の城下居住者把握の手段を考える上でも興味深い史料である。No.12 も内題「御家中絵図 三ノ丸溝口伊織」から判断すれば、No.11 同様、溝口伊織家所旧蔵の可能性がある。箱題に「嘉永年間家中屋敷図」とあるが、嘉永年間（1848 〜 54）頃の絵図であるかどうかは、その他関連史料との比較が必要である。町屋敷は、居住者の記載がごく一部に見られる程度である。破損が多いが、No.9 〜 11 と比較しうる絵図と考えられる。

112　第Ⅰ部　近世城下町の町割と景観

③その他の絵図

　No.13 は、城下町の形が大きくデフォルメされており、上記絵図類とは系統が異なる。彩色で家中屋敷の居住者の記載はあるが間口・奥行の間数の記載はなく、町屋敷の地割は描かれていない。前述の、天保 11 年（1840）に潰された新馬場が屋敷になったことが反映された江戸後末期の作である。

　No.14 ～ 16 は明治以降の印刷物や写本であるが、江戸～明治にかけての城下町の変化などがわかる。

3)「町絵図」

　前述の「城下町絵図」14 点（No.3 ～ 16）のうち、町屋敷をとくに詳しく描いたのは No.9 ～ 10 に限られていた。一方、「町絵図」10 点（No.17 ～ 26）には、本町、新町、職人町といった町屋敷を詳細に描いているものがあり、「城下町絵図」を補完することができる。

　No.17 ～ 22 は、享保 11 年（1726）～延享元年（1744）という 18 世紀前期の町屋敷の様子を示す。何れも後年筆写されたものであるが、本町と新町付近の様子を描き、屋敷割と居住者名などが詳細に記されている。間口、奥行きなどの記載はない。ただし、No.19 には関連資料として「新発田図志補　壱」（新潟市立新津図書館所蔵）がある。享保 16 年（1731）の帳面を書写したもので、本町（約 200 軒）、新町（約 350 軒）の町屋敷の居住者、表間口、裏間口、長さなどが列記してあり、No.19 と対応させながら当時の町屋敷の詳細を探るうえで重要な史料である。なお、これも No.19 同様、新発田藩の郷村名主で地誌研究者としても著名な小泉蒼軒の手によるものである。

　No.23 は、文化 3 年（1806）の様子を描き、No.24 も同年代の絵図と考えられる。両者とも昭和 8 年（1933）の筆写である。

　このように、「町絵図」には 18 世紀前期の No.17 ～ 22、19 世紀以降の No.23、24 といった年代幅のある複数の絵図がある。これらには、屋敷割や居住者の変化はもちろん、町中の木戸や橋、井戸といった城下町の機能や設備の情報も含まれ、それらの増減数についてもある程度の把握が可能となる。これらと「城下町絵図」No.9 ～ 10 の町屋敷描写部分も含めて比較検討することで、新発田城下の町屋敷の変遷の詳細についても探ることができると考えられる。

3　城下町絵図の関連資料

　城下町絵図には武士や町人の名前が多数記されている。本節では、とくに武士の身元を特定できる資料について検討したい。対象とするのは、『新発田藩史料第 2 ：藩臣篇』（新発田市史資料第 2 巻）所収の諸史料である。本書には 12 の史料が収められているが、利用できそうなものに限って、以下触れていきたい。

　本書の約半分を占める「世臣譜」は、「溝口長裕が筆を執り、寛政四年五月に脱稿したもので、新発田藩溝口家に臣事した諸士の系譜、閲歴をしるしたものである」（野口 1965:326 頁）。藩士ごとに、祖先からの役職、禄高（石高、扶持高）、相続年などが詳細に書かれている。小村が「続世臣譜とともに、新発田藩家臣団特に給人層の全貌を通覧しうる唯一のものである」（小村 1965:3 頁）と述べているように、「給人」[1]すなわち上級家臣の身元を明らかにする第一級の史料といってよいであろう。「世臣譜」は、寛政 4 年（1792）の脱稿後も訂正増補を行い、文化 8 年（1811）まで加筆されているという。著

者の溝口長裕は宝暦 6 年（1756）の生まれで、文政 2 年（1819）に 64 歳で没している。門閥筆頭の家格で、相続時に 500 石、後に 200 石加増され、藩の役職を歴任した（野口 1965）。彼は、上記のように、いくつかの城下町絵図にも、正保年間と考証する文化 8 年の識語を残しており、それを再考証するうえでも「世臣譜」は重要である。なお、「世臣譜」は、油浅（1971）も資料として利用している。また、乙川優三郎の小説『露の玉垣』は「世臣譜」を素材としており、付録として溝口長裕の家系図が示されている。

　次に「続世臣譜」は、「世臣譜」の体裁にならって書き継いだものであるが、著者は不明である。文政 11 年（1828）の凡例がある。「御相組給人名前」は、寛永 21 年（1644）、正保 3 年（1646）、承応元年（1652）、明暦 3 年（1657）、享保 20 年（1735）の給人名簿である。約 20 人の「相組」単位で給人の名前と石高が記されている。給人の人数は各年 100 人程度で、ほとんどは 100 石以上である。『新発田市史』によれば、100 人前後の給人たちは「相組」というグループに組分けされ、組頭の指揮下にあったという。相組の数は寛永年間には 5 組あったが、慶安年間には 7 組にまで増加したということである（新発田市史編纂委員会 1980:312 頁）。「溝口出雲守分限帳」は寛文 10 年（1670）の史料である。全部で 50 人の藩士の名前と石高が列挙されている。石高は 100 石以上である。「家老」3 名、「中老」3 名、「隠居」2 名、「江戸□番」1 名は、その旨が付記されている。

　「給人知行渡方帳」は、宝永 5 年（1708）の史料である。給人ごとの知行高、物成高、「与内に引」石高、「御借金代米押」「渡ル分」などを詳しく記し、現代の給与明細とも称すべきものである。給人の人数は、総計記載によれば 151 人で、「与」の数は「江戸与」と「御留守居与」を合わせて 7 である。

　もう一つの「給人知行渡方帳」は、宝暦 8 年（1758）のものである。上と類似の記載であるが、上の史料が沼垂蔵で渡すものの明細を記しているのに対して、こちらは川北蔵で渡すものの内訳である。給人の数は合計 161 人で、「与」の数は「御城代与」を含めて 7 である。

　「御配当帳」「御扶持方帳」も宝暦 8 年の史料で、配当米、扶持米を受ける下級家臣（無足人）のリストである。大中小姓、御役人、諸職人、御門番山廻り共、御足軽、年寄共組などに分かれており、禄高（石高と扶持高）が記される。禄米を受ける家臣には、大工や料理人などの職人もいることがわかる。個人名は約 400 が挙がっている。

　「新発田御家中御役人名前留帳」は享和元年（1801）のもので、家老、与頭から足軽に至る家臣約 400 人の一覧である。本史料で重要なのは、役職名・禄高とともに居所の地名が付記されていることである。絵図上の人名を特定する際に非常に重要な情報といえる。なお、「世臣譜」著者の溝口長裕は、家老、700 石、溝口半兵衛として 2 番目に名前があがっており、居所は三之曲輪となっている。

　「新発田藩武鑑」は安政 3 年（1856）の史料であるが、戊辰戦争以後の書き込みがある。本史料には、上級から下級に至るすべての家臣約 1,500 人の名前が列挙されているようである。それぞれの役職と、上級家臣には石高が付記されている。

　以上、検討してきたように、『新発田藩史料第 2：藩臣篇』所収の諸史料からは、江戸時代初期から末期にわたる複数の年次の家臣名と石高、役職、相組などが判明する。これらの史料と対照することによって絵図中の人名の身元を特定し、家臣の区画を、さらに石高別、役職別、相組別に分類することが可能となろう。

114　第Ⅰ部　近世城下町の町割と景観

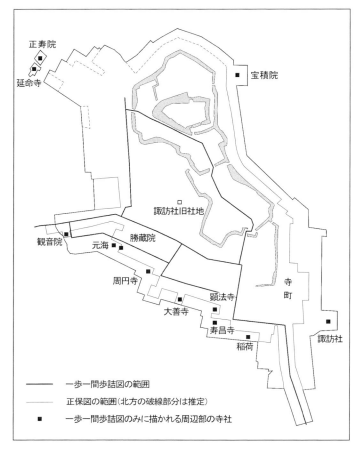

図 6-4　新発田城下の範囲

4　正保年間御家中絵図と新発田御家中町惣絵図との対比

　ここでは、新発田城下町絵図の中でも詳細で保存状況のよい正保年間御家中絵図（以下、正保図。表 6-1 の No.4、図 6-2）と新発田御家中町惣絵図（一歩一間歩詰御絵図。以下、一歩一間歩詰図。表 6-1 の No.10、図 6-3）を対比し、両絵図間での相違を指摘する。それは、近世における新発田城下町の空間的変容を示すことにもなろう。
　一歩一間歩詰図の範囲（太い線）の上に、正保図の範囲を細い線で重ねたものが図 6-4 である。城下の北方部分は正保図の記載内容の同定が困難で、おおまかな範囲を破線で示した。
　全体的な形状を比べると、多少の出入りはあるが、明らかに一歩一間歩詰図の描写範囲のほうが広い。すなわち、正保年間から時代をくだるにつれて、城下の範囲が拡大しているといえる。とくに広がっているのは、職人町・定役町・田所町など町人地区の南側、足軽町（上鉄炮町）東側の東町、寺町東側の泉町、その北の八軒裏、外ヶ輪裏である。町人地区の南側、八軒裏、外ヶ輪裏の居住者は下級武士、職人町、東町の居住者は町人である（泉町は居住者名の記載なし）。
　拡大した範域には、寺社も多数建立されている。図 6-4 に示したように、町人地区の南側には元海

（現・元海寺）、勝蔵院（現存せず）、周円寺（元禄 16 年〈1703〉移転、現存）、顕法寺（万治 3 年〈1660〉開山、現存）、寿昌寺（元禄 5 年〈1692〉移転、現存）、稲荷（稲荷神社として現存）が建立されている。また、一念寺が大善寺（元禄 16 年〈1703〉移転、現存）に、伊勢堂が大黒堂観音院（現存せず）になっている。ただし、正保図では現在の清水園に位置した高徳寺と十王堂は、一歩一間歩詰図ではなくなり、「清水谷」の建物がつくられている。城下東側の部分では、新発田の総鎮守とされる諏訪社が、元禄元年（1688）に現在地に移転している（正保図には旧社地が描かれている）。東北の外ヶ輪裏には、宝積院がつくられている（現在は八幡神社が位置）。城下北西の離れたところには、延命寺と正寿院がある。

　他に目立つ変化としては、流路がある。一歩一間歩詰図の凡例に「古川跡印」があり、水路を示す藍色の線の上に朱色の細い線を載せて記入されている。福勝寺と相円寺の間を流れ託明寺の境内を斜めに横切る水路はその一例で、これは正保図にも描かれており、一歩一間歩詰図の段階ではなくなっていたということであろう。その代わり、正保図になかった、福勝寺と託明寺の境内の周囲を直角に流れる水路が一歩一間歩詰図に描かれており（現存）、この間に付け替えられたと考えられる。享保 11 年（1726）の町絵図（表 6-1 の No.17）、享保 13 年（1728）の町絵図（表 6-1 の No.20）でもすでに流路が変わり、斜めに横切る水路はなく、付け替えはそれ以前に行われたといえる。

　徒町西の馬場沿いの水路も、同様に朱線が引かれている。正保図でも「籠屋敷」の東脇に水路が描かれているが、一本筋が違っており、誤記なのか、さらに古い流路なのか不明である。この水路については、その西側の絵図余白に、「天保十一年庚子八月新馬場及川モ潰サル同年来光院脇川西ヶ輪裏江川堀割ニ成」と記されている。確かに、来光院（現・神明宮）の東から「牢屋」の西側を通って北に水路がのびており（現存）、馬場沿いの水路を埋めて、ショートカットした新しい堀をつくったということであろう。この流路は正保図にはない。天保十一年云々の注記は後筆と思われ、注記に対応する堀割も屋敷の区画の線をまたいでいることから、一歩一間歩詰図のベースマップの上に後から記入されたと推定される。

　これら以外にも、城下南東の足軽町（上鉄炮町）から寺町にかけての一帯の西側（正保図にも記載あり）、三光寺・宝光寺（正保図では「浄見寺」。宝永 6 年〈1709〉改名）の東側、諏訪神社西側にも朱線の記入があり、それに代わったと思われる水路も見られる。足軽町から寺町への西側水路は、「元禄二年二月五日新飯田村用水江筋悪敷迷惑之段相願候ニ付杉原ゟ御足軽町東ヶ輪後ロ之方堀割被仰付」という注記があり、元禄 2 年（1689）に西側から東側へ付け替えられたと考えられる。

　なお、一歩一間歩詰図の凡例には「古小路印」という丁字型の朱色の記号もあるが、その記入箇所を正保図で確認しても、道路の記載はない。

　正保図と一歩一間歩詰図にはともに武士の居住者の氏名が記されている。表 6-3 は、一歩一間歩詰図の二之丸居住者の氏名を正保図のそれと比較したものである。同じ位置に同じ苗字の武士が住んでいるケースは少なく、100 年以上の間に居住地がかなり移動していることがわかる。清水園展示の城下家中屋敷割図（表 6-1 の No.11）には、居住者の名前を記した付箋が何枚も重ねて貼付されているが（図 6-5）、それだけ居住者が頻繁に入れ替わったということであろう。

表6-3 二之丸居住者

位　置	一歩一間歩詰図	正　保　図
南西側	堀　　丈大夫 溝口　四郎左衛門 坂井　忠右衛門 坂井　数馬 速水　八弥 仙石　幸之進 窪田　平兵衛	速水　九郎次郎 溝口　平左衛門 下　　吉兵衛 柿本　助（之）進 玉井　又左衛門 堀　　主馬 堀　　勘兵衛 溝口　伊折
東　側	溝口　兵庫	坂井　久之助 溝口　十兵衛

注）正保図では北側にも居住者がいるが，一歩一間歩詰図
　　では居宅になっておらず，省略した．

図6-5　「城下家中屋敷割図」の足軽町部分
（新発田市立歴史図書館蔵，清水園展示，原寸206.5 × 277cm，表6-1，No.11）

5　新発田城下町絵図とGIS分析による精度評価

1）2種類の近世城下町絵図とGIS分析

　本節では、新発田城下町を描いた近世絵図の測量精度について、GISを使用して検証をすすめる。新発田城下町絵図については油浅（2002）も歴史GISについて構想を示していたが、完成には至っていないようである。歴史GIS構築の前段階として、ベースマップとして適切な城下町絵図の選定、およびその絵図の精度について論じていく。

　新発田城下町絵図のうち、全体を描いた絵図は、「御家中絵図」と「正保絵図　新発田藩地図」、「新発田御家中町惣絵図」の3種に大別できる。新潟県指定の文化財となっている「御家中絵図」は、正保期に作成されたものを文政期に写したものであり、同系統の絵図が各所に残されている。「正保絵図　新発田藩地図」は城下町とその周辺部を描いたものであり、新発田城下町の部分の描き込みはそれほど詳細なものとはなっていない。「新発田御家中町惣絵図」は題箋に「一歩一間歩詰御絵図」と

あり、正確な製作年は不明であるが、縮尺を想定している点で貴重である。

2）城下町絵図の精度と歪み

まず、異なった年代の城下町全体を描いている「御家中絵図」と「新発田御家中町惣絵図」という2種類の絵図について、国土地理院提供の基盤地図情報と重ね合わせるべく、複数人がArcGIS10.3を使用して幾何補正作業を行った。

その際、現地観察を踏まえ基盤地図情報と絵図とを比較し、所在地（地点）が変化していないポイントを洗い出した。変化していない点がない場合は、現況から過去の地点を復原することが可能な点を適宜設定した。幾何補正の基準となるコントロールポイント（CP）はできる限り絵図全体にまんべんなく分布するように採用した。

その結果、「新発田御家中町惣絵図」についてはアフィン変換で重ね合わせることができたが、「御家中絵図」をアフィン変換した場合、誤差が大きく重ね合わせが極めて困難であることが判明した。

「御家中絵図」は絵図の全体で残差が大きいが、とりわけ城下町南部の町人地や足軽屋敷地、北西端の地区などの絵図の周辺部でCPの残差が大きくなった。二之丸北側については後に地割が改変されており、現代と対照可能な地点を設定すること自体が極めて困難であった。

2種の絵図は作製年代に違いがあり、それらを現代の地理情報と重ね合わせることで江戸前期と江戸後期、現代の間の地割や地目の変化を把握できるが、近世城下町絵図の精度という点では、題箋に縮尺が含意されていた名称が付される「新発田御家中町惣絵図」のみが評価の対象となりうることが明らかになった。

3）「新発田御家中町惣絵図」の精度

「新発田御家中町惣絵図」（口絵7および図6-3）について、その精度を吟味するために、先の幾何補正後、現地を確認し、2回目と3回目の幾何補正を行った。2回目については図6-6のような配置でCPを50点設置し、全体の誤差を示す指標として解されるRMSエラーの平均値は7.617であった。3回目については図6-7のような配置でCPを36点設置し、RMSエラーの平均値は6.859であった。そこでRMSエラーの平均値が良好であった3回目に基づいて、絵図の精度を検討していきたい。

絵図の幾何補正は平面直角座標系第8系を使用して行っており、RMSエラーの平均値である6.86は、6.86mの誤差として解釈することができる。「新発田御家中町惣絵図」は題箋名として「一歩一間詰御絵図」とあるように、縮尺が600分の1であると考えられるため、絵図の描く広がりは、1.5km×1.2km程度の範囲に相当する。このような誤差はどのように評価できるだろうか。例えば、渡辺・小野寺（2014）は、新発田城下町よりも城下町規模の大きい鶴岡城下町絵図に関して同様の方法で近世城下町絵図の精度を吟味しているが、RMSエラーの平均値は1.967であった。また、複数年次の越後国の高田城下町絵図の精度を検討した矢部（2014）の場合、江戸期の絵図の中で最もよい精度となった17世紀後半の絵図の誤差平均値は32.6mであった。これらから考えると、新発田城下町絵図の精度はそれなりに良好であると評価できるだろう。

ところで、CP各点の残差を個別にみていくと興味深いことに気づく（図6-8）。No.4、11、12、15、20、30などのポイントの残差の値が大きく、これらにより平均値が押し上げられていることがみて

118　第Ⅰ部　近世城下町の町割と景観

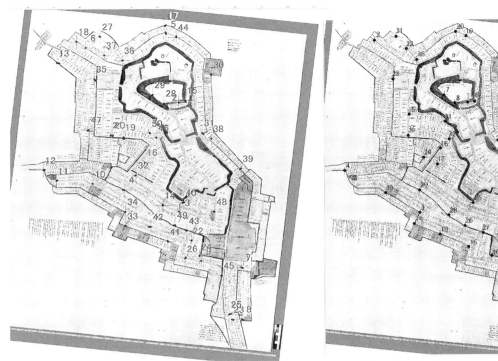

図6-6　「新発田御家中町惣絵図」のアフィン変換（2回目）

図6-7　「新発田御家中町惣絵図」の
アフィン変換（3回目）

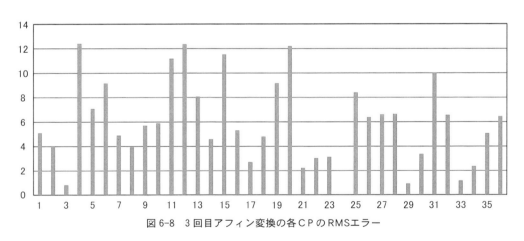

図6-8　3回目アフィン変換の各CPのRMSエラー

とれる。

　これらの残差の値の大きなポイントは、町人地から足軽屋敷地区にかけてのエリアと、二之丸の周辺エリアに集中している。それに対して、武家地は比較的残差の値が小さい傾向がみられる。ここから、城下町絵図が武家地を中心として作図され、それに接合される形で町人地が書き加えられた可能性、さらに町人地と寺社地の南側の会津街道沿いに広がる足軽屋敷地区が接合される形で描かれた可能性があるのではなかろうか。

　二之丸付近の2点については、No.20のCPは外ヶ輪と呼ばれる江戸期に増設された中級武家屋敷

地区であったこと、No.31 の CP については、後述する分析結果とも関係するが、大規模な屋敷地が集中する二之丸とそれを囲む堀端のポイントであるため、多少の誤差が存在しても、隣接するより外側の武家屋敷地の絵図精度に影響することがなかったため、精密に描き込まれていない可能性を考えておきたい。

また、No.31 以外の残差の大きい CP は、正保年間作製と考えられる「御家中絵図」においても、CP の残差が極めて大きかったエリアに分布していることにも留意したい。

ところで、町人地は現在、商店街となっているところが多く、道路拡幅が行われていることが非常に多かったため、CP は小路の交差点や城下町を流れていた水路や水路沿いに新たに敷設された道路の水路沿いなどのエリアに設定することが多かった。もっとも、武家屋敷地も二之丸、三之丸の現況は過去のものと重ね合わせることが難しい状況は、町人地区以上であった。ただし、警察署がかつての郭内と外とのオープンスペースに立地するなど、明治以降の公的施設が、二之丸、三之丸の比較的、面積の広い屋敷地跡や広場跡を活用する形で設置されていることが、現地観察においても確認できており、興味深い。

4)「新発田御家中町惣絵図」の文字記載寸法と絵図上寸法との比較からみた精度と歪み

新発田市立歴史図書館蔵の「新発田御家中町惣絵図」には、武家屋敷地について、間口と奥行きの記載がなされている。残念ながら町人地区については図書館蔵の絵図では間口と奥行き記載は基本的にみられないものの、町人地区に隣接する寺社については間口・奥行きの記載がみられることが多い。

そこで、次に「新発田御家中町惣絵図」に文字情報として記されている間口・奥行きの記載に基づく距離と、ArcGIS10.3 によって幾何補正を行い、現代の基盤地図情報にできうる限り重なるように変形させた絵図上で GIS ソフトの距離計測機能を使用して得られた数値を比較して、絵図の精度、とりわけ絵図面内の歪みの分布を検討することを試みた。

幾何補正を行う上で、コントロールポイント（CP）をできるかぎり絵図面全体に設置するように心がけたのと同様に、敷地の間口・奥行きの表記と幾何補正後の絵図上での計測距離との比較を行った地点もできるかぎり、絵図面全体にばらけるように設定した（図 6-9）。

ここでは、1 間を 6 尺として、誤差を算出した。表 6-4 および図 6-10 にみえるように、ほとんどの誤差は± 10%以内におさまっているのがみてとれる。一方で 30%を越えるものが 3 ヵ所、-15%を越えるものが 1 ヵ所、存在している。それらは二之丸・三之丸、および三之丸に近い武家屋敷地でみられる。個別に、これらの外れ値をみていきたい。

正方向に際だって高いのが、No.5a の古丸御屋鋪 45.82%である。同敷地 b の値は -7.55%であるので、敷地の形自体が正確に描かれていない可能性が高い。ただし、この敷地は二之丸に所在し、隣接する敷地には間口奥行きに関する記載がみえないため、この誤差により近隣の敷地が歪むことにはなっていないと思われる。

No.12 の入江八郎左衛門の屋敷地は三之丸の堀端の武家地に位置しているが、堀に対して平行する a は -5.09%と、文字記載に基づく長さと幾何補正した画像データを ArcGIS 上で計測して得られた長さと近似する値となっている。これに対して、堀に対して垂直に設定した b が 35.24%、それに平行する c が 15.14%となっており、誤差がかなり大きい。屋敷地の方形のうち、b と c は平行する辺であり、

120　第Ⅰ部　近世城下町の町割と景観

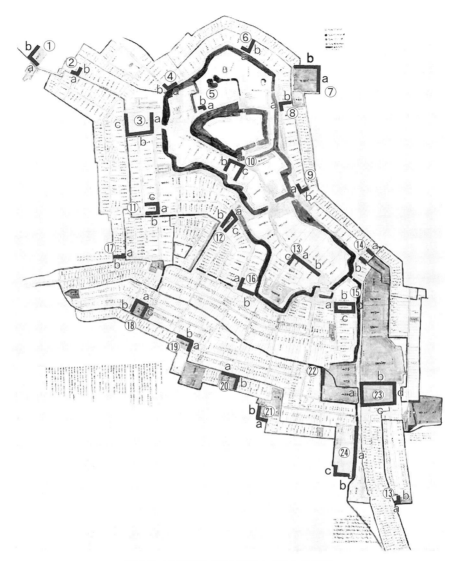

図 6-9　文字記載寸法と絵図上寸法との比較
（図は「新発田御家中町惣絵図」新発田市立歴史図書館蔵）

文字記載によればcの方が1.12倍長いのみであることから、絵図上ではbが実際よりも過大に表現されていることになる。

　No.13 は三之丸の複数の屋敷地にまたがって計測したものであるが、aとbが大手門へと接続する新発田城下町の主要道路に面した間口データcがaの間口の屋敷地の奥行きにあたる。奥行きは7.17%の誤差であるのに対して、間口であるaの誤差は-16.98%、bの誤差は30.86%となっている。ただし、aとbとを合算して絵図上での計測値と文字情報に基づく数値を比較すると、計測値が5.49%大きいだけであり、奥行きのcよりも誤差が小さくなる。aの敷地の湯浅源左衛門とbの敷地の山庄小左衛門などが属するブロックをある程度の正確性をもって描いた後、ブロック内を分割して屋敷地を設定する際に、境界線が正しく描かれなかったと推測できる。

表 6-4　新発田城下町各所における文字記載と絵図上計測の寸法誤差

		誤差(%)	備考			誤差(%)	備考
1	a	7.76	正寿院	14	a	3.03	寺尾喜十郎
	b	2.91			b	3.05	上田角大夫
2	a	0.32	阿部奥作衛門	15	a	3.70	小谷弥惣左衛門
	b	7.62			b	12.15	
3	a	0.55	御作事所		c	3.71	
	b	-5.33			d	1.82	
	c	0.98		16	a	-4.34	山内玄詮
4	a	2.40	坂井仁右衛門		b	7.21	
	b	-1.04		17	a	7.29	高木徳左衛門
5	a	45.82	古丸御屋鋪		b	-1.91	
	b	-7.55		18	a	-6.06	元海
6	a	2.18	坂井門太郎		b	7.63	
	b	7.64			c	8.89	
7	a	1.95	宝積院	19	a	11.79	周円寺
	b	2.59			b	0.85	
8	a	9.45	河村次郎兵衛	20	a	8.15	大善寺
	b	-6.13			b	-5.36	
9	a	7.49	佐藤流水	21	a	-2.26	新規築地
	b	13.08			b	-4.26	
10	a	-5.53	速水八弥	22		-7.74	託明寺
	b	-1.48		23	a	0.02	三光寺
	c	-0.55			b	3.01	
11	a	5.92	仙石武右衛門		c	2.60	
	b	2.83			d	-2.00	
	c	1.73		24	a	-1.55	清水谷
12	a	-5.09	入江八郎左衛門		b	3.14	
	b	35.24			c	3.40	
	c	15.14		25	a	-10.26	加藤友左衛門組　茂助
13	a	-16.98	湯浅源左衛門		b	1.38	
	b	30.86	山庄小左衛門				
	c	7.17	湯浅源左衛門				

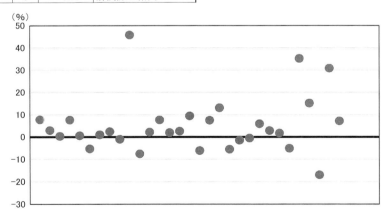

図 6-10　新発田城下町各所における文字記載と絵図上計測の寸法誤差のばらつき

5) 小結

本節の知見は以下の通りである。

まず、現存する新発田城下町絵図は多数存在するものの、19世紀初め前後に作製されたと推測される「新発田御家中町惣絵図」のみが、現代の地図情報とGIS上でオーバーレイすることが可能である。

「新発田御家中町惣絵図」（図6-3）は、「一歩一間歩詰御絵図」とも称されるように縮尺を意識した図であるが、同時代の城下町絵図と比較して、特段優れた精度をもっているとはいいがたい。間口奥行きの記載がない町人地については、武家地に比べて歪みが大きい傾向がみてとれた。町人地での精度が武家地に比べて良好ではないにもかかわらず、町人地より縁辺に位置する寺社地での精度は比較的良好となっている。

本丸に近い二之丸、三之丸でも、絵図に描かれた屋敷地の形状と、間口奥行きについての文字記載の情報との間に齟齬がみられることもあった。これらは、近隣に屋敷地が存在していないため誤差が問題とならないエリアに存在していること、誤差を有する敷地が隣接していて、合算すると誤差が収束することが判明した。城下町全体でみた場合、部分の誤差が絵図全体の精度に決定的な問題とはなっていない。

一方、正保城絵図系統の「御家中絵図」（図6-2）は、実態を捉えた上で作製されたものと考えられるが、絵図の精度を考慮したものではなく、詳細な見取り図程度のものであったととらえるべきであろう。

なお、新発田城下町は、江戸期の絵図に描かれた水路が良好な状態で遺存しており、拡幅などがなされている街路に比べて、幾何補正を行う上で重要な現代との対照点を設置する上で優位性をもっていると判断できた。また、現代の地図情報とGIS上で重ね合わせることに有意性が少ない城下町絵図についても、水路を手がかりとして対照させることができよう。

6　まとめ

以上の分析により、新発田城下町絵図については、以下の点が明らかになった。

1. 新発田城下町絵図は、「正保城絵図」系の絵図と「一歩一間歩詰」系の絵図に大別できる。
2. 「一歩一間歩詰」系の絵図の正確な製作年は不明であるが、絵図は「安永七年当町引付歩間数」を引用していること、町屋敷居住者を延享元年（1744）の町絵図と文化3年（1806）の町絵図と比較すると、前者と合致する割合が高い。一方、城郭の二之丸、三之丸にみえる家臣名は、19世紀初期頃の状況を示している可能性がある。
3. 「正保城絵図」系の絵図はアフィン変換では現代の地図情報と重ね合わせることが難しく、測量絵図という点からは評価の範疇外である。
4. 「正保城絵図」と「一歩一間歩詰」の違いからみてとれる近世における新発田城下町の空間的変容として、城下町自体の拡大、寺社の移転・増設、河川流路の変化が特徴的である。
5. 清水園展示の新発田城下絵図に、居住者の名前を記した付箋が何枚も重ねて貼付されているように、居住地の移動がかなり激しかったことがうかがわれる。
6. 「一歩一間歩詰」のみが、現代の地図情報とGIS上でオーバーレイすることが可能であるが、他の城下町の絵図と比べて、特段優れた精度をもっているとはいえない。とくに、間口奥行きの記載がない町人地については、武家地に比べて歪みが大きい傾向がある。
7. 間口奥行きについての文字記載と絵図上での計測値との間の誤差は、城下町内でばらつきがあ

るが、誤差の大きなものはそれが問題とならないエリアに存在していること、誤差を有する敷地が隣接していて、合算すると誤差が収束することが判明した。そのため、城下町全体でみた場合、部分ごとの誤差が絵図全体の精度に決定的な問題とはなっていない。

謝辞

　資料の調査・閲覧、撮影に際しまして、新発田市立歴史図書館（調査時は新発田市立図書館）、新潟市立新津図書館、（一財）北方文化博物館、清水園の皆様には大変お世話になりました。記して御礼申し上げます。

付記

　本稿は 3 人の共同研究に基づくが、堀が 1、5、6 節、渡部が 2 節、小田が 3、4 節を分担執筆し、堀が全体を取りまとめた。

注

　1)『新発田市史』によれば，家臣団は「給人」と「無足人」に分けられ，給人は俸禄として現実の土地を与えられる上級家臣を指し，蔵米を給せられるようになっても名称だけは残ったという（新発田市史編纂委員会 1980:261 頁）.

引用・参考文献

乙川優三郎（2007）:『露の玉垣』新潮社.

小村　弌（1965）:新発田藩家臣団の形成について，新発田市史編纂委員会編:『新発田藩史料第 2:藩臣篇』（新発田市史資料第 2 巻）新発田市史刊行事務局，3-10 頁.

新発田市史編纂委員会編（1965）:『新発田藩史料第 2:藩臣篇』（新発田市史資料第 2 巻）新発田市史刊行事務局.

新発田市史編纂委員会編（1980）:『新発田市史 上巻』新発田市.

野口孝司（1965）:世臣譜・続世臣譜解説，新発田市史編纂委員会編:『新発田藩史料第 2: 藩臣篇』（新発田市史資料第 2 巻）新発田市史刊行事務局，326-331 頁.

矢部直人（2014）:高田の城下町絵図の楽しみ方，浅倉有子ほか:『ぶら高田』北越出版，6-13 頁.

油浅耕三（1971）:新発田城下町における武家屋敷地規模について，日本大学工学部紀要 A 工学編 12，9-21 頁.

油浅耕三（2002）:新発田の城と城下町施設の配置形態に関する考察，新潟工科大学研究紀要 7，39-45 頁.

渡辺理絵・小野寺　淳（2014）:鶴岡城下絵図の精度に関する GIS 分析－致道博物館蔵・延宝 6 年「鶴ヶ岡城下絵図」を例に－，平井松午・安里　進・渡辺　誠編:『近世測量絵図の GIS 分析－その地域的展開－』古今書院，225-238 頁.

第7章　名所図会資料に対する歴史 GIS 分析

長谷川奨悟

1　はじめに

　1780 年（安永 9）、秋里籬島編『都名所図会』（6 巻 6 冊）が京の書肆吉野家為八により刊行された。これは近世名所地誌本[1]において、「名所図会」編纂をめぐる記念碑的な作品として評価されている。『都名所図会』は、その名が示すように「都の名所に〈図〉で〈会う〉」とでも解釈できるような、半丁から数丁に連なる大判の挿絵が本文解説中に付されているのが大きな特徴とされる。その凡例をみれば、彼らがいかに挿絵による場所の表象に力点を置いているか、彼らの作品群に示される現地調査と旧記に示される叙述の考証を行っている〈実証主義〉的な編纂姿勢がみてとれる。さらに、場所に関する既存の知識をふまえたうえで、千田（1992）が指摘する〈図示の思想〉ともいうべき編纂思想にそって、自分たちの場所認識から、その場所の様相や伝承される「場所の物語」を根拠に、「名所」として評価／認定（ないし、再評価／再認定）する知的実践であったと理解できるだろう（長谷川 2012a）。これによって、京や大坂など畿内の物見遊山を疑似体験できる名所図会シリーズに一般読者は熱狂し、18 世紀末から 19 世紀初頭の上方や江戸、その後の地方都市へと広がる名所地誌本編纂のムーブメントを興した。これらは、羽賀（1998）や上杉（2009）が指摘するように、18 世紀中期以降における場所の物語や地域の歴史をめぐる顕彰運動や記念碑文化の高まり、博物学の発展、出版文化の成熟などを背景に、歴史地理的な場所へのまなざしを有した在地の知識人層によってその場所や地域の「過去」、他所との地域的差異が見出され、籬島作品を手本とした『○○名所図会』、『△△名勝図会』の編纂が試みうれるようになっていく。

　斎藤長秋・莞斎・月岑の父子三代による『江戸名所図会』（1834・1836 年刊）は、武蔵一国を対象とする名所案内記で「名所図会」様式で編纂された最高峰の作品として目されている。ことに、長谷川雪旦が手がける挿絵は西洋由来の遠近法の導入がみられるなど、歌川広重など 19 世紀の浮世絵師にも大きな影響を与えた名所絵でもあったという（大久保 2007）。これらは、斎藤（2002）が指摘するように、当時の旅や物見遊山などの実践において実際に使用されたほか、新たな名所地誌本を編纂する際の基本的な参照資料として位置づけられたという（藤川 2010）。

　「名所図会」など近世名所地誌本に叙述される内容や挿絵に描かれる景物は、当時の様相の復原や民俗誌を考察する際の資料として、あるいは地域に伝承される「場所の物語」の叙述や「過去」をめぐる場所認識、場所イメージ生産の実践などについて考察する際の資料として広く活用され学際的な成果をあげてきた。このようにさまざまな視点から利用されている歴史資料の一つであるものの、名所地誌本について近世日本における刊行動向の全体像を把握しようとする研究は管見の限りではほと

んど見られないのが現状であろう。

そこで本章では、(1)「名所図会」など近世日本の名所地誌本の編纂動向を示す。(2) 近世城下町を対象とした資料を把握する。(3) 歴史 GIS 分析を用いて事例を検討することに取り組みたい。

2　近世名所図会資料の概要

1）近世名所地誌本と名所図会資料

白井（2004）によれば、寛永 20 年（1643）の林 羅山編『本朝地理志略』[2) が近世初期の地誌編纂の初見であり、羅山個人による私撰地誌として成立した点に注目されるという。日本の近世地誌は、明の『大明一統志』（1461 年）を一つの手本とした中国方志に相当する領国地誌（藩撰地誌）を中心に発展し、また私撰地誌は、地域を網羅する地誌や名所案内、買い物案内などのジャンルが成立していく。近世日本における地誌編纂の実践を担ったのは、幕藩領主や彼らが召し抱えていた儒学者や医者などの学者たち、それにかかわる業務担当者から俳諧師などの文化人、在地（地方）の庄屋や書肆などさまざまで、その多くは地理歴史に関心をもつ知識人層と分類される人たちであった。この知識人による名所案内記や地誌の編纂という実践は、その場所を訪れた際の見どころや伝説・説話の舞台など、その場所のもつ歴史・名産、現在の著名な産業や風俗といった多様な情報を発信し、相対としての都市／場所イメージを再生産してきた（長谷川 2012a）。編纂する地誌本において、どの地域の何をどの程度取り上げるのかなどは作品によってさまざまに異なっており、編纂者や版元の編纂意図のほか、幕藩領主など依頼者の意向といった編纂者の立ち位置や地理思想、彼らをとりまく種々の社会的環境が複雑な影響下で領域性が決定されているものと思われる。

過去遡及的なまなざしをもつ近世地誌のあり方は、官選・民間地誌においても共有する性格であり、その中心には名所や旧跡、歴史的な墳墓や寺社といった「過去」を想起される景観であったという（米家 2005）。実際に作品の凡例や序文をみれば、彼らは編纂にあたって、そこに住まう人々に伝承される地域や家の過去、その民俗誌（≒その土地の生活の歴史）を現地見聞と聞き取りによって収集し、旧記による考証を行うといった場所の「過去」をめぐる実証主義的な調査姿勢が読み取れる（長谷川 2009）。このとき、編纂者の場所へのまなざしは、地域外から対象をみる「他所／他者のまなざし」、地域内部から対象をみる「自所／内部のまなざし」、ないしその両方を併せもっていることがわかる。

19 世紀以降に盛んに編纂される「名所図会」は近世名所地誌本の編纂方法の一つで、安永 8 年（1780）の秋里籬島『都名所図会』（6 巻 6 冊）を一つの契機とし、これに倣って編纂されたものを指す。これらは籬島が同書凡例において提起したように卓上で女性や子どもにいたるまで擬似的な物見遊山を可能にする、その場所のもつ「趣」を図示したリアル（≠実景）な挿絵（図会）が重要視されている（長谷川 2012a）。ここに描かれる景物は、担当者によって意図的に再構成されたものであり、都市や祭礼の繁華な様相、シンボルマークや寺社の景観など現在の姿で描かれる場合であっても、眼前に広がる有り様や景観を写した真景ではない。このことは、『江戸名所図会』の稿本（大倉集古館蔵）にみえる挿絵の下書きが、視覚的に表象される場所の構図が編纂者によって再構成されることをよく物語っている。また、ここでは古典的な説話に語られる風景叙述の構造に現行の風景を重ねるもの、既存の絵画／芸術作品がもつ構図を再生産するようにあるべき風景としてもちいられることもある。こ

れらには「過去」の可視化、ないし場所や風景をめぐる視覚的イメージの付与という役割があり、編纂者が挿絵に担わせた役割の大きさにその特徴がある。このような意味で近世地誌に取り上げられる「名所」[3]とは極めて人文的事象であり、さまざまに意味づけられ共有される文化的構築物であった。さらに、場所や風景をめぐるまなざしや生産される場所イメージは近世地誌や名所浮世絵を通じて庶民にまで流通していたのである。

これらの文化的装置が近世に成立し得た前提として、例えば神崎（2004）や青柳（2005）が指摘するように、経済活動や巡礼、遊山の旅などを通じて全国の人やモノが往来しえる環境が整い、人やモノあるいは情報や知識が流動的に移動した行動文化の発展によって、相応の需要があったこと。さらに、今田（1977）や藤實（2006）が指摘する出版文化の成熟と流通を通じた文化的産物として捉えることができ、青木（2009）が述べるような、日本の近世における文化の大衆化の現れがある。また、一般大衆にまで及んでいた読書の行為（横田 1996）、読書を通じての地理や過去をめぐる知識への探求（上杉 2010）、過去の物語や景物の顕彰という社会的現象（羽賀 1998）によって、名所地誌本編纂を通じて試みられる一種の空間表象に関する実践が支えられていたことがあげられる。

2）近世名所地誌本編纂のデータベース化

本稿で取り上げる地誌や名所図会など「名所」とみなされる場所や風景を扱う名所地誌本は、早稲田大学[4]や立命館大学[5]などの大学附属機関、あるいは国立国会図書館[6]や国立公文書館[7]などで収集され、ウェブ上で閲覧可能なデータベース[8]やデジタル・アーカイブズとして公開されはじめている。また、地方行政が運営する図書館や博物館などにおいても地域の風土や昔の様子を知ることができる郷土資料として積極的に収集されてきた。

近世名所地誌本の編纂・刊行動向の全体像については、戦前期の高木（1927、1930）、江戸で刊行されたものを整理した長沢（1932）、著名な名所図会を解説する三好（1932）の成果に注目できる。しかし、管見の限りでは三都をはじめとする大都市圏での比較検討[9]や奈良[10]、伊勢神宮など著名な寺社や景勝地を対象とした事例研究はみられるものの、ほとんど検討されていないのが現状のように思われる。ことに、高木（1927、1930）は日本全国規模で書誌情報を旧国単位で整理しているため大変興味深い指標を示しているが、その整理対象はあくまでも家蔵の資料にとどまっており、これをもって近世名所地誌本の全体像をとらえることはできない。

そこで本章では、まず最も体系的にまとめられていると判断できる高木（1927、1930）の成果を基盤としつつ、各機関が作成した郷土資料目録を用いて資料の存在状況と所在を確認する。そして、所蔵資料や公開されたデジタルデータから書誌情報や掲載内容を検討し、蝦夷と琉球も含めた旧国単位とする近世名所地誌本のデータベースの作成を進めることで近世名所地誌本の編纂・刊行動向をめぐる全体像の把握を試みた[11]。近世段階で編纂された名所地誌本は、データベース化を進めていく中で筆者が把握できているものだけでも計 768 点ほど確認できる。これについて、（1）17 世紀に編纂されたもの、（2）18 世紀前半のもの、（3）18 世紀後半のもの、（4）19 世紀初めから幕末までに編纂されたもの、（5）編纂時期が不明のものに区分し、それぞれについて旧国単位で統計データを整理した（表 7-1、図 7-1 ～ 5）。これによってそれぞれの地域における大まかな編纂動向を把握できるものと考える。

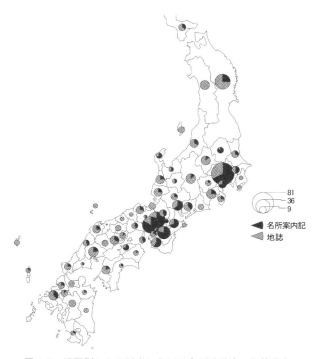

図 7-1　旧国別にみる近世における名所地誌本の編纂動向

上記のように整理していくと、近世における地誌や案内記の編纂動向を旧国単位でみた場合、大隅国を除くほぼすべてにおいて、少なくとも1点以上の地誌、ないし名所案内記の編纂を確認できる。ただし大隅の場合、地誌や名所案内記の編纂の実践は確認できないものの、例えば寛政7年（1795）の白尾国柱編『薩藩名所考』（8巻4冊）、天保14年（1843）の鹿児島藩による『三国名勝図会』（60巻20冊）など薩摩国において編纂されたものなかに大隅国内の著名な場所や事柄が叙述されていることが確認できる。この場合、これらの地誌は領国支配の中心である鹿児島で編纂されているため旧国単位でみれば薩摩国で編纂されたものに含まれる。このような領国支配における中心と周辺部、ないし支藩領域との関係性は、因幡と伯者、周防と長門においても確認できるなど、これらは地方における近世地誌編纂の実践のあり方をめぐる一つの傾向といえよう。

また、国単位での場所や事物を網羅的に対象とするものから支配領域内など特定地域に特化した地誌や案内記の編纂が確認できるなど、編纂される領域性は編纂者や作品によって様々に異なっていた。この要因の一つには、編纂者や版元側の編纂意図のほか依頼主など編纂者をとりまく社会的環境の影響や種々のパワーバランスによるものであると推察できるが、このような地誌や案内記の領域性をめぐる検討は版元の特定や編纂者に対する考察が不可欠であるため今後の課題の一つとしたい。

3）近世名所地誌本の編纂動向

表7-1をみると、近世を通じて最も多くの地誌や案内記が編纂されているのは武蔵国（江戸）である。次いで、山城国（京）、摂津国（大坂）となり、上位はいずれも三都で占められている。それ以降は、陸奥国（仙台・松島）、大和国（奈良）、尾張国（名古屋）と続く（図7-1）。

まず、名所地誌本の編纂実践黎明期にあたる17世紀の時点（図7-2）では、山城国、摂津国、武蔵国、大和国、陸奥国をはじめ計34ヵ国において名所地誌本地誌が編纂・刊行されていた。なかでも三都および奈良などでは名所案内記や町鑑の編纂・刊行がそのほとんどである一方で、陸奥国など地方都市で編まれたものの多くは地誌であったといえる。

ついで18世紀前半（図7-3）では、武蔵国、山城国、摂津国、陸奥国、信濃国など計47ヵ国において編纂・刊行が確認できる。17世紀の状況と比較すると上方では地誌編纂の比率が高くなるほか、地方においても多くの地域で地誌が編纂され始めていた。また、地方では計5ヵ国において新たに案

表 7-1　近世日本における地誌・名所案内記の編纂動向

旧国域	17世紀	18世紀前	18世紀後	19世紀	不明	計	旧国域	17世紀	18世紀前	18世紀後	19世紀	不明	計
山城	16(13)	9(6)	9(8)	10(10)	6(4)	50(41)	丹波		2(1)				2(1)
大和	10(10)	5(3)	5(2)	8(7)	1(1)	29(23)	丹後	2		4(1)	3(1)	3(1)	11(3)
河内	1(1)	1		1(1)		3(2)	但馬		3				3
和泉	1	3(1)	2	1(1)		7(2)	因幡		1	1	1		3
摂津	14(13)	9(7)	10(9)	12(8)	4(4)	49(41)	伯耆			1			1
伊賀	1(1)			2(2)		3(3)	出雲	1	3		7(3)		11(3)
志摩		1	1	1		3	石見			1(1)	3(1)	3(1)	7(3)
伊勢	2(2)	1(1)	4(3)	4(2)	4(2)	15(10)	隠岐	2		1	1		4
尾張	2(2)	2(1)	4(2)	8(5)	3(2)	19(12)	播磨	1	1	2(1)	1(1)	2(1)	7(3)
三河	1	2	2(1)	5(4)	3	13(5)	美作	1	2	1	2		6
遠江		1	3	2		6	備前	1	3	2(1)	1	1	7(1)
駿河			3(2)	12(2)	1	16(4)	備中		3	4(1)		4(2)	13(4)
甲斐			3	2(1)	1	6(1)	備後	2		1	1	2	7
伊豆	1(1)		3	3(1)		7(2)	安藝	2	5(2)		7(1)	2(1)	17(4)
相模	2(1)	1(1)	2(1)	5(4)	1(1)	11(8)	周防			1		1(1)	2(1)
武蔵	11(11)	11(11)	7(3)	39(29)	21(6)	89(60)	長門	2	4		3(2)	1	8(2)
安房				2	1	3	紀伊	4(2)	1(1)	1(1)		5(2)	15(10)
上総			1	2		3	淡路	1	1	1	2(2)	2(2)	7(3)
下総		2(1)		7(3)	1(1)	10(5)	阿波			1	4(1)		5(1)
常陸			3(1)	5(2)	1	9(3)	讃岐				7(5)		7(5)
近江	1	1	2(1)	4(3)	1	9(4)	伊予	2		2(1)		1	12(2)
美濃		1	2	4(1)	3(1)	8(2)	土佐		1		2		3(1)
飛騨		2		1	1(1)	4(2)	筑前		2		1	1	6(2)
信濃		6	5(1)	6(1)		17(2)	筑後		2	1	3	1(1)	8(1)
上野		1(1)	5	5(1)	3	15(2)	肥前		2	2	4(2)	6(2)	16(6)
下野		3(3)		4(3)		7(6)	肥後	1	2	2	1	3	9
陸奥	5(2)	6(3)	10(1)	13(2)	6(2)	40(10)	豊前	1		1	3	1	6
出羽	1	5	1	3	5	15	豊後			4(1)			4(1)
若狭	1	2	2	2	1	8	日向			3	1		4
越前	2		1	6(2)	3(1)	12(3)	薩摩			2(1)	2		4(1)
加賀		1	2(1)	3(1)	7(1)	13(3)	大隅						
能登			3(2)	2(1)	1(1)	6(4)	対馬	1			3(1)		4(1)
越中		1	1(1)	2(1)		4(2)	琉球		1	4			5
越後	1		1	10(3)	1(1)	13(4)	蝦夷		1	1	4(3)	3	9(3)
佐渡	1	2	3	1		7	計	103(60)	122(45)	139(47)	281(131)	123(43)	768(326)

(注) 表中の各時期に示す数字は，編纂された名所地誌本の総数を示し，（ ）内の数字は案内記類の数を示している.

内記の編纂が確認できるほか、上野国や下野国、陸奥国などでは名所案内記の編纂の傾向がみられた。ことに日光に関するものが多く見られ始めることは、江戸市民の物見遊山や旅行動、日光の観光地化を考えるうえで興味深い傾向といえよう。

　秋里籬島編『都名所図会』につながる挿絵による空間表象が見られ始める18世紀後半（図7-4）では、摂津国、陸奥国、山城国に続き、武蔵国をはじめとする計50ヵ国で確認できた。この時期には初めて武蔵国（江戸）での地誌編纂が確認できるほか計16ヵ国で新たに案内記が編纂されている。ことに三河国や美濃国、飛騨国、信濃国など現在の中部地方においてこの傾向がみられた。

　最後に、多くの「名所図会」が編纂される19世紀から幕末にかけての時期（図7-5）では、武蔵国（江戸）での編纂が突出している。次いで、陸奥国、摂津国、山城国、越後国など計65ヵ国において編纂、刊行されていた。この時期にはこれまで編纂がみられなかった安房国、讃岐国、豊後国など計6ヵ国で新たに確認できるなど、ほぼ全国で名所地誌本の編纂、刊行が確認できるようになる。ことに、讃

第Ⅰ部　近世城下町の町割と景観

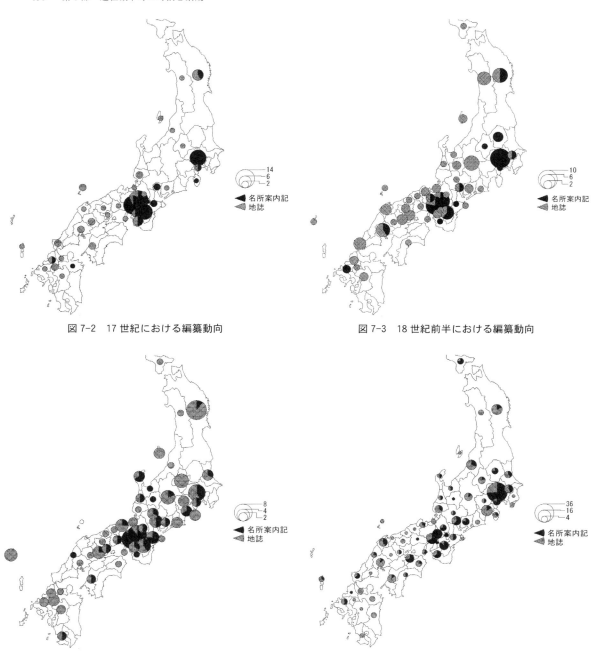

図7-2　17世紀における編纂動向

図7-3　18世紀前半における編纂動向

図7-4　18世紀後半における編纂動向

図7-5　19世紀における編纂動向

岐国における案内記編纂の背景には、上方との海上交通網の整備があり、当該地域への旅行動や観光地化を考えるうえで興味深い結果といえよう。

また、現時点では不明な点も多いが案内記を刊行した版元についてみてみると、三都や奈良を除くと三都のいずれかの版元との合梓で刊行されることが多かったものが、概ね18世紀後半頃からは該当地域の版元のみでも地理的メディアの編纂実践がみられるようになるようである。

4）19世紀における刊行動向の特徴とその背景

「名所図会」資料が多く編纂されるようになった19世紀における全国的な編纂の実践の拡大をめぐる社会的背景には、以下の点が考えられる。まず一つに、地誌や案内記など三都周辺で始まった地理的メディア編纂の実践が地方都市へと伝播していった結果、これらの編纂を試みる知識人層の裾が広がったことがある。これは、先述したように藩主や学者、市井の知識人層の歴史への関心が高まり、その地域の過去を顕彰し、地誌編纂や記念碑・記念祭の実施が地域アイディンティに結びつく形で展開されたことが、当該時期に多くの地域で案内記の編纂が増加する要因として考えられる。次に、幕藩領主や地方書肆の意向など編纂の実践ができる態勢に向かっていたことである。例えば、『忍名所図会』や『犬山視聞図会』の凡例や編纂動機のなかで示されるように、秋里籬島『都名所図会』などに刺激された事例や、藩主による自国あるいは藩域を対象とした名所図会編纂の意向を受けて編者が選任され「○○図会」という案内記を編纂した事例が確認できる。

これらの地誌編纂や名所を主題とする浮世絵による〈視覚的な空間表象〉に代表されるような諸実践をめぐる社会的な需要が拡大していたことがある。これらは、タイモン・スクリーチ（1997）や原（2013）が指摘するように、18世紀後半には旅文化が成熟するなかで案内記類は旅行者が旅先での使用というよりは、非旅行者が卓上でのバーチャルな旅を行える「図会もの」がもてはやされたことや、大久保（2007）らが指摘するように、当代を代表するヒット作となった「東海道五十三次」などの浮世絵に多くの受容が高まっていたことが物語っていよう。

そして、編纂趣向の多様化、地域的な差異がみられるようになるのも当該時期の大きな特徴の一つといえよう。例えば、京における名所地誌本の編纂動向は、秋里籬島以降19世紀に入ると山近（2000）が指摘するように、刊行絵図との差別化が図られるように案内記は小型のものが主流となる傾向がある。さらに、籬島が好んだ「名所図会」の代名詞であった大型で高所から俯瞰した遠景の挿絵は、銅版画による風景描写の高精度化といった技術面の進歩や社会情勢の影響を受けて小型でスポット的な近景描写が増加するほか、「御所」の全景など挿絵として視覚的に表象される場所の取捨選択が顕著になるなど小型化に伴って大きな変化が起こっている（長谷川 2012b）。このような案内記編纂の趣向性の変化は同時期の江戸や大坂にはみられないことから、これまで19世紀における京の名所地誌本が衰退したと考えられてきた要因であった。その一方で、大坂の蔀 閑月らは、播磨や近江、紀伊といった籬島が手がけていない地域でこれを編纂するほか、『江戸名所図会』など江戸を中心に日本各地の都市において彼の趣向を引き継ぐように積極的に大型の挿絵をもつ「名所図会」が編纂されている（表7-2）。ことに、江戸における「名所図会」や、歌川広重の「東海道五十三次」など名所浮世絵を扱う書肆やそれらを求める大衆のスガタは一つの江戸名所として認識され、『江戸名所図会』や名所浮世絵に描かれる題材となったという。

3 城下町を対象としたもの

上記のようにデータベース化を進めていくと、『京町鑑』（1762年刊）、『伏見鑑』（1780年刊）といった「町鑑」や、『吉野山独案内』（1671年刊）、『有馬名所鑑』（1683年刊）、『住吉名勝図会』（1784年刊）

表7-2 近世において「〇〇図会」と冠される名所地誌本の一覧

国名	西暦	和暦	地誌名	編者名	書肆	書肆名	体裁	内容
山城	1780	安永9	都名所図会	秋里籬島		吉野家為八	6巻6冊	案内記
山城	1785	天明7	拾遺都名所図会	秋里籬島	京 大坂	須原屋平左衛門ほか 河内屋太助	5巻5冊	案内記
山城	1798	寛政10	都林泉名勝図会	秋里籬島	京	小川多左衛門	5巻5冊	案内記
山城	1862	文久2	再選花洛名勝図会	木村明啓	京	田中専助	4巻8冊	案内記
大和	1791	寛政3	大和名所図会	秋里籬島	京 大坂	書肆連合 高橋平助	6巻7冊	案内記
河内	1801	享和1	河内国名所図会	秋里籬島	京 大坂	出雲寺文七郎ほか 高橋平助ほか	6巻6冊	案内記
和泉	1796	寛政8	和泉名所図会	秋里籬島	京 大坂	小川多左衛門ほか 高橋平助ほか	4巻4冊	案内記
摂津	1794	寛政6	住吉名勝図会	秋里籬島	京 大坂 江戸	殿（吉野家）為八ほか 松村九兵衛ほか 西村源六ほか	5巻5冊	案内記
摂津	1796	寛政8	攝津名所図会	秋里籬島	京 大坂	小川多左衛門，殿為八 柳原喜兵衛ほか	9巻12冊	案内記
摂津	1824	文政7	淀川両岸勝景図会	暁鐘成	京 大坂	本屋宗七 河内屋木兵衛ほか	2冊	案内記
摂津	1835	天保6	天保山名所図会	暁鐘成	京 大坂 江戸	近江屋治助 河内屋太助ほか 森谷治兵衛ほか	2冊	案内記
摂津	1854-1860	安政年間	攝津名所図会大成	暁鐘成	不明		15巻	案内記
伊勢	1797	寛政9	伊勢参宮名所図会	秋里籬島	京 大坂	菱屋孫兵衛ほか 河内屋太助ほか	5巻7冊	案内記
伊勢	1800	寛政12	皇太神宮参詣順路図会	河口好古			?	案内記
尾張	1804	文化1	犬山視聞図会	長足庵			2冊	案内記
尾張	1844	天保15	尾張名所図会	岡田啓，野口道直	京 大坂 江戸 名古屋	菱屋孫兵衛，同治兵衛 河内屋喜兵衛ほか 岡田嘉七，須原屋茂兵衛 菱屋久兵衛ほか	7巻7冊	案内記
尾張	1857	安政4	尾張知多郡霊場図会	小田切春江	名古屋	千歳園	1冊	案内記
三河	1850-1854	嘉永3～7	三河国名所図会	不明			写6冊	案内記
三河	1858	安政5	三河名勝図会	琵琶老翁等			1冊	案内記
遠江	1803	享和3	遠江古蹟図会	長庚			4冊	地誌
駿河	1857	安政4	駿河名所図会	不明（画：中島島岳）			1冊	案内記
駿河	1857	安政4	駿河名勝図会追加	中島島岳			1冊	案内記
甲斐	1851	嘉永4	甲斐叢記	大森快庵	甲府	田村屋孝太郎	5巻5冊	地誌
相模	1847	弘化4	箱根山温泉図会	弄花山人	江戸	小梅村鳳酔堂圓助ほか	1冊	案内記
相模	1804-1818	文化年間	箱根七湯図会	弄花山人			10帖	案内記
武蔵	1801	享和1	武蔵三芳野名勝図会	中島孝昌			3巻3冊	案内記
武蔵	1835	天保6	増補忍名所図会	洞季香齋			4冊	案内記
武蔵	1836	天保7	江戸名所図会	斎藤秋長	江戸	須原屋茂兵衛	7巻20冊	案内記
武蔵		不明	武蔵名勝図会	植田孟縉	東京	八王子史料刊行会（T14～15）	12巻	案内記
武蔵		不明	吾妻名所図会	竹林堂正岡，葛飾北斎			9巻	案内記
下総	1848-1854	嘉永初期	下総名勝図絵	宮負定雄			5巻5冊	案内記
下総	1855	安政2	利根川図志	赤松宗旦	—	—	6巻6冊	地誌
下総	1858	安政5	成田名所図会	中路定得	成田?	新勝清舎	5巻5冊	案内記
常陸	1824	文政7	鹿島名所図会	北条時隣	江戸	千鐘房	2冊	案内記
近江	1799	寛政11	湖北賤ヶ嶽図会	藤原忠利			5巻1冊	案内記
近江	1813	文化10	近江名所図会	秋里籬島，秦石田	大坂	塩屋忠兵衛ほか	4巻4冊	案内記

国名	西暦	和 暦	地 誌 名	編 者 名	書肆	書 肆 名	体 裁	内 容
信濃	1849	嘉永 2	善光寺道名所図会	豊田利忠，小田切春江	名古屋	美濃屋伊六	5 巻 5 冊	案内記
信濃	1852	嘉永 5	岐蘇名所図会	梅屋鶴子，檜園梅明			24 丁	地誌
陸奥	1817	文化 14	奥州名所図会	菅原陳之（曲渓）	塩竈	菅原陳之（前田屋茂三郎）	1 帖	案内記
陸奥	不明		奥州名所図会	大場雄淵			5 巻 6 冊	案内記
播磨	1804	文化 1	播磨名所巡覧図会	秦 石田，蔀 閑月	大坂	塩屋忠兵衛	5 巻 5 冊	案内記
安芸	1842	天保 13	芸州厳島図会	岡田清			10 冊	案内記
長門	1861-1863	文久年間	八江萩名所図会	木梨恒充	東京	吉川半七（M25）	6 巻 7 冊	案内記
紀伊	1812	文化 9	紀伊名所図会	高市志友，加納柿園ほか			3 編 18 巻 23 冊	案内記
淡路	1851	嘉永 4	淡路国名所図会	暁 鐘成，松山半山	洲本	藻文堂（M27）	5 巻 5 冊	案内記
阿波	1811	文化 8	阿波名所図会	探古堂墨海	大坂	河内屋太助（求）	2 巻	案内記
讃岐	1847	弘化 4	金比羅参詣名所図会	暁 鐘成	京 大坂 江戸	丸屋善兵衛 塩屋市次郎ほか 須原屋茂兵衛ほか	6 巻 6 冊	案内記
讃岐	1853	嘉永 6	讃岐国名所図会	松岡信正	―	―	5 巻 7 冊	案内記
讃岐	1847-1854	嘉永年間	小豆島名所図会	暁 鐘成，松川半山			4 編 5 冊	案内記
讃岐	1860	万延 1	金比羅参詣名所図会	可菝			1 冊	案内記
筑前	1822	文政 4	筑前名所図会	奥村玉蘭			10 巻	案内記
筑後	不明（文政以降）		柳河明証図会	西原一甫			2 冊	案内記
肥前	1848	嘉永 1	松浦八奇勝図	澤渡廣繁			1 冊	案内記
薩摩	1843	天保 14	三国名勝図会	鹿児島藩			60 巻 20 冊	地誌
広域	1797	寛政 7	東海道名所図会	秋里籬島，北尾政美	―	河内屋卯助ほか 16 名	6 冊	案内記
広域	1799	寛政 11	日本山海名産図会	蔀 閑月	―	前川善兵衛	5 冊	地誌
広域	1802	享和 2	五畿内名所図会	秋里籬島，竹原信繁	―	小川多左兵衛，柳原喜兵衛，高橋平助，森本多助	30 冊	案内記
広域	1805	文化 2	唐土名勝図会	岡田玉山	―	河内屋吉兵衛	6 冊	案内記
広域	1814	文化 11	木曽路名所図会	秋里籬島	―	河内屋喜兵衛ほか	7 冊	案内記
広域	1853	嘉永 6	西国三十三ヶ所名所図会	暁 鐘成，松川半山	―	河内屋政七ほか	10 冊	案内記
広域	1853	嘉永 6	大日本六十余州名勝図会	広重	―	超 平		名所絵
広域	1855	安政 2	五十三次名所図会	歌川広重	―	蔦屋吉蔵		名所絵

など特定の地名を冠するものを除くと、そのほとんどは旧国域を対象とするものが多いといえる。したがって多くの名所地誌本では、城下町をめぐる記述やシンボルとしての描かれる城郭、そこに所在する著名な寺社や伝来する由緒・来歴といった「場所の物語」によって「名所」として取り上げられる場所も、1 冊の作品中を通じて全体でみれば城下町部分の占める割合の比率はどうあれ全体のなかの一部にすぎないという気がしてくる。

このうち、近世城下町とその周辺領域が主たる対象となっていると判断できる資料としては、伊童随庸『張州名勝志』（1722 年、尾張国）、長足庵甫磨『犬山視開図会』（1804 年、尾張国）、高市志友・加納柿園ほか『紀伊名所図会』（1812 年、紀伊国）、洞季香齋編・岩崎長容増補『増補忍名所図会』（1835 年、武蔵国）、岡田 啓・野口道直『尾張名所図会』（1844 年、尾張国）、編者不明『駿河名所図会』（1857 年、駿河国）、木梨恒允『八江萩名所図会』（1861-1863 年、長門国）などが挙げられよう。以下では、

いくつかの特徴的な名所図会資料について簡単に紹介していきたい。

1）長足庵甫磨編『犬山視聞図会』

『犬山視聞図会』は『犬山名所図会』ともいい、文化元年（1804）に長足庵甫磨によって乾坤2巻2冊の体裁で編纂され、犬山城下周辺の場所や風景と、そこでみられる民俗誌を取り上げる名所図会である。本書について、「『尾張名所図会』の刊行に先立つ仕事であり、犬山や尾張北部（丹羽郡）地域の史蹟や名所を、かなり早くから人々の目に印象づけた」と羽賀（1998）は評価している。

本書は現在、国立国会図書館、国立公文書館、旧東京教育大（現・筑波大）、加賀文庫、高木文庫、旧三井文庫に写本の所蔵が確認できるほか、林 英夫編『日本名所風俗図会 6 東海の巻』（1984）に翻刻・収録されている。また、犬山市教育委員会史編さん委員会（以下、犬山市史編さん委員会と記す）編『犬山市史 資料編四 近世上』（1987）には、明治16年（1883）に長足庵甫磨の子孫にあたる伊藤千代次郎（伊藤鶴州）によって、祖父の時代から約80年間の変遷を叙述し、明治期の現状に合わせるように増補改訂がなされた『犬山視聞図会』が収録されている。本章では、資料の現存状況のよさから、国立公文書館に所蔵されているものを使用する。

2）岡田 啓・野口道直編『尾張名所図会』

『尾張名所図会』は、岡田 啓と野口道直が編纂した名所図会である。本書は、尾張8郡の名所、旧跡、社寺、風俗、人物、産物などを詳細な図とともに考証したもので、前編には愛知、東海、海西、知多の4郡、後編に中島、春日井、葉栗、丹羽の4郡が収録されている。また、全巻にわたり和歌や俳句、漢詩を随所に引用されている。城下町とその周辺領域については、前編の「巻之一」と「巻之二」が愛知郡の名古屋周辺、「巻之三」が熱田周辺、「巻之四」において名古屋城下町周辺を、後編の「巻之六」の丹羽郡のなかで犬山城下町が取り上げられている。天保12年（1841）に脱稿し、前編部分（7巻7冊）が天保15年（1844）に名古屋の菱屋久兵衛、菱屋久八郎の合梓で、名古屋、京、大坂、江戸の計11書肆がかかわって刊行されている。同時期に編纂を終えていたとみられる後編部分（6巻6冊）は、明治13年（1880）に愛知県庁より刊行されたという[12]。

林（1984）によると、本書編纂の契機となったのは、天保3年（1832）の尾張藩の儒臣深田正韶を中心とする『張州府志』の補訂事業であったといい、弘化4年（1846）に『尾張志』全60巻の編纂を通じて補訂がなされている。これに最も尽力し、社会的に認められたのが、多くの古書籍を収集し博識で知られた在地の知識人といえる御厩御門番組頭兼目付役の岡田 啓であったという。彼が天保9年（1838）に、在地の知識人で蔵書家として知られた蔬菜問屋の野口道直と共撰を始めた『尾張名所図会』は、『尾張志』の別編、通俗編として成立したものと考えられている。この編纂にかかわる費用は、商家であった道直が大半を負担したという。名古屋市立博物館所蔵「野口道直旧蔵資料」には、彼らの地誌編纂にかかわる調査記録や、版が組まれる過程がわかる草稿が残されている。

編纂者の一人である岡田 啓の後裔にあたる岡田善敏家文書には、安政4年（1857）に出されたとされる岡田 啓の『尾張名所図会』後編部分の刊行にかかわる嘆願書が残されている。そこには、「名所図会附録開板行之儀、再応奉願候御評議難被為及且板下をも御留守置被遊候旨去秋被仰渡奉恐入候、右は全く紀伊名所図会四編之振に準じ、乍恐御国内之御名誉を他国へも相洩し度志願に而、七八年昼

夜精魂を尽し編立候儀に御座候（後略）」[13]（傍点は筆者加筆）とあることから、本書は文化9年（1812）から嘉永4年（1851）に分割されて刊行された高市志友編『紀伊名所図会』の影響を受けていること、そして、本書の編纂意図は、「国内の御名誉」を尾張国内外に広く発信することにあったことがわかる。これらは、『都名所図会』など秋里籬島一派による編纂意図や、『江戸名所図会』を編纂した斉藤月岑らの編纂意図と重なるもので、名所を通じた自所と他所との風土の差異の可視化にあると評価できよう。

3）洞季香齋編、岩崎長容増補『増補忍名所図会』

『増補忍名所図会』は、「巻之一」が武蔵国の大意と城南の部、「巻之二」が城北の部、「巻之三」が城東の部、「巻之四」が城西の部という計4巻の体裁となっており、忍城を基点とする方位区分の編纂となっている。行田市教育委員会[14]によれば、『増補忍名所図会』とは、忍藩主松平忠堯が家臣岩崎長容に対して、文政8年（1825）に洞季香齋が編纂した『忍名所図会』の増補を命じたもので、天保6年（1835）、同11年（1840）の2度にわたり増補版が編纂されたという。しかし、洞季香齋が編纂した『忍名所図会』は所在不明となっており、この増補版についても、天保6年版の不完全とされる写本が行田市立郷土資料館に所蔵されているほか、天保11年（1840）版も国立国会図書館や国立公文書館、埼玉県立図書館などに写本が存在するのみである。

天保6年版の『増補忍名所図会』（行田市立郷土資料館蔵）には、オリジナルを編纂した洞季香齋、芳川波山、増補版を編纂した岩崎長容の巻頭言が示されており、香齋の編纂動機と長容の編纂手法が述べられている。まず、香齋が『忍名所図会』を編纂した動機は、秋里籬島の跡を追ったつもりで忍城下とその周辺を対象とした『忍名所図会』の編纂を思い立ったものと理解でき、挿絵を多く用いる点も名所図会シリーズを強く意識していることがわかる。長容は、藩主忠堯から『忍名所図会』の増補・改訂を命じられ、領内の寺社や名所旧跡を訪ねまわり、土地土地で農夫や漁夫から聞き取りを行うなどの現地調査を経て増補版を編纂していったことを明らかにしている。このような現地調査に基づいて案内記を編纂していく実践は、秋里籬島などの編纂姿勢と同様のものとして評価できる。

4）木梨恒允編『八重萩名所図会』

『八重萩名所図会』は、萩城下とその周辺地域の事物が対象となっており、「巻之一」が春の部、「巻之二」・「巻之三」が夏の部、「巻之四」・「巻之五」が秋の部、「巻之六」が冬の部というように、四季を基準とする6巻7冊の体裁で編纂された名所図会である。巻頭において長門国の由来から萩城創建を説明し、城下の古跡名勝、寺社や風俗、古事伝承や伝説といった「場所の物語」や当地の名物・名産などが叙述されている。本書は、天保5年（1834）頃に萩藩士木梨恒允が編纂を始め、安政2年（1855）に編纂中に死去したため、彼の死後に刊行されたという。現在、山口県立山口図書館、京都府立図書館が所蔵するほか、国立国会図書館がデジタルコレクションとして公開している。

藩領や城下町とその周辺領域を対象としたものについて整理してみると、『増補忍名所図会』が最も城下町とその周辺に特化していた。しかし、原本である『忍名所図会』の所在が確認できないほか、現存する写本では挿絵の描写精度に問題があるなど、資料の現存状況が必ずしも良好とは言い難い。『八重萩名所図会』は、編纂者の志向性から名所として取り上げられる場所や風景が城下町の空間軸ではなく季節ごとの時間軸で整理されている。また、『駿府名所図会』（東京都立中央図書館蔵）では、

136　第Ⅰ部　近世城下町の町割と景観

名所とされる場所や風景に加え、駿府周辺の海産物などの名物に関する図会が多く全体を通じて場所の比定が難しい。こういった資料的制約から、本章では犬山城下とその周辺部分を空間的に編纂している『犬山視聞図会』を主たる事例とし、歴史 GIS 分析を援用しながら特徴の一端を考察する。

　また、三都のほか尾張国などの一部の旧国域では、編纂地域内において城下町部分の比重が総体的に高くなる事例も確認できる。しかし、近世段階において特定の城下町を主たる対象地域とした名所図会資料の編纂実践がみられるのは、実のところ所領が比較的小規模な場合[15]や、領主や編纂者の意向が反映された場合の実践であり、全国規模でみるとごく希な事例であると思える。むしろ松江や高松、首里などの旧城下町で明治以降に刊行された名所案内記や地誌が多く確認できるなど、明治後期頃から地元行政のほか地元の出版業者や知識人層が力を失った旧城下町の復興や観光地化、その原動力となる地域アイディンティ涵養を目的として自分たちの旧城下町を対象とした名所案内記や地誌を編纂している事例が確認できる。また、大町桂月や田山花袋など著名な文人に案内記や紀行文の執筆を依頼しているケースも少なからずある。このように考えれば、城下町や宿場町など限られた地域を対象とする案内記の編纂は近代以降に多くみられるスタイルである可能性がある。

4　『犬山視聞図会』にみる犬山城下町の場所と風景

1）長足庵甫麿という人物

　長足庵甫麿は本名を渡辺鶴重、通称は新右衛門と称した人物で、屋号を富田家とした刃物鍛冶を生業とした家に生まれている。鶴重は初代か 4 代目新右衛門にあたり、幼少期から文章や絵を好んだという。彼は本業のかたわら、『犬山視聞図会』（1804 年）のほか『伊勢御かげ詣り』、『俳諧狂歌句稿』（成立年未詳）、肥田除風との共著とされる『御影参宮内外霊験記』（1805 年）、『一向奇妙集尾張門徒の争』（1831 年）の編述が確認されている（林 1984）。天保 12 年（1841）に 70 歳で没し、犬山城下の徳儒寺に葬られており、現在同寺には「長足庵の墓」という案内が確認できる。

　犬山市史編さん委員会（1997）によると、城主成瀬家の所領が美濃国の奥まで延びていたため美濃方面との関係が強く、木曽川を控えた尾張国の北端に位置するため犬山城下には中山道を行き交う人々が立ち寄っており、武士を中心に在地の豪商や知識人たちは名古屋方面との交流も盛んであったという。地理的環境に恵まれた犬山城下で生業を営んでいた長足庵甫麿のおかれていた社会・文化的背景から名古屋圏を中心として活動していたと推測できる。長足庵甫麿の知的営為は、彼がどの時期にどのような経緯で俳諧や地域誌を学び、いかなる知的ネットワークに属したのかなど、彼の知識の源泉をめぐる検討を要する。しかし、18 世紀後半以降の地域社会にみられる地域の過去について、発見・考証を加えた名所地誌本、詩歌や句集にかかわる書籍を編纂していく在地の知識人たちと同様の知的実践であると評価できる。また、彼の編纂物からその地域が積み重ねてきた「過去」への思考性、ないし場所や風景をめぐる歴史地理的なまなざしを有したことが推測でき、在地で活動した知識人層の一人と考えてよかろう。

2）『犬山視聞図会』の編纂をめぐる志向性

　長足庵甫麿が本書を編纂するにあたっての志向性は、以下 4 点の記述から読み取ることができる。

（第1項）乾峯下の寺社や山川の美しい景観をありのままに写しとることで、子どもであっても家に居ながらにして対象地域の景勝をみることができること。

（第2項）掲載される挿絵の表現には、空間スケールの指標として人物表現を描き込んでおり、人物象が小さく描かれている場面ではその場所が広大な広さを有していること。

（第3項）「坤の巻」では、継鹿尾山など、白雲寺、入鹿の湖池、摺墨塚、八幡林古戦場など、城下町近郊の場所における現地調査の成果をふまえていること。

（第4項）見聞したことを編纂者自身が編纂し、その様子を描き、見解を示したこと。そして、掲載する詩に17世紀後半に芭蕉門弟として活動した俳人であった丈草禅師（内藤丈草）の古記を用いたこと。

　この第1・2項は、本作品における表現方法への言及であると考えられる。これは、秋里籬島『都名所図会』（1781年刊）に示されている凡例と極めて近い表現となっている。ことに、第1項にみえる、名所図会に取り上げる場所や風景について描写するにあたっての「図示」へのこだわり、第2項に示されている人物を「空間スケール」の指標として描き込むことの表明は籬島の名所図会シリーズに強い影響を受けたものであろう。

　次いで第3項には、『犬山視聞図会』に取り上げられる場所の領域性への言及がみえる。ここでは、「乾の巻」では、巻首に掲載されている「乾峯下の神社の芳境、仏閣の佳邑」、つまり犬山城下の寺社の様相を取り上げる。次いで、「坤の巻」では、城下近郊の寺社や著名な古跡などを取り上げるという空間的な整理方法が示されている。この一文も表現は異なるものの19世紀の「名所図会」資料にみられる凡例表現の特徴の一つである。

　第4項には、第1項から第3項までをふまえた名所図会編纂の実践を行うにあたっての、編者の姿勢（取り組み方）が示されている。ここには現地調査や古記をふまえて場所や風景を価値づけし、自らの見解を述べるといった営為であり、自らが注目する「場所の物語」に対して実証主義的な視点をふまえて再評価しつつ、編者自身やその場所で詠まれた詩歌や俳諧を付して文学的要素を与えていくものである。これらは、近世の地誌編纂者にみられる伝統的な編纂姿勢に則った地誌編纂の実践の表明であると考えられる。凡例に則って編まれた本書に取り上げられる場所や風景を整理すると、乾坤の計2冊を通じて計47ヵ所が確認できる（表7-3）。

3）『犬山視聞図会』に取り上げられる場所や風景

　『犬山視聞図会』に取り上げられる計47ヵ所について、平成27年（2015）9月の城下町周辺を対象とした現地調査をもとに、市史編さん委員会（1987）所収の「尾張国丹羽郡犬山之図」（1873年頃作製）、林（1984）の脚注、ゼンリン住宅地図（2014）、平凡社編（1981）などを利用し、取り上げられる場所の位置比定を行った（図7-6）。このうち、城下町周辺部分を拡大したものが図7-7である。現地調査での現状の確認と緯度経度情報の収集にあたっては、例えば明治初年に犬山城内に移転した「針綱神社」（表7-3の2、図7-8）の場合、神社の旧地に建立された顕彰碑を確認できたため、針綱神社では碑の緯度経度情報を収集するなど可能な限り過去の状況で復元を目指した。

　長足庵が乾の巻で取り上げた場所のうち、所在が確認できなかった「鎮妖火頌并序」（表7-3の29、図7-9）を除くと、起点に位置づけられる「尾張乾山の城」（挿絵表題は「御城并宇留馬図」）（表7-3

表 7-3 『犬山視聞図会』に立項される項目と挿絵

【乾巻】

ID	本文解説					挿絵					備考
	項目名称	小項目	場所	分類	詩歌	名称	視角	人物	説明	詩歌	
1	尾張乾山の城	尾張乾山の城 犬山城主記 産物	名古府を去る事六里	その他 (古事伝承) (名産)	羅庵 貞室 巴狂	御城并宇留馬図	遠景	×	―	貞室	
2	針綱神社	針綱神社	(名栗町)	寺社		針綱神社	中景	○	祭礼	烏丸大納言光祖 うれしき集句	
3	日輪山常満寺	丹羽郡稲置庄犬山 日輪山常満寺 境内支院	上大本町西側	寺社	松平秀雲	常満寺	中景	―	―		
4	一部山専念寺	一部山専念寺 安土論 宗論 当山支院	―	寺社 (古事伝承) (古事伝承)	―	専念寺	中景	○	―	印籠紐長	
5	牛頭天王の社	牛頭天王の社	中切南	寺社		*1	遠景	×	―	江上	
6	蔵王	蔵王	中切の内井堀	寺社	―	*1	遠景	×	―	江上	
7	三孤神	三孤神	同所（中切の内井堀）東方	寺社	―	*1	遠景	×	―	江上	
8	大縣宮	大縣宮	鵜飼町	寺社	―	*1	遠景	×	―	江上	
9	北向庚申	北向庚申	名栗町西の切	寺社	―	北向庚申	中景	×	―	―	
10	―					祥雲寺	中景	×	眺望	(漢詩)？	本文なし
11	神護山先照寺	神護山先照寺 浅間大菩薩建立の謂天神社	外町西側	寺社	―	神護山先照寺	中景	×	(漢詩)？		扁額の解説の挿絵あり
12	了義山徳授寺	了義山徳樹寺 徳授寺支院	―	寺社	―	徳授寺	中景	×	―	―	
13	―					秋葉社	中景	○	―	―	本文なし
14	熊野権現の社	北野権現の社 観音堂	熊野町 境内の本社乾の方	寺社	―	熊野権現	中景	×	―	甫鹿亭	
15	浄誓寺	浄誓寺	寺内町南側	寺社	―	圓明寺／浄誓寺／西蓮寺／本龍寺	中景	×	場所	(漢詩)？	
16	西蓮寺	西蓮寺	同寺内町北側	寺社	―	圓明寺／浄誓寺／西蓮寺／本龍寺	中景	×	場所	(漢詩)？	
17	本龍寺	本龍寺	寺内町西側	寺社	―	圓明寺／浄誓寺／西蓮寺／本龍寺	中景	×	場所	(漢詩)？	
18	円明寺	円明寺	寺内町北側	寺社	―	圓明寺／浄誓寺／西蓮寺／本龍寺	中景	×	場所	(漢詩)？	
19	妙海寺	妙海寺	魚屋町の内	寺社	―	圓明寺／浄誓寺／西蓮寺／本龍寺	中景	×	場所	(漢詩)？	
20	妙立山本光寺	妙立山本光寺	魚屋町の内	寺社	―	本光寺	中景	×	―		
21	妙見堂	妙見堂	本堂の西北	寺社	―	本光寺	中景	×	―		
22	庚申堂	庚申堂	本光寺・妙海寺両寺門前	寺社	―				―		
23	稲木神社	稲木神社	余坂町北側	寺社	米陌・樗菊	稲木神社	中景	○	場所	―	
24	―					天王坂	中景→遠景	×		(漢詩)？・石久 甫鹿亭	本文なし
25	青龍山瑞泉寺	青龍山瑞泉寺 十景 遺髪牌銘 当御城主先代の御石牌 緒院内伝来の什物品并びに開山号	―	寺社	丈草	瑞泉寺塔頭	中景	○	―	(漢詩)？	

ID	項目名称	小項目	場所	分類	詩歌	名称	視角	人物	説明	詩歌	備考
26	一翁山妙感寺	一翁山妙感寺	（丸山の内古三昧所）	寺社	徐風『鹿塚集句』	一翁山妙感寺	中景	×	—	支考	
27	愛宕山延命院	愛宕山延命院	木の下村	寺社	—	愛宕山延命院	中景	×	—	—	
28	青海山薬師寺	青海山薬師寺	木の下村	寺社	—	薬師堂	中景	×	—	（漢詩）？	
29	鎮妖火頌并序	鎮妖火頌并序	橋爪村	古事伝承	—	勘五郎の説	近景→遠景	○	伝説	乙雪松丸	
30	青木川	青木川		地理	—	—					目録になし
31	橋爪村	橋爪村	名府往還西側	地理							目録になし

【坤巻】

ID	本文解説					挿絵					備考
	項目名称	小項目	場所	分類	詩歌	名称	視角	人物	説明	詩歌	
32	皓応山清水寺	皓応山清水寺 善師野 寺洞	善師野村	寺社	はせを	清水寺	遠景？	×	—	（漢詩）？	
33	—					竈石切図	近景	○	生業	—	本文なし
34	継鹿尾山寂光院	継鹿尾山寂光院	継鹿尾村	寺社	としふる	継鹿尾山／二王坂	中景	×	—	三蔵楼 田雀丸 浮木庵臥雲	（八葉蓮台寺）
						継鹿尾山／大悲閣	中景	×	地理	千載亭俊古（漢詩）？	
		裏山滝				継鹿尾山／裏山瀧	中景		風俗	（漢詩）？	
35	日光山正久寺	日光山正久寺	橋爪村	寺社	—	正久寺／応神社	遠景	×		千載亭俊古	
36	応神社	応神社	同村（橋爪村）	寺社		正久寺／応神社	遠景	×		千載亭俊古	
		羽黒合戦		（古事伝承）		伊木長門守正久生害の図	中景	○	伝説	—	正久寺に伝わる伝説
		福富新蔵国平が説		（古事伝承）		参州勢向羽黒図	近景	○	—	—	
		山姑物語，小池与八郎説		（古事伝承）	山姑	天野周防守為郷導襲森軍森武州川越両陣其軍吏跨馬徘徊陣前図	近景	○	—	—	
37	—					紀伊守家信相抱野呂助左衛門図	近景	○	—		
						家信獲野呂首図	近景	○	—		
						八龍社／御田社／麿墨塚／大榎／奥禅寺／立円寺／観音寺／八幡林／梶原旧地	遠景	○	旧跡	はせお	『府志』の引用
38	—					鞍ヶ淵	中景	○	地理	嵯峨天皇	
39	—					本宮山峰山姑射留図	中景	○	伝説		
40	—					二宮本宮	遠景	×	地理		
41	新宮大県神社	新宮大縣神社	二宮村	寺社		二宮新宮	中景	×	—	千載亭俊古	
42	—					神明白山三明神祠	中景	×	由緒		『張州府志』『延喜神名帳』『集説』の引用
43	—					入鹿山白雲寺	中景	○	—	糸東京三（漢詩）？	
44	—					福昌寺／薬師堂	中景	○	—	乙雪松麿	
45	浅間社	浅間社	富士村	寺社		富士山領入鹿沼池	遠景	×	地理	（漢詩）？	
46	法蔵院	法蔵院		寺社		—					
47	入鹿の池	入鹿の池		その他		富士山領入鹿沼池	遠景	×	地理	（漢詩）？	

（注）表中の網掛け部分は，『尾張名所図会』において取り上げられている場所を示している.

140　第Ⅰ部　近世城下町の町割と景観

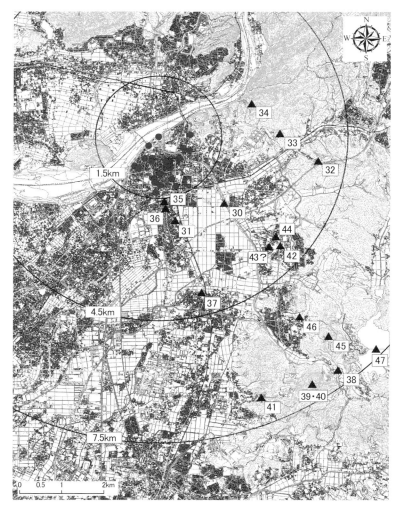

図 7-6　『犬山視聞図会』に取り上げられる場所の分布
（注）本図は国土地理院発行数値地図（国土基本情報，平成 27 年 2 月作成の DVD）「犬山・小牧」をベースに加筆したものである．図中の●は，本書「乾の巻」に取り上げられる場所を示し，▲は「坤の巻」に取り上げられる場所を示している．図中の番号は表 7-4 と一致し，半径の中心は本書の起点となる犬山城である．

の 1、図 7-10）から、すべて 1.5km 以内に分布する。これについて長足庵が生きた時代であり、天保 13 年（1842）の大火以前の城下の様相が描かれているとされる「犬山町家絵図」（1839 年、犬山城白帝文庫蔵）をみると、本書の「青木川」（表 7-3 の 30）、「橋爪村」（同 31）を除く場所が絵図中に確認できる。また、「尾張国丹羽郡犬山之図」と比較した場合、「三孤神」（同 7）、「熊野権現の社」（同 14）、「妙見堂」（同 21）、「青木川」、「鎮妖火頌并序」以外の計 26 ヵ所はすべて絵図中に表現されている。城下絵図の精読は今後の解題とするが、長足庵は彼らが日々の生活の中で認識していた城下町域と近接する寺社、著名な場所の物語を乾の巻に取り上げたものと理解できる。

　城下近郊の場所や風景を取り上げる坤の巻では、城下近くの「日光山正久寺」（同 35）、最北端となる「継鹿尾山寂光院」（同 34）、最南端となる「入鹿の池」（同 47）までの計 16 の場所や事柄が確認できる。坤の巻における項目の分布は、城下の東部ないし東南部に位置し、最も城下から離れてい

第7章 名所図会資料に対する歴史GIS分析　141

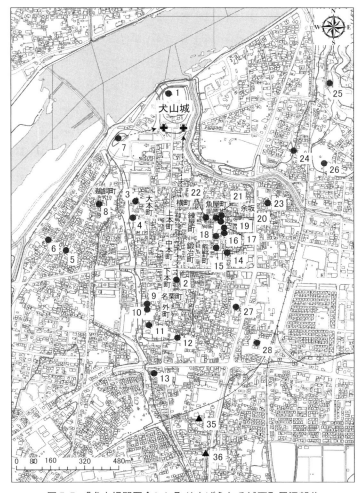

図7-7　『犬山視聞図会』に取り上げられる城下町周辺部分
(注) 本図は国土地理院発行数値地図（国土基本情報）「犬山・小牧」をベースに加筆したものである．図中の●は，本書「乾の巻」に取り上げられる場所を示し，▲は「坤の巻」に取り上げられる場所を示している．×は，移転が確認できる場合の現在地である．図中の番号は表7-4と一致している．

る「入鹿の池」までは、標高差や到達ルートといった地理的条件を考慮しなければ、本書の起点である犬山城から直線距離で7.5kmほどしか離れていない。これらは現在の犬山市内にすべて位置しており、尾張国丹羽郡内のなかでも犬山周辺に特化していることがわかる。そのため、城下からいくつかの場所を巡りつつ目的地へ向かったとしても、日帰りで往復が可能な範囲での編纂実践であった可能性を指摘できる。さらに、例えば「紀伊守家信相抱野呂助左衞門図」（表7-3の36、図7-11）のように、本文中での詳しい解説がなく挿絵中に解説が添えられているものが多く確認できるなど、本文解説よりも挿絵中の視覚的な表現に重きが置かれているのも本巻の特徴の一つである。

　本書に掲載される挿絵（図会）は、特定の絵師によるものではなく長足庵が描いたものと考えられている（林 1984）。ここでは、凡例第4項で触れたように、ほとんどが寺社境内の鳥瞰図、「鎮妖火頌并序」のような伝説や故事の可視（図像）化であったといえる。挿絵の空間構図について、籠島作

142　第Ⅰ部　近世城下町の町割と景観

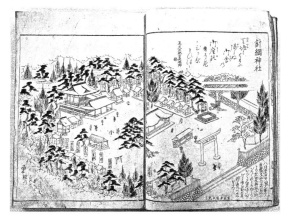

図 7-8　『犬山視聞図会』に描かれる「針綱神社」
（出典）国立公文書館蔵『犬山視聞図会』.

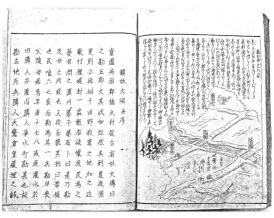

図 7-9　『犬山視聞図会』に描かれる「鎮妖火頌并序」
（出典）国立公文書館蔵『犬山視聞図会』.

図 7-10　『犬山視聞図会』に描かれる「犬山城」
（出典）国立公文書館蔵『犬山視聞図会』.

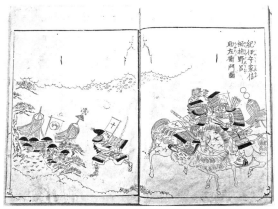

図 7-11　『犬山視聞図会』に描かれる
「紀伊守家信相抱野呂助左衛門図」
（出典）国立公文書館蔵『犬山視聞図会』.

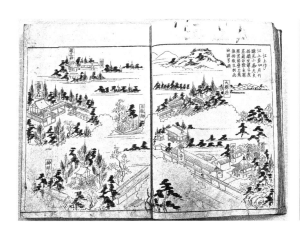

図 7-12　『犬山視聞図会』に描かれる「大縣社」ほか
（出典）国立公文書館蔵『犬山視聞図会』.

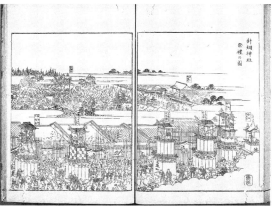

図 7-13　『尾張名所図会』に描かれる「針綱神社祭礼」
（出典）愛知県立図書館蔵『尾張名所図会』後編「巻の六」.

品の空間構造の特徴（長谷川 2012a）を参照すると、例えば「御城並宇留馬図」や「牛頭天王の社」（表7-3 の 5）から「大縣社」（同 8）などが 1 枚の中に描かれた図 7-12 のように、上空高い位置に設定された視点から複数の場所を含み込む広域を俯瞰しているように、描きたい場所の位置関係を再構成して表現したもの（遠景描写）、「針綱神社」（図 7-8）などのように、遠景よりも低く設定された視点から寺社境内の主要な事柄について空間的に再構成して表現したもの（中景描写）、「紀伊守家信相抱野呂助左衛門図」のように、空間指標としての人物を書き入れているというよりは伝承される「場所の物語」の説明、ないし可視化としての人物表現やその構図そのものに意味をもたせているもの（近景描写）が確認できる。こういった近景描写での場所の可視化は、軍記物のなかでも籠島が確立させた「図会もの」のなかで用いられる表現方法と同様の用いられ方であるといえる。ただし、遠景描写では高い位置から広域を描くために人物描写が見られないものがある。また、中景描写で描かれる寺社境内の描写でも人物表現が見られないものがあるなど、凡例第 2 項に示されるような挿絵における空間指標としての人物描写が、徹底されているわけではなかったようである。

4）『尾張名所図会』に取り上げられる犬山城下町との比較

『尾張名所図会』後編「巻之六」は同書の終巻にあたり、まず丹羽郡の総説（表 7-4 の 1）が示され、同郡南東に位置する二宮村の「大縣神社」（表 7-4 の 2）から、「岐蘇川北岸より乾峯城を望む図」と題された対岸から木曽川と犬山城を描く構図の風景（同 141）に至るまで、本文解説と挿絵によって、計 141 ヵ所の尾張国丹羽郡内の場所や風景、そこで形成されてきた民俗誌が取り上げられている。その経路は、丹羽郡のなかで南東に位置する入鹿池周辺から北上するように収録され、城下町南方に位置する羽黒村や田楽村のあたりで西方に進路をとり、最後に犬山城下町とその周辺を巡り、内田の渡しから木曽川を越え、対岸から犬山城を眺めるかたちでの空間的整理がなされていることがわかる。さらに、例えば、山内一豊（土佐藩祖）など戦国期に織田家や豊臣家臣として活躍し、江戸期に大名家としての礎を築いた尾張国出身の武将たちにまつわる伝承が、その出身地において『信長記』や『太閤記』などを引用しながら事蹟が紹介されるなど、彼らに対する顕彰行為が各所でみられている。

『尾張名所図会』において、現在の犬山市域に所在する場所は「巻之六」の 46.8％となる計 66 ヵ所を確認できる（表 7-4）。このうち、『犬山視聞図会』と比較すると計 22 ヵ所で一致する（表 7-3 の網掛け部分）。ことに、戦国期の羽黒合戦の古戦場やそれにまつわる伝承などは、両書において本文叙述に加え、挿絵で視覚的に表現されるなど地域にとって重要な場所の物語として可視化されている。

『尾張名所図会』について『犬山視聞図会』と比較すると、後者「坤の巻」に立項される入鹿池や本宮山周辺では、『山姥物語』などの舞台となった場所や古事や伝承、著名な寺社などは一致する。しかし、城下町部分をみると、『犬山視聞図会』「乾の巻」にみえる寺内町など城下東部の様相は、『尾張名所図会』にはみられないなどの違いがあった。その一方で、前者では犬山の名産であった忍冬酒、蒟蒻、刀器、鵜飼町の鵜飼いなども紹介されるほか、針綱神社の祭礼の様子（図 7-13）が図示されるなど、当時の民俗誌にも注視されていることがわかる。

両者に取り上げられる場所性の差異の要因の一つには、編纂物の領域性による総分量の地域的バランスによる違いが考えられよう。つまり、『犬山視聞図会』の場合、取り上げられる範囲は、起点である犬山城から 7.5km の範囲であるのに対し、『尾張名所図会』の場合、その中心である名古屋城下

表 7-4 『尾張名所図会』に立項される犬山城下町および周辺領域に関する項目と挿絵

ID	本文解説					挿絵					備 考
ID	項目名称	小項目	場 所	分類	詩 歌	名 称	視 角	人物	説明	詩 歌	
1	丹羽郡										
2	大縣神社	（総論）本社 例祭 神領 神主 社僧	二ノ宮村	寺社		大縣神社	中景	○	―	和歌（露井）	
3	本宮山	（総論）本宮	大縣神社のうしろ社より東北	寺社		本宮山	遠景	○	―	漢詩『新川集』句集（暁台）	
4	鞍ヶ淵跡		本宮山の北麓	古跡		鞍ヶ淵旧址	中景	○	―	漢詩（澤田眉山）	
5	山姥古事		（羽黒村鳴海高橋）	古事 伝承		福島新三二の宮山に山姥を射る図	近景	○	―		『山姥物語』同異本，徳林寺の古記等（伝説）
6	入鹿大池		（本文中に四囲の記述）	地理	川北秋輔	入鹿大池	遠景	×	―	漢詩（香實）	
7	入鹿大杁		池の南，神尾新田	説明		入鹿大閘	近景	○	―	―	
8	―					入鹿拷船	近景→遠景	○	―	詩歌（五条坊）	
9	入鹿宮宅倉跡		不明	古跡							『日本書紀』
10	小弓郷		安楽寺村・羽黒村など	古跡	隆源法師	―					『和名抄』，『延喜式』
11	尾張富士		富士村	伝承		尾張富士	遠景	○	―	詩歌（道直）詩歌（龍屋）	『国鎮記』
12	―					竈石切	近景	○	名産		
13	富士浅間社		尾張富士の峰	寺社		―					
14	富士三ッ池		同村			―					
15	善師野駅			名産	家田大峰	―					
16	鳶石箕岩		同村街道	形勝		鳶岩箕岩	中景	○		詩歌（思文）	
17	護応山清水寺		同村	寺社							
18	福聚山禅徳寺		同村	寺社							
19	継鹿尾山蓮台寺寂光院	（総論）本尊	継鹿尾村	寺社	万里和尚 成瀬正太 岡田新川	継鹿尾山蓮台寺	遠景	○		漢詩『自適園詩集』漢詩『西溟詩稿』	『日本書紀』
20	―					座禅石眺望	中景→遠景	×		和歌（田鶴丸）	
21	―					来栖桟	中景→遠景	○		和歌（和雅）	
22	来栖地神社		来栖村	寺社							『本国帖』『同集説』『三代実録』
23	来栖山		同村	地理							
24	木曽川		来栖村周辺	地理	秋輔						
25	虫鹿神社		前原新田	寺社		虫鹿神社	遠景	○			『同集説』
26	入鹿山白雲寺		同所	寺社							
27	橋爪妖女		橋爪村	伝承							
28	羽黒里		羽黒村	古跡							
29	比良賀天神社		同村	寺社							『本国集』
30	妙国山興禅寺		同村	寺社							
31	麿墨塚		同村	古跡							
32	羽黒川		同村	地理							
33	羽黒古城		同村	古跡							『太閤記』
34	羽黒合戦		羽黒山八幡林	古跡							

ID	本文解説					挿絵					備　考
ID	項目名称	小項目	場　　所	分類	詩　歌	名　　称	視　覚	人物	説明	詩　　歌	
35	野呂塚		羽黒川の側	古跡							
36	梶原氏城跡		同村天守	古跡							『信長記』
37	鳴海杻神社		同村鳴海	寺社		鳴海杻神社	遠景	○		俳諧（蔦垣）俳諧（沙鷗）俳諧（如儡）	『延喜式』
38	嘉智部里		田楽村	古跡							『梅花無尽蔵』『日本後紀』
39	—					諸鑺神社／永泉寺／黒羽古戦場	遠景	○		俳諧（儡老）	
40	諸鑺神社		同村	寺社							『延喜式』
41	鳥森天神社		同村	寺社							『本国帳集説』
42	景徳山永泉寺		同村	寺社							
43	田楽城跡		同村	古跡							
44	—					秀吉公軍勢，田楽村に野陣の図	近景	○			
45	茶臼山		同村青塚	古跡	山村由良						
120	木津関		木津村	風俗							
121	犬山		犬山	地理	宗良親王						
122	乾峯城		犬山	伝承							『塩尻』
123	針綱神社		中名栗町	寺社	外山前宰相光実卿	針綱神社	遠景	○		和歌（烏丸大納言光祖卿）和歌（長彦）	『延喜式』
124	—					針綱神社祭礼の図					
						其の二				俳諧（如儡）	
125	名産忍冬酒		練屋町	名産							『本草網目』
126	名産蒟蒻		当府	名産							
127	刀器		同町	名産							
128	日輪山常満寺		大本町	寺社		常満寺／専念寺	遠景	○		『放鶴集』（僧円純）	
129	一部山専念寺		同町	寺社							
130	鵜飼屋町		城の西の方	風俗							
131	神護山先聖寺		外町	寺社							
132	了義山徳授寺		同町	寺社							
133	愛宕社		木下	寺社		愛宕社／薬師寺／徳授寺／先聖寺／祥雲寺	遠景	○		『東遊源』（僧南源）	
134	青海山薬師寺		同所	寺社							
135	一翁山妙感寺		城の東	寺社		妙感寺／花散澤／丸山竃	遠景	○			
136	犬山焼陶器		妙感寺の北の方丸山	名産							
137	花散澤		丸山の西南	地理	日野前大納言資愛卿烏丸前大納言光祖卿外山前宰相光実卿						
138	青龍山瑞泉寺		内田	寺社	万里居士	瑞泉寺	遠景	○		漢詩（丈艸）	『扶桑禅林僧宝伝』『妙心寺六祖伝』
						其二	遠景	○			
139	内田渡			景勝地							『承久記』『職日本紀』ほか
140	—					丈艸遯世して故郷を去る図	近景	○	人物（丈艸）		
141	—					岐蘇川北岸より乾峯城を望む図	遠景	○		『幣箒集』君山俳諧（丈艸）	

146 第Ⅰ部 近世城下町の町割と景観

から尾張国全域を網羅しようとするため、大がかりな巻数での編纂であったとしても、各地域で取り上げられる場所や風景、伝承される場所の物語は取捨選択がなされる。これは犬山の事例に限ったものではなく近世名所地誌本全般においていえることでもある。

さらに、今回の事例に限っていえば、『犬山視聞図会』を編纂した長足庵甫磨は犬山城下で鍛冶屋業を営む在地の知識人であった。彼にとって犬山周辺は、まさに〈ホーム〉であり、細部までよく知っていたが故に、名産や風俗の立項は忍冬酒や石切りに留めたものと考えられる。これに対し、『尾張名所図会』の編纂者は名古屋城下に在住する知識人たちであり、彼らの〈ホーム〉は名古屋である。つまり場所認識の根拠となりえる編纂者個人の知識の源泉の違いに加え、名古屋と犬山という編者の居住地と編纂対象地間の距離、地理的環境の差異が場所の叙述や視覚表現に反映され、犬山城下町周辺領域にみられる差異につながったものといえよう。

5）『犬山視聞図会』の名所性

『犬山視聞図会』にみられる計47ヵ所の内容は、概ね城下周辺に所在する寺社や地域に伝承される「場所の物語」の一場面と考えられる古跡が重点的に取り上げられていた。その一方で、例えば『尾張名所図会』に描かれる針綱神社の山車祭礼のような祭礼・風俗に対する様相をめぐる叙述や、町場部分の賑わいといった同時代の現状やその様相は簡単な記述にとどまっており、ほとんど紹介されていない。これについて、上杉（2004）の近世名所観の定義に従えば、すべて「俗過去名所」となり19世紀以降に編纂された名所図会と比較すると、『犬山視聞図会』の特徴の一つといえる。したがって、長足庵は〈ホーム〉である犬山城下およびその近郊を対象とした寺社と、その地域に伝承される「過去の物語」の発見に基づいて他地域との差異を名所図会として編纂したものと考えられる。その知的営為において、長足庵の「名所」とされる場所へのまなざしは概ね地域の「過去」を向いており、名所図会編纂の動機は伝承されてきた地域誌の継承と発信に比重が置かれているものと評価できる。

長足庵がこのような名所図会を編纂するに至った社会的背景には、18世紀以降の大名家や自己の地域の「場所の物語」の発見（ないし再評価）と顕彰行為が試みられていた点が指摘できる。ことに尾張国内では、尾張徳川家が国内にある古戦場などの史蹟に対して強い関心をもち、それらの遺跡の調査や保護、顕彰を進めるなど、史蹟や歴史の深い寺社の由緒といった〈場所の過去〉に関心の強い知識人層が育ちやすい環境が整っていた（羽賀 1998）。彼はそのような尾張徳川家の家風の影響下で活動していたのであり、彼の場所へのまなざしに間接的にでも影響を与えていた可能性は高い。

また、秋里籬島による『都名所図会』刊行以降、名所図会という地理的メディアの挿絵を通じた視覚による表象と過去の可視化の実践、読者の鑑賞が日本全体でみられるようになるなど、近世日本における在地の知識人の地理的実践の一事例として位置づけられるだろう。また、岩橋（2010）が指摘するような、19世紀以降の地域固有の歴史意識の構造の議論なかに位置づけられることも可能となろう。しかし、犬山の町人であった長足庵の家がどのような由緒のある家で、過去に徳川家や成瀬家とどのような関係性があったのか、彼が在地の知識人となりえた知識（教養）の源泉やネットワークの様相など、彼と「過去」との関連性に関する考察が今後の課題となる。

5　おわりに

　本章は、(1) 近世において刊行された名所地誌本の刊行動向の整理、(2) 城下町を対象とした作品と、その特徴についての考察、(3) 在地の知識人である長足庵甫磨が編纂した『犬山視聞図会』を事例として、現地調査をふまえながら歴史 GIS を活用し、名所として取り上げられる場所の特徴と編者のまなざしについての分析、という三つの課題に取り組んだものである。

　まず、琉球や蝦夷地を含めた近世日本における名所地誌本について、旧国別の初版の刊行動向について整理すると、地域によって編纂時期に違いがあるものの、19 世紀中頃には大隅国を除くすべての地域で計 768 点ほど確認できた。これらを案内記類と地誌に分けると、畿内諸国や伊勢、尾張や江戸周辺では、案内記類の編纂が顕著であるのに対し、陸奥国や三都から離れた遠方の諸国では地誌編纂に優位性が認められるなど、地域によって編纂過程における志向性や手法に違いがあることに言及した。また、三都を除いた場合、国内を網羅するなかで主要城下町に十分なウエイトを充てているものも多く確認できるが、特定の城下町や藩領域について対象とした名所地誌本の編纂の実践は大規模な藩領域ではほとんど確認できず、これらは近代以降に顕著になる編纂スタイルである可能性を提示した。

　そして、文化元年（1804）に長足庵磨甫が編纂した『犬山視聞図会』、天保 15 年（1844）に岡田 啓、野口道直が編纂した『尾張名所図会』を手がかりに尾張国犬山の城下町を対象とした名所図会資料に対する GIS 分析を行い、編纂者の名所をめぐる編纂の志向性とその特徴を考察した。この両書において、犬山城を中心にみた場合、周辺地域で取り上げられる場所の外縁部までの距離には大差はないが、城下町部分に取り上げられる場所の選定とその立項される順序に差異がみられた。その要因としては、犬山城下町に拠点を置き犬山を中心に周辺部の場所性を見出した前者と、名古屋から尾張国の中の犬山城下とその周辺の場所性を見出していった後者という、編纂にあたっての領域性と編纂者の立ち位置の違いに名所を捉える志向性（名所観）の差異がみられる可能性を指摘した。

注

1) 近世名所地誌本とは，竹村（1981）が提唱した，近世において刊行された名所記，案内記，地誌，名所図会など，場所や地理に関する諸情報を扱う諸版本の性格を包括的かつ端的に表現した用語である．19 世紀の名所浮世絵などとともに，場所やその過去を視覚化し，読者に「名所」と認定する場所や風景の捉え方や価値を提示する伝統的な地理的メディアといえる．

2) 白井（2004）によれば，本書は同年の朝鮮通信使応対にあたり，朝鮮通信使随行の申竹堂の求めにより『本朝年中行事略』，『本朝四礼儀略』とともに編纂，贈呈したものである．

3) 近世の名所を形成するコアは，上杉（2004）が指摘する，歌枕に由来する教養知識としての「歌名所」，その他の要素によって成立する「俗名所」に体分され，それらは時間軸において「現在名所」と「過去名所」とに区分される．

4) 早稲田大学図書館古典籍総合データベース（http://www.wul.waseda.ac.jp/kotenseki/index.html），2017 年 9 月 17 日最終閲覧．

5) 立命館大学アート・リサーチセンター公開アーカイブズ（http://www.arc.ritsumei.ac.jp/dbroot/top.htm），

148 第Ⅰ部 近世城下町の町割と景観

2017 年 9 月 17 日最終閲覧.

6) 国立国会図書館デジタルコレクション（http://dl.ndl.go.jp），2017 年 9 月 17 日最終閲覧.

7) 国立公文書館デジタルアーカイブズ（https://www.digital.archives.go.jp）2017 年 9 月 17 日最終閲覧.

8) 例えば，国際日本文化研究センター日文研データベース（http://db.nichibun.ac.jp/ja/, 2017 年 9 月最終閲覧）などでは，京都の著名な名所地誌本が公開され，索引検索が可能になっている.

9) 近世の京で刊行された名所案内記について，その特性に注目して分析した山近（1999）や，江戸の名所案内記の刊行動向を整理した鈴木（2001）などがある．また，上杉（2004）は大坂で刊行された名所案内記を中心に分析し，17 世紀における三都の名所地誌本の刊行動向を整理している.

10) 近世奈良にみられる都市図と案内記類の特徴を整理した山近（1995）などがあげられる.

11) データベースには，高木（1927, 1930）が編纂した地誌目録にみえる「見聞集」や「紀行文」,「歌集」や「俳諧集」,「往来もの」の類いは含まれていない．そして，西国巡礼や四国巡礼に関するものや，秋里籬島『東海道名所図会』（1797 年刊）のような広域な地域を対象とするものについても旧国単位のものとは区別した.

12) 高木（1927）は，『尾張名所図会』の後半部分は前編部分と同時期に編纂されていたにもかかわらず，いくつかの理由で刊行の藩許が下りず，そのまま保管されていた．これが，36 年後の明治初期に愛知県庁から刊行された背景には，各府県に対する明治政府の地誌編纂に係る勧説を受けたことにあると指摘している.

13) 林　英夫（1984）『日本名所風俗図会　6　東海の巻』角川書店，755 頁に全文が紹介されている.

14) 行田市教育委員会（http://www.city.gyoda.lg.jp/41/03/10/bunkazai_itiran/osimeisyozue.html），2016 年 4 月 15 日最終閲覧.

15) 例えば，本章が主たる分析対象とする犬山藩は，藤井・林（1976）によれば，尾張藩の付家老の所領 3 万石，明石藩も 6 万石程度，亀山藩も 5 万石程度の領地であったことがわかる．また，『増補忍名所図会』編纂当時の忍藩は，武蔵国内では 8 万石，他に播磨国内に 2 万石となっており，領国地誌の対象となる地域が小規模のため地誌や案内記に占める城下町部分の相対比率が高くなっている可能性を指摘できる.

引用・参考文献

青木美智男（2009）:『日本文化の原型 別巻』小学館.

青柳周一（2005）: 近世の地域は名所図会にどう記録されたか，国文学解釈と鑑賞 70，71-79 頁.

犬山市教育委員会市史編さん委員会（1987）:『犬山市史　資料編四　近世上』犬山市教育委員会.

犬山市教育委員会市史編さん委員会（1997）:『犬山市史　通史編　上』犬山市教育委員会.

岩橋清美（2010）:『近世日本の歴史認識と情報空間』名著出版.

上杉和央（2004）: 17 世紀の名所案内記に見える大阪の名所観，地理学評論 77-9，589-609 頁.

上杉和央（2009）: 過去の世界をめぐる認識・知識・想像力，竹中克行・大城直樹・梶田　真・山村亜希編:『人文地理学』ミネルヴァ書房，199-213 頁.

上杉和央（2010）:『江戸の知識人と地図』京都大学出版会.

大久保純一（2007）:『広重と浮世絵風景画』東京大学出版会.

神崎宣武（2004）:『江戸の旅文化』岩波書店.

米家泰作（2005）: 歴史の場所－過去認識の歴史理学－，史林 88-1，126-158 頁.

今田洋三（1977）:『江戸の本屋さん』NHK ブックス.

斎藤智美（2002）:『都名所図会』の流行について－先行地誌との比較と利用の実例－，文学研究論集 16，123-141 頁.

白井哲哉（2004）:『日本近世地誌編纂史研究』思文閣史学叢書.

鈴木章生（2001）:『江戸の名所と都市文化』吉川弘文館.

千田　稔（1992）:『風景の構図』地人書房.

タイモン・スクリーチ，高山　宏訳（1997）:江戸のペイパー・トラヴェル，国文学解釈と教材の研究 42-11，128-132 頁.

高木利太（1927）:『家蔵日本地誌目録』甲麗荘.

高木利太（1930）:『家蔵日本地誌目録　続篇』甲麗荘.

竹村俊則（1981）:『日本名所風俗図会　8　京都の巻 II』角川書店.

長澤規矩（1932）:『江戸地誌解説稿』松雲堂書店

羽賀祥二（1998）:『史蹟論－19 世紀日本の地域社会と歴史意識－』名古屋大学出版会.

長谷川奨悟（2009）:『雍州府志』にみる黒川道祐の古跡観，歴史地理学 51-3，25-43 頁.

長谷川奨悟（2012a）:近世上方における名所と風景－『都名所図会』・『摂津名所図会』を事例として－，人文地理 64-1，19-40 頁.

長谷川奨悟（2012b）:明治前期の名所案内記にみる京名所についての考察，歴史地理学 54-4，24-45 頁.

林　英夫（1981）:『日本歴史地名大系　愛知県の地名』平凡社.

林　英夫（1984）:『日本名所風俗図会　6　東海の巻』角川書店.

原　淳一郎（2013）:『江戸の旅と出版文化－寺社参詣史の新視角－』三弥井出版.

藤井貞丈・林　陸朗（1976）:『藩史辞典』秋田書店.

藤川玲満（2010）:名所図会をめぐる書肆の動向－小川多左衛門と河内屋太助－，江戸文学 42，36-49 頁.

藤實久美子（2006）:『近世書籍文化論』吉川弘文館.

三好　学（1932）:名所図会解説，遠藤金英『岩波講座地質学及び古生物・鉱物学及び岩石学・地理学』岩波書店，1-22 頁.

山近博義（1999）:近世名所案内記の特性に関わる覚書－「京都もの」を中心に－，地理学報 34，95-106 頁.

山近博義（2000）:「京都もの」小型案内記にみられる実用性，足利健亮先生追悼論文集編纂委員会編:『地図と歴史空間－足利健亮先生追悼論文集－』大明堂，361-371 頁.

横田冬彦（1996）:近世民衆社会にける知的読書の成立，江戸の思想 5，48-67 頁.

第Ⅱ部　近世城下町の構造と空間変動

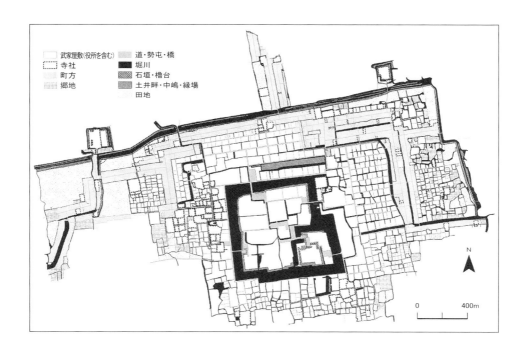

第 8 章 　佐賀城下町の空間構成とその GIS 分析の試み

宮崎良美・出田和久・南出眞助

1 　はじめに

　城下町は領国支配の拠点として城郭を中心に武士層の居住地、商工業者の居住地（商人町、職人町）、寺社などが空間的に分離配置され、これらに内濠や外濠などの防御施設などが伴い、地域制が明らかであるとされている。歴史地理学における城下町研究は、城下町の大きな特徴である武士や町人などの身分による空間的居住分化に関心を向け、これらの空間的配置のパターンによって城下町プランを類型化し、その変容を明らかにしてきた（代表例に矢守 1970）。さらに、近年では城下町の形成過程も考慮した城下町プランの再検討や、大名の移封、とくに石高が異なる場合に生じる城下町の変容、あるいは土地利用の変化、さらには武家屋敷の流動性などへの関心もみられる（関戸・奥土居 1996、渡辺 2000、生田・篠野 2004、渡辺・大矢 2017 など）。

　佐賀藩は、中世的要素を抱え込んだまま、地方知行制を基本にして領国経営を開始した（佐賀県史編さん委員会編 1968）。このことは後にふれるように、鍋島氏が藩主となった経緯の特殊性にもよるのであるが、佐賀城下の空間構成（佐賀県史編さん委員会編 1968:38-39 頁、池田 1980:54 頁など）にも、前代の事情が色濃く投影される遠因ともなっているとみられる [1]。

　従来の佐賀城下町に関する分析は、藩祖鍋島直茂から初代藩主勝茂の時代に集中し、近世を通じた変化などへの関心は希薄であったといえる。例えば、藩主による権力掌握の進展や支藩などの財政事情の悪化などに伴って 17 世紀後半以降、佐賀城下在住の支藩や大配分 [2] の家臣が、佐賀城下を引き払い、知行地へ移住する動きが顕著となるが（佐賀県史編さん委員会編 1968:41 頁）、移住した藩士の屋敷を中心として武家地が再編され、ひいては城下町にも何らかの変化が生じたと考えられる。しかし、こうした点についての言及は少ない。

　佐賀城下町については、江戸時代前期に作製されたものを中心に城下絵図が 16 点残され（表 8-1）、景観の変化を具体的にとらえるための重要な資料となっている [3]。これらの城下絵図の大半は佐賀藩主鍋島家伝来のもので、公益財団法人鍋島報效会（以下、鍋島報效会）の所蔵となっている。また、武家地の屋敷割を示す史料として、2 時期の屋敷帳がやはり鍋島家に伝来し、鍋島報效会の所蔵となっており、これらも近年翻刻・刊行された（後述）。なお、同会が運営する博物館の徴古館では、これら城下絵図を中心とする展覧会やそれに関連して城下を探訪するイベントを開催し、地域の歴史を再認識する活動に活用してきた。その成果は、文化庁補助事業の「佐賀城下絵図を読み解き、まちづくりに活かそう！」の活動へと引き継がれた。このような活動は、城下町絵図の活用のあり方を示す好例として特筆に値しよう。

154　第Ⅱ部　近世城下町の構造と空間変動

表 8-1　現存する佐賀御城下絵図一覧

名　　　称	原本／写本	原　図　年　代	書　写　年　代	タテ cm ×ヨコ cm	所蔵	図録
①慶長御積（おつもり）絵図	写本	慶長 15 年（1610）頃	江戸後期	149 × 252	鍋島	144
②寛永御城并小路（こうじ）町図	原本カ	寛永 3 年（1626）	－	107 × 261	鍋島	157
③正保御城下絵図	写本	正保年間（1644 ～ 48）	天保 3 年（1832）	105 × 155	鍋島	－
④正保御城下絵図	写本	正保年間（1644 ～ 48）	明治 22 年（1889）	110 × 158	鍋島	146
⑤慶安御城下絵図	原本カ	慶安 2 年（1649）	－	222 × 307	鍋島	156
⑥慶安御城下絵図	写本①	慶安 2 年（1649）	江戸中期カ	215 × 315	鍋島	149
⑦慶安御城下絵図	写本②	慶安 2 年（1649）	江戸後期	215 × 325	鍋島	148
⑧承応佐賀城廻（まわり）之絵図	原本カ	承応 3 年（1654）	－	220 × 310	鍋島	151
⑨承応御城下絵図	写本	承応 3 年（1654）	江戸後期	207 × 296	鍋島	150
⑩承応佐賀城廻之絵図	写本	承応 3 年（1654）	安政 2 年（1855）	213 × 314	個人	－
⑪元文佐賀城廻之絵図	原本	元文 5 年（1740）	－	212 × 290	鍋島	154
⑫元文御城下絵図	写本①	元文 5 年（1740）	弘化 3 年（1846）	222 × 283	鍋島	153
⑬元文御城下絵図	写本②	元文 5 年（1740）	江戸末期	230 × 288	鍋島	152
⑭元文御城下絵図	写本	元文 5 年（1740）	江戸後期カ	209 × 273	武雄	－
⑮安永御城下絵図	原本カ	安永 2 ～ 3 年（1773 ～ 74）頃	－	107 × 135	長崎	－
⑯文化御城下絵図	写本カ	文化年間（1804 ～ 17）カ	江戸後期カ	102 × 142	鍋島	155

富田紘次氏作成を一部改変（「現存する佐賀御城下絵図と城下大曲輪内屋敷帳の意義」，鍋島報效会編（2011a）：『城下大曲輪内屋敷帳』，183-199 頁）．平井松午ほか編（2014）：『近世測量絵図の GIS 分析』，240 頁所収の表 14-1 を一部改変．
所蔵先は，鍋島：鍋島報效会，武雄：武雄市図書館・歴史資料館，長崎：長崎歴史文化博物館．
図番号は，島内二郎編（1973）：『佐賀県立図書館蔵 古地図絵図録』郷土の部の通し番号を示す．－は掲載なしを示す．

　そこで、本章ではこれら佐賀城下町の絵図と屋敷帳を中心として、武家地における街区や屋敷地区画の変化[4]、その居住者の動態についてみていくことにしたい。

2　空間構成とその変容

1）佐賀城下町の成立

　近世城下町においては、藩領のあり方や領主の藩領経営の方針、家臣団の編成、あるいはそれらとも密接に関連する藩領や家臣団をめぐる歴史的背景の影響は無視し難い。この点で、在地の土豪層であった鍋島直茂・勝茂親子が、直茂が戦国大名龍造寺隆信の従兄弟であり義弟でもあったとはいえ、家臣の出身でありながら龍造寺氏の領地をその家臣団とともに引き継ぎ、龍造寺氏系の諸家も残るなかで佐賀城下町の建設を進めたことは、城下町のあり方にも強く影響したものと考えられている。

　佐賀鍋島藩 35 万 7 千石の佐賀城は、天正 12 年（1584）に沖田畷の戦いで龍造寺隆信が敗死した後、家老であった鍋島直茂が龍造寺氏本家の居城であった村中城を拡張、改修したことに始まる。村中城の周辺には水ヶ江城、蓮池城などの城館があり（佐賀市役所編 1945:77-78 頁、佐賀県史編さん委員会編 1968:26-29 頁、佐賀市史編さん委員会編 1977:193-196 頁など）、それらの周囲にすでに家臣の屋敷や寺社があり、町場もみられたようである（佐賀県史編さん委員会編 1968:217-219 頁など）。天正 19 年（1591）、佐賀北方の蠣久から町が城下に移され、長崎街道沿いに六座町・伊勢屋町・中町・白山町がつくられた（佐賀県史編さん委員会編 1968:44-45 頁、池田 1980 など）。

　関ヶ原の戦いの後、佐賀城は慶長 7 年（1602）の本丸台所の建築着工から築造が本格化し、西の丸隅の三階櫓の建築を経て、同 14 年に天守閣が完成した。これらと並行して同 13 年には佐賀城総普請があり、家中屋敷や町・小路が建設された。同 16 年に総普請は完成し、城下町の基本構造が成立し

図 8-1 近世前期の佐賀城下町
佐賀市教育委員会編（1991）:『城下町佐賀の環境遺産 I』所収の図 2-2-1. 太丸ゴシック体は筆者による加筆.

たとされる（池田 1980）。このように、佐賀城下町はまったく新たに建設されたのではない。すなわち、中世末の佐賀平野中央部に形成されていたある程度の都市的機能の蓄積を基礎に、散在的であった城館とその周辺の集落を、旧村中城を核として集積したのである。さらに城下の北に、外堀とすべく十間堀を開削し、これを東側では南折して佐賀江、西側では天祐寺川と結び、惣構えとすることで防御施設を整え、総郭型の近世的城下町へと改編して成立したのである（図 8-1）。

2）城下絵図からみた空間構成
（1）武家地の配置

佐賀の城下絵図のうち、慶長 15 年（1610）頃作製とみられる「慶長御積絵図」[5]（以下、「慶長図」と記す）は江戸後期の写しであり、内容も実際の城下町を描いたのではなく、都市計画図的性格があるとの見解もあり（富田 2011）、評価が難しい。「寛永三丙寅年八月五日」（1626 年）の年紀がある「寛永御城并小路町図」（以下、「寛永図」と記す）は他の城下絵図と比べると描出範囲が東西に広く、武家地は「侍居屋敷」と記され、氏名の記載がなく簡略な印象を受ける。それ以後に作製された城下絵図には、個々の武家屋敷区画に氏名が記され、町屋地区には家型が描出され、町名などが記されている。そこで、まずこれらの城下絵図に拠りながら、佐賀城下町の空間構成を概観してみよう。

図 8-1 は、承応 3 年（1654）作製の「承応佐賀城廻之絵図」（以下、「承応図」と記す）をもとに城下町の町割を示したものである。城下町のほぼ中央に佐賀城、城下町北縁の十間堀の内側に町屋地区があり、長崎街道が東西に貫通する。町屋地区の内側に武家地が配される。

佐賀城内は、旧村中城の南東部を拡張した部分に本丸や天守、二ノ丸、三ノ丸、西ノ丸がある。二

ノ丸から濠を隔てて東側には、「承応図」に「御東」（絵図に記載の地名などには「 」を付した。以下同様）と記された広い区画がある。これは藩祖直茂の別宅として使用され、後の寛文2年（1662）に2代藩主光茂により向陽軒御社が建てられ、元文5年(1740)作製の「元文佐賀城廻之絵図」(以下、「元文図」と記す）以後の絵図には「向陽軒」と記され、その後も藩主の隠居場として使われた（福岡1973など）。これら以外の多くは大配分と呼ばれる上級武士の屋敷である。城内に屋敷を有したのは、親類の神代家、親類同格の多久家、武雄鍋島家、須古鍋島家、諫早家、家老の鍋島主水家、鍋島周防家、深堀鍋島家である。このような配置は、初代藩主勝茂による龍造寺氏系の諸家への配慮の結果であるとされる（多久市史編さん委員会編 2002:24頁）。

　佐賀城外では、城濠に面して北濠端に親類の村田家、家老の神代鍋島家などの大配分の屋敷地があり、その北に上・中級武士の屋敷地や「抱」と記される屋敷地があった。東濠端に親類格の白石鍋島家の屋敷や「抱」があり、その東の片田江地区の七つの小路には中級武士の屋敷地が多い。その北側では、十間堀に沿う町屋との間に、上述の重臣と中級武士の屋敷地や大配分の抱地がある。町屋のさらに外側の東田代や西田代では屋敷地そのものが狭く、中級・下級武士の屋敷が混在する。このように、佐賀城を中心とした武家地の家格や階層による居住分化は、比較的明瞭であるようであるが、いわゆる組屋敷が形成されていない（佐賀県史編さん委員会編 1968:49・50頁）ことは、佐賀城下町の特徴ともいえよう。

　また、その屋敷地や抱地、寺社の分布は、城の北と東、西と南では異なる。城南では、龍造寺隆信の生誕地である水ヶ江城の跡である中ノ館が多久家の抱屋敷となっており、周囲に同家家臣の屋敷とみられる多久家の抱屋敷が集中している。多久家は龍造寺隆信の弟長信を祖とするため、このように多久家の抱屋敷が水ヶ江城の跡地近くに配置されたものとみられる。城の西では、濠端は重臣の抱地と上・中級武士の屋敷地、城の西から南にかけては中世以来の古刹・古社とされるような比較的規模が大きな寺社が多い。このうち与賀神社は、龍造寺氏以前の有力者であった少弐氏が、旧館を改めて与賀城とした際に鎮守としたものであり（三好ほか編 1980:180頁）、泰長院は佐賀城建設に際して城内より移された寺院で、龍泰寺とともに龍造寺氏時代に遡る。

　城の北や東では街路が直線的であり、とくに片田江では比較的整然とした街区を構成しているのに対して、城の西と南は直線状の道が通らず、街路の食い違いも多い。東田代・西田代でも直線状の街路がみられる。このような街路の形状や寺社等の偏在は、各地区の成立時期の違いが表れているとされる（佐賀市教育委員会編 1991:26頁、宮本 1993）。

（2）城下の田地

「寛永図」や原図が正保年間（1644～48）の作製とみられる「正保御城下絵図」(以下、「正保図」と記す）では、惣構えの十間堀に東西で接続する巨勢川、天佑寺川の内側にも多くの田地がみられる。一見、城下町のなかに農村的土地利用が取り残されたかのように思われる。このように、近世を通じて惣構え内に広い田地を残存させる例がみられ、佐賀城下町の場合も、文化年間（1804～18）の作製と推定されている「文化御城下絵図」(以下、「文化図」と記す）でも田地は僅かに減少する程度で、ほぼ残されている。他の城下町の例を少なくとも正保期の城下絵図でみる限り、延岡のように惣構えが明確でない場合に、城下の周縁部に多くの田畑が存在することはあるが、建設期は惣構えであった松江では、城下周辺部に「深田」「浅田」がみられても、外濠の内側に田地は見られないし、惣構え

が明確な小倉では城下には田地はみられないのである（原田・西川編 1973）。

　矢守氏（1988:131 頁）は、惣構えの中に農地が残存するのは総郭型の城下町の古いタイプととらえ、武家屋敷と町屋が混在する城下町では惣構えの中に田地をも包含することが多いとし、両者が分化されているタイプでは、街路に直交状の形態が卓越することに注目している（矢守 1970:252 頁）。つまり氏の指摘に即してみるならば、佐賀城下町は武家屋敷と町屋が分化するが、城の北と東では直交・直線状の街路が卓越するものの、城の南と西の街路は直線状とならず、農地もほぼそのままに近世後期まで維持された、いわば中間型であるといえよう。

（3）武家地の変化

　佐賀城下町が、空間構成から城下町としては比較的古いタイプの形態を有し、それが基本的に近世後期まで維持されたことが確認されたが、近世を通じてまったく変化がなかったかといえば、そうではない。以下、武家屋敷とその用途の変化について、いくつかの事例を追ってみたい。

　城下北東部に位置する柳町は長崎街道に面し、かつては佐賀の経済活動を担い、現在は佐賀市歴史民俗館と総称される商家や明治期の銀行の建物が残り、その面影を留める。しかし遡って、記載内容が実際の姿であるのか注意を要するが、「慶長図」をみると、柳町の東部には「南蛮寺」があり、堀を隔ててその南は空白となっている。

　この部分を「寛永図」でみると、柳町の東部にあたる「江」と「堀」に面した東西方向の街区、つまり「慶長図」で「南蛮寺」とあったところ、およびその南に接する材木町の北端西側で堀に面する街区は「侍居屋敷」となっている。「正保図」では柳町東部には町屋の家型が描示されているが、材木町の北西端は武家屋敷と若干の空白地となっている。慶安 2 年（1649）作製の「慶安御城下絵図」（以下、「慶安図」と記す）、「承応図」でも同様であるが、「元文図」では、柳町、材木町のいずれも町屋となっている[6]。

　また、紺屋町の東側にある東田代の南の街区も、「寛永図」では「侍居屋敷」と記されている。「正保図」においては武士名や寺社名などが記されているのは 3 分の 1 程度の区画となる。なお、この地区では、多くの区画に「郷」と記されており、その後の絵図でも「郷地」となっている。「正保図」では城の南東（現在の水ヶ江 3 丁目付近）の比較的大きな武家屋敷がみられた部分は、「承応図」では「会所」に変化した。

　ところで、「慶安図」と「承応図」はともに城下の武家屋敷を、屋敷主が「紀伊守内」つまり支藩である小城藩の藩士であれば青色に、「甲斐守内」つまり蓮池藩士は香色に、その他の大配分の家臣等を一括した「又内」は赤色にと 3 種に塗り分けており、武家地の半数ほどがそれらの屋敷地となっていることがわかる。当時は城下に龍造寺氏系の家臣、とくに多久家の又内（陪臣）や、佐賀本藩の家臣団をつけて成立した小城藩（紀伊守）や蓮池藩（甲斐守）の家臣の居住も多いため、絵図に示すように、区別して把握する必要があったことがわかる。

　「承応図」から次の「元文図」までは 86 年の年代差があり、両者の内容を比較することで近世前期から中期の変化を捉えることができる。まず気づくこととして、「元文図」では又内の塗り分け表示がなくなる。佐賀城下町に居住していた支藩の家臣が、延宝年間（1673 ～ 81）から元禄年間（1688 ～ 1704）の頃に佐賀城下を退去したことと関連するかとみられている（佐賀県史編さん委員会編 1968:41 頁、池田 1980:52-55 頁など）。

158　第Ⅱ部　近世城下町の構造と空間変動

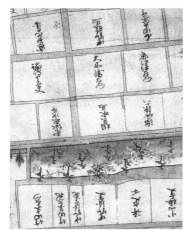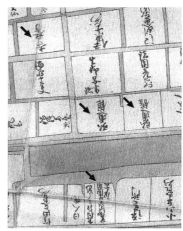

図 8-2　武家屋敷から役所（公用地）への転換
左：「元文佐賀城廻之絵図」、右：「文化御城下絵図」．現在の佐賀市松原付近を抜粋．
弘道館は天保 11 年（1840）に北堀端に移転している（両図とも鍋島報效会蔵）．

　また、城内では中央部にあった多久屋敷がみえなくなっている。享保 11 年（1726）の火災で本丸、二ノ丸、三ノ丸がほぼ焼失し、多久家の屋敷が一時的に 4 代藩主吉茂の住居とされてから、藩主やその世子の住居として借り上げられ、北ノ丸として利用されたが、藩主の住まいには名を示さないためである。多久屋敷は中ノ館に移っている。そして、それまで城内にしかなかった「勢屯（せいだまり）」（軍勢を整える場所。武者溜りに同じ）が、城濠に面して北、西、さらに城の北の松原小路の北東角に接して 3 ヵ所配置されている。西の勢屯は「文化図」では御用地となるが、残りの 2 ヵ所は維持されている。さらに城の南西の鬼丸周辺に変化がみられるが、これは後述することにしたい。
　「元文図」と「文化図」とにより江戸時代中期から後期の変化をみると、若干の道の付け替えなども含めて、城下全体で区画等の変化は 30 件をこえる。城内では北ノ丸の一時的な藩主の屋敷としての利用が解消されて、元の多久家の屋敷に戻り、南濠端の中ノ館は「多久長門」の抱屋敷となっている[7]。武家屋敷の屋敷主名や役所名をみると、北濠端の評定所の西隣にあった「中野弥太夫」の屋敷地が「里御山方御用屋敷」に、さらに松原小路北側の「相良求馬」と「深堀孫六」の屋敷は藩校の「弘道館」に、その北の「成冨左兵衛」の屋敷は新たに「寺社方」となり（図 8-2）、城の東の「生野織部」の屋敷は「修業館」となっている。城から比較的近くにある武家屋敷が役所に転換され、公用地化のさらなる進展がみられる。

（4）町屋地区の変化

　先に、柳町を中心に近世前半における武家地から町屋へ変化した例についてみたが、町屋の変化についても城下絵図から少しばかりみておきたい。
　まず、「慶長図」に描かれている佐賀城下の範囲は、北は十間堀川、西は前記した天正 19 年（1591）に蠣久から移転したという六座町、東は牛島町、南は水ヶ江辺りまでであり、十間堀川北の唐人町・寺町は描かれていない。これら 2 町は「寛永図」にもみえず、「正保図」以後の絵図に描かれるようになることから、寛永 3 年から正保年間（1644〜48）の間に城下に編入されたことがわかる[8]。
　さらに、「寛永図」から「正保図」への変化についてみると、十間堀川に接した街区で、北西部で

は現在の岸川町付近の「田」とあったところに大雲寺や妙覚寺、北東部では高木町の北側の「侍居屋敷」とあった街区の西部に正雲寺や観照院など、新たに寺院が建設されている。他方、前述のように柳町の東部は町屋に変化している。また、紺屋町北端では思案橋が架けられ、北からの街路が南部にあった武家地を貫通して裏十間川まで達し、今宿橋が架けられる。新道に沿って新たに西側に町屋地区が成立する一方で、裏十間川北岸の今泉通沿いに描かれていた町屋がなくなる。「寛永図」で紺屋町通沿いに町屋が描かれていた街区の一部が、「正保図」では「郷」と記され、家屋の描出はない。「慶安図」では、この「郷」と記された街区のうち紺屋町通の西側は「物成屋敷」、東側は1区画のみ「小物成」と記されているが、他は武士の氏名が記され、武家屋敷となったようである。なお、近世後期の紺屋町に関しては、第9章において述べているので参照されたい。

　以上、城下絵図を中心に佐賀城下町の空間構成とその変化を概観してきた。「正保図」までは街路が建設され、武家地から町屋への用途変化などがみられるが、その後は大きな変化があまりみられなくなることから、正保の頃までに佐賀城下町はほぼ完成をみたと考えられる。「正保図」に示された城下町の空間構成は、区画等に若干の変化があるが、城下町が拡大する動きもなく、近世を通じて維持されたといえる。

3　屋敷帳を用いた近世後期佐賀城下町の分析

1）屋敷帳

　これまで、城下絵図をもとに佐賀城下町の成立とその変容、および武家地を中心に街区配置についてみてきた。以下では、近世後期における屋敷地の実態について、屋敷帳の利用も視野に入れてみていきたい。

　佐賀城下町の武家地の屋敷割を示す史料としては、鍋島家に伝来し現在は鍋島報效会が所蔵する元文5年（1740）の「城下大曲輪内屋敷帳」（以下、「元文屋敷帳」と記す）および明和8年（1771）の「屋鋪御帳扣」（以下、「明和屋敷帳」と記す）がある。近年、相次いで翻刻・刊行され（財団法人鍋島報效会〈以下、鍋島報效会〉2011・12）、武家地と一部の寺社について、屋敷地の所在位置や区画、規模等の分析作業にとって大きな福音となった。なお、町屋地区に関しては嘉永7年（1854）の「竈帳」があり、翻刻・刊行されている（三好編 1990）。

　「元文屋敷帳」は、鍋島家文庫に整理番号「鍋832-1」の7冊と、同「鍋832-2」の5冊が残されている。片倉氏によれば前者は正本と写本からなり、正本は「北一通」「東一通」「南一通」の3冊（以下、「A群」と略称する。北一通等については図8-9参照）、写本はこれに「城内」を加えた4冊が残されている。後者は「城内」「北一通」「東一通」「南一通」「西一通」の5冊（以下、「B群」と略称する）からなる。A群は、表紙標題の下に「五品之内」とあることからB群と同じ5冊であったが、「城内」「西一通」を欠いたものと考えられる。また、屋敷帳が2セット残されていることについては、奥書や、A群の屋敷主名が同日付の「元文図」に記載されている屋敷主名と符合すること、B群は変更のあった屋敷主名を紙片に記して貼付しており、それが複数枚になる箇所もあることから、A群、B群が同時に作成され、A群はいわば保存版で、B群は屋敷主の異動を記す現用版として用いられたとされる（片倉 2011）。鍋島報效会によって、B群が翻刻・刊行されており、本章でもこれを使用している。

160　第Ⅱ部　近世城下町の構造と空間変動

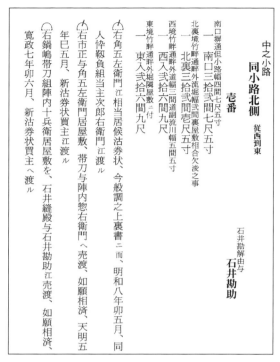

図 8-3　『屋鋪御帳扣』の記載内容（一部）
出典：鍋島報效会編 2012a:15 頁．

「元文屋敷帳」の内容は、城内、北、東、南、西の順に、小路（小路は武家地における地区の名称）ごとに屋敷地の間口・奥行等の長さ、道、水路、竹垣などの境の様子や屋敷主名等を記す。貼紙にある氏名がすべて翻刻されているわけではないが、これが使用された最後の時期の状況について知ることができる。屋敷主名には、下級武士や又内では所属と身分も書かれているが、その他の藩士は姓名のみである。また、屋敷主の名に続けて「抱」と記すものは抱屋敷を示すとみられる。

「明和屋敷帳」は、北一通二品、東一通四品、南一通三品、西一通三品の4部12冊からなる。城内は当初から作成されなかったのかよくわからないが、伝来していない（永松 2012）。「明和屋敷帳」の記載内容は、図 8-3 に示した通りである。小路名、屋敷主名、屋敷地に関する事項の記載は、「元文屋敷帳」を踏襲しているようである。しかし変更点として、屋敷主について、大配分以外の藩士は所属を記すようになり、屋敷主の変更に際して、新たな屋敷主名と所属する大組を記した紙片を貼付するほかに、新たな沽券状交付の年月と変更の理由を記すこと、屋敷の境界にある溝等の掃除を隣接する屋敷主と共同で行うのか、単独で行うのか、といった指示が記されることもあった（永松 2012）。

また、小路ごとに屋敷に番号が付されるようになった。「元文屋敷帳」で街路の両側にまたがっていた小路は、片側ずつに分けるなど、整理された小路もある。小路ごとの屋敷の記載順は、87小路のうち30弱の小路で変わっている。街路が整然としている小路ではおおむね「元文屋敷帳」のとおりであるが、例えば「鬼丸南横小路」のように、小路名となっている中心街路に面しない屋敷がある場合、「元文屋敷帳」では中心街路に面するものを先に、次いで横道等に面する屋敷を記載したのに対して、「明和屋敷帳」では中心街路の端からその片側の屋敷を順に記載し、横道との角に至れば折れて横道へ入り、横道の端に至って、道の向かい側の屋敷を引き返すように記載して中心街路へ戻るというように、番号順が不規則にならないように一筆書き式で連続するよう改めている（図8-4）。

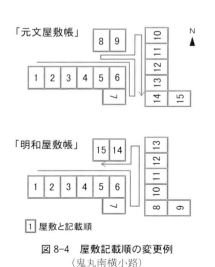

図 8-4　屋敷記載順の変更例
（鬼丸南横小路）

以上をふまえて元文と明和の屋敷帳を比較していくと、約

40 年間の時期差があるにもかかわらず、屋敷地の区画にほとんど変更はみられない。そのため「元文図」および「元文屋敷帳」「明和屋敷帳」にみえる屋敷や屋敷主を一つのデータベースにまとめ、その変遷をたどることも可能であると考えられる。

2）城下絵図のGISデータ化

　近世中期から後期の佐賀城下町の武家地をデータベース化するにあたり、「元文図」[9] を GIS データの原図として使用した。同図は縦 212cm ×横 290cm、一分二間（1 / 1,200）の縮尺である。道・勢屯、堀川、櫓台・塀・井樋綾場、町方、郷地、石垣、田地、土井畔、中嶋を色分けして示し、城内や武家地、役所は着色せずに区画線とともに屋敷主名や役所名を記している。寺社も名称を記すが、町方や郷地に属するものは敷地を着色している。町屋地区は道沿いに家型を描き屋根を赤で着色し、町境に町名を「是ヨリ白山町」のように記入するが、屋敷割は描かない。田地は緑に着色するだけでなく草形を描き、土井畔も松や桜、竹などの絵画的表現がみられる。

　「元文図」を ArcGIS 上で国土基本図と縮尺を揃えるように、佐賀城を中心に重ねてみると、佐賀城の部分はかなり正確に描かれている（出田・南出 2014）。しかし、城下町全体では、城下町西方の六座町、長瀬町が南に振れて描かれ、十間堀川の北にある天祐寺（図 8-1 参照）もやや南にずれる。本庄町、本庄向町は東へ 100 ～ 180m 程ずれた位置に、実際よりも弓なりの形状を強調した街区に描かれている。また、絵図の屋敷地は実際よりも長方形などに整形されて描かれているようである。

　さらに、屋敷界となっている溝等は、とくに城の北の、現在商業地や公共機関が多い地区では、暗渠化や流路変更などもあって、地図上ではわからないものも多い。分筆や合筆のために元の屋敷界がわかりにくい箇所も、城の北や東の比較的敷地が大きな屋敷があった地区に多い。そのため、「元文図」の屋敷の区画を直接現代の地図上に正確に移写することは困難であることから、明治中期に作製されたとみられる佐賀地方法務局所蔵の地籍図 [10] をもとに近代前期の土地区画、道路、水路を復原することとした。

　これらの地籍図により旧武家地をみると、宅地や耕地に分けて描かれているものの、宅地・耕地の双方に同一の地番が付された地筆がある。これらの地筆を「元文図」や「文化図」に照らしてみると、位置や区画の形状などから元は一つの屋敷地であったものが、地籍図作製時点での土地利用の実態に合わせて新たに界線を加えて図示されたと考えられる。このようにして、近代前期の土地区画から近世の屋敷地の区画をかなりの程度復原することができた。

　この復原図をもとに、ArcGIS 上において、「元文図」の屋敷界、水路、道、石垣、土井畔、郷地等の地図情報を GIS データ化した [11]。ただし、周辺部の郷地と接するようなところでは、敷地が不整形であることが多く、絵図に描かれた個々の土地区画の復原が難しい場合、地籍図での筆界を優先している [12]。

　これに「元文図」の屋敷主名・寺社名・役所名や土地利用を属性情報として入力して元文 GIS 城下地図とした。さらに、元文 GIS 城下地図をもとに「文化図」の土地区画等を復原した文化 GIS 城下地図を作製した。なお、屋敷地の所在地の表記は、「明和屋敷帳」にみえる小路名と屋敷地の番号を入力している。これらの復原については今後も検討・修正が必要かと思われるが、ひとまず元文 GIS 城下地図により土地利用を示したものが図 8-5 である。

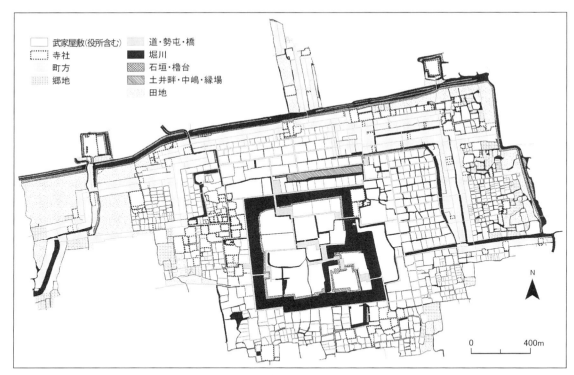

図 8-5 佐賀城下町の土地利用
資料：鍋島報效会編（2011d）：『元文五年（1740）元文佐賀城廻之絵図』による GIS 城下地図．

3）屋敷・屋敷主データベース

　前項で作製した GIS 城下地図に関連づけられるように、「元文屋敷帳」にみえる所在地（小路名と「明和屋敷帳」による屋敷地の番号）、屋敷主名・寺社名・役所名、屋敷主の身分を表形式で整理した。また、「明和屋敷帳」は、小路名、屋敷地の番号（「明和屋敷帳」成立時のもの）、屋敷主名・寺社名・役所名、屋敷主の所属する大組や身分（下級武士、陪臣、職人の場合）、沽券状の交付年月、沽券状の失効年月、沽券状の交付・失効事由、元文 5 年以前の沽券状の屋敷主と明和 8 年頃の屋敷主が親族であればその続柄を表形式で整理した。「元文屋敷帳」「明和屋敷帳」のデータと 2 時期の GIS 城下地図には、対応する屋敷地に共通の ID を付し、相互に関連づけて分析ができるようにしている。

4　武家地の配置に関する若干の検討

　さて、藩士が拝領する屋敷地が家格や禄高、職掌などの属性とどのようにかかわるのかを明らかにすることは、本稿の狙いの一つである。屋敷主を着到帳などの他の史料により同定し、石高や役職などを把握するには史料等の制約が大きく、現段階では十分とはいえないが、以下に若干の分析と考察をしておきたい。

1）大組と屋敷地の配置

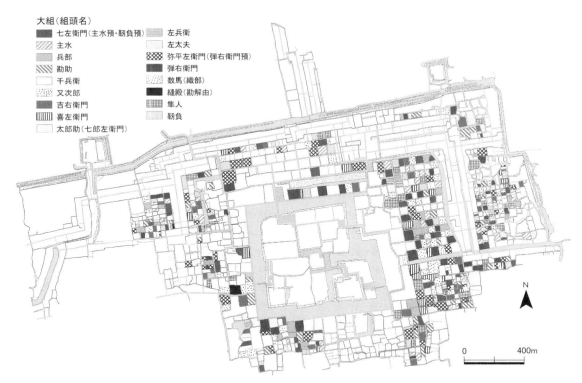

図 3-6 明和 8 年～安永年間（1771～81）頃の大組別の屋敷主の分布
資料：鍋島報效会編（2012a）:『明和八年佐賀城下　屋鋪御帳扣』による GIS 城下地図.

　佐賀藩の軍制は備と大組の二重の編制をとり、大配分は本藩から独立した家臣団による「備」を編制し、本藩の藩士は「大組」に編制される[13]。「大組」は基本的に 15 組あり、家老 6 家と着座 18 家から組頭が選ばれる。この「大組」ごとに居住地に地域的なまとまりがあるのか、「明和屋敷帳」が成立した頃の屋敷主について所属する大組別に分布をみた（図 8-6、口絵 8 参照）。その結果、佐賀城下町建設当初において、藩祖直茂の直臣を初代藩主元茂に付けて成立した小城藩の藩士が城下町の南西に多く集まっていたことや、多久家抱屋敷が南部に多いことなどから、「大組」ごとにある程度の地域的まとまりがあるものと予想されたが、「明和屋敷帳」による GIS 城下地図からはそのようなことは見出せなかった。

　所属する大組がどのように決まるのか、変更はあるのかなど明らかでない部分も多い。しかし、寛保 2 年（1742）の「総着到」（資料番号：鍋 331/110-7）によれば、親子で同一の大組に編制されていることも確認できることから、基本的に所属組も世襲されたとみられる。そうであれば、家督相続時に先代と所属する大組が異なったとは考えにくい。

　一方、「元文屋敷帳」と「明和屋敷帳」によれば、元文 5 年（1740）から明和 8 年（1771）頃の間に屋敷主が入れ替わったのは、城東では 236 軒中 178 軒で 75.4％ となる（宮崎・出田・南出 2017）。また、「文化図」にみえる片田江竪小路（現・水ヶ江通）から東側、裏十間川に挟まれた片田江七小路地区の 94 区画中で、「元文図」から屋敷主の姓に変化がなかった区画はわずか 6 区画のみである。両絵図の時期差はほぼ 2～3 世代に相当するが、範囲も異なり、屋敷主の家の継続性・親族関係の検

164 第Ⅱ部　近世城下町の構造と空間変動

討が十分にできていない点については留保するとしても、屋敷主の変化率は9割を超える。中級武士層の屋敷地の流動性は高いといえよう[14]。地区別にみると、屋敷主の変化は寺社が多い西部では相対的に少なく、東部での変化が相対的に大きい傾向がうかがえる。

　さらに「明和屋敷帳」で明和8年頃から幕末まで約百年間の佐賀城下全体の売渡、買得等による屋敷主の変化は、最も多い屋敷地で12回、平均で2.8回である。この間に屋敷主の姓に変更がなかったのは43ヵ所（6.6％）で、屋敷地の継続性は高くない。屋敷地の売買の際に、売主の移動先が判明した場合には、例えば城の東から西へと大きく移動するなど、元の屋敷地の近隣にとどまらないことが多い。

　このようなことから考えると、当初は多久家抱屋敷が南部に集中していたのと同様に、ある程度大組ごとにまとまっていたものが、何らかの要因で屋敷地の流動性が高かったために時の経過とともに分散が進み、大組ごとの地域的まとまりが小さいことが関連して流動性もより高くなった可能性もあるだろう。城下町建設当初から組ごとの集住があったのか、あるいは集住があったとすればその変化のプロセスはどのようであったかについては、今後の課題としておきたい。

2）身分による屋敷地の配置について

　先述のとおり、佐賀城下町では組屋敷がみられないという大きな特徴がある。その背景には、佐賀藩は地方知行制[15]をとっており、佐賀藩の3支藩の石高の合計14万5800石余は、本藩の石高35万7千石に含まれていたことなどがある。大配分の知行地には本藩の支配が及ばず、藩全体の4割を超える石高を擁した3支藩も大配分の一種であり、さらに藩領が肥前一国となっても「五州二島の太守」といわれた龍造寺氏時代の家臣団をほぼそのまま抱え、なおかつ幕府から命じられる普請等の負担も大きかった。これらのことが相俟って本藩の財政事情はことのほか厳しく、手明鑓[16]身分の創出や、あえて他の武士の被官となる者の多さとなって表れたのであろう（佐賀市史編さん委員会編 1977：23-44頁）。下級武士は経済的に苦しく、藩もそれを承知で、彼らが職人や商人などとして稼ぐことを容認している。したがって、下級武士たちはそのような兼業のためには町屋に居住するほうが好都合であり、その結果、組屋敷を必要としなかったということではないだろうか。

　以上をふまえて、屋敷帳についてみていくことにしたい。「元文屋敷帳」にみえる屋敷主の身分は手明鑓、足軽、歩行などの下級武士や大工棟梁、職人、又内などである。また、「明和屋敷帳」ではこれらに加えて社人の属する神社名も記され、大配分以外の本藩の藩士は所属する大組が示される。その身分ごとの屋敷の所在を示したものが図8-7（口絵9）と図8-8である。これらより、下級武士や職人は城の北と東では町屋地区より外側に、城の南では堀端より外側に、城の西でも堀端より外側と、町屋地区の外側の西田代に多くみられる。身分別に屋敷地面積を計測すると（後掲の表8-2）、やはり下級武士の屋敷地は中級武士以上よりも狭い。大工棟梁や瓦葺頭の屋敷地は城下の外縁に位置する傾向にあり、作業場等も兼ねているのかやや広い。

　また、城下の4地区別（図8-9）、つまり城の北・東・南・西別に記載されている屋敷主を身分別に集計したものが、後掲の表8-3と8-4である。身分別の屋敷地数の推移をみると、下級武士の屋敷は166から156へと10区画減少し、大工棟梁ほかは18から10区画へとほぼ半減している一方で、多久家を除く又内の屋敷は33から36区画へと3区画増加している。「元文屋敷帳」で多久家家臣の

第 8 章　佐賀城下町の空間構成とその GIS 分析の試み　165

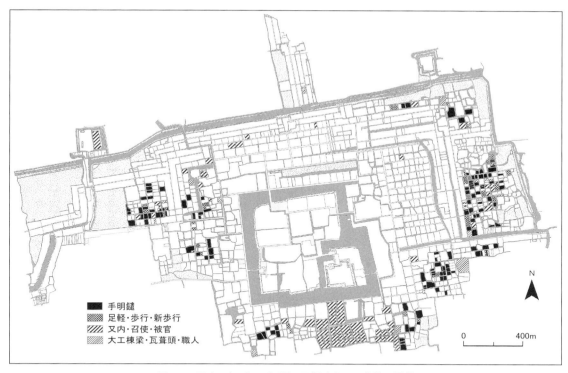

図 8-7　元文 5 年（1740）頃の下級武士・又内等の屋敷
資料：鍋島報效会編（2011a）：『城下大曲輪内屋敷帳』による GIS 城下地図．

図 8-8　明和 8 年〜安永年間（1771〜81）頃の下級武士・又内等の屋敷
資料：鍋島報效会編（2012a）：『明和八年佐賀城下　屋鋪御帳扣』による GIS 城下地図．

166 第Ⅱ部 近世城下町の構造と空間変動

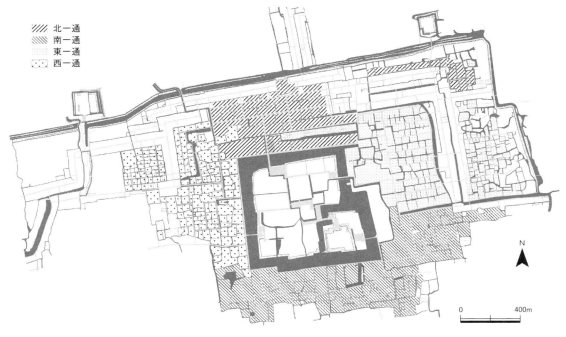

図 8-9 屋敷帳による地区分け
資料：鍋島報效会編（2012a）：『明和八年佐賀城下 屋鋪御帳扣』.

表 8-2 身分別の屋敷地平均面積

(単位：m²)

	手明鑓	歩行[1]	足軽	大工棟梁ほか[2]	又内[3]	召使・被官	触内	武家地[4]	寺社庵地[4]
元文5年	888.2	502.1	669.5	1,134.7	1,449.0 (1,680.6)	475.4	—	2,218.9	2,184.3
明和8年	972.8	680.4	625.9	771.0	2,486.8	—	2,795.6	2,027.8	2,261.3

資料：『城下大曲輪内屋敷帳』,『明和八年佐賀城下 屋鋪御帳扣』.
1) 御陸, 新歩行を含む, 2) 瓦師, 鍛冶, 職人を含む, 3) 元文5年の（ ）内は多久家又内のみの平均,
4) 城内を除く.

表 8-3 「元文屋敷帳」の下級武士・又内・職人等の屋敷数

地区	手明鑓	歩行[1]	足軽	大工棟梁ほか[2]	又内[3]	召使・被官	計
北一通	5		3	1	7		16
東一通	42	5	15	8	11	1	82
南一通	43	5	3	5	49 (45)	1	106
西一通	35	5	5	4	11	1	61
計	125	15	26	18	78 (45)	3	265

資料：『城下大曲輪内屋敷帳』. 地区については図 8-9 参照.
1) 御陸, 新歩行を含む, 2) 瓦師, 職人を含む, 3)（ ）内は多久家又内の数.

表 8-4 「明和屋敷帳」の下級武士・又内・職人等の屋敷数（明和8年～安永年間）

地区	手明鑓	歩行[1]	足軽	大工棟梁ほか[2]	又内	触内	計
北一通	6		1	1	12	2	22
東一通	27	3	16	4	5	1	56
南一通	43	4	4	2	3	1	57
西一通	43	5	4	3	16	4	75
計	119	12	25	10	36	8	210

資料：『明和八年佐賀城下 屋鋪御帳扣』. 地区については図 8-9 参照.
1) 御陸, 新歩行を含む, 2) 鍛冶, 職人を含む.

屋敷であったものは、「明和屋敷帳」では「多久長門抱」とされているため、表 8-3 には表われていないが、これらを考慮すると、又内の屋敷数にはあまり変化がなかったようである。武家地全体での下級武士の屋敷地の減少には、家の断絶なども考えられるが、城の東では手明鑓等の数が減り、城の西では手明鑓の数が増えており、居住地の移動もあるとみてよいだろう。「明和屋敷帳」の沽券状の停止・交付の記載からは、屋敷地を売渡した後に売主が屋敷帳から消える例もあり、町方あるいは城下の外へ移動したものと推定される。

3) 鬼丸地区における武家地の変化

佐賀城の南西、現在の佐賀市鬼丸町付近は、近世には鬼丸小路、南御堀端小路、中小路、寶琳院小路などの小路があった。龍造寺隆信が家督を継ぐ以前に入寺していた名刹・寶琳院（佐賀市役所編 1945:40 頁）があり、佐賀でも比較的古い武家地とされる（佐賀市教育委員会編 1991:26-28 頁）。

この地区の土地利用の推移を「承応図」からみると、小城藩士の屋敷が多く存在していた。小城藩士は、先にも述べたとおり元和 3 年（1617）の支藩創設の際に、藩祖直茂の直臣を小城初代藩主元茂の家臣団として付けたものであり、当初は佐賀城下に屋敷を有していたが、元禄年間（1688 ～ 1704）には城下を退居し知行地へ移住したとされる（佐賀県史編さん委員会編 1968:41 頁、池田 1980）。

その後、元禄 11 年（1698）、3 代藩主鍋島綱茂が当地に観頤荘（西御屋敷）を造営し、城内にあった聖堂もここへ移した。しかし、綱茂の逝去後まもない宝永 4 年（1707）、4 代藩主吉茂は観頤荘を破却し、分割して屋敷地として 8 名の藩士に与え、さらに翌年、石火矢方の稽古の一部を西御屋敷で行うよう命じている（鍋島報效会編 2011b:8 頁）。

「元文図」と「文化図」、それに「明和屋敷帳」による幕末期の 3 時期について、この地区の土地利用を示したものが図 8-10 ～ 12 である。「元文図」では、図 8-10 のように鬼丸の聖堂と諫早石見家の抱屋敷が図示され、それらの間に池が描かれている。「承応図」には聖堂や池は描かれておらず、周辺の屋敷区画や街路の形状が整然としていることから、この一画の変化が観頤荘の造営、破却の跡と考えられる。

「文化図」（図 8-11）では、諫早石見家の抱屋敷は「御茶屋」となっており、藩主の家族が居住していたものとみられる [17]。つまり、観頤荘跡については、完全に分割して藩士に拝領されたわけではなく、聖堂や池などは残された。一部は藩主一族で用いられ、必要に応じて調練場として使用し、その他の時期は大配分の抱屋敷としていたということになろう。また、「文化図」においては、慈眼院や本庄院などの寺院の抱屋敷が藩士の屋敷や聖堂の抱屋敷になっており、寺院関係の敷地の縮小がみられる。

幕末の安政 4 年（1857）以降の様子をみると（図 8-12）、観頤荘跡の池は埋め立てられ、聖堂の一部や御茶屋の跡地とともに割屋敷に細分され、藩士に拝領されている [18]。これに先立つ天保 8 年（1837）から 11 年の間に、御茶屋や聖堂に隣接する屋敷地がまとめて買い上げられたことが「明和屋敷帳」から読み取れる（鍋島報效会編 2012:169-170 頁、172 頁）。天保 11 年に調練屋敷が設置され（中野編 1920:35 頁）、この鬼丸調練場において藩士が甲冑を着けて刀剣や弓、銃陣などの訓練をしたが（中野編 1920:35-38 頁）、天保以降に、10 代藩主鍋島直正が主導した藩政改革にかかわって、軍制の改編とともに軍事調練も強化されたことがうかがわれる。

しかし、鬼丸調練場は狭く、銃砲の訓練を行うには支障もあるとして、嘉永 4 年（1851）、城下の

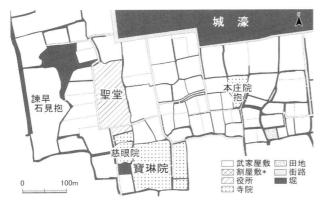

図8-10　元文5年（1740）の鬼丸地区

図8-11　文化年間（1804〜18）の鬼丸地区

図8-12　幕末の鬼丸地区

図8-10〜12の資料はGIS佐賀城下町図による．＊：嘉永〜安政期に武家屋敷として拝領されたものを示す（推定を含む）．図中破線は割屋敷となった調練屋敷跡を示す．

西北にある中折村（現在の佐賀市中折町・新生町付近）に200間四方の新調練場が造成される[19]と、その役目を終えたらしい。また、御茶屋は弘化3年（1846）3月に廃止されて火術方が置かれたが、これも中折調練場へ移されたらしく、聖堂は弘化3年2月に北御堀端の弘道館内に移された。嘉永6年から安政4年（1857）にかけて、これらの跡地および聖堂跡の一部が割屋敷として藩士らに拝領された（鍋島報效会編 2012:171頁）。一方で、安政4年には慈眼院の境内も割屋敷とされ、武家地として拝領されており（鍋島報效会編 2012:167-168頁、172-177頁）、寺院用地の縮小が一層進んでいる。

ところで、天保年間頃には、すでに西洋式の技術や軍制が導入され、藩士を統括する各組より藩士が農村に分散居住する状態は、文武の修練に不都合があるとの意見があったらしい[20]。そうすると、図8-11・8-12にみられる鬼丸地区の変化は、藩政改革の進展に応じて軍事にかかわる機能の郊外への移転や拡張とともに、跡地の分割拝領により藩士が城下へ集住するように促した動きの表われとしてみることができよう。

5　おわりに

佐賀城下町について、本章で明らかになったことについて簡単にまとめておきたい。

まず、佐賀城を中心として武家地や町屋地区が配される基本的な空間構成は、他の城下町とも共通するといえる。しかし、城下における田地や郷地の混在、武士と町人の混住など、未分化の要素を有し、街路形状も直線状が卓越する地区とそうでない地区があり、城下町としては中間的なやや古い型であった。

次に、その内実は、佐賀藩成立の事情を反映すると考えられるいくつかの特徴があった。一つは身分、軍制等による居住地の分離が厳密に行われなかったことである。下級武士の組屋敷も近世を通してみられず、手明鑓以下の身分の者には商工業や農業などに従事することが認められ、第9章で詳しくみるように武士であっても町屋地区に居住する者も多数いた。逆に、屋敷帳などからは中級武士と下級武士が混じって屋敷地を構える様子が確認できる。さらに、佐賀城下町は初代藩主鍋島勝茂によって整備された後は、城下町の範囲や区画を大きく改変することは行われなかった。しかし、本章でみた鬼丸地区のように部分的に区画や土地利用に変化がみられ、城の北の公用地化とは対照的な、公用地から武家屋敷への動きがみられた。

「明和屋敷帳」の内容を GIS 城下地図とするにあたり、区画の変遷に注目してみると 10 代藩主直正が進めた藩政改革のなかで、大配分の抱地も割屋敷として藩士へ拝領し、一方で屋敷地が狭く武士としての威儀が正せないとして寄屋敷（屋敷地の統合）を行う場合があり（鍋島報效会 2012:133・148 頁など）、軍制などとともに武家地の再編を行おうとした興味深い動きがみられた。今後、武家地に関して、家格、禄高、職掌、軍制などの属性要素との関連や、屋敷主の動態を明らかにすることによって、近世を通した佐賀城下町の実態をより詳細に明らかにしていきたい。

付記

絵図や史料の閲覧および掲載について、公益財団法人鍋島報效会と同会の徴古館学芸員富田紘次氏には格別のご配慮をいただきました。また、佐賀市役所都市デザイン課の小林茂子氏、佐賀県立図書館近世資料編さん室の中野正裕氏には種々ご教示をいただきました。記して感謝申し上げます。

注

1) 佐賀城下町の特徴については早くから指摘され，町の起源・形成についても明らかにされている（佐賀県史編さん委員会編 1968：38-55 頁など）.

2) 大配分とは，佐賀藩から知行を認められた上級武士であり，三家，親類，親類同格，家老，着座と呼ばれる家格があった.

3) 城下絵図の伝来をはじめ残存する佐賀城下絵図の詳細は，富田紘次氏の論考（富田 2011）に詳しく，小稿での佐賀城下絵図の説明は，主としてこの富田氏の論考による.

4) 今，試みに元文 5 年（1740）の「元文佐賀城廻之絵図」をもとに，1/2,500 図を基図に佐賀城下町の土地利用を復原して ArcGIS で面積を計算すると，城下全体の面積約 454ha に対して，城郭や濠，水路，街路などの非居住地部分を除いた城下の総面積は約 250ha となり，そのうち屋敷地についてみると武家地約 139ha，町地約 73ha であり，武家地と町地の割合は 6：4 である．正保年間作製とみられる城下絵図やその他の諸城下絵図を見比べた印象では，この割合は江戸時代を通じて大きな変化はないようである．すなわち，はじめは支藩や重臣の抱える陪臣が城下に多数居住し，後に彼らが知行地に移った後の武家屋敷地は，そのまま武家屋敷地として使用され続けたようにみえる．なお，江戸は幕府所在地であったことにもよるが，明治 2 年（1869）の調査によると，武家地と町地の比率はおよそ 4.3：1 で，武家地は江戸の 7 割弱を占めていた（宮崎 1992）．これに比べると，佐賀城下町で町地の比率が高いのは組屋敷が存在しなかったことも一因であろう.

5) 公益財団法人鍋島報效会所蔵．以下，所蔵先を記す必要がある場合は鍋島報效会と略記する.

6) この箇所は，「慶長図」と「寛永図」では，水路に囲まれる街区において水路沿いに道が描かれているが，

170　第Ⅱ部　近世城下町の構造と空間変動

その後の絵図は街区の中央を道が貫通している．長崎街道は当初から街区の中央を貫通していたはずであるので，前2者の表現は不審である．

7）「慶安図」や「承応図」では，赤に着色され「又内」として氏名が記された部分と一致するものが多い．これが，「文化図」では「多久長門抱」に同じと一括して記されたのであろう．「慶安図」と「承応図」をみる限りでは，小城藩と蓮池藩の陪臣が必ずしも1ヵ所にまとまって居住しているとまではいえない．上杉氏の城下町米沢では，藩士の屋敷が組ごとにまとまっていたとされる（渡辺 2000）．これほどではないにしても，この多久家の抱地に多久家の家臣が居住していたとすれば，多久家の陪臣はある程度空間的にまとまって居住していたといえよう．

8）宮本雅明氏は，唐人町は寛永から正保の間に成立したと考えている（佐賀市教育委員会（宮本執筆）1991：28頁）．しかし，「寛永図」には唐人町と寺町の2本の街路が描かれており，町場が存在しないのに2本の街路が並行するとは考えにくいので，当時は城外であったので家並みを描かなかったと考える方が自然であろう．

9）「元文図」は鍋島報效会から複製と翻刻図が刊行されている．

10）明治中期に作製されたと思われるこれら地籍図のうち，旧佐賀城下町にあたるものには，いずれも作製年の記載がないが，筆界の変更を記入した日付には，昭和初期に下るものもある．しかし，八幡小路図や白山町図では，明治34年（1901）頃に社地を北へ遷した龍造寺八幡社が旧社地の位置に描かれているので，内容はそれ以前に遡る可能性が大きい．

11）国土地理院の基盤地図情報による道路や水路の位置も適宜参照した．

12）十間堀川沿いの田地，郷地，土井畔では，米軍撮影の空中写真も一部参照した（USA-R420-47, 60～63：1948年10月31日撮影）．

13）佐賀本藩では武士の身分には，注2）にあげた上級武士，独礼，平侍の中級武士，手明鑓，徒士，足軽の下級武士の序列がある．平侍以下は概ね15の大組に編成されていた（佐賀市史編さん委員会編 1977:19-35頁，中野 2012）．

14）佐賀城下町全域での検討は十分ではないので，ここではまとまってわかりやすい片田江七小路地区を取り上げた．なお，後藤雄二（1981）によれば，仙台城下町における侍の時期別の居住者移動率が，城下の拡大を伴わない時期でみると寛文4～9・10年（1664～69・70）期の6.7％，延宝8～元禄5年（1680～92）期の24.9％であることと比べると，片田江七小路地区の場合には極めて高い移動率ということになる．また，米沢城下では上・中級武士の移動率は，承応から享保の約70年間で約4割となり，移動は比較的近距離で行われたとされる（渡辺 2000）．

15）藩政改革により，中・下級武士については地方知行を廃止した．

16）佐賀藩独特の身分で，本藩と蓮池藩に限られる．初代藩主勝茂が財政難に対応して元和6年（1620）に，50石未満の侍200人に平時の役（如睦）を免除して知行を没収し，その代わりに切米15石ずつを一律支給したことに始まり，名称は戦時に鑓1本を持って奉公すると定めたことに由来する（佐賀県立図書館古文書研究会編 1981）．

17）このように，大配分の抱屋敷が藩主一族の住居等として借り上げられ，使用が終れば再び拝領させる例は他にもみられる．明和8年の『屋鋪御帳扣』（鍋島報效会編 2012）における、西一通　本庄通小路西側　五番　鍋島主水抱屋敷など．

18）『屋鋪御帳扣』（鍋島報效会編 2012）巻末にこれらの割屋敷の指図が収載されている．

19）中折調練場は現在の佐賀少年刑務所の敷地にあたり，築地反射炉の西に建設された．

20）天保14年（1843）に大野原（佐賀市金立町金立大野原付近）へ下級武士を入植させ，学校や武道場を設置している．これに先立って，各組より教育等の効率化のため藩士を集住させるよう意見が出されていた

とされる（中野編　1920:133-137 頁）．

引用・参考文献

生田国男・篠野志郎（2004）:播州赤穂城下町における藩主の交代に伴う武家地の変容－近世城下町の研究 4 －，日本建築学会計画系論文集 577，157-164 頁．

池田史郎（1980）:佐賀城と佐賀城下町の成立，九州文化史研究所紀要 25，39-71 頁．

出田和久・南出眞助（2014）:佐賀城下町絵図の歪みと精度，平井松午・安里　進・渡辺　誠編:『近世測量絵図の GIS 分析－その地域的展開－』古今書院，239-256 頁．

片倉日龍雄（2011）:解題　城下大曲輪内屋敷帳について，財団法人鍋島報效会編:『城下大曲輪内屋敷帳』同会，5-13 頁．

後藤雄二（1981）:17 世紀の城下町仙台における侍の居住パターン，地理学評論 54-9，513-529 頁．

財団法人鍋島報效会編（2011a）:『城下大曲輪内屋敷帳』同会．

財団法人鍋島報效会編（2011b）:『歴代藩主と佐賀城』同会．

財団法人鍋島報效会編（2011c）:『御城下絵図を読み解く』同会．

財団法人鍋島報效会編（2011d）:『元文五年（1740）元文佐賀城廻之絵図』（高精細複製）同会．

財団法人鍋島報效会（徴古館）編（2012a）:『明和八年佐賀城下　屋鋪御帳扣』同会．

財団法人鍋島報效会編（2012b）:『文化年間（1810 年頃）佐賀御城下図』（翻刻図付き）同会．

佐賀県史編さん委員会編（1968）:『佐賀県史　中巻（近世編）』佐賀県．

佐賀県立図書館古文書研究会編（1981）:『佐賀藩着到帳集成』同会．

佐賀市教育委員会編（1991）:『城下町佐賀の環境遺産 I 』同会．

佐賀市史編さん委員会編（1977）:『佐賀市史　第二巻（近世編）』佐賀市．

佐賀市役所編（1945）:『佐賀市史　上巻』同市役所．

島内二郎編（1973）:『佐賀県立図書館蔵　古地図絵図録』佐賀県史料刊行会．

関戸明子・奥土居尚（1996）:高崎城下の形成過程と地域構成，歴史地理学 38-4，1-19 頁．

多久市史編さん委員会編（2002）:『多久市史　第二巻　近世編』多久市．

富田紘次（2011）:現存する佐賀御城下絵図と城下大曲輪内屋敷帳の意義，財団法人鍋島報效会編:『城下大曲輪内屋敷帳』同会，183-199 頁．

中野正裕（2012）:幕末佐賀藩の軍制について－史料紹介『元治元年佐賀藩拾六組侍着到』－，佐賀県立佐賀本丸歴史館研究紀要第 7 号，42-78 頁．

中野禮四郎編（1920）:『鍋島直正公伝　第三編』侯爵鍋島家編纂所．

永松　亨（2012）:解題「屋鋪御帳扣（控）」について，財団法人鍋島報效会編:『屋鋪御帳扣』同会，6-18 頁．

原田伴彦・西川幸治編（1973）:『日本の市街古図　西日本編』鹿島出版会．

福岡　博（1973）:佐賀御城下絵図，原田伴彦・西川幸治編:『日本の市街古図　西日本編』鹿島出版会，78-81 頁．

宮崎勝美（1992）:江戸の土地－大名・幕臣の土地問題－，吉田伸之編:『日本の近世　第 9 巻　都市の時代』中央公論社，129-172 頁．

宮崎良美・出田和久・南出眞助（2017）:佐賀城下町における武家地拝領者に関する空間的分析－ Historical GIS を活用して－，第 22 回公開シンポジウム人文科学とデータベース実行委員会編:『第 22 回公開シンポジウム「人文科学とデータベース」発表論文集』同会，22 号，35-42 頁．

宮本雅明（1993）:西国城下町の形成,高橋康夫・吉田伸之ほか編:『図集日本都市史』東京大学出版会,158-159 頁．

三好不二雄ほか編（1980）:『日本歴史地名大系第 42 巻　佐賀県の地名』平凡社．

三好不二雄・三好嘉子編（1990）:『佐嘉城下町竈帳』九州大学出版会．

172 第Ⅱ部 近世城下町の構造と空間変動

矢守一彦 (1970)：『都市プランの研究』大明堂.

矢守一彦 (1988)：『城下町のかたち』筑摩書房.

渡辺理絵 (2000)：米沢城下町における拝領屋敷地の移動－承応・元禄・享保の城下絵図の分析を通して－，歴史地理学 42-4，23-42 頁.

渡辺理絵・大矢幸雄 (2017)：18 － 19 世紀の松江城下における武家屋敷の流動性とその背景－歴史 GIS と屋敷管理史料からの分析を通して－，歴史地理学 59-2，1-26 頁.

第9章　近世後期の佐賀城下町における町屋地区とその変容
－竈帳と町絵図を用いた GIS 分析の試み－

宮崎良美・出田和久・南出眞助

1　はじめに－佐賀城下町の町屋研究－

　第8章では、佐賀城下町の城下絵図と屋敷帳から、近世を通じた空間構成と、武家地を中心とした変容について分析を試みた。城下町を対象とした GIS 地図の作製を踏まえた分析は、城下絵図が中心的な資料となることが多いため、城下絵図に詳細な屋敷割が示されることが少ない町屋地区については、あまり試みられていない。

　このようななかで、佐賀城下町では嘉永7年（1854）に限られるが、町屋地区をほぼ網羅するように竈帳が残されており、屋敷割および居住者の詳細を知ることができる。第8章においてふれているとおり、佐賀城下町では身分による居住地の分離は厳密ではなく、武家地の一部で中級武士と下級武士の混在があり、下級武士は町屋地区にも多く居住し、組屋敷がなかった。町屋地区の下級武士は商工業や公務に携わっていることもあり、近世を通じた城下町の実態や、例えば商工業の展開などを捉えようとする時に、武家地と町屋地区を一体的に把握することは有益であろう。

　嘉永7年の竈帳（以下ではこの竈帳を一括して指す時は「嘉永竈帳」と記す）はこれまでにも、近世都市の人口学的研究や、社会構成や職業構成などの社会史的研究、都市構造の解明をはじめとする都市史研究のための重要な史料として取り上げられてきた（山本 1956、池田 1968・1977・1980、三上 1986）。なかでも、松本四郎氏は多面的な分析を行い、当時の町屋地区について詳述している（松本 1989・2007）。また、三好不二雄・三好嘉子氏によって全編が翻刻されて『佐嘉城下町竈帳』として刊行されており、研究への便宜が大きい[1]。

　「嘉永竈帳」に基づく屋敷割の復原は、佐賀市教育委員会による佐賀市歴史的建造物等保存対策調査において、宮本雅明氏を中心として行われた。六座町、白山町、紺屋町、下今宿町などの屋敷割が復原され、持家・借家の別や明屋敷の分布なども示された。この調査では、近世から明治・大正期にいたる町屋建築等の現況調査も行われ、建物概観や間取り図などの資料も豊富に収められた調査報告書が刊行されている（佐賀市教育委員会編 1991・1992・1995）。その後も宮本氏によって佐賀城下町の建設から近代にいたる変容に関しても研究が深められてきた（宮本 1993b・2005）。近年では公益財団法人鍋島報效会 徴古館が市民団体と連携し、文化庁の「平成21年度美術館・博物館活動基盤整備支援事業」の採択を受けた「御城下絵図を読み解く－幕末さが城下まちづくり構想－」などの事業のなかで、「嘉永竈帳」などの内容を読み解くワークショップが開催されている。

　そこで、これらの研究活動の成果の蓄積を活かし、「嘉永竈帳」をもとに屋敷地の区画もわかるような GIS 地図と居住者等に関する GIS データベースの作成を試みることにした。本章では、作業の

過程とそのなかで明らかになった、近世後期の町屋地区の実態を中心に述べることにしたい。

2　町屋地区のGIS地図

1）町屋地区に関する資料

　佐賀城下町について町屋地区の全体像がうかがえる重要な史・資料として、まず、城下絵図（第8章表8-1参照）と「嘉永竈帳」がある。城下絵図では町屋地区は街路に面して家型が描かれるのみで、個々の屋敷地の区画は示されないが、近世前期以降の街区や町名などを追うことができる。

　町名に関しては、寛政元年（1789）の幕府巡検使へ報告された「城下町小名之事」として、

　　下今宿町・紺屋町・材木町・牛嶋町・上今宿町・柳町・蓮池町・上芦町・高木町・呉服町・元町・東魚町・八百屋町・中嶋町・夕日町・勢屯町・白山町・米屋町・寺町・唐人町・唐人新町・中町・多布施町・西魚町・伊勢屋本町・岸川町・伊勢屋町・点屋（合）町・駄貸（賃）町・六座町・長瀬町・本庄町・道祖本町

以上、33ヵ町の町名が見える（佐賀県立図書館編 2000:264頁）。「嘉永竈帳」にもこれらの町名が見えるが、一方で、寛政元年以後に新たに成立、あるいは編入されたのは城下西方の多布施新宿・天祐寺町・八戸宿の3町であり（佐賀市教育委員会編 1991、三好編 1991）、そのほかには大きな変化がなかったことをうかがわせる。

　次に、本章で取り上げる「嘉永竈帳」は、嘉永7年に佐賀城下の各町の町役人から藩に提出されたものであり、現在31冊、城下38町分[2]が残されており、公益財団法人鍋島報效会所蔵である（鍋島家文庫。整理番号：鍋316-1～28）。竈はいわば世帯にあたり、竈帳は近世における住民台帳の一種である。「嘉永竈帳」はおおむね町ごとに1冊を成し、表紙には町名と町役人である「別当」名が記されることが多く、それに続いて屋敷地と竈が列挙される（図9-1）。

　屋敷地に関しては、町屋の口（間口）・入（奥行）の長さ、所有関係として「抱」あるいは「自宅」（持家）の別、「割長屋」や「裏屋敷」のような住居形式などの事項が記載される。竈は、世帯主にあたる竈主の名・身分・職業・年齢・帰依寺、竈に所属する者（家族・同居人）の名・職業・年齢が記される。男性と未婚女性は名が記されるが、既婚女性は女房・母・後家のように示された。帰依寺が竈主と異なれば各々記載される。竈主が「別当」や「咾」、あるいは5～6竈で編制される「組」の「組頭」の場合は、役名も記載された。また、転居等で転入元や転出先の町との手続き中であることなど、細かなことを貼紙に付記している竈も

図9-1　「嘉永竈帳」の内容
「紺屋町東側」の一部．三好編 1991:43頁より．

第 9 章　近世後期の佐賀城下町における町屋地区とその変容　　175

表 9-1　佐賀城下町の町絵図

資　料　名	員　数	年　　　代	法　　量	所　蔵　者
勢屯町・白山町・米屋町絵図	一舗	享保 12 年（1727）	縦 91cm ×横 250cm	個人
呉服町・元町絵図	一舗	天保 14 年（1843）	縦 200cm ×横 200cm	個人
紺屋町絵図	一舗	天保 15 年（1844）	縦 192cm ×横 64cm	（公財）鍋島報效会

資料：財団法人鍋島報效会編（2010）.

ある。

　町内の竈をすべて書き上げた後に、町内を不在にしている「無竈」の者について、名や他所にいる
理由なども記され、最後に竈数・男女別人口などを集計し、町役人が署名する。このように「嘉永竈
帳」は、当時の町屋の詳細な屋敷割と、そこに居住していたほぼすべての町人・下級武士等について、
かなり具体的に知ることができる史料である。

　さらに、享保から天保期にかけて作製された「勢屯町・白山町・米屋町絵図」「呉服町・元町絵図」「紺
屋町絵図」の 3 点の町絵図が残されている（表 9-1）。これらは屋敷地の多くが短冊形で示され、区
画内に所有者とみられる人名を記し、堀・木戸・火番小屋などを絵画的に描く。

　これらのほかに城下町の屋敷割がわかる資料として、明治 11 年（1878）の大区小区絵図がある。
屋敷地の間口・奥行、面積、人名等も記されていて、明治維新後の作成になるが、「嘉永竈帳」とは
年代が近く、その内容を地図上に復原する際の手がかりとなる。公益財団法人鍋島報效会に「東魚町
絵図」が所蔵されているほか、佐賀県立図書館の「古地図・絵図データベース」では「寺町絵図」（請
求番号：郷 1122）が公開されている[3]。

　このような史・資料があるなかで、GIS 地図の作製には「嘉永竈帳」による屋敷割復原の精度がど
の程度かも検討できるように、町絵図があると好都合である。上記の 3 点の町絵図の中では、「呉服町・
元町絵図」（天保 14 年〈1843〉）は街路が複数あり、街区構成が複雑であるのに対して、天保 15 年（1844）
の「紺屋町絵図」（公益財団法人鍋島報效会所蔵。以下、「町絵図」と記す）には、南北に通る街路の
両側に屋敷地が一列に並ぶ単純な形状である上に、「嘉永竈帳」と成立時期も近く、内容を照合・比
較するにも都合がよいと判断されることから、まずは紺屋町についてデータベース作成を試みること
とした。

2）近世の紺屋町

　紺屋町の嘉永 7 年の竈帳は「紺屋町東側竈帳」と「紺屋町西側竈帳」の 2 冊からなる（鍋島家文庫。
ともに整理番号：鍋 316-12。以下、この 2 冊を指す場合は一括して「紺屋町竈帳」と記す）。この「紺
屋町竈帳」および「町絵図」に描かれた町について概観しておきたい。

　紺屋町は佐賀城下の東部にあり、南北に流れる紺屋川の東岸に位置する。「町絵図」には北の「牛嶋町」
の境から南の佐賀江川北岸の「今宿通」までの南北約 700m の町として描かれている。紺屋町は佐賀
市の町名として現在も残るが、国道 264 号線より北は佐賀市東佐賀町に編入されている。

　「町絵図」により天保 15 年頃の町並みをみると、絵図面中央に南北方向の「紺屋町通」が描かれ、
その両側に墨線で屋敷地を画して、家主とみられる人名が記されている。それらの西に紺屋川、東に
武家地との境となる水路、南に佐賀江川がみえる。ほかに 6 本の東西方向の街路があり、町外へ通じ
る橋、「紺屋町通」の南北端に設けられた木戸、火ノ視櫓や火番小屋などが絵画的に描かれる。屋敷

176　第Ⅱ部　近世城下町の構造と空間変動

地は「紺屋町通」を境に東側（以下、東町）、西側（以下、西町）に分かれ、ともに北から一丁目から五丁目までである。一〜三丁目はさらに上・下に分かれているが、「紺屋町竈帳」には上・下の区分はみられない。また、西三丁目の「中ノ橋」以南には、紺屋川岸の街路に面して裏町がある。

　紺屋町が近世にどのような変遷をたどってきたのか、城下絵図からみておきたい。第8章でもふれた通り、慶長15年（1610）頃の「慶長御積絵図」、寛永3年（1626）の「寛永御城并小路町図」では同町の南部が武家地とされている。正保年間（1644〜48）頃作製の写しである「正保御城下絵図」では紺屋町通が佐賀江川まで貫通し、これに面して西五丁目の区画がつくられ町屋となった。慶安2年（1649）の「慶安御城下絵図」では初めて「紺屋町」と町名が記されるが、西四丁目および東四・五丁目は引き続き武家地となっている。承応3年（1654）の「承応佐賀城廻之絵図」（以下、「承応図」と記す）では、西四丁目も町屋となり、西四・五丁目部分では紺屋川岸の街路に面しても家形が描かれ、すでに裏町の形成がうかがえる。しかし、西五丁目と裏五丁目には「上材木町之内」と記入されており、一方で紺屋川を挟んで西にある材木町の北部から、その北にある東高木町の町境までの区間にも「紺屋町之内」と記されている。元文5年（1740）の「元文佐賀城廻之絵図」では、東四・五丁目は武家地のままであるが、西五丁目と裏五丁目は「紺屋町」に、「材木町」の北方は「上今宿町」となって、「紺屋町竈帳」「町絵図」と町の範囲がほぼ同じとなり、文化年間（1804〜18）頃の作製とみられる「文化御城下絵図」でも同様となっている。

　明和8年（1771）の「屋鋪御帳 扣」（以下、「明和屋敷帳」と記す）では、東四・五丁目にあたる地区は「紺屋町通小路東側」と記される武家地であり、同地区の屋敷地に対して、文政3年（1820）11月までの沽券状交付の記録が確認できる（財団法人鍋島報效会編 2012:111-113頁）。この東四・五丁目について、「町絵図」では「御免地入三間町並」とみえ、さらに「紺屋町竈帳」にも「御免地」と記されているが、「明和屋敷帳」にはこれに関連するような記載はみられない。なお、同地区は「町絵図」では「御免地」に関する注記があるほかは、他の地区と同様に描かれ、「紺屋町竈帳」では屋敷地の奥行の記載と間口に半間以外の端数がないという点のみ他の丁目と異なる。

　紺屋町の竈数・人口をみると、「承応図」では町域が異なるものの竈数206とある。元文5年の「城下大曲輪内屋敷帳」では竈数175である。「町絵図」では竈数239、寺院2ヵ寺を数える。「紺屋町竈帳」では、東町は竈数106、人口542人、寺院2ヵ寺、西町（裏町を含む）は竈数136、人口608人、合計竈数242、人口1,150人であった。

　これらのことから紺屋町は、当初、北部のみが町屋地区であったが、承応3年までに段階的に南部の武家地が町屋地区となり、その後、元文5年までに近隣の町との境界も再編されたとみられる。また、嘉永7年（1854）までの約110年間で、竈数が67（約38%）増加したことになる。これは「城下大曲輪内屋敷帳」において武家地であった東四・五丁目の竈数が50であることを考慮すると、増加実数はこれよりは少なかったであろうが、増加傾向にあったといえよう。「御免地」については、物資の集積地であった下今宿町（池田 1977:260-262頁）に隣接していたため、武家地でも表通りから3間までが町屋として利用されていたものと解釈されており（佐賀市教育委員会編 1991:37頁）、そうだとすれば、「紺屋町竈帳」の頃の紺屋町は、近世前期以来の武家地の町地としての利用がより一層進展していたとみることができる。

3) GIS 地図の作製方法

「紺屋町竈帳」からうかがえるような、当時の佐賀城下町の実態を、居所によって空間的に把握するための GIS 地図の作製は、ESRI 社 ArcGIS を用い、国土地理院の基盤地図情報を基図として、「紺屋町竈帳」にみえる屋敷地を、丁目・屋敷地の記載順、間口の向きや幅などを「町絵図」と照らし合わせながら所在地を推定し、間口・奥行を各一辺とするポリゴンデータとして入力することとした。しかし、「町絵図」には「木塚小路通」などの東西方向の街路が描かれているが（後掲図 9-2 参照）、「紺屋町竈帳」にはそれらの位置や幅がわかるような記述はない。また、「町絵図」では「火ノ視」は東五丁目の 1 区画を占めているように描かれるが、「紺屋町竈帳」には記載がない。このような「紺屋町竈帳」に記載がないものについては、以下の方法で所在地や区画を推定した。

① 街　　路

現在、「紺屋町竈帳」作成当時の町域には 8 本の東西方向の街路が通り、一見しただけでは「町絵図」に描かれた街路か判断しづらいものもある。そこで、佐賀地方法務局所蔵の大正年間以前に作製されたとみられる地籍図により検討したところ、国道 264 号線とその北約 130m にある道路の新設が確認されたことから、「町絵図」の街路を特定することができた。また「下田代小路通」の拡幅も確認され、拡幅前に復原することができた。

次に、「明和屋敷帳」には「下田代小路通」、「今泉通」の街路幅は、それぞれ「一間八尺」、「二間五尺」とある（財団法人鍋島報效会編 2012:111-113 頁）。これに対して、基図ではそれぞれ約 3.8 ～ 4.0m（復原幅）、約 3.6 ～ 5.4m である。両者の間に大きな齟齬はないことから、基図の道路幅を復原図に用いることとした。

なお「明和屋敷帳」では紺屋町通の東四・五丁目の区間の道幅は「二間三尺」ないしは「三間」である。基図では幅約 3.4m であるから、近世には約 1 ～ 2m 広かった可能性がある。地籍図には変更の跡がみられないため、現時点では紺屋町通の道幅も基図のままとしたが、東四丁目において奥行がわかる屋敷地と背後の水路との間に空閑地が生じるようなので、元は屋敷地が後ろに位置しており、街路が広かった可能性もある。「中田代小路通」も同様に「一間六尺」とあるが、基図では約 2.8m であり、現在より道幅が広かった可能性がある。他の東西街路は道幅等に関する史料はないが、現在の道路幅と大きく異なることはないとみられることから、ひとまず基図の通りとした。

② 無量寺参道、「火ノ視」、「林東朔」屋敷地

これらは屋敷地の記載順と「町絵図」から所在地が特定できるが、道幅や間口が不明である。そこで、「町絵図」に「沽券地面口入共壹部五也」（縮尺 400 分の 1）とあるので、「町絵図」の数区画の間口をサンプルとして計測して、「紺屋町竈帳」で対応する屋敷地の間口幅と比べると、この縮尺に基づいて描かれていることが確認できた。そこで「町絵図」に従えば、無量寺参道は幅 2 間、「火ノ視」の区画も幅 2 間、「林東朔」屋敷地間口は 10 間となるので、この値を採用することとした。

③ 裏町の屋敷割

「紺屋町竈帳」では、裏町は西町に比べて屋敷地の数が少ないが、西町の屋敷に「屋敷尻住居」とあるものがあり、それらの屋敷尻にも住居があって、空閑地が多かったわけではないようである。西町の中ノ橋以南の屋敷地の奥行は十四間四尺～十六間六尺であるが、奥行がその半分程度しかない屋敷地があり、その数は裏町の屋敷地の数と同数である。この奥行が短い屋敷地の西側に、「紺屋町竈帳」

178　第Ⅱ部　近世城下町の構造と空間変動

の記載順に従って北から裏町の屋敷地をあてはめると、いずれも奥行・間口ともうまく収まった。

　以上のようにして町並みの復原図を GIS 地図として作製し[4]、これに「紺屋町竈帳」による屋敷地や竈の情報を加え、GIS データベースとした。次節では、この GIS データベースや、「紺屋町竈帳」と「町絵図」の比較などから、紺屋町の変化についてみることにする。

3　近世後期の町屋地区とその変容

1）下級武士および町人の就業と居住

　佐賀城下町では、足軽などの下級武士が町屋地区に居住し、俸禄が低かったことから商人・職人としても生活していた（第 8 章参照）。「紺屋町竈帳」における竈主の身分別分布を示したものが図 9-2 である。これによると、身分別による明確な棲み分けはみられず、なかには同一敷地内に下級武士と町人とが居住する例もみられた。

　次に、紺屋町における職業についていくつか特徴を取り上げてみたい。紺屋町は佐賀城下において河港としての機能を担った下今宿町（池田 1977:261 頁）に隣接することから、水運に従事する船差がみられ、人数は多くはないものの町の南部に居住する傾向にあった（図 9-3 右図）。また、建築業にかかわる職人として、大工や木挽などがみられるが、紺屋町は材木町に隣接し、町内にも材木店があったこととも関連するのだろう。木挽は紺屋町の北部に分布する傾向がある。これに対して、大工は町内に散在し、あえていえば紺屋町の中央部、西三丁目の材木店を中心に分布する傾向がうかがえ（図 9-3 左図）、この材木店の抱屋敷に暮らす者が 5 名いる。また、先にみた武士と町人が同じ屋敷地に住む例では、両者がともに大工を職としていることから（図 9-2、9-3 左図参照）、身分よりも職業に応じて住居を選好した可能性もあろう。

2）「紺屋町絵図」にみる屋敷地の変化

　先に「町絵図」と「紺屋町竈帳」を比較して、竈数にさほど大きな差異がないことを確認した。しかし、「町絵図」には絵図面に多数の貼紙があり、作製後も屋敷の所有者あるいは竈主のいずれかの変更が反映されているようである。そこで、「町絵図」の貼紙の下にはどのような町の様子が記されているのか、若干ではあるが検討しておきたい。

　絵図面の貼紙は現状で 69 枚確認できる[5]。貼紙は屋敷地の大きさの紙に「居町」あるいは他の町や村の名を朱書し、人名を墨書する。1 枚の紙に 1 軒分を書くものもあれば、2 軒以上をまとめて示すものもあり、貼紙上の屋敷地は 124 軒分となる。「町絵図」の屋敷地の約半数に貼紙が付されていることになる。また、西四丁目には 2 枚の貼紙が重なっている箇所がある。

　貼紙は全面が糊付されていることもあるため、図 9-4 のようにして貼紙下の文字の判読を試みたところ、かなりの人名を読み取ることができた。その結果の一部を図 9-5 に示した。また、「町絵図」全体での貼紙下の屋敷地区画および人名を集計すると 77 軒分であった（表 9-2）。つまり絵図面に描かれた屋敷地は 47 軒少なく 194 軒となる。

　図 9-5 にみるように、貼紙が付される前後の絵図面の記載を比較すると、貼られる前は「千右衛門抱」のように抱屋敷が多い。これは借家または借地のことと考えられている（松本 2007:91-92 頁）。貼紙

第 9 章　近世後期の佐賀城下町における町屋地区とその変容　179

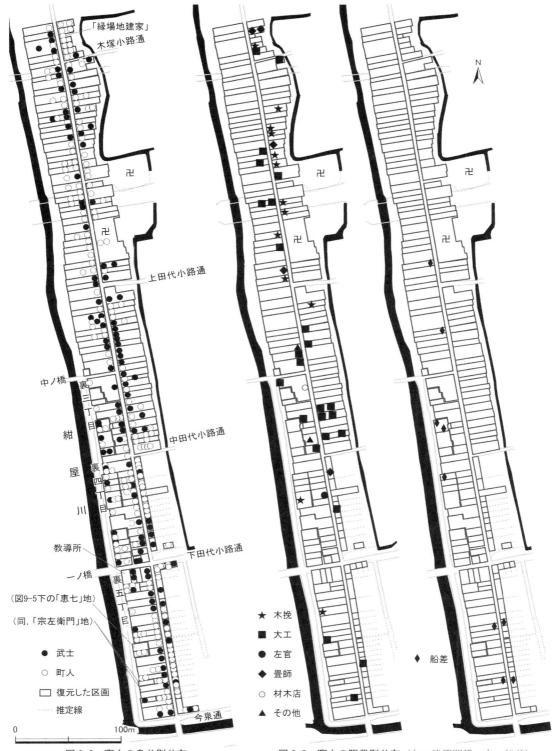

図 9-2　竈主の身分別分布　　　　図 9-3　竈主の職業別分布（左：建築関係，右：船差）
図 9-2, 9-3 とも基図：国土地理院「基盤地図情報」，資料：三好編 1991 など．

180　第Ⅱ部　近世城下町の構造と空間変動

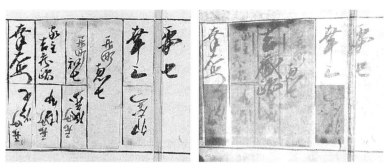

図9-4「紺屋町絵図」貼紙下の文字の判読
　左図は紺屋町西五丁目（部分），右図は表面より光をあて，背面より同部分を撮影し，左右反転したもの．
貼紙下の「吉蔵跡」の文字が判読できる（公益財団法人鍋島報效会蔵）．

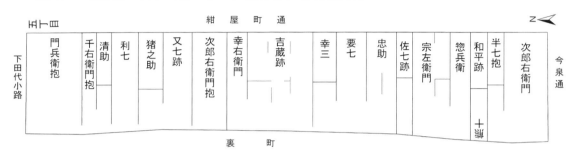

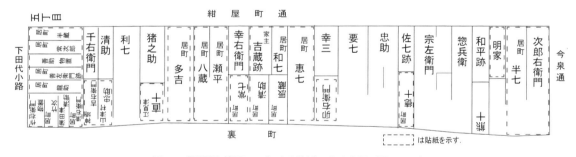

図9-5「紺屋町絵図」における貼紙による変更（西五丁目）
上：貼紙のない絵図面の記載，下：貼紙を付した絵図面の記載．

がない部分の屋敷地にも「抱」の表記は残るが，貼紙が付される前は西一丁目や東四丁目など本図外になるが，一人で連続する2～6軒もの「抱」を有する例がみられる点が特徴的である．貼紙には「家主太郎右衛門」などはあるが「抱」の表記はみられない．また，表9-2にみるように，貼紙には「明家」「物置」などの居住の有無なども示されるようになっている．

　中央にある「吉蔵跡」のように，比較的規模の大きな屋敷地を，貼紙によって細分していることがわかる．また，紺屋川側の裏町に面する屋敷地が増え，北端の「門兵衛抱」は9区画に細分され，北の「下田代小路通」と裏町に間口を向けた屋敷地となっている．このような区画の細分化と中心街路以外へ間口を開くような変更は「町絵図」の各所にみられるが，南部に比較的多い．

　東一丁目では，堀の一部が「紺屋町通」の方へ引き込まれた様子が描かれた所に「忠兵衛後家縁場」

第 9 章　近世後期の佐賀城下町における町屋地区とその変容　　181

表 9-2　「紺屋町絵図」に描かれた区画数

	区画数 *1	抱	明　家	寺	細工所 鍛冶所	物　置	火ノ視
絵図面 *2 に記載	117	11*4	0	4	0	1*4	1
貼紙上に記載 *3	124	0*5	8	0	2*6	3	0
貼紙下に記載	77	36	0	0	1	0	0
計　面＋貼紙上	241	11	8	4	2	4	1
面＋貼紙下	194	47	0	4	1	1	1

抱〜火ノ視は区画数のうち数である.
*1：墨線による区画と人名等の記載があるものを一つの区画とする.
*2：貼紙が貼られていない部分.
*3：複数枚の紙がある場合は最上面の貼紙のみ集計した.
*4：「抱」「物置」1 ヵ所を含む.
*5：「抱」ではないが，「家主」は 4 ヵ所にみえる.
*6：西三丁目で貼紙に「此角細工所」とあるが，所在が不明確であるため含めていない.

と貼紙がされている.「縁場」は川岸を指す[6]ようである（三好編 1991:1007 頁）が，「紺屋町竈帳」でもこれにあたる箇所に「縁場地建家　口弐間　入三間」として「抱家」があり，堀の脇に小屋を建て，人を住まわせるようになっていたものとみられる.一方で，西三丁目の「源兵衛」屋敷地の南隣に「今ハ北隣ト一括ニ成ル」と注記があり，屋敷地が合筆統合される動きもみられることがわかる.

　このように，「町絵図」の貼紙による変更によって，一人が多数の抱屋敷を所有するような状況から，屋敷地区画の細分化と所有者の増加へという動きがうかがえた.なお，これらの貼紙による変更は一見，「町絵図」成立以降に竈数も増加したようでもある.しかし，「町絵図」の隅に「竈数弐百三拾九軒」と記されているのに対し，貼紙が付される前は 194 区画が描示され，50 軒近くの差がある.このことから，「町絵図」作成当時，一つの屋敷地の中に「割住居」や「裏長屋」などがあって複数の竈があり，実際にその差のすべてが竈数の増加を示すわけではないと考えられる.

3）屋敷地の変化－「紺屋町竈帳」と「紺屋町絵図」の比較から－

　「紺屋町竈帳」と「町絵図」の人名や町割がどの程度共通あるいは相違しているのかをみておきたい.まず，「紺屋町竈帳」の屋敷地に即して「町絵図」の貼紙のない部分・貼紙の上・下の記載を比較すると（表 9-3），人名が一致したのは「紺屋町竈帳」にみえる家主・竈主・同居者[7]のべ 461 人のうち 75 人（16.2％）であった[8].これらのうち絵図面に記載がある者が 41 人と最も多く，貼紙上と下がほぼ同数であった.また，貼紙のない状態では持家の竈主が，貼紙下では抱家等の家主が多い.貼紙上では，少なくとも「紺屋町竈帳」作成時における借家の竈主も記載されている.「町絵図」の貼紙がなされる前の人名は屋敷地の所有者であるとみられ，これが借主も記すようになったとは考えにくい.第 8 章でみたように，「明和屋敷帳」が明治初期まで使用されたことを考慮すると，本絵図も同じ頃まで使用されていた可能性が現時点では残され，「紺屋町竈帳」成立より後に，これら借家の竈主が屋敷を所有するようになったとも考えられる.

　屋敷地の区画については，「町絵図」の西一丁目北端 3 軒の屋敷地が，「紺屋町竈帳」にはみえない.北隣の牛嶋町の「竈帳」（三好編 1991）をみると，西一丁目に接したところに「町絵図」の当該の 3 人の名が，竈主や「同家一類」のなかに見える[9].つまり「町絵図」作製後から「紺屋町竈帳」成立までの間に，両町の町境が変更されたことが示唆される.

182　第Ⅱ部　近世城下町の構造と空間変動

表 9-3　「紺屋町竈帳」と「紺屋町絵図」との人名の照合

（単位：人）

	「竈帳」の家主・竈主等の数	合致した数		
		絵図面	貼紙下	貼紙上
抱・割住居等の家主	134	6	16	4
持家の竈主*	119	33	2	6
店子の竈主	124	0	0	6
同居者*	84	2	0	0
「牛嶋町竈帳」	—	3	0	0

資料：「紺屋町竈帳」「牛嶋町竈帳」「紺屋町絵図」.
＊竈主の名が「○○後家」であり，「町絵図」に「○○」とある場合，竈の移動
　等はないものとした.

　また、「町絵図」でみられた屋敷地区画の細分化や裏町の形成などの動きは、「紺屋町竈帳」ではよ
り進行していたようである。例えば西町五丁目についてみると、「町絵図」では（図 9-5 の下段の図参照）
「恵七」や「宗左衛門」は「紺屋町通」に間口を向ける屋敷地となっているが、「紺屋町竈帳」から作
製した GIS 地図によれば、裏町側に両名の抱屋敷がみえている。さらに、西五丁目の北西角は「教
導所」となっている。「教導所」は天保 7 年（1836）に市中郷村に歩卒以下の教育のために設けられ、
天保 11 年には城下に 3 ヵ所あったとされるが、資料がきわめて少ない（佐賀県教育史編さん委員会
編 1989・1991）。第 8 章において武家屋敷が藩校・弘道館に転用された例を紹介したが、町屋地区に
おいても学校が設けられ、教育を重視しようという動きがみられたともいえよう。

4　むすびにかえて

　本章では、佐賀城下町の町屋地区を対象にした GIS データベースの作成を試みた。この過程を通
して「町絵図」「紺屋町竈帳」にみえる屋敷地の比較検討や、下級武士や町人について居所に即した
分析を行った。紺屋町においては、第 2 節でみたように南部での武家地から町屋への転換や、その後
の御免地の町屋としての利用はすでに知られてきたところではあるが、近世中期以降に竈数が増加し、
土地区画の細分化、「縁場」の宅地利用などのさまざまな変化が起きていたこと、一方で所有者の継
続性の低さなどについても、検討することができた。
　「紺屋町竈帳」の教導所の設置の例から、近世後期の武家地において武家屋敷が藩の役所や各種学
校へ転用される事例がみられたことと同様に、町屋地区においても一種の公用地化の動きがあった可
能性も見出された。近世後期における佐賀城下町の町屋地区の実態と変容の一端を知ることができた
ものと思われる。
　また、「嘉永竈帳」に基づく屋敷区画の復原は、街路や水路等の記載がないこともあり、本史料の
みに頼っては難しいということになった。GIS データベースの利用についていえば、史料に基づく
GIS 地図の作製には困難もあるが、紺屋町のように複数の史料がある場合に、それらから抽出される
情報を屋敷地など位置に即して、居住者の変化などを比較しやすく、新たな分析等のきっかけとなる
可能性が高い。本章では紙数等の制約もあって十分に言及できなかったが、街道に面する町、堀川に
面する町などの特徴に応じて、居住者の身分や職業などにも地域性があるとされ、城下町全体を対象
とするような検討にも有用であろうと思われる。

付記

公益財団法人鍋島報效会と同会微古館学芸員の富田紘次氏には「紺屋町絵図」の閲覧および掲載に際して格別のご配慮をいただき、また史料についても貴重なご教示をいただきました。翻刻には奈良女子大学非常勤講師の島津良子氏、同大学古代学・聖地学研究センター協力研究員の宍戸香美氏、大学院生の大島佳代氏にご協力を賜りました。記して謝意を表します。

注

1) ただし，同書を利用する上で，松本四郎氏が指摘するように注意を要する点がいくつかある．例えば，「呉服町元町竈帳」が本来 1 冊であるにもかかわらず，独自に呉服町，元町それぞれに表紙状の記載を加えていることなどがある（松本 2005：補注参照）．しかし，これらの問題点はあるものの，同書の城下町研究に対する貢献は大きい．

2) 38 町という町数は佐賀市教育委員会編（1991）によるが，町の数え方には諸案があり，松本氏は 36 町（松本 1989），三好氏は 45 町（三好編 1991）とする．

3) 「東魚町絵図」「寺町絵図」以外の大区小区絵図は，現在所在不明となっている．

4) 復原作業については，なお問題が残る箇所がある．1 点目は「下田代小路通」の北にある堀である．「明和屋敷帳」に幅「三間二尺」とみえ，「町絵図」では幅約 2 間の堀として描かれているが，大正期以前作製の地籍図には該当する溝が確認できない．徐々に埋め立てられたとも考えられるが，「紺屋町竈帳」が作成された頃の堀幅等の詳細は不明である．2 点目は西四丁目の屋敷割である．「紺屋町竈帳」の記載通りに復原すると，間口合計と基図上の街区の長さが大きく食い違い，空白地も生じるなどの問題がある．これらを解消するために，「下田代小路通」に面する区画の一部で間口の向き等を変更して復原した箇所がある．3 点目は紺屋町北の牛嶋町境である．「町絵図」では西町の北端が東町より宅地 2 軒分北に描かれるが，「大区小区絵図」のトレース図（佐賀市教育委員会編 1991:42-43 頁）では両町の北端がほぼ揃っている．後述のように町境が変更された可能性があるので，現時点では「中ノ橋」北では街路の北端を起点に北へ屋敷地を復原した．なお，宮崎ほか（2016）に本 GIS 地図を掲載しているが，当時検討課題としていた箇所について若干の修正を加えることができたので，本章によって訂正としたい．

5) このほかに，絵図面より剥がれて原位置がわからない貼紙が 1 点ある．

6) あるいは川の土手を補強する木柵のようなものとも考えられている（池田 1977:260 頁）．

7) 同居者は単身であることが多いが，なかには家族もみられる．

8) おそらく相続等に伴う変更もあるが，家系図などが確認できない．もしこの点を勘案すれば，一致率は 2 割程度まで上がるものと推測される．

9) 大正期以前作製の地籍図でも，「嘉永竈帳」と同様の位置に町境があったようである（佐賀県教育委員会編 2000）．

引用・参考文献

池田史郎（1968）:佐賀城と佐賀城下町の建設，佐賀県史編さん委員会編:『佐賀県史　中巻（近世編）』佐賀県，26-55 頁．

池田史郎（1977）:佐賀城と城下町，佐賀市史編さん委員会編:『佐賀市史　第二巻（近世編）』佐賀市，193-331 頁．

池田史郎（1980）:佐賀城と佐賀城下町の成立，九州文化史研究所紀要 25，39-71 頁．

財団法人鍋島報效会編（2009）:『御城下絵図に見る佐賀のまち』同会．

財団法人鍋島報效会編（2010）:『御城下絵図を読み解く』同会．

財団法人鍋島報效会編（2011）:『城下大曲輪内屋敷帳』同会．

184 第Ⅱ部 近世城下町の構造と空間変動

財団法人鍋島報効会（徴古館）編（2012）:『明和八年佐賀城下 屋鋪御帳扣』同会.

佐賀県立図書館編（2000）:『佐賀県近世史料 第一編第八巻 泰國院様御年譜地取Ⅳ』同館.

佐賀県教育委員会編（2000）:『佐賀県地籍図集成（六）肥前國佐嘉郡 三』,佐賀県文化財調査報告書第143集,同会.

佐賀県教育史編さん委員会編（1989）:教導所資料（『佐賀県教育史 第1巻（資料編1）』佐賀県教育委員会），230頁.

佐賀県教育史編さん委員会編（1991）:佐賀城下の寺子屋（『佐賀県教育史 第4巻（通史編1）』佐賀県教育委員会），182-183頁.

佐賀市教育委員会編（1991）:『城下町佐賀の環境遺産Ⅰ 佐賀市歴史的建造物等保存対策調査報告 調査・評価編』同会.

佐賀市教育委員会編（1992）:『城下町佐賀の環境遺産Ⅱ 佐賀市歴史的建造物等保存対策調査報告 提言・資料編』同会.

佐賀市教育委員会編（1995）:『城下町佐賀の環境遺産Ⅲ 佐賀市歴史的建造物等保存対策調査報告 追加調査編』同会.

佐賀市史編さん委員会編（1977）:『佐賀市史 第二巻（近世編）』佐賀市.

松本四郎（1989）:佐賀城下竈帳の研究，史料館研究紀要（国文学研究資料館史料館）20，1-42頁.

松本四郎（2007）:城下町の構造－幕末期の肥前国佐賀を事例に－,『幕末維新期の都市と経済』校倉書房，60-164頁.

三上禮次（1986）:竈帳による佐賀城下町の就業構造の分析，九州芸術工科大学一般・基礎教育系列研究論集10，23-31頁.

宮崎良美・出田和久・南出眞助（2016）:佐賀城下町「竈帳」と町絵図を用いたGIS分析の試み，第21回公開シンポジウム「人文科学とデータベース」実行委員会編:『第21回公開シンポジウム「人文科学とデータベース」発表論文集』同会，57-66頁.

宮本雅明（1993a）:西国城下町の形成，高橋康夫ほか編:『図集日本都市史』東京大学出版会，158-159頁.

宮本雅明（1993b）:西国城下の町と町家，高橋康夫ほか編:『図集日本都市史』東京大学出版会，244-245頁.

宮本雅明（1993c）:城下町の近代，高橋康夫ほか編:『図集日本都市史』東京大学出版会，282-283頁.

宮本雅明（2005）:『都市空間の近世史研究』中央公論美術出版.

三好不二雄・三好嘉子編（1991）:『佐嘉城下町竈帳』九州大学出版会.

山本文夫（1956）:佐嘉城下人別竈帳における階級別及び職業別家族構成について，研究紀要（長崎県立佐世保商科短期大学）4，20-31頁.

佐賀県立図書館「古地図・絵図データベース」（http://www.sagalibdb.jp/）（最終閲覧年月日 2018年8月31日）.

第10章 城下町絵図からみた近世和歌山の構造
－武家屋敷地域の空間編制とその維持をめぐって－

渡邊秀一

1 はじめに

　本章の目的は、紀伊和歌山城下における武家屋敷地域の身分制的空間編制と、空間秩序の維持にかかわるシステムを明らかにすることである。一般的に近世城下町における武家屋敷は家柄や家禄に基づいて屋敷規模を決定し、中心部に上級家臣を配置し、城郭・領主からの距離に応じて中級・下級の家臣が周辺に配置される、というのが基本的な原則であると理解されている。一方で、和歌山城下は加賀金沢や陸奥仙台などと同様に、多核的な構造をもつ城下町であるという矢守一彦の指摘もある（1970:284-285 頁および 1972:182-202 頁）。多核的であるが故に生じる身分制的な空間編制原理の攪乱と、それがもたらす複雑さをどのように構造化し、また維持していったのかを、問わなければならない理由がここにある。

　自治体史を除けば、歴史地理学的関心からみた和歌山城下に関する研究は極めて少ない。安藤精二による和歌山城下の簡潔な紹介（1978:21-24 頁）のほかに、管見の限りでは千森督子（1986）、水田義一（2003）の 2 編の論考、矢守一彦（1988:51-52 頁、69-70 頁）および三尾功による一連の研究（1994）が確認できるだけである。千森・水田の論考は、和歌山城下の街区割（町割）に焦点を当てたものであるが、概略的な記述にとどまっている。それは矢守や三尾でも同様である。

　和歌山城下の場合、町屋敷地域に関する資料が極めて乏しい。そこで、先行諸研究と同様に和歌山城下町絵図に基づいて武家屋敷地域の全体的構造を検討し、そのうえで紀伊徳川家中の屋敷地に関する記事に基づいて、より詳細な武家屋敷地の存在形態、屋敷地の移動（居住地の移動）を検討し、それらを通して和歌山城下における身分制的空間編制原理の維持を可能にしたシステムについて、考察を進めていく。

　なお、本章で用いた和歌山城下町絵図は和歌山県立図書館所蔵の絵図群であり、和歌山市立博物館所蔵の絵図を適宜参照している。また、紀伊徳川家中の武家屋敷地についてはまとまった資料がないため、紀伊徳川家中の屋敷地に関する記事は、主として「紀伊家中家譜及び親類書上げ」[1]を、一部で「仮名別諸士系譜」[2]を用い、前者の場合は「××家家譜」、後者の場合は「××家系譜」と表記する。また、「紀伊家中家譜及び親類書上げ」は紀伊徳川家中の家譜群であるが、膨大な数量に及ぶため、現時点では一部の閲覧にとどまっていることを断っておく。

186   第Ⅱ部　近世城下町の構造と空間変動

2　和歌山城下町の概要

1）和歌山城下町の成立

　和歌山城下の形成は、天正 13 年（1585）に紀州を攻略した羽柴秀吉が和歌山城の築城を開始した
ことから始まる。紀州支配を羽柴秀吉から委ねられた羽柴秀長は、和歌山城に城代桑山重晴を入れた。
そのため、初期の和歌山城とその城下の建設は桑山重晴のもとで進行したと考えられている（三尾
1994:90 頁）。その桑山期を和歌山城下形成の初期的段階とすれば、慶長 5 年（1600）に紀州に入った
浅野幸長と後嗣・長 晟二代の時期は、江戸期和歌山城下の基本的な形態をつくりあげた発展期であっ
たということができる。浅野家の広島移封によって元和 5 年（1619）に入封した紀伊徳川家のもとで
和歌山の拡張や寺院街の移転、本町惣門の移動などが行われたとはいえ、武家屋敷地や町屋敷地の
大規模な配置換えは確認できず、紀伊徳川期は浅野家時代の和歌山城下の形態や基本的な構造を継承
したと考えられるためである。そして、紀伊徳川期において城下町域は大きく拡大しており、徳川期
が和歌山城下の拡大・完成期であったといえよう（図 10-1）。

　桑山重晴の事績については、同時代の資料がないため、詳細は明らかではない。文化 3 年（1806）
に編纂が開始された紀伊徳川家の官撰地誌『紀伊続風土記』には、市堀川を開削して紀ノ川と和歌川
を連絡し、水運の便を図ったこと、また広瀬通り丁およびそこから三木町堀詰にかけて町屋敷地域を
形成したこと（図 10-1）などが記載されている[3]。

　浅野家に伝存する「諸事覚書」や「自得公済美録」に基づいた三尾（1994:89-102 頁）の指摘に従えば、
浅野家による和歌山城下の改造は、①慶長 6 年に検地を実施したこと、②和歌山城大手門を南東の岡
口門から北東の一ノ橋南へ変更したこと（図 10-1）、③大手門の変更により大手通りを広瀬通りから
京橋（図 10-1、G）を起点として北へ伸びる本町通りに移動させたこと、④徳川期の元寺町に浅野期
の寺町を形成していたこと（図 10-1）の 4 点であり、その結果そして⑤浅野家の広島移封時におけ
る和歌山城下町の範囲は、湊御舟入（図 10-1、A）－八丁目総門（同図、B）－木村主殿助南ノ橋（堀
詰橋、表橋とも。同図、C）－広瀬ノ橋（同図、D）－大泉寺（同図、E）－あミや町川はた（同図、F）
であった。これらによれば、和歌川東の新町・北新町および南部の新堀川周辺を除いて、和歌山城下
の基本的な形態が浅野期末期（元和年間前半）にはできあがっていたことになる。

　紀伊徳川期に入ると、武家屋敷地域が寺町の以西および以南に急速に広がっていく。宝永～正徳
年間の作成とされる「和歌山城下屋敷大絵図」[4]をみると、武家屋敷地域は寛文年間（1661 ～ 1673）
の開削とされる新堀川を越え（三尾　1994:196 頁）、上級家臣の下屋敷群を南の境界にして高松寺付近
にまで達している。また、町屋敷地域をみると、「和歌山城下屋敷大絵図」では西の浜堤上に西長町
が伸び、新堀川に沿って東西方向に連なる町屋敷地域と、その延長に和歌川に沿って南北に延びる町
屋敷地域が形成されている。和歌川の東岸を占める新町・北新町の成立時期は不明であるが、紀伊徳
川期の開発と考えられている。三尾（1994:194-195 頁）によると、新町が町方支配に入ったのは元禄
12 年（1699）である。北新町については記載がないが、新堀川に沿った町屋敷地域が寛文 8 年（1668）
に、西長町が天和 3 年（1683）に町方支配になっている。

　以上の点から、和歌山城下は桑山期から 100 年余りを経てほぼ完成したことになる。

第10章 城下町絵図からみた近世和歌山の構造　187

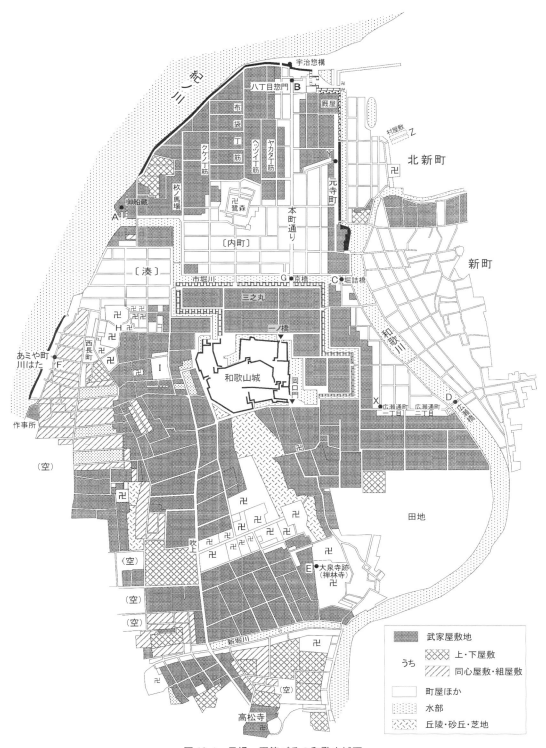

図10-1　元禄〜正徳ごろの和歌山城下

2) 浅野期和歌山城下の原形態

矢守（1988）によれば、和歌山城下町の町屋敷地域は「竪型」の町割から「横型」の町割への移行を示す典型的な事例である。桑山期の城下の町屋敷地域は∟型をなし、広瀬橋から広瀬通り丁に入り、大手門（江戸期和歌山城の岡口門）へと向かう東西方向の街道に沿って、「竪型」の町々がかたちづくられ、広瀬通り丁から分岐して北に向かい、三木町堀詰に至る街路を軸に「横型」の町々が形成されたという。また矢守（1988:51-52頁）は、浅野期に新たに町割されて形成された内町（市堀川以北）の町屋敷地域についても、全体的な形状を逆∟型ととらえ、浅野期和歌山城の大手門であった一ノ橋の延長上にある京橋を起点として始まる南北の本町通りと、それに平行な街路からなる地域を「竪型」、三木町堀詰から湊地区に至る東西方向の町並を「横型」と規定している。桑山期の∟型に浅野期の逆∟型が加わって、南北に接続する形になったのである。

浅野期に新たに形成された内町が逆∟型になった理由はいくつかあろう。その一つ目は、広瀬通り丁から三木町堀詰を経て北へ向かうルートの延長線上に、新たな町屋敷地域が位置することである。二つ目は、∟型と逆∟型を接続するための東西街路が必要になったこととともに、市堀川が東西に流れていることである。結果的にみれば、鷺ノ森御坊を中心とする寺内を西限にして、南北方向の竪型の町割を、同じく寺内を北限にして東西方向の横型の町割を施すことで、寺内と新町屋敷地域の接続を図ったことになる。

これと同様のことが、市堀川南に位置する湊地区の、後になって道場町と呼ばれる寺院が疎集する地域（図10-1、H）にもみられる。『紀伊続風土記』巻之五に従えば、湊地区には海善寺・西岸寺・安養寺など18の寺院があり、道場町とその周辺には13ヵ寺が集まって、吹上の寺町と別に寺院街を形成している[5]。そのうち、桑山期以前から存在していたと伝えられている寺院が6ヵ寺、さらに浅野期の慶長中に創建・移転・中興された寺院も3ヵ寺ある[6]。桑山期から浅野期の初期にかけて分布していた6ヵ寺、あるいは9ヵ寺の周辺に、どれほどの町屋敷地域が広がっていたのかは明らかではない。しかし、寺院群は町屋敷地域の形成を促す要因の一つであることは認められよう。また、湊地区には後に雑賀屋町・有田屋町と呼ばれる町人の拝領地（図10-1、I）が存在している。「和歌山町割之図並ニ諸士屋敷姓名附」[7]には雑賀屋町に「雑賀屋長兵衛かしや」と記載され、有田屋町には「新九郎紺屋」という記載がある。この2町は江戸時代を通じて町屋敷地域であった。図10-1から明らかなように、雑賀屋町・有田屋町は周囲を武家屋敷地域に囲まれ孤立的である。この2町がいつ町人の拝領地になったのかは不明であるが、道場町の寺院群にも近く、その位置は寺院や町屋敷が疎集する城下の西端付近であった可能性が高い。このように湊地区は桑山期以前から続く寺院群（道場町）と初期の町人拝領地などが緩やかなまとまりをみせる地域で、湊地区における東西方向の町屋敷地域は、これら2町を南限として形づくられているのである。

以上のように、浅野期の新たな町屋敷地域は、桑山期から受け継いだ東側の広瀬町屋敷地域と北側の鷺ノ森寺内、そして西側の湊地区の寺院群など3ヵ所の既存集落を、浅野期和歌山城下の町屋敷地区の東西、そして北の境界部分に位置づけ、和歌山城の北側・西側の空閑地に計画的な町割を施し、同時に前節の②・③で指摘したように、和歌山城大手門を一ノ橋に変更し、京橋から北に延びる本町通りを大手通りとしてつくりだされたものである。その大手通りについて、『紀伊続風土記』は若山

第 10 章　城下町絵図からみた近世和歌山の構造　　189

町数・広瀬の項で、以下のように記述している[8]。

　　廣瀬通一町目より二町目に至る　　舊は一町目を雑賀町といふ

　　廣瀬八百屋町　小名に宮ノ壇馬屋町といふあり

　　　　廣瀬町の南端に在りて東西に續けり、淺野家の時の大手通といふ

　　雑賀道

　　　　通町より南にある南北の町なり

　　南細工町　　　　北細工町　元中野島村より移る

　　和歌町　　　　　三木町南之町

　　三木町中之町　小乲に御墓所町といふあり

　　三木町堀詰　小名に千鳥ノ淵又瀬埼というあり

　　　　右六町通町西より第一筋目北に達する町にて南北に續けり、桑山氏のときは若山の町は漸

　　　　廣瀬通町、紲工町、三木町堀詰まてなりしといふ

　　　　　　　　　　　　　　　　　　　　　　　（原文にはないが、読点を補ってある。）

　この浅野期の大手通りに関する記事とこれに基づく通説を紹介しながら、三尾（1994:89-102 頁）
は桑山期・浅野期の大手であった広瀬に農村部が都市化したすがたを示す高付地が広瀬橋付近に残り、
広瀬口が大手であった期間が短かったと考えられることを述べている。高付地の存在は確かに桑山期
に広瀬橋まで町が広がっていなかったことを示し、浅野期の町屋敷地域より一層小規模なものであっ
たことを推定させるが、広瀬橋に至る通りが桑山期においても大手通りであったことを示すものでは
ない。『紀伊続風土記』が記述しているのは、広瀬通町一丁目（広瀬魚町）・二丁目（広瀬八百屋町）[9]
に浅野期の大手通りが通っていたということでしかなく、桑山期についてはまったく触れていないの
である（図 10-1）。

　『紀伊続風土記』が桑山期について述べているのは、前掲引用部分の最後の 2 行である。これによ
れば、桑山期和歌山城下には、広瀬通りを東に向かい一筋目を北に折れて三木町堀詰に至る街路を軸
に、町屋敷地域が形成されていたことになる（図 10-1、X − C）。加えて、三木町堀詰が町屋敷地域
の北端であったとする『紀伊続風土記』と符合する記述が、文化 9 年（1812）に刊行された高市志友
編『紀伊国名所図会　初編』にある[10]。

　　西店魚市場　萬町の西にあり

　　　當府に魚市場三所あり。所謂西店、中店、湊濱なり。東にあるを中の店といひ、西にあるを西
　　　の店といふ。東の店ハ名をたにととめす。その魚市ハ元廣瀬岡町にありしを、慶長六辛丑歳此
　　　の地に移す。（以下、省略）

　　萬町菜蔬市

　　　本町壱丁目、大工町、鍛冶屋町、駿河町、福町、すべて五町に亘りて市をなせり。（以下、省略）

「西店魚市場」の説明によると、廣瀬岡町にあった魚市が慶長 6 年（1601）、すなわち浅野家による
町割の実施に伴って移転したというのである。この点については、『紀伊国続風土記』にも同様の記
載がある[11]。

　　萬町　　慶長の比より毎朝菜可果の市を茲になす

　　西之店　此町舊廣瀬に在て東之店といふ。慶長六年此地に移して西魚町と名つく。後今の名に改

190　第Ⅱ部　近世城下町の構造と空間変動

図 10-2　浅野家初期における町屋敷地域の整備

む。毎朝魚市をここになす。
　中之店南之町　慶長ノ比は此邊を中魚町といふ。後改めて三町とす。

『紀伊国名所図会』には中店（中之棚）に関する記載はない。しかし、『紀伊国続風土記』の「中之店南町」では、移転年に関する記述はないものの、慶長期に魚市（魚町）であったことが記載されている。こうした点から、中店も同じ慶長6年に移転したと考えることができよう。中店は本町通東二筋目で市堀川を南端とする南北二町の町であり、三木町堀詰とは市堀川に架かる堀詰橋（表橋）をはさんで向かい合っている。また、萬町を含め菜蔬市をなしていた町々は、西店（西之棚）の南と西に隣接する地区である（図 10-2）。したがって、「西店魚市場」以下の『紀伊国名所図会』の記載は、市堀川北の堀詰橋から京橋・中橋に至る地区が浅野期に町立てされたことを示すもので、三木町堀詰が桑山期の町屋敷地域の北端であったとする、先の『紀伊国続風土記』の記載と矛盾していない。

　また、浅野期に魚市であったされる中店を北に進むと、市之町・旅籠町の町並に行き当たる。この市之町・旅籠町は、周辺街区が南北を長辺とする方形であるのに対して、南西から北東に向けて斜行する特異なブロックになっている（図 10-2）。和歌山城下における町屋敷地域は奥行 17 間（一部で 18 間）で区画されており[12]、市之町・旅籠町から堀詰橋北詰までの元寺町の武家地も同じである。これに対して、市町・旅籠町以北では本町九丁目やその南の鍋屋町を除いて町屋敷地域はなく、武家地がほとんどを占めている。市町・旅籠町以北の街区には奥行き 17 間の区画がなく、武家地を南北に走る街路も南側の区画との連続性はない。このことから、市町・旅籠町の南北で当初から町割の規格を異にして、市町・旅籠町から南部の町屋敷地域は西之店・中之店と同じ規格で町割されていたことが十分に考えられよう。中店が慶長6年の成立ならば、市町・旅籠町から南部の町屋敷地域の形成時期も、西之店・中之店の成立と同時期の慶長6年またはそれ以降であると推定できる。

　この市之町・旅籠町を斜行する街路を西に直線的に延長してみると、鷺ノ森寺内に行き当たる。逆に東に延長すると、北新町の東に連なる村屋敷の斜行する道路に直線的につながる（図 10-1、Z）。鷺ノ森寺内から北東へのびる斜行街路のほとんどは、浅野期に本町通りとそれと並行な街路に沿って新しい町並みが形づくられ、さらに紀伊徳川期に入ると北新町がつくられたために失われている。しかし、村屋敷の斜行する道路は、浅野期においてはなお元寺町から北東へ続いていたことが容易に推定できる。そして、それが三木町堀詰からのびる街路に接続することから、図 10-1 の Y － Z 間

の斜行道路は浅野期においても機能していたと考えられる。

　このように考えてくると、鷺ノ森寺内という既存集落の存在が新しい町屋敷地域の計画に深くかかわっていたと考えざるをえない。浅野期に斜行する街路に形成された市之町・旅籠町まで、市堀川の北に一続きの町屋敷地域が計画された、あるいは実際に形づくられたとすれば、それは桑山期から存続したという広瀬通り丁から三木町堀詰まで連続する町屋敷地域と鷺ノ森寺内を接続し、一体化することを企図したものであろう。加えて、湊地区でも海善寺・西岸寺などの寺院群の既存集落や拝領町人地についても、それと接続して一体化する新町屋敷地域の形成が進められている。こうした点から考えれば、浅野期の新町屋敷地域の開発は既存の3集落を巧みに利用したものであったといわなければならない。

3　和歌山城下町の絵図

1）和歌山城下町絵図の概要

　現存する和歌山城下町絵図は、和歌山市立博物館が調査結果をまとめた一覧表に従えば68鋪である[13]が、さまざまな著作や資料目録などに挙がった和歌山城下町絵図を合わせると、86鋪になる。しかし、筆者が知り得た限りでは19鋪の絵図の現所蔵者が不明であり、作成（景観）年代が不明の絵図も14鋪にのぼる。残る53鋪のうち1鋪は軍学用と思われる簡略な図であるため、本章の目的に照らし現所蔵者、作成（景観）年代、絵図の法量等、絵図の基本的情報が明らかな和歌山城下町絵図は52鋪になる[14]（表10-1）。所蔵先不明の絵図の中には「正保和歌山古図　写」や明暦2年（1656）「紀州和歌山絵図」など、17世紀前半に作成されたとされる絵図が含まれているが、和歌山城下町では正保城絵図も伝存していないため、現時点で17世紀中に作成された絵図は最大3鋪である。そのうち1鋪（表10-1、No.2）は個人所有で、実見できる絵図は「和歌山古屋敷絵図」（No.1）と「和歌山町割之図並ニ諸士屋敷割姓名附」（No.3）だけになる。また、18世紀の作成とされる絵図が18鋪、その他は19世紀になって作成されたとされている。しかし、作成（景観）年代が特定の年にしぼられている絵図がある一方で、およそ70年という大きな時間幅をもつものまであり、作成（景観）年代の特定に大きな精粗の差がある。したがって、多くの絵図でより詳細かつ正確な作成（景観）年代の検討が必要になる。

　表10-1に挙げた絵図はいずれも分間絵図であるが、多くはフリーハンドで描かれている。その中で「和歌山城下町絵区」（No.40）は御用絵師・野際蔡真の手になるもので、文化財としての価値の高さで知られている。しかし、「和歌山城下屋敷大絵図」（No.6、以下「城下屋敷大絵図」と表記）も御用絵師が描いたと推定される図である。表10-1では「城下屋敷大絵図」の法量を南北73.9cm×東西275.0cmとしたが、それは7分割され、軸装された各巻の法量である。南北をおよそ74cmで計算すると、「城下屋敷大絵図」は7巻で南北518cmにもなる大絵図である。「和歌山城下屋敷大絵図」が記載する範囲は、東西でいえば他の城下町絵図と大きな違いはなく、北を紀ノ川で限っている点も同じであるが、南は和歌の浦まで含んでいる。この和歌の浦とその周辺の描写は絵画そのものであり、城下町域の精巧な描写と合わせて、御用絵師が描いた絵図と考えざるをえない（図10-3）。

　「城下屋敷大絵図」で注目される点は、武家屋敷地の表間口・奥行、場所により区画四辺の長さを

192　第Ⅱ部　近世城下町の構造と空間変動

表 10-1　和歌山城下絵図

No.	図　名	員数	年　代 和　暦	年　代 西　暦	法　量 南北	法　量 東西	所　蔵
1	和歌山古屋敷絵図	1 鋪	万治元～寛文元年	1658 ～ 1661	130.9	119.4	和歌山県立図書館
2	（和歌山城下図）	1 鋪	天和元～天和 4 年	1681 ～ 1684	123.0	136.0	個人
3	和歌山町割之図並ニ諸士屋敷割姓名附	1 鋪	元禄 13 年	1700	154.7	118.6	和歌山県立図書館
4	紀州和歌山図	1 鋪	元禄 13 ～宝永 2 年	1700 ～ 1705	134.0	122.5	聖心女子大学図書館
5	（和歌山城下図）	1 鋪	元禄 15 ～宝永 2 年	1702 ～ 1705	93.5	117.8	和歌山市立博物館
6	和歌山城下屋敷大絵図	7 巻	宝永 6 ～正徳 4 年	1709 ～ 1714	73.9	275.0	和歌山県立図書館
7	和歌山大絵図	1 鋪	正徳 2 ～寛政元年	1712 ～ 1789	107.5	88.0	和歌山県立図書館
8	（和歌山城下図）	1 鋪	正徳 4 年	1714	—	—	和歌山県立図書館
9	紀伊和歌山城図	1 鋪	享保元年	1716	79.8	122.0	名古屋市蓬左文庫
10	紀州和歌山図	1 鋪	享保年間初期	1716 ～ 1720	179.0	96.0	聖心女子大学図書館
11	享保十一年和歌山城下之図　写	1 鋪	享保 11 年	1726	39.2	54.4	和歌山市立博物館
12	紀州侍屋敷図　写	1 鋪	享保 13 年	1728	121.5	107.8	和歌山市立博物館
13	和歌山之図	1 鋪	享保 20 ～延享 2 年	1735 ～ 1742	184.4	116.1	神宮文庫
14	和歌山城下町絵図	1 鋪	享保 20 ～寛延 2 年	1735 ～ 1749	110.2	76.8	和歌山県立図書館
15	紀伊国名草郡若山城下図	1 鋪	寛延 2 ～宝暦 2 年	1749 ～ 1752	135.9	114.6	神宮文庫
16	日本輿地南海道部紀州和歌山和歌浦之図	1 鋪	宝暦 6 年	1756	177.6	125.1	国立公文書館
17	和歌山図	1 鋪	宝暦 7 年	1757	157.4	108.9	慶應義塾大学三田図書館
18	和歌山之図	1 鋪	明和 4 ～ 9 年	1767 ～ 1772	118.0	90.0	神宮文庫
19	紀都会一覧	1 鋪	安永 7 ～寛政元年	1778 ～ 1789	126.4	97.5	和歌山県立図書館
20	和歌山略絵図	1 鋪	寛政元年	1789	130.8	105.7	和歌山県立図書館
21	和歌山城下地図	1 鋪	寛政 9 ～寛政 13 年	1797 ～ 1801	127.2	89.7	和歌山県立図書館
22	（和歌山城下図）	1 鋪	享和 2 ～文化 5 年	1802 ～ 1808	123.0	136.0	個人
23	自欠作町到御城之図　附遠望御城之図	1 鋪	文化 5 ～ 6 年	1808 ～ 1809	29.5	210.0	和歌山県立図書館
24	和歌山安見図	1 鋪	文化 8 ～文政 5 年	1811 ～ 1822	8.0	17.1	和歌山市立博物館
25	若山図　全	1 鋪	文政 4 ～ 5 年	1821 ～ 1822	153.0	105.5	和歌山市立博物館
26	和歌山之図	1 鋪	文政 6 年	1823	119.6	91.3	和歌山県立図書館
27	文政十三年町名相改若山城下図　写	1 鋪	文政 13 年	1830	145.6	113.9	和歌山市立博物館
28	此度丁名相増又者相改候略図	1 鋪	文政 13 年	1830	24.5	865.9	和歌山市立博物館
29	和歌山城下図	1 鋪	江戸後期	—	136.2	92.8	和歌山市立博物館
30	和歌山城下図　写	1 鋪	天保初年	1830 ～ 1844	134.1	93.7	個人
31	和歌山城下町図　写	1 鋪	天保 6 年	1835	155.2	115.0	和歌山市立博物館
32	南紀若府之全図	1 鋪	天保 6 年	1835	112.1	86.4	和歌山市立博物館
33	和歌山絵図	1 鋪	天保 6 ～文久元年	1835 ～ 1861	113.0	90.1	和歌山県立図書館
34	若山御城下図面	1 鋪	天保 7 ～天保 12 年	1836 ～ 1841	163.5	119.3	和歌山県立図書館
35	若府全図	1 鋪	天保 7 ～ 12 年	1836 ～ 1841	146.5	113.5	和歌山県立図書館
36	士屋敷氏名入和歌山城下図	1 鋪	天保 7 ～安政元年	1836 ～ 1854	130.0	102.2	和歌山市立博物館
37	和歌山城下絵図	1 鋪	天保 7 ～万延元年	1836 ～ 1860	123.3	98.8	和歌山県立図書館
38	若府図	1 鋪	天保 7 ～文久元年	1836 ～ 1861	132.5	112.1	和歌山県立図書館
39	和歌山城下町絵図	1 鋪	天保 15 年	1844	91.7	127.4	和歌山市立博物館
40	和歌山城下町絵図（野際蔡真画）	1 鋪	安政 2 年	1855	152.5	147.5	和歌山市立博物館
41	和歌山城下図	1 鋪	安政 2 ～万延元年	1855 ～ 1860	146.0	156.0	和歌山市立博物館
42	和歌山城下町絵図	1 鋪	安政 2 ～万延元年	1855 ～ 1860	130.0	101.5	和歌山市立博物館
43	（和歌山城下図）	1 鋪	安政 3 ～元治 2 年	1856 ～ 1864	98.0	118.0	個人
44	和歌山城下之図（凹郵文庫）	1 鋪	安政 5 ～ 6 年	1858 ～ 1859	128.9	99.7	和歌山市立博物館
45	若山城下図	1 鋪	安政 3 ～万延元年	1856 ～ 1860	122.2	99.1	和歌山市立博物館
46	紀府細見画譜	1 鋪	安政 5 年	1858	99.3	126.4	和歌山市立博物館
47	紀府若山全図	1 鋪	安政 6 年	1859	219.8	156.7	個人
48	和歌山屋敷絵図	3 鋪	文久 3 年	1863	76.5	199.5	和歌山市立博物館
49	和歌山城下町絵図	1 鋪	文久 3 年	1863	151.3	113.5	和歌山市立博物館
50	和歌山城下図（和歌山市街図）	1 鋪	文久 3 ～元治元年	1863 ～ 1864	119.7	88.5	和歌山市立博物館
51	（和歌山城下図）	1 鋪	元治元年	1864	136.8	104.5	和歌山市立博物館
52	若山御城下絵図	1 鋪	慶応元年	1865	121.9	97.8	和歌山県立図書館

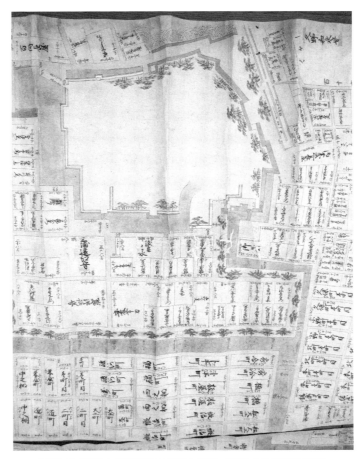

図 10-3「和歌山城下屋敷大絵図」部分（和歌山県立図書館蔵）

朱筆で記載している点である（図 10-3）。和歌山城下町絵図に限らず、屋敷（屋敷地）の居住者（使用者）である武士名だけを記載した城下町絵図が多い中で、当該図は和歌山城下における武家屋敷地との大きさを知ることができる唯一の資料である[15]。また、ほとんどの区画に居住者（使用者）の変更を示す貼紙があり、武士名の修正も頻繁に行われていたようである。武士の階層の上下を問わず、居屋敷の移動が日常的に行われていた様子をよく示す絵図でもある。

このように、「城下屋敷大絵図」は記載情報の修正が激しく、利用が難しい側面がある。しかし、現存する和歌山城下町絵図の中でも古い絵図の一つであり、とくに豊かな情報が記載された絵図であることから、本章では和歌山城下における武家屋敷（地）に関する基本的情報源として使用する。

2）「城下屋敷大絵図」の作成年代と記載情報の時間的錯綜性

三尾は「城下屋敷大絵図」の作成年代を宝永 6 年～正徳 4 年（1709～14 年）と推定している（三尾 1994:146-148 頁、和歌山城下図一覧）。それは、和歌山城三之丸に記載された水野淡路守（水野重期、新宮 3 万石）が淡路守を称した期間である（三尾 1994:158-161 頁、諸大夫の補任・退任年表）。水野淡路守の墨書の上下には糊跡があり、貼紙が落剥して元の情報が現れたものであろう。

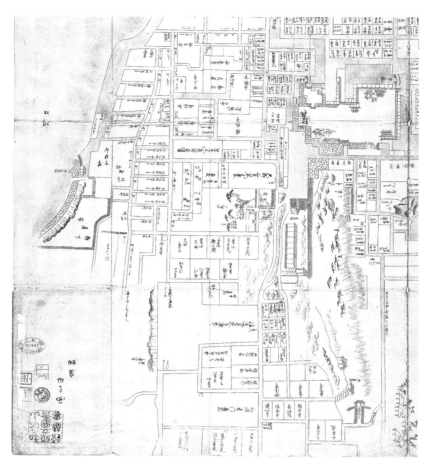

図 10-4 「和歌山古屋敷絵図」部分（和歌山県立図書館蔵）

　当該図には貼紙の落剥跡が数多くみられる。三之丸だけでも、三浦遠江守、伊丹新■（六か……筆者）、佐野弁左衛門、大高源右衛門、加納平次右衛門、天野孫七、松平金左衛門、■（山か……筆者）本勘兵衛、岡部惣五郎、畔柳甚左衛門などが、貼紙落剥後に現れた元情報である。貼紙の落剥は元情報の確認を可能にし、当該図の作成時期の特定に重要な情報を提供している。しかし、それは貼紙によって更新された数多くの情報との時間的隔たりをつくり出し、情報の修正がいつごろまで行われていたのか、すなわち当該図がいつごろまで利用されていたのかという点については、逆に判断を難しくしている。

　試みに、絵図中からいく人かの武士を抽出し、元情報と貼紙によって修正された情報の時間を比定してみよう。「城下屋敷大絵図」に記載された元情報、水野志摩守（重盃）、水野安房守（忠知）、安藤帯刀（陳武）、三浦遠江守（為隆）、久野和泉守（俊正）、加納平次右衛門（政信）は、水野淡路守（重期）から推定された宝永 6 年〜正徳 4 年の間に確かに実在しており、矛盾はない。しかし、正徳 2 年(1712)に死去した水野快道（水野平右衛門重増、天和 3 年〈1683〉の隠居後、快道と号す；丹波守系水野家家譜）が記載されていることから、貼紙の落剥によって現れた情報によって、当該図の作成（景観）年代は宝永 6 年〜正徳 2 年に修正することができる。また、当該図には岡野平太夫と「岡野信濃守下

やしき跡」が記載されている。岡野平太夫は岡野家当主代々の呼び名である。岡野家家譜によれば岡野家で信濃守の官途名をもつのは岡野一明ただ一人で、元禄15年（1702）に家督相続し、宝永6年に死去している。したがって、当該図の岡野平太夫は信濃守の子・広明である。岡野平太夫広明は後に石見守を称するが、「岡野信濃守下やしき跡」と記載されている点から、「城下屋敷大絵図」は平太夫広明の石見守叙任以前、宝永6年からあまり年月を経ていない時点で作成されたものと考えられる。

　一方、貼紙で修正された情報には、「安藤帯刀下やしき・三浦長門守下やしき・加納大隅守下やしき」（□は貼紙による修正部分）などがある。三之丸に記載された安藤帯刀（陳武）には貼紙による修正がないため、「安藤帯刀」は安藤陳武の死去後に再び帯刀を名乗った人物であろう。それに該当するのは、享保16年（1731）から明和2年（1765）の間に帯刀を名乗った安藤次由と、明和8年（1771）まで帯刀と称していた安藤次由の後嗣・安藤寛長である（三尾 1994:158-161 頁、諸大夫の補任・退任年表）。三浦家で遠江守為隆の後に最初に長門守を称したのは三浦為恭で、明和4年（1767）から死去の安永4年（1775）までで、これ以降の三浦家の当主は代々長門守を称している（三尾 1994:158-161 頁、諸大夫の補任・退任年表）。加納大隅守についていえば、加納政基が延享元年（1744）に大隅守に叙任し（宝暦9年隠居）、その子・政明も明和9年に大隅守に叙任し、寛政9年に隠居した（加納家系譜）。このほか、元文2年（1737）に新規に召出された大橋忠太夫（大橋家家譜）や寛保元年（1741）に新規に召出された大畑喜八郎（大畑家家譜）、寛保3年（1743）に召出された松本甚之左衛門（松本家家譜）らの名が貼紙によって加えられている。

　以上の点から、「和歌山城下屋敷大絵図」は宝永6年ごろに作成され、最大で60年余り後の明和年間まで情報を更新しつつ利用されていたことになる。

4　和歌山城下町絵図の作成（景観）年代

1）絵図の選択基準

　前章で指摘した通り、「城下屋敷大絵図」は伝存する和歌山城下町絵図の中で最も情報の豊かな絵図であるが、情報の更新が頻繁にかつ長期間にわたって行われている。そうした絵図に描かれた武家屋敷地域の景観年代を確定することは難しい。一方で、和歌山城下町絵図には武士名の記載が不十分なまま伝存してきたものも少なくない。情報の時間的錯綜、情報量の不足が甚だしい城下町絵図は、当該研究の目的に適合しない。そこで、十分な情報量をもち、貼紙などのよる情報更新の少ないことを条件にして、作成（景観）年代が万治年間（1658～1661）と最も古い「和歌山古屋敷絵図」（表10-1、No.1）から安政2年（1855）作成の「和歌山城下町絵図」（表10-1、No.40）の間をおよそ50～70年の間隔で時期を定め、屋敷割の変化と、それにより城下町構造の変化を考察するための絵図の選択を試みた。以下で取り上げるのは「和歌山古屋敷絵図」（表10-1、No.1）、「和歌山町割之図並ニ諸士屋敷姓名附」（表10-1、No.3）、「紀都会一覧」（表10-1、No.19）、「和歌山城下地図」（表10-1、No.21）である。

2）対象絵図の作成（景観）年代に関する検討

　和歌山城下町絵図の作成（景観）年代の推定は、すでに三尾によって進められている。絵図に描

きこまれた寺社なども作成（景観）年代を推定する手がかりとして使われてはいる（三尾 1994:154-157 頁、寺社の創建・移転年等一覧）が、多くは安藤・水野・三浦・久野ら主要家臣 4 ～ 5 家の官途名を年代推定の根拠にしている（三尾 1994:158-161 頁、諸大夫の補任・退任年表）。前章で述べたように、これまでの推定結果では大まかな年代は明らかになっても、数年から 10 年を超える時間的幅が生じている。それは作成（景観）年代推定の手がかりとして使用した、情報量の少なさに一因がある。そこで、改めて対象絵図のより正確な作成（景観）年代を検討してみたい。

① 和歌山古屋敷絵図

「和歌山古屋敷絵図」（表 10-1・No.1、図 10-4、以下では「古屋敷絵図」と表記）は、万治元年～寛文元年（1658 ～ 1661）の作成と推定されている（三尾 1994:146-148 頁、和歌山城下図一覧）。この推定年代に誤りがなければ「古屋敷絵図」は現存し、実見可能な和歌山城下絵図のなかで最も古い絵図である。ただし、この絵図にはいくつか注意すべき点がある。その一つは、絵図の保存状態が他の絵図に比べて極めてよく、万治元年～寛文元年という景観年代に比べて比較的新しい絵図のようにみえることである。したがって、「古屋敷絵図」が写図である可能性も念頭に置いて、記載内容を検討する必要がある。二つ目は、絵図の下部が失われている可能性があるという点である。「古屋敷絵図」の天と左右の端には余白がきちんと取られているのに対して、下端（地）では区画線が余白もなく切れているのである。したがって、現存の絵図は当時の和歌山城下の状況を完全に伝えていない可能性がある。

　「古屋敷絵図」の作成（景観）年代は、図に記載された「水野対馬」が万治元年に叙任し、「久野三郎左衛門」が寛文 2 年に丹波守に叙任していること（三尾 1994:158-161 頁、諸大夫の補任・退任年表）を根拠に推定されたものと思われる。この推定に対しては、筆者も基本的に異論はない。しかし、絵図中に「松平三郎兵衛・落合七郎左衛門」の名があることから、さらに絞り込みが可能である。松平三郎兵衛は父・六郎兵衛重勝の隠居によって万治 3 年（1660）に家督を相続し（松平三郎兵衛家家譜）、落合七郎左衛門は万治 3 年 6 月に死去している（落合七郎左衛門家家譜）。この点からいえば、この図の作成（景観）年は万治 3 年の作成でなければならない。

　また、「古屋敷絵図」には岡野平太夫房明（後に伊賀守）の屋敷が記載されていない。家譜によれば、岡野房明は寛永 15 年（1638）に小姓として出仕を始め、正保 3 年（1646）に 300 石の俸禄を得て、正保 4 年に元服し、承応元年（1652）に小姓頭に進んだ。岡野房明の屋敷地については万治 4 年（1661）のこととして、岡野家家譜に「広瀬屋敷、後隣北村与惣兵衛屋敷被　下置候」と記載されている。そして、大番頭・1,300 石になった寛文 11 年（1671）に「屋敷　被下置」、寛文 12 年に「老中」・2,600 石になり、延宝 2 年（1674）に 1,000 石の加増を受けて「下屋敷　被下置」と 3 度にわたって記載がある。万治 4 年の記載にある「北村与惣兵衛屋敷」は、古屋敷絵図にも記載されている（図 10-5）。岡野家の家譜では屋敷地が北村与惣兵衛屋敷の後隣としていることから、万治 4 年時点での岡野平太夫房明の屋敷地は、北村与惣兵衛屋敷の東側に位置していたことになる。「古屋敷絵図」の作成が万治 3 年であれば、万治 4 年に拝領した岡野平太夫房明の広瀬屋敷が描かれていないのは当然のことである。

　「和歌山町割之図並ニ諸士屋敷姓名附」（表 10-1、No.3）では、岡野平太夫家は和歌山城三之丸広瀬口の南に移動し、この万治 4 年拝領の屋敷地は岡野家下屋敷になっている。「紀都会一覧」や「和歌山城下地図」など江戸時代中・後期の城下町絵図では、この拝領地と北村与惣兵衛屋敷地、北村屋

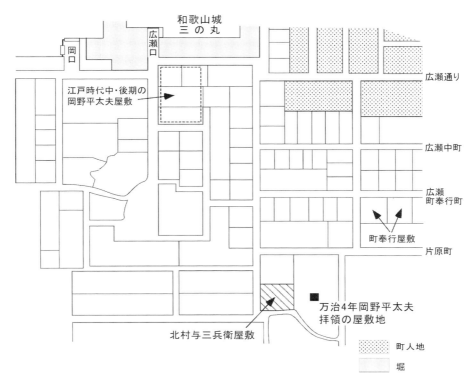

図 10-5 「和歌山古屋敷絵図」の広瀬屋敷地区

敷の北に隣接していた東又四郎屋敷を合わせて岡野平太夫家下屋敷になっている。万治4年に拝領した広瀬屋敷が、岡野家下屋敷の出発点になったのである。こうした屋敷地の位置関係の正確さから考えれば、和歌山古屋敷絵図の記載内容は一定の信を置いてよいと思われる[16]。

② 和歌山町割之図並ニ諸士屋敷姓名附

「和歌山町割之図並ニ諸士屋敷姓名附」（表10-1・No.3、図10-6、以下「町割之図」と表記する）には、表題に「元禄十三庚辰十月改」、図中には「元禄拾三庚辰十月上旬書之」という記述があり、これに基づいて「町割之図」は元禄13年（1700）作成の図とみなされてきた（三尾 1994:146-148頁、和歌山城下図一覧）。絵図中の修正はわずかに16区画に留まっており、内容的に作成時点から大きく変化していないことになる。

「町割之図」に記載された主要家臣は、安藤内膳（正）、水野土佐守、三浦長門守、水野志摩守、水野快道（水野平右衛門）、久野和泉守、岡野伊賀守、水野安房守などである。表10-1、No.7「城下屋敷大絵図」と同一人物の名が多く認められることから、両図の作成年代に大きな隔たりはないと思われる。このうち、安藤内膳（正）すなわち安藤陳武以下の7名までは、元禄13年の作成と考えて矛盾はない。しかし、水野安房守の叙任は元禄13年12月のことであり（三尾 1994:158-161頁、諸大夫の補任・退任年表）、また当該図では「古屋敷絵図」において渡邊若狭守屋敷になっていた区画を「湊御屋敷」と記載している。湊御屋敷ができたのは元禄15年（1702）である（三尾 1994:154-157頁、寺社の創建・移転年等一覧）。こうした点からいえば、「元禄十三庚辰十月改」や「元禄拾三庚辰十月上旬書之」の記載は絵図中の記載と一致しない。

198　第Ⅱ部　近世城下町の構造と空間変動

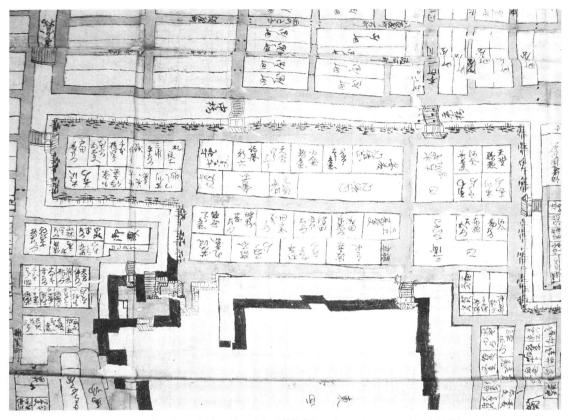

図10-6　「和歌山町割之図並ニ諸士屋敷姓名附」部分　（和歌山県立図書館蔵）

　先に名が挙がった岡野伊賀守は元禄15年に隠居し、宝永2年（1705）に死去している（岡野家家譜）。加えて元禄16年6月に隠居し、元禄17年1月に病死した岡村嘉兵衛（道政）（岡村家家譜）や元禄16年7月に隠居し、宝永2年2月に病死した村河軍兵衛（村河家家譜）の名も記載されている。湊屋敷の設置年や岡野伊賀守以下3名の隠居・死去の時期、そして安藤陳武が内膳と称した時期が元禄13～宝永2年であったことを考え合わせ、かつ水野土佐守以下5名の存在時期と矛盾が生じない時期を、「町割之図」の作成年代とするなら、それは元禄15年～宝永元年（1702～04）ということになる。絵図中に記載された年紀が作成の開始時期を示し、決して絵図の完成時期ではないことがしばしばある。図に記載された元禄13年の年紀も、そうした経緯で記載されたと考えるべきであろう。
　他の絵図にみることができない「町割之図」の特徴は、武家屋敷地域と町屋敷地域の境、町ごとの境に木戸が記載されていることである。木戸の記載は市堀川以北、しかも中橋より東部では武家屋敷地域と町屋敷地域の境界だけでなく、町屋敷地域内にも木戸が描かれている。しかし、枚ノ馬場筋から西側になると木戸の記載は一つもない。また、和歌山城の東側では三木町堀詰以北、西側では久保丁以北の範囲に、また和歌川東側の北新町一丁目・七軒丁に木戸が記載されている。これに対して、武家屋敷地域と町屋敷地域が複雑に入り組む傾向をみせる市堀川以南の東長町や新堀川周辺には、まったく木戸が記載されていない。
　③　紀都会一覧

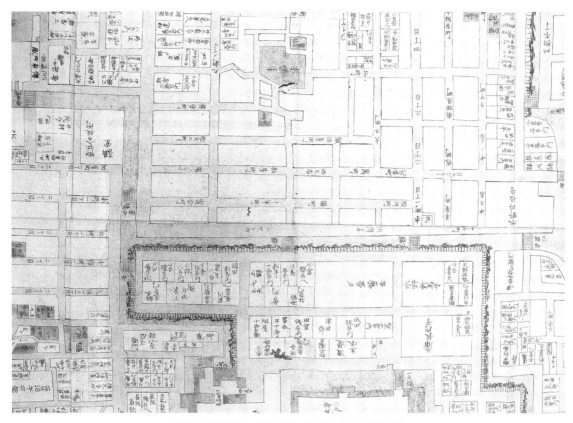

図 10-7「紀都会一覧」部分（和歌山県立図書館蔵）

「紀都会一覧」（表 10-1・No.19、図 10-7）の作成（景観）年代は安永 7 年～寛政元年（1778～89）とされている（三尾 1994:146-148 頁、和歌山城下図一覧）。作成年代推定の根拠になったのは、図中に記載された水野対馬守（忠奇）・三浦長門守（為修）・久野和泉守（輝純）の官途名に加え、吹上の寺町に広厳寺が記載されていることであろう。「諸太夫の補任・退任年表」（三尾 1994:158-161 頁）に従えば、水野忠奇が対馬守を名乗ったのが安永 7 年～寛政 2 年、三浦為修が長門守を名乗ったのが安永 5 年～寛政元年（同年死去）、久野輝純が和泉守を名乗ったのが安永 4 年～天明元年（1775～1781）であり、三人がそろうのは安永 7 年から天明元年（1778～81）の間である。また、広厳寺が恵運寺と改称したのが寛政元年であり（三尾 1994:154-157 頁、寺社の創建・移転年等一覧）、これも安永 7 年から天明元年（1778～81）の間という判断と矛盾しない。

仮に「紀都会一覧」の作成年代を安永 4 年～天明元年としても、この絵図にはなおいくつか不審な点がある。その一つは当該図に「水野縫殿」の名が記載されていることである。志摩守系水野家家譜によれば、同家で縫殿を名乗ったのは二人である。一人は水野志摩守の孫にあたる忠鎮で、元文 4 年（1739）に父・勘解由忠英から 3,000 石を相続して、明和 5 年（1768）に隠居し、明和 8 年に死去している。他の一人は水野忠鎮の孫・忠基である。水野忠基は文化元年（1804）に父・多門忠顕から 3,000 石を相続し、文化 12 年に死去した。また、丹波守系水野家については、「水野丹後守」という官途名での記載と官途名を用いず、「水野太郎作下屋敷」と代々の通称名が同時に記載されている。18 世紀

後半に丹後守を名乗ったのは水野太郎作正実ただ一人で、延享3年（1746）に父・美濃守知義から相続し、天明2年（1782）に隠居して天明6年12月に死去した。水野正実が叙任したのは宝暦9年（1759）で美濃守を名乗った（丹波守系水野家家譜）が、後に丹後守に改めている[17]。この「水野丹後守」の記載と、「紀都会一覧」の推定作成年代・安永4年〜天明元年には矛盾はない。この点から考えれば「水野縫殿」は水野忠鎮でなければならないが、明らかに「紀都会一覧」の推定作成（景観）年代と「水野縫殿」の記載が一致しない。

　さらに資料を加えると、明和元年（1764）に父・彦坂五郎作備征から家督相続した彦坂五郎八（備英）（五郎左衛門系彦坂家家譜）の名が広瀬中丁にあり、明和6年（1769）に死去・断絶した松本甚之左衛門（松本家家譜）の名も記載されている。「紀都会一覧」では、松本甚之左衛門の隣に「大橋忠太夫」の名を記載している。大橋忠太夫は元文2年（1737）に勘定人として新規に召出され、普請方御用などを勤め、明和4年（1767）に御使役並・切米60石になり、明和6年に死去している（大橋家家譜）。こうした点から、「紀都会一覧」の記載内容には明和年間の記事も数多く含まれている。したがって、「紀都会一覧」の作成（景観）年代は明和元年から天明元年の間としなければならない。この間に17年の開きがあるが、「紀都会一覧」は従来の推定年代・安永7年〜寛政元年（1778〜89）よりも10年ほど早い時期に作成された絵図であることはほぼ間違いない。

④ 和歌山城下地図

　「和歌山城下地図」（表10-1・No.21、図10-8、以下「城下地図」と表記する）は、寛政9〜13年（1797〜1801）の作成（景観）年代と推定されている（三尾 1994:146-148頁、和歌山城下図一覧）。絵図に記載された主要家臣の官途名からみると、安藤帯刀は安永元年〜寛政13年／享和元年（安藤次猷、1772〜1801）、文化7年〜文政元年（安藤直則、1810〜1818）、水野飛騨守は寛政5年〜文政5年（水野忠奇、1793〜1822）、三浦長門守が明和4年〜寛政元年（三浦為恭、1767〜1775、三浦為修、1776〜1789）、寛政9年〜文政6年（三浦為積、1797〜1823）、久野近江守が寛政元年〜文化8年（1789〜1811）となる（三尾 1994:158-161頁、諸大夫の補任・退任年表）。これまで作成（景観）年代が寛政9〜13年とされてきたのは、久野近江守の寛政元年〜文化8年（1789〜1811）と重なる範囲で安藤帯刀を安藤次猷、三浦長門守を三浦為積と判断したためであろう。

　しかし、久野近江守が文化8年までであることを考えれば、安藤帯刀は安藤次猷ではなく、安藤直則であった可能性も残されている。安藤直則であるとすれば、久野近江守とは文化7〜8年が重なり、さらに水野飛騨守・三浦長門守を加えても矛盾は生じない。そこで、安藤帯刀を安藤次猷であると考えるべきか、あるいは安藤直則とすべきかを判定するために、上記4名以外の主要家臣に目を向けたい。「城下地図」には伊達但馬守、村上伊予守、加納大隅守、岡野監物らの名前もある。ここで、とくに注目されるのは岡野監物である。岡野平太夫家で監物を称したのは、岡野維明ただ一人である。岡野家家譜によれば岡野監物維明は文化4年（1807）に家督相続し、文政7年（1824）に隠居し、文政13年（1830）に死去している。したがって、岡野監物を明記する「城下地図」は文化4年以降に作成されたものでなければならず、当該図の安藤帯刀は安藤直則であったことになる。

　19世紀初頭のその他の家臣の官途名をみると、但馬守を名乗ったのは伊達源左衛門正博で、文化3年（1806）に但馬守叙任、文政元年（1818）病死（源左衛門系伊達家系譜）、村上伊予守は村上与兵衛通貫で文化2年（1805）叙任、文政4年（1821）に死去（伊予守系村上家系譜）、加納大隅守は

第 10 章　城下町絵図からみた近世和歌山の構造　201

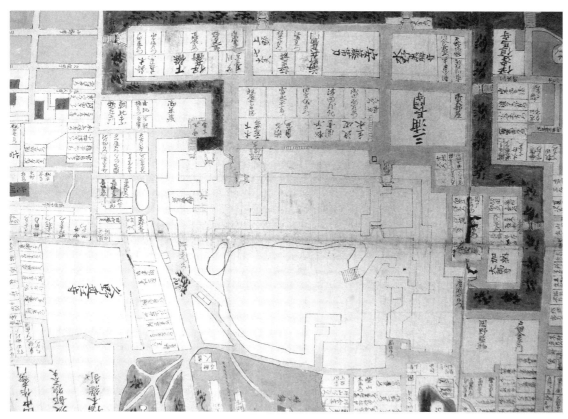

図 10-8「和歌山城下地図」部分（和歌山県立図書館蔵）

加納正明で宝暦 9 年（1759）家督相続、明和 8 年（1771）12 月大隅守叙任、享和元年（1801）隠居、文化 9 年（1812）死去（加納家系譜）となる。伊達但馬守以下 3 人の検討結果と安藤帯刀以下の宿老らを合わせれば、「城下地図」の作成（景観）年代は文化 7 ～ 8 年（1810 ～ 11）と考える方が妥当であるように思われる。

　しかし、「城下地図」の作成年代を文化 7 ～ 8 年と断定することに躊躇せざるを得ない点がいくつかある。その一つは「水野美濃守」の記載である。先に水野美濃守（のちに丹波守）正実についてはふれたが、その子・水野正珍も美濃守を名乗っている。水野正珍は天明 2 年に相続し、天明 3 年 12 月に美濃守に叙任して、文化 3 年 6 月に死去している。正珍の子・正純とその後嗣正清は官途名をもたず、太郎作を名乗っている（丹波守系水野家家譜）。このことから、当該図の「水野美濃守」が水野正珍であると考えて間違いはない。これと同じことが「水野多門」の記載にもみられる。志摩守系水野家家譜によれば水野多門を名乗った人物は二人で、一人は明和 5 年（1768）に水野縫殿の跡を継いだ水野多門忠顕で、文化 5 年（1808）5 月に病死し、二人目はその孫の水野多門忠周で文化 12 年（1815）に相続し、天保 13 年（1842）に隠居した（志摩守系水野家家譜）。想定される絵図の作成年代からいえば、絵図中の「水野多門」は水野忠顕であると考えてよかろう。

　以上の検討結果から、「城下地図」の作成年代は、寛政 9 ～ 13 年というより文化 3・4 ～ 7・8 年と考える方が適当であると思われる。作成年代をより正確に推定することは現時点では難しい。和歌山

202　第Ⅱ部　近世城下町の構造と空間変動

城下地図の作成経緯ともかかわる問題でもあり、今後さらなる精査が必要になろう。

5　和歌山城下における武家屋敷地域の空間編制

1）武家屋敷地の規模と配置

　近世城下町における武家屋敷の配置は、城郭からの距離にしたがって身分制（階層）的に配置されるというのが通説になっている。その武士の身分制的秩序を視覚的に表現しているものの一つが、屋敷地の面積や位置である。和歌山城下における屋敷地面積とその位置がわかる資料は、現時点では表10-1中のNo.6の「城下屋敷大絵図」（図10-3）ただ一つである。そこで、「城下屋敷大絵図」に記載された表間口間数・裏行き間数に基づいて、各屋敷地面積の概算を行った。屋敷地面積を概算するに当たっては、街路との関係などを考慮して便宜的な区画を設定し、区画内に含まれる公的用地、各辺の長さが読み取れない屋敷地を除いた。そのうえで、区画ごとに屋敷地面積の平均値を算出した。ただし、区画によって1,000坪を超える大規模な屋敷地と100〜200坪程度の小規模な屋敷地が混在する場合があり、区画ごとの平均面積を算出するに当たっては、最大面積と最少面積を除いて平均値を計算している。その結果を平均坪数の大きな区画から順に示したものが表10-2であり、区画ごとの平均屋敷地面積を順位にしたがって図にしたものが図10-9である。

　和歌山城下屋敷大絵図が作成された宝永6年（1709）ごろの和歌山城下で最大の屋敷地は、三浦長門守下屋敷の約12,200坪であるが、下屋敷を除くと久野和泉守屋敷の約7,700坪で、三之丸に屋敷地をもつ水野家（新宮城主、附家老）・安藤家（田辺城主、附家老）、三浦家・加納家などの宿老の屋敷地も2,000坪を超える大規模なものである。これらはランクⅠに含んだが、複数の屋敷地からなる区画の中にも平均面積が1,000坪を超えるものがある。一方で、100坪程度の小規模な屋敷地が集中する地区も決して少なくはない。図10-9は、そうした区画ごとの屋敷地平均面積の格差をよく示している。とくに面積の差が大きいのはランクⅠとⅡであるが、ⅡとⅢ、ⅤとⅥ、ⅥとⅦ、ⅧとⅨ、ⅨとⅩ、ⅩとⅪの間にも比較的大きい面積差がある。

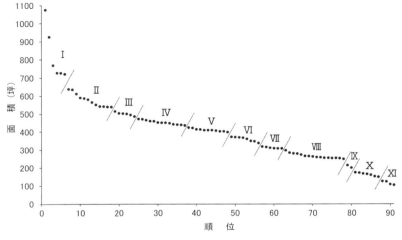

図10-9　和歌山城下武家屋敷地の街区別平均面積と順位

第 10 章　城下町絵図からみた近世和歌山の構造　203

表 10-2　和歌山城下における武家屋敷地の平均面積

ランク	区画番号	平均平数(坪)	区画数	区画内		備　　考
				最大面積(坪)	最少面積(坪)	
I	9	2,426	2	2,720	2,132	
	25	1,074	13	1,797	546	
	3	925	5	2,852	392	三之丸
	89	769	3	1,216	302	
	2	728	10	2,789	504	三之丸
	4	728	10	1,540	532	三之丸
	82	722	6	875	570	
II	6	639	7	966	532	三之丸
	5	636	6	832	459	三之丸
	27	612	6	5,460	462	
	43	591	4	1,598	420	
	19	588	9	1,475	410	
	15	581	20	1,559	441	
	12	565	12	2,938	109	
	84	552	5	1,390	340	
	54	543	2	576	510	
	26	542	10	1,189	225	
	1	540	10	1,240	419	三之丸
	7	540	9	1,364	243	三之丸
III	47	516	5	676	449	
	33	504	10	962	225	
	49	504	4	598	414	
	48	502	8	598	462	506 坪：2 区画，483 坪：3 区画，462 坪：2 区画.
	8	496	23	1,328	279	屋形丁
	18	487	17	1,670	151	1,000 坪以上の屋敷地が 3 区画，それらすべてを除く平均面積は467 坪.
IV	52	473	8	504	441	504 坪：4 区画，441 坪：4 区画.
	21	472	7	1,238	373	
	53	467	7	493	396	473 坪：3 区画.
	51	462	8	504	41	504 坪：3 区画，441 坪：5 区画.
	20	461	5	744	279	
	50	453	11	475	425	475 坪：3 区画，450 坪：6 区画，425 坪：2 区画.
	58	452	4	505	378	
	62	452	13	554	363	
	29	450	10	2,958	285	
	35	444	14	869	250	町奉行丁
	90	442	11	852	142	屏風丁
	24	441	3	484	408	
	60	438	4	525	380	
V	61	425	5	475	399	399 坪：2 区画.
	74	423	16	1,040	260	
	10	416	16	888	336	
	37	415	10	634	313	町奉行丁
	59	411	4	467	378	
	73	411	30	685	229	枌ノ馬場筋
	32	408	5	563	238	
	36	404	13	536	266	町奉行丁
	55	404	8	420	340	420 坪：2 区画，418 坪：2 区画，396 坪：2 区画.
	56	399	4	555	283	

204　第Ⅱ部　近世城下町の構造と空間変動

ランク	区画番号	平均坪数(坪)	区画数	区画内 最大面積(坪)	最小面積(坪)	備　考
VI	38	374	20	413	250	
	14	372	6	7,735	72	
	87	371	11	443	143	ヤカタ丁筋
	72	369	14	610	201	
	85	363	19	769	225	ヘッツイ丁筋
	34	352	34	682	39	
	28	350	9	810	286	
	86	340	11	559	117	ヤカタ丁筋
VII	57	320	5	522	168	
	30	317	9	400	146	
	45	313	29	660	243	
	80	310	11	4,031	260	260坪：5区画．布ヘ丁五筋目
	83	310	10	341	245	
	92	310	4	570	240	240坪：2区画．
	13	298	15	495	180	
VIII	11	285	9	417	218	
	42	281	12	864	147	
	91	281	5	616	240	
	67	274	19	450	99	270坪：5区画，225坪：5区画．
	88	267	2	318	216	
	66	266	15	484	160	484坪：3区画，200坪：8区画．
	63	264	13	390	156	
	75	260	7	300	250	300坪：3区画，250坪：5区画．新道
	78	259	16	1,390	240	310坪：3区画，300坪：1区画，240坪：11区画．布ヘ丁三筋目
	76	256	21	444	240	240坪：7区画．布ヘ丁一筋目
	77	256	14	310	234	244坪：3区画，240坪：5区画．布ヘ丁二筋目
	68	255	7	323	136	323坪：2区画，221坪：2区画．
	79	255	14	300	240	300坪：4区画，240坪：9区画．布ヘ丁四筋目
	23	254	3	660	200	
	71	250	14	430	147	
IX	44	215	13	435	170	170坪：2区画，180坪：5区画．
	65	202	19	370	130	160坪：7区画，212坪：5区画．
X	64	175	20	280	98	160坪：6区画．
	46	174	8	334	152	174坪：4区画．
	39	169	20	316	102	
	31	166	13	588	93	
	22	161	3	210	105	
	69	154	28	180	150	150坪：25区画．
	70	151	18	158	150	150坪：17区画．
XI	41	127	8	144	124	129坪：3区画，124坪：4区画．
	17	125	8	495	105	
	16	110	7	127	103	
	40	106	14	139	59	
	41	127	8	144	124	129坪：3区画，124坪：4区画．
	17	125	8	495	105	
	16	110	7	127	103	
	40	106	14	139	59	

第 10 章　城下町絵図からみた近世和歌山の構造　205

　表 10-2 の備考欄から明らかなように、ランク I・II の屋敷地面積にはとくに明確な規則性は見出せないが、III・IV になると 506・504 坪、475 坪、441 坪、425 坪などの屋敷地が複数現れてくる。屋敷面積はやや小さくなるが、V にもほぼ同じ面積の屋敷が複数現れ、VII～XI になるとさらに明確に区画ごとの屋敷割と屋敷地面積が計画的に設定されていたことがわかる。このことは、区画ごとに階層に応じた屋敷配置が行われていることを示唆している。

　表 10-2・図 10-9 の結果を武家屋敷地の配置図（図 10-10、口絵 10）でみると、和歌山城の北側から東側に続く三之丸と和歌山城西側から南に延びる和歌道に沿って、ランク I・II の大規模屋敷地が連なっている。和歌山城南側は岡山があるため空白部になっているが、岡山周辺（図 10-10、第 28・29・32・33 区画）には口規模ランクの屋敷地が集まっている。また、和歌山城西側第 10 区画も中規模屋敷地になっているが、第 10 区画は大規模屋敷と小規模屋敷の差が大きいため、計算上は中規模屋敷地になっている。したがって、南側を除く和歌山城の三方は大規模屋敷が集中する地域であったといってよい。

　これに対して、城下の周縁部ではランク IX～XI の小規模な屋敷地（主に徒屋敷や鷹匠屋敷）が集まる区画が点在し、その間を埋めるように上層家臣の下屋敷や同心屋敷・組屋敷が連なって、城下町域と村落域の境界部分をかたちづくっている。和歌山城周辺で屋敷の面積が大きく、周縁部で面積が小さくなるという大まかな分布状況からいえば、身分制に基づく原則的な屋敷配置の傾向は和歌山城下でも認められる。

2)　武家屋敷地域の空間編制

　大まかにみれば身分制的な屋敷配置が認められるとはいえ、内部的にはいくつかの特徴的な点を指摘することができる。それらを列挙すれば、以下のようになる。

① 　和歌山城南部に比べ北部では中・小規模屋敷地がほとんどを占めていること。
② 　南北に対して東西の屋敷地配置をみると、西部で屋敷地規模が大きくなっていること。
③ 　和歌山城南部の和歌道を軸に大規模・中規模の屋敷地が広がっていること。
④ 　伝法橋南北から屏風町（第 90 区画）・杁ノ馬場筋（第 73 区画）および本町西側のヤカタ丁筋（北部ではヘッツイ丁筋、第 85～87 区画）を軸に、屏風町・杁ノ馬場筋では東に向けて、ヤカタ丁筋では東西両方向に屋敷地規模が小さくなっていること。

　ここでは、とくに③・④に注目したい。和歌道に沿って連なる屋敷地は三の丸と同様にランク I・II の屋敷地で占められている。北から南へランク I の屋敷地からランク II の屋敷地へと移り、新堀川を越えるとランク VI になる。新堀川の南ではこのランク VI の屋敷地が最大規模である。また、屏風町がランク IV、杁ノ馬場筋はランク V の屋敷地であり、ヤカタ丁筋・ヘッツイ丁筋は第ランク VI の屋敷地になっている。これらに和歌山城西の屋形丁（第 8 区画）から南へのび、町奉行丁（第 35～37 区画）に入るルートを、第 4 の軸として設定することができる。屋形丁はランク III の屋敷地が集まり、町奉行丁はランク IV・V の屋敷が連なる。

　以上の点から、和歌山城下の武家屋敷地域は和歌山城を核にして南に延びる和歌道を第一次的な軸とし、杁ノ馬場筋を二次的、屋形丁から東西方向の町奉行所丁の街路を三次的、そして本町通西側の街路のヤカタ丁筋（北部ではヘッツイ丁筋）を第四次的な軸として屋敷地を配置していることが読み

206　第Ⅱ部　近世城下町の構造と空間変動

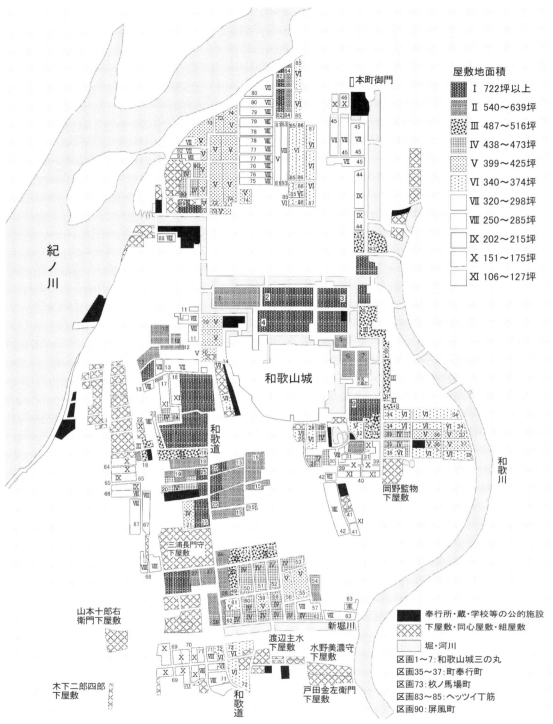

図10-10　和歌山城下における武家屋敷地の規模別分布
口絵10参照.

取れる。そして、これらの四本の軸から周辺へ屋敷規模が小規模化していく。その典型的な場所が鷺森寺内の北に位置し、杁ノ馬場筋とヤカタ丁筋という二本の南北軸で限られた東西街区画（第75〜79区画、絵図では「新道、布へ丁一筋目〜五筋目」と記載）である。そこは北にランクⅦの屋敷地を配置しているが、ほとんどがランクⅧの屋敷地になっているのである。この2本の軸で囲みこまれた街区がその軸とは異なる方向をもつ街区になり、屋敷地も小規模化するというパターンは、杁ノ馬場筋〜ヤカタ丁筋ほど明確ではないが、和歌道〜屋形丁・町奉行丁の間にもみられる。

　矢守や三尾は和歌山城下を「多核的」と表現した。矢守（1970・1972）がいう多核とは、城下町の構造に影響を及ぼすと思われる本町通りや広瀬通り、市堀川などの存在を指したものであり、三尾（1994）がいう多核とは、武家屋敷地域が岡・広瀬、宇治、吹上などにまとめられ、それに応じて町屋敷地域も数ヵ所に分散するという、いわば城下を構成する空間的な単位について述べたものである。しかし、前述の①〜④のうち、とくに③・④に注目すれば、和歌山城下の武家屋敷地域は、南北の方向性をもつ複数の軸と、その間を埋める東西方向の区画からなり、それらが屋敷地規模を異にして配置されているのであり、それは多核的というよりセクター・モデル的に理解するほうが適当である。

6　和歌山城下における武家屋敷の拡大と移動

1）居屋敷の移動と継続性

　近世城下町では、階層別に武家屋敷地面積とその居住すべき区域が設定されていることが多い。したがって、家中の武士たちは自ら居住地を選択するのではなく、自身の階層に合った屋敷地をあてがわれること（屋敷地を拝領すること）になる。江戸時代は身分制社会ではあったが、武士の階層的な変化は激しく、職務上の異動も頻繁に行われている。そのため、武士たちはしばしば居住地の移動を行っていた（後藤 1981、渡辺 2000 ほか）。その一方で、拝領屋敷であるがゆえに同一の屋敷地を継続的に利用することが保証されていないにもかかわらず、同じ武士の家が同一の屋敷地に継続して居住する例も少なくない点に、注意しておく必要がある（平井 2012）。

　図10-11は元禄15年（1702）の「町割之図」、宝永6年（1709）以降の「城下屋敷大絵図」、明和6年（1769）の「紀都会一覧」、文化7〜8年（1810〜1811）の「城下地図」に記載された家中の武士名に基づいて、元禄15年以降および宝永6年ごろ以降に居住する武士の家に変化がなかった屋敷地を示している[18]。元禄15年の時点ではその数は決して多くはないが、居住者の変更がなかった屋敷地は和歌山城下全体に分布し、なかでも明らかに三之丸や吹上、その周辺の上層家臣の屋敷地に多いことが読み取れる。

　「城下屋敷大絵図」はすでに述べたように武士名の変更が激しい。しかし、この間に居住し始め、明和6年以降も居住者に変更がなかった屋敷地の所在が確認できる。その結果を元禄15年と比べてみると、同一の家が継続的に居住する屋敷地が和歌山城下の武家屋敷の過半を超え、城下縁辺に位置する小規模な徒士屋敷にまで広がっている。武士の居住地の移動は、上層になるほど少なくなることが指摘されている（後藤 1981）が、和歌山城下では階層の上下にかかわりなく、18世紀中に武家屋敷地の固定化が一層進んだのである。

　武士の階層的な変化や職務の異動が激しい中で、同一の家による同一の屋敷地の継続的な利用は、拝領屋敷であったものが私邸的性格を強めていくということであり、居住地の移動の可能性を狭める

208　第Ⅱ部　近世城下町の構造と空間変動

図 10-11　武家屋敷地における居住者の継続性

ことにもつながる。ここに、武士の階層的・職務的な変化が生じる中で、同一の家による同一の屋敷地の継続的な利用がいかにして可能になり、一方で武士の階層的・職務的な変化に伴う居住地の移動がどのように行われ、武家屋敷地域における身分制的（階層的）秩序の維持が図られていたのか、という問題が生じてくるのである。

2）武家屋敷（屋敷地）移動の諸形態

そこで、和歌山家中における武家屋敷（屋敷地）の変化にどのような動きがあったのかを、一屋敷（屋敷地）のレベルで確認しておく。以下に引く資料は、寛政9年（1797）2月に村井源一が提出した「先祖書・親類書」（村井家家譜）の一部である。

> 高祖父之代ニ屋敷拝領仕候由ニ御座候へ共年月相知レ不申候所、初ハ当時佐野幸右衛門罷在候屋敷ニ住居仕、其後当時遠藤伝左衛門罷在屋敷江相対替仕、其後祖父太左衛門儀、横須賀屋敷上替拝領之儀願之通相済、当時屋敷ニ住居仕候、其後八郎儀、屋敷狭候付隣家由比大次郎上り屋敷地之内間口八間通り拝領仕度願之通相済、右屋敷地拝領仕候、

先祖書を提出した村井源一は寛政9年に家督150石を相続し、小十人頭格・奥詰などを勤め、200石・寄合で文政13年（1830）に隠居している。村井源一がいう高祖父とは初代・太右衛門勝清である。太右衛門勝清は寛文9年（1669）9月に切米20石・十人組に新規召出となり、天和3年（1683）に名草郡奉行（切米60石）、その後作事奉行を経て大番組に入り、宝永7年（1710）7月に隠居した。また、祖父・太左衛門とは3代目の太左衛門幸晴で、八郎とは父・八郎分晴である（村井家家譜）。

高祖父・太右衛門勝清が拝領した屋敷を、村井源一は「当時佐野幸右衛門罷在候屋敷」と記述している。「和歌山城下地図」によると、佐野幸右衛門の屋敷はヤカタ町（本町六丁目西側一筋目）の東街区、北から二つ目、武家屋敷地としては北端にあたる区画である（「紀都会一覧」では佐野七左衛門）。また、「城下屋敷大絵図」には2ヵ所に村井太右衛門の名がある。その一つはヤカタ町の北端で、村井太左衛門の記載には修正がない。もう一つは布袋丁四筋目北街区中央部の区画に記載されたもので、村井太左衛門の名は貼紙に記載されている（図10-12）。したがって、村井源一の高祖父が拝領した屋敷は、ヤカタ町東街区の屋敷地であることは間違いない。祖父・太左衛門幸晴が住み替えた屋敷地の位置に関する情報は、家譜には記載されていないが、「城下屋敷大絵図」の貼紙で修正された区画が、それに該当する屋敷地であろう。それは、布袋丁四筋目北街区中央部の区画に「紀都会一覧」では「村井太左衛門」、「山城下地図」では「村井八郎」と記載されていることからも間違いないことである。この村井屋敷の東隣の屋敷は「城下地図」では「小嶋惣八」になっているが、「紀都会一覧」では「由比楠之丞」となっていて、隣家が由比家であった時期があることも確認できる。「和歌山城下屋敷大絵図」に基づけば、ヤカタ丁の屋敷地は表間口18間・裏行22間、布袋丁四筋目の屋敷地は表間口12間・裏行20間である。東隣の由比家の屋敷地もまったく同じ規模であるため、父・八郎の代から表間口20間・裏行20間の屋敷地になったのである。

高祖父の代に年月不詳ながらヤカタ町に屋敷地を拝領し、祖父の代になって屋敷替を希望して布袋丁四筋目に住み替え、父・八郎の代に同じ屋敷に住み続けながら、隣家の上り屋敷地の一部を拝領して自らの屋敷地の拡大を図るという村井家の屋敷（地）をめぐる動きは、紀伊徳川家中の家譜等に記載された屋敷（地）の動きの典型なパターンをよく示すものである。すなわち、第一は新規の屋敷（地）

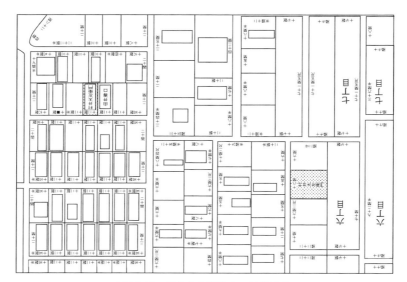

図 10-12　村井太左衛門家の屋敷移動
「和歌山城下屋敷大絵図」による.
（注）☐ は貼紙を示す. 関係武士名以外は省略.

拝領、第二は屋敷替、第三は上り屋敷（地）[19]の拝領である。

　紀伊徳川家中における屋敷・屋敷地の拝領・貸借・差上については、『南紀徳川史』に「屋敷規則」があり、その一部に「屋敷願文例」が載せられている[20]ことから概略が把握できる。「屋敷規則」は文化4年（1807）の年紀から始まり、明治3年（1870）閏10月まで時系列的に記載されているが、天保15年（1844）の年紀に続く記述の中で13種類の「屋敷願文例」が記述されている。筆者は家譜類から191件の屋敷（地）にかかわる記事を収集している。それらは各家の家譜の記述を抜き出したものであるため「屋敷拝領仕候」や「屋敷被下置候」といった結果のみを記述するものも多いが、文例の表現と類似した記述も少なくない。191件の記事と「屋敷願文例」を対照させた範囲では、屋敷拝領願、添地拝借願、屋敷地差上願、屋敷御用に差上替地拝領願、屋敷地之内少し残其餘差上願、屋敷地面拝借願、相對替願、三方相對替願など8種類の願に該当する事例になっている。また、191件の記事には道路地面の添地願、借屋敷の拝領など文例にはない事例もある。

　191件の記事を、差上と拝領・貸借に分けてみると、差上げのみの記事は7件で、184件が後者に該当する。さらに184件の内訳をみると、添地拝借20件、屋敷地面拝借3件、相対替17件、三方相対替3件、屋敷御用に差上替地拝領6件、屋敷（地）拝領135件である。こうした屋敷（地）の拝領・貸借は、その目的からみれば居屋敷（地）獲得、居屋敷（地）の拡大、居屋敷の移動に分けられる。添地拝借は明らかに屋敷地の拡大を意図したものであるが、屋敷拝領・屋敷地面拝借は三つの目的のいずれかで、屋敷御用に差上替地拝領は居屋敷（地）獲得および居屋敷の移動を目的に、相対替は居屋敷（地）の拡大、居屋敷の移動のいずれかの目的で行われたものである。また、三方相対替えは、確認できた事例ではすべて居屋敷の移動を目的としているが、相対替が屋敷地の拡大という目的を遂行する手段でもある（平井 2014）ことから、居屋敷（地）の拡大もその目的として挙げておくべきであろう。

3）屋敷拝領・添地拝借による屋敷地の拡大

　武士の階層的・職務的な変化と、同一の家による同一屋敷地の継続的な利用の整合を図る方法の一つが、上り屋敷（地）の差上・拝領がある。屋敷地の拡大は三之丸の安藤家・三浦家・佐野家、そして下条伊兵衛家で顕著にみられ、郭外でも鈴木四郎兵衛らの屋敷で大規模な屋敷地の拡大が進んでいる。「町割之図」には三之丸の安藤帯刀屋敷の南側に「帯刀内」と記載された区画があり、郭外の鈴木四郎兵衛屋敷の場合も隣り合う「田屋源太兵衛、目加田幸左衛門、有馬彦八、岡見治部右衛門」の4区画に「城下屋敷大絵図」になると貼紙で修正されて「四郎兵衛」になっていることが確認できる。しかし、それらは絵図上で確認できても、いつどのように拡大したかなど、詳細は明らかではない[21]。そこで、家譜に記載され絵図でも確認できる事例として、村上与兵衛家および山高庄右衛門家をとりあげたい。

　伊予守系村上家家譜によれば、村上与兵衛家は江戸時代初期には彦右衛門を名乗る4,220石の武士であったが、3代目の与兵衛通同が承応元年（1652）に召放になった。与兵衛通同は明暦2年（1656）に帰参して屋敷地を拝領し、万治元年（1658）に1,000石になっている。同家譜には寛文以前のこととして「居屋敷拝領仕候」という記載があるが、その位置は明らかではない。江戸時代中・後期の村上与兵衛家屋敷は、吹上寺町の南側二丁目、和歌道に面した街区（図10-10、第20区画）にあった。「城下屋敷大絵図」によれば、その屋敷地は表間口39間2尺（西）、裏行24間6尺（北）・37間3尺6寸（南）、地尻（南北37間）であり、ランクⅡ（図10-10、表10-4）の屋敷地規模になる。

　村上与兵衛家による屋敷地の拡大は、享保20年（1735）に家督相続した村上与兵衛通村の代から始まった。与兵衛通村は明和2年（1765）、同8年、安永8年（1779）の3度にわたって隣接の上り屋敷地を拝領・拝借し、その子村上伊予守通貫も寛政8年（1796）に上り屋敷地の一部（添地）を拝借している。家譜に記載された村上与兵衛家の添地拝借の記録は、以下のようなものである（伊予守系村上家家譜）。

①　村上与兵衛（通村）・明和2年（1765）5月条

　　屋敷狭ク諸事指支致難儀候間、遠山徳五郎上り屋敷拝領仕度旨、願之通徳五郎屋敷被　下置候旨被仰出候

②　村上与兵衛（通村）・明和8年（1771）8月条

　　屋敷手狭ニ付、後隣西川三郎太夫小山田勇四郎屋敷地之内此度差上候所被　下置候旨被仰出候

③　村上与兵衛（通村）・安永8年（1779）5月条

　　屋敷手狭ニ付、北隣浅井庄左衛門屋敷内兼而内證ニ而借置申候処、右之所此度差上候ニ付、右拝領願之通相済申候

④　村上伊予守通貫・寛政8年（1796）10月条

　　屋敷手狭ニ付、後隣小山田庄助村上九郎左衛門屋敷地之内此度差上候所拝領仕度旨奉願、願之通右両人屋敷之内此度差上候所被　下置候旨被仰出候

　図10-13をみると、上段の「町割之図」には遠山（上記①）・西川・小山田（上記②）の名はないが、中段の「紀都会一覧」には西川・小山田両氏の名があり、村上与兵衛の屋敷地が広がっている。安永8年（1779）には隣家が屋敷地の一部として借地し（上記③）、その後に返上した屋敷地を村上与兵

212　第Ⅱ部　近世城下町の構造と空間変動

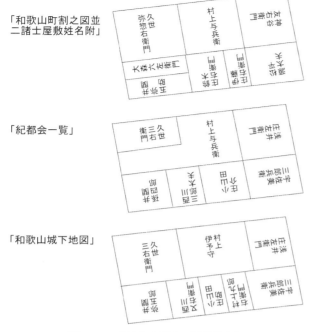

図 10-13　村上与兵衛家の屋敷地変化

衛が拝借して屋敷地に加え、北側へ屋敷地を拡大した（上記④）。この北側への屋敷地の拡大は下段の「城下地図」に記載されている。

山高家の屋敷は和歌山城西南の「通り丁」にあり、「城下屋敷大絵図」によれば表間口 27 間（北）、裏行 14 間 3 尺（東）・33 間（西）である。地尻が不明であるため正確な面積計算は困難であるが、約 800 坪を超える屋敷地であったことになる。山高家屋敷の面積は単独ではランクⅠの屋敷地規模になるが、街区としてみると西側で屋敷地が小さくなるため、ランクⅢの一画に入っている（図 10-10、表 10-4）。山高家家譜には屋敷地の拝領について、次のように記載している。

①　山高庄右衛門（信恒）・元禄 11 年（1698）7 月条

　屋敷狭御座候ニ付、橋本六郎右衛門江御借置被成候明地御添被　成下之旨被仰付候

②　山高庄右衛門（信房）・正徳 3 年（1713）9 月条

　屋敷地之内、先年父庄右衛門江御借置被　成候東角之屋敷地差上申度段奉願候処、願之通差上可申旨被　仰付候

③　山高庄右衛門（信興）・天明 2 年（1782）5 月条

　屋敷狭御座候ニ付、夏目房之進上ヶ屋敷拝領仕度段奉願候処、願之通拝領被　仰付候

④　山高庄右衛門（石見守信任）・文政元年（1818）5 月条

　宇治田三平屋敷地之内不用之処上り地、願之通拝領被　仰付候

①の「橋本六郎右衛門江御借置被成候明地」とは、②でいう「先年父庄右衛門江御借置被　成候東角之屋敷地」である。そこが確かに山中家の屋敷地になったことは、元禄 15 年（1702）の「和歌山町割之図」（表 10-1、No.3）で確認できる。また、同屋敷地は「城下屋敷大絵図」（表 10-1、No.6）では貼紙で修正されて「多喜新右衛門・井上半之右衛門」の屋敷に分割されているが、貼紙の下に「山高」と記載されていたことが確認できる。この屋敷地は山高家屋敷と離れており、前掲の屋敷願文例の「屋敷地面拝借」に該当するものである。「城下屋敷大絵図」に記載されたその屋敷地の規模は、2 区画合せて表間口 18 間 4 尺 6 寸（北）、裏行 14 間 4 尺 9 寸（東）・14 間 4 尺（西）、地尻 16 間 1 尺で、面積にして約 255 坪になる。また、③の拝領地「夏目房之進上ヶ屋敷」は不明であるが、④の拝領地「宇治田三平屋敷地」は天保 7 年（1836）～安政元年（1854）の間の作成と推定されている「士屋敷氏名入　和歌山城下図（表 10-1、No.36）」[22)]に記載されている。それらの屋敷地の位置を確認すると、山高庄右衛門の屋敷地に隣接しており（図 10-14）、村上与兵衛家と同様に拝領屋敷地と拝借地によっ

て屋敷地の拡大を図ったのである。

この屋敷地の拡大には、確認できた範囲ではもう一つの型がある。それは街路の一部を拝領し、添地として屋敷地に組み込むというものである。

① 山本理左衛門・明和7年（1770）
　10月条（山本理左衛門家家譜）
　屋敷地狭候付、南表道幅之内一間
　　通り、願之通被　下置候
② 岡見四郎衛門・安永3年（1774）
　4月条（岡見四郎右衛門家家譜）
　屋敷地狭候付、西道幅之内壱間半
　　通、願之通被　下置候

山本理左衛門の屋敷地は山高庄右衛門屋敷地の南隣である（図10-14）。「城下屋敷大絵図」によれば、山本理左衛門屋敷の表間口は19間半、同21間の2区画で、道幅1間を組み込むことで約40坪の増加となる。また、「城下屋敷大絵図」によれば岡見四郎兵衛家は寺町の南隣の「溝ノ丁」に位置し、西に向いた表間口は23間である。したがって、岡見四郎兵衛家の場合は約35坪の増加になる。

以上の事例から、屋敷地の拡大を図るため利用された土地は屋敷地・添地と街路の3種で、拝領地・借地の区別があっ

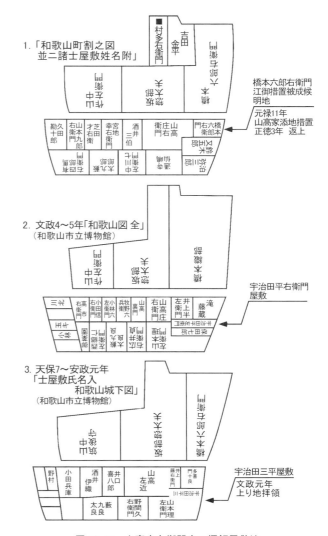

図10-14　山高庄右衛門家の拝領屋敷地

たことが確認できる。いずれであれ、それらは本来の拝領屋敷地に一時的に追加された屋敷地である。村上家の家譜には「屋敷狭ク諸事指支致難儀候」とあるだけで、具体的な事情は明らかではない。しかし、屋敷地の拡大を図った時期は村上与兵衛だけなく、山高庄右衛門・山本理左衛門なども要職に就いていることから、職務遂行上の必要から隣り合う屋敷地の一部や街路の一部を拝領し、あるいは借り受けて、階層や職務に応じた屋敷地面積の確保を行っていたと考えられる。

4）相対替えによる屋敷地の拡大

屋敷地・添地等の拝領・拝借による屋敷地の拡大は、自身の居屋敷だけでなく隣家の居屋敷も移動させることなく、屋敷地の拡大を可能にする方法であった。それに対して、自身の居屋敷は移動せず、隣家の居屋敷を移動させることで屋敷地の拡大を実現する方法が、拝領屋敷の相対替である。拝領屋敷地の相対替によって、屋敷地の拡大を試みた事例として現時点で確認できたのは、以下の4例である。

① 朝比奈惣左衛門・正徳6年（1716）閏4月（朝比奈惣左衛門家家譜）

　伊達了仙ニ御借御座候上り屋敷拝領仕、私隣薗田兵十郎屋敷与相対替仕候

② 朝比奈惣左衛門・享保2年（1717）2月（同上）

　山本藤四郎方跡屋敷拝領仕、私隣佐武才庵屋敷与相対替仕候

③ 鈴木甚左衛門・寛保元年（1741）7月条（鈴木甚左衛門家家譜）

　屋敷狭御用取扱ニ差支候ニ付、広田藤左衛門上り屋敷拝領仕、同二年壬戌十月薮十郎左衛門屋
　敷与相対替仕一屋鋪ニ仕度旨奉願、相済申候

④ 佐野伊左衛門（時春）・寛保3年（1743）閏4月条（佐野伊左衛門家家譜）

　親市郎左衛門屋敷ニ其方？伜共一所ニ罷在候処、狭住居難成付、此度村垣喜平次上り屋敷被下
　置候間、右屋敷を以追而相対をも仕、市郎左衛門屋敷与一所ニ仕度旨奉願通、喜平次上り屋敷
　被下置候

①の「伊達了仙」は伊達源左衛門家2代目の源左衛門正種の隠居後の号である（伊達源左衛門家家譜）。ただ、伊達了仙の拝借地の位置は不明である。また、②の山本藤四郎跡屋敷の位置も不明である。しかし、相対替の対象になった薗田平十郎屋敷・佐武才庵屋敷は朝比奈惣左衛門屋敷の東に隣り合っていた。「城下屋敷大絵図」（表10-1、No.6）によれば、朝比奈惣左衛門屋敷は表間口23間半（北）、裏行37間（東西）、地尻24間半で、その面積は約870坪である。正徳6年に相対替した薗田屋敷は約400坪（表間口21間半、裏行18間半）、享保2年に相対替えした佐武屋敷は約370～390坪（表間口20間■尺、裏行18間半）であるため、朝比奈惣左衛門屋敷はこの2件の相対替により屋敷地面積をほぼ2倍に増やしたのである。

　③の広田藤左衛門・薮十郎左衛門の屋敷地は「和歌山町割之図」（表10-1、No.3）によって広田屋敷は鷺森御坊北の布袋丁筋東側に、薮十郎左衛門屋敷は布袋丁筋北端にあったことが確認できる。「城下屋敷大絵図」では薮十郎左衛門屋敷地に貼紙の痕跡が残り、広田藤左衛門屋敷地には貼紙に「薮内匠」と記載されている。薮内匠は父・十郎左衛門から宝暦8年（1758）に相続している（薮家家譜）。こうした点から、薮内匠屋敷地は鈴木甚左衛門が相対替で交換した屋敷地であったと推定できる。しかし、鈴木甚左衛門屋敷地は布袋丁筋のどこにも見出せない。薮内匠の貼紙は宝暦8年以降のものであり、宝暦年間（1751～64）作成と推定されている和歌山城下町絵図（原図は慶應義塾大学三田図書館所蔵）によると、鈴木甚左衛門はこの時期にはすでに三之丸に屋敷地を移している。

　佐野伊左衛門屋敷は「和歌山町割之図」によって和歌山城三之丸内に確認できる。その伊左衛門とは佐野時次である。また、「城下屋敷大絵図」では三之丸に「佐野弁左衛門」、和歌山城の南・片岡丁に貼紙で「佐野市郎右衛門」が記載されている。佐野弁左衛門は佐野時次の後嗣で、佐野時春の父・市郎左衛門時房が用いた通称名である。佐野市郎右衛門の名が貼紙に記載されていたことで屋敷地を移動したことがわかる。④では市郎右衛門の屋敷地の拡大を目的に、市郎右衛門屋敷に隣接する屋敷地との相対替のための屋敷地を拝領したというものである。

5）屋敷拝領・替地拝領による居屋敷の移動

　家譜によると、佐野市郎左衛門時房の父・伊左衛門時次は天和2年（1682）3月に内藤亀之助上り屋敷地と相対替を行った。伊左衛門時次の旧屋敷地や内藤亀之助上り屋敷地の位置は不明であるが、

これを含めて相対替による屋敷地の移動が散見する。武士の居屋敷の移動だけでなく、武家屋敷地域の身分制的秩序の維持システムを考えるためにも、居屋敷移動の実態を把握することは重要である。

現時点で確認できた居屋敷の移動を示す最も早い記録は村上助右衛門家の「於吹上屋敷拝領仕候、当時金森孫右衛門屋敷之由申伝候」（寛永〜正保期）（同家家譜）、畔柳甚左衛門家の「山野井惣兵衛明屋しきを被下候」（寛文2年）（同家家譜）である。屋敷地の位置が明確なものを挙げれば、元禄2年（1689）1月の成田弥三右衛門家の「奉願渋谷紋九郎跡屋敷与相替被成下候」（同家家譜）、渋谷紋九郎家の「只今迄之屋敷者被召上、佐久間勘平上ヶ屋敷被下置候」（渋谷市右衛門家家譜）である。父・渋谷市右衛門が貞享4年（1687）に拝領した屋敷地を、元禄2年に召上げられた渋谷紋九郎は佐久間勘平上ヶ屋敷に移動し、同時に渋谷紋九郎の跡屋敷が成田弥三右衛門の屋敷になったのである。「古屋敷絵図」（表10-1、No.1）によると、渋谷市右衛門屋敷は和歌山城三之丸にあるが、「町割之図」（表10-1、No.3）以降は確かに成田弥三右衛門屋敷に変っている。ただし、佐久間勘平の名は絵図類では確認できず、その上ヶ屋敷地の位置は不明である。

こうした屋敷の拝領に伴う居屋敷の移動は、松本甚之左衛門の居屋敷の移動でも確認できる。松本甚之左衛門の屋敷拝領は、家譜に記載された限りでは宝暦12年（1762）の富岡彦右衛門上ヶ屋敷地拝領が最初である。松本甚之左衛門は、寛保3年（1743）2月に中之間番・切米25石で新規召出しとなったものの、寛延2年（1749）に罪を得て押込の処分を受け、宝暦9年（1759）になって改めて召出され、日高郡奉行を勤めて、宝暦12年（1862）1月に切米80石になっている。宝暦12年の屋敷地拝領は80石への加増の後である。ただし、富岡彦右衛門上ヶ屋敷地の位置は明らかではない。その後、松本甚之左衛門は明和元年（1764）4月から勝手御用を勤め、明和2年2月に中野平次上り屋敷を拝領している。中野平次は詰番・留守居番などを勤めていたが、明和元年12月に改易となり、同家は断絶している（中野家家譜）。中野平次屋敷を絵図で確認することはできないが、「城下屋敷大絵図」（表10-1、No.6）には山中作右衛門屋敷の北側に貼紙で松本甚之左衛門とその名が記載されている。その屋敷地は表間口21間、裏行22間である。「紀都会一覧」（表10-1、No.19）でもその位置に変りがないことから、山中作右衛門屋敷北側が松本甚之左衛門拝領の中野平次屋敷であったと考えられる。

その後も勝手御用を勤めた松本甚之左衛門は、明和4年（1767）1月には大番頭格・800石、同年9月には1,000石の俸禄となったが、明和6年3月に死去し、家名はいったん断絶し、その屋敷地は上ヶ屋敷地となった（松本家家譜）。その上ヶ屋敷は明和7年12月に屋敷替えにより村田次郎九郎屋敷になっている（村上次郎九郎家家譜）。

6）相対替による屋敷地の移動

二者間の屋敷地の相対替については、鈴木甚左衛門屋敷と薮十郎左衛門屋敷の事例を既に示しているが、他にも西郷伝右衛門屋敷・津村長右衛門屋敷の例（図10-15）など数多くある。それに対して、三方相対替が確認できたのはわずかに3例だけである。その一つは元禄14年（1701）の村上助右衛門・平井助左衛門・上野三郎右衛門の屋敷地であり、二つ目は安永3年（1774）の村田九郎次郎・広井兵右衛門・中川七左衛門の居屋敷の移動、三つ目は文化7年（1810）の鈴木三七・十倉善九郎・河西市郎左衛門の居屋敷の移動である（鈴木三七・十倉善九郎・河西市郎左衛門各家譜）。村上・平井・上野3家の家譜は、この屋敷地の交替が三方相対替であったことを記載していないが、同年同月の三

216　第Ⅱ部　近世城下町の構造と空間変動

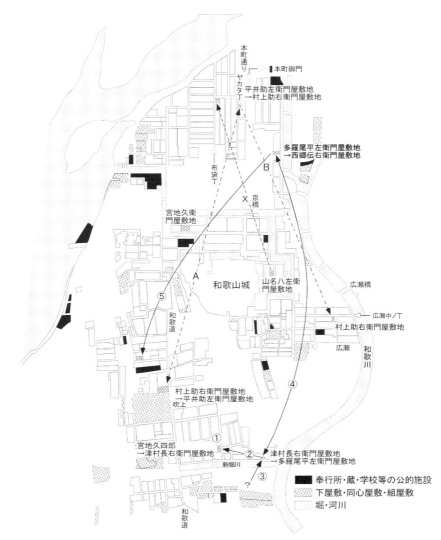

図 10-15　和歌山城下における屋敷地の移動（1）

者間の居屋敷の移動であり、三方相対替えであったことは間違いない。ただし、安永3年（1774）の事例では、中川家の家譜に安永3年の居屋敷の移動は記載されていない。

　元禄14年8月に屋敷地を「御用」との理由で返上した村上助右衛門は、同月中に上野三郎右衛門の跡屋敷を拝領し、同じ8月中に平井助左衛門が村上助右衛門屋敷に、上野三郎右衛門が平井助左衛門屋敷に移動している。移動前の屋敷地を確認しておくと、すでに触れた村上助右衛門の屋敷が吹上にあったことを平井助左衛門家の家譜が記載し、「古屋敷絵図」も吹上の三浦長門守下屋敷の北側に村上助右衛門屋敷を記載している。その位置は「吹上、当時金森孫右衛門屋敷」の記載と一致している。移動前の平井助左衛門の屋敷は「古屋敷絵図」によれば、本町通りの西二筋目・ヘッツイ丁筋の北部にあった。ただし、上野三郎右衛門の名は絵図で確認できない。相対替後の屋敷地を「町割之図」や「城下屋敷大絵図」でみると、平井助左衛門屋敷は吹上に、村上助右衛門屋敷は広瀬中丁に記載

され、上野三郎右衛門屋敷は屛風丁に記載されている（図 10-15）。

　移動前の村上助右衛門吹上屋敷は、「城下屋敷大絵図」によると 1,000 坪を超える大規模な屋敷地である。吹上屋敷を拝領した初代・村上助右衛門景房は俸禄 1,000 石の上級家臣で、吹上屋敷を返上した 4 代・村上助右衛門将義は 300 石の中級家臣であった（村上助右衛門家家譜）。その村上助右衛門が移った広瀬中丁は中級家臣の屋敷地が集まる地域である。それに対して、村上助右衛門に替って吹上屋敷に移った平井助左衛門は 2 代・助左衛門正勝で、元禄 14 年 8 月に大番頭・1,000 石になっている（平井助左衛門家家譜）。吹上屋敷を拝領した初代・村上助右衛門と、吹上屋敷に移った平井助左衛門正勝は同格になっていたのである。ここに、身分制的空間編制原理の維持を屋敷の移動を通じて図っていた事例を見出すことができる。

　第 2 の事例に出てきた村田次郎九郎は、松本甚之左衛門上ヶ屋敷に居屋敷を移した人物としてすでに触れた。村田次郎九郎・広井兵左衛門・中川七左衛門の三方相対替えについては、「城下屋敷大絵図」と「紀都会一覧」によって、村田次郎九郎が町奉行丁の元広井兵左衛門屋敷へ、広井兵左衛門が茶屋丁の元中川七左衛門屋敷へ移動したことが確認できる。しかし、中川七左衛門屋敷は「紀都会一覧」では布袋丁筋にあり、移動先は村田次郎九郎が拝領した松本甚之左衛門上ヶ屋敷ではない。中川七左衛門の家譜には、屋敷の移動に関する記事が一切ないため事情は不明である。

　そこで、三方相対替に至るまでの経緯を再確認するため、松本家・広井兵左衛門家・村田次郎九郎家の家譜の記載を挙げておく。

　　　明和 2 年 2 月　　　松本甚之左衛門：屋敷狭致難儀候付、中野平次上り屋敷被下置候様奉願候処、
　　　　　　　　　　　　　奉願通平次屋敷被下置候
　　　明和 7 年 8 月　　　広井奥右衛門：村田次郎九郎方元屋敷拝領仕候
　　　明和 7 年 12 月　　村田次郎九郎：松本甚之左衛門上ヶ屋敷与御替被下置候
　　　安永 3 年 4 月　　　広井奥右衛門：村田次郎九郎方屋敷与中川七左衛門方屋敷与三方相対替仕、七
　　　　　　　　　　　　　左衛門方屋敷江罷越申度旨、願之通相済申候
　　　安永 3 年 4 月　　　村田次郎九郎：屋敷広井兵左衛門中川七左衛門屋敷与三方相対替仕、兵左衛門
　　　　　　　　　　　　　屋敷江罷越申度旨、願之通相済申候

上記の記録からうかがい知ることができる経緯を、6 時点に分けて図にしたものが、図 10-16 である。経緯の確認のためであるため、屋敷地の面積や位置関係などは考慮していない。

①　明和 2 年（1765）2 月

　松本甚之左衛門が中野平次上り屋敷を拝領した時点である。このとき、村田家は屋敷地 A に、広井家は屋敷地 B に、中川家は屋敷地 C に居住していたものとする。村田伝九郎家の屋敷地は、父・伝右衛門が宝永 2 年（1705）に川村平助屋敷地の屋敷地拝借を行い、宝永 4 年に拝領地になったものである。その屋敷地の位置についての記載はないが、享保 5 年（1720）2 月に屋敷替えがあったようである(村田次郎九郎家家譜)。おそらく享保 5 年に替地として拝領した屋敷地 A であろう。また、松本甚之左衛門が拝領した中野平次上り屋敷を屋敷地 D とした。

②　明和 6 年（1769）2 月

　明和 6 年 2 月は松本甚之左衛門が死去し、その屋敷地 D が上り屋敷地になった時点である。村田家・広井家とも明和 2 年 2 月から明和 6 年 2 月の間に屋敷地の移動があったことは記録してい

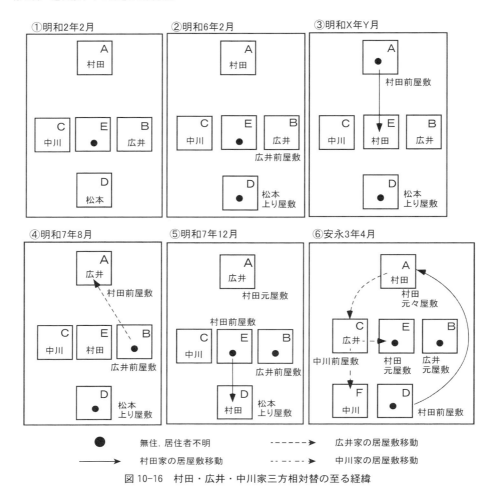

図 10-16　村田・広井・中川家三方相対替の至る経緯

ないため、村田家は屋敷地 A に、広井家は屋敷地 B に居住し続けていたと思われる。また、家譜には記載がないが、中川家も移動がなかったものと想定している。

③　明和 X 年 Y 月

明和 6 年 2 月から明和 7 年 8 月の間に想定される時点である。村田家の家譜にはこの期間の屋敷地の移動は記録されていないが、広井兵左衛門が明和 7 年 8 月に村田次郎九郎元屋敷を拝領している。元屋敷と記載されていることから、この時点で村田次郎九郎が屋敷地 A から他の屋敷地へ移動していたと考えなければならない。ここでは、村田次郎九郎の新たな屋敷地を E とした。

④　明和 7 年（1770）8 月

村田次郎九郎が移動して空いた屋敷地 A に、広井兵左衛門が明和 7 年 8 月に移動した。

⑤　明和 7 年（1770）12 月

村田次郎九郎が松本甚之左衛門上り屋敷（D）を拝領し、屋敷地 E から屋敷地 D に移動した。

⑥　安永 3 年（1774）4 月

村田次郎九郎・広井兵左衛門・中川七左衛門による三方相対替えで、村田次郎九郎は前広井兵

左衛門屋敷である屋敷地Aへ、広井兵左衛門は前中川七左衛門屋敷である屋敷地Cへ移動した。

　　中川七左衛門は屋敷地Dへ移動していないため、図中では仮に屋敷地Fへの移動とした。

　以上のような経緯をもとに、中川七左衛門が前村田家屋敷地である屋敷地Dへ移動せず、三方相対替が成立するとすれば、中川七左衛門の移動先として屋敷地D以外の、村田家がかつて居住した屋敷地を想定するほかはない。すると、選択肢は屋敷地Eただ1ヵ所ということになる。屋敷地Bは位置を確定する資料がなく不明であるが、以上の検討から屋敷地Aは広瀬町奉行丁、屋敷地Cは茶屋丁、屋敷地Dは広道、屋敷地Eは布袋丁筋の屋敷地であったことが判明する。

　「城下屋敷大絵図」によれば、広瀬町奉行丁の屋敷地Aは町奉行丁東端に位置し、表間口24間4尺、地尻14間、裏行東側30間、同西側25間5尺の台形型の屋敷地である。明和6年2月時点でいえば、この屋敷地にいた村田次郎九郎は俸禄400石の武士であった。その村田は屋敷地Dに移る時点では500石になっている（村田次郎九郎家家譜）。村田次郎九郎の後に屋敷地Aに入った広井兵左衛門は御膳番格・切米30石の武士であった（広井兵左衛門家家譜）が、小姓を勤めていた。三方相対替えが行われた時点でいえば、村田次郎九郎は大組格・700石、中川七左衛門は寄合組・600石であった（中川七左衛門家家譜）が、広井兵左衛門は御徒頭格・切米50石と俸禄が少ない。にもかかわらず、城郭近くに屋敷地を得ていたのは、小姓という職務上の必要からではなかったかと思われる。また、村田次郎九郎・中川七左衛門の二人は、俸禄の上ではほぼ同格の相対替であったといえよう。

7）家単位でみた居屋敷移動

　絵図と家譜にはそれぞれ長所・短所があるが、相互補完的でもある。前節では特定の屋敷地をめぐる移動について触れたが、以下では家単位で居屋敷の移動を追ってみたい。ここで取り上げるのは、山野井惣兵衛家の移動である。山野井惣兵衛家の最初の屋敷地（図10-17、山野井惣兵衛家屋敷地①）は、山畔柳甚左衛門が野井家明屋敷地を拝領したという記事に基づいて想定したものである。「町割之図」には三浦長門守下屋敷の北に山野井家の屋敷地が記載され、「城下屋敷大絵図」の同地点にも山野井惣兵衛の名が絵図に直接墨書されている（図10-17、山野井屋敷地②）。しかし、絵図の作成年代から考えれば、三浦長門守下屋敷北側の屋敷地が、寛文2年（1662）に畔柳甚左衛門が拝領した山野井家明屋敷地に該当しないことは明らかであろう。三浦長門守下屋敷北側の山野井屋敷地②は、寛文2年以前のある時点で移動した屋敷地である。したがって、山野井屋敷①の存在が別に想定されるが、山野井屋敷①の位置に関する資料は見当たらない。

　次に山野井惣兵衛の名が現れるのは、寛政7年（1795）のことである。牧野六兵衛が寛政6年に拝領した水野次郎右衛門上屋敷と山野井惣兵衛上屋敷地の相対替が同年に行われたのである（牧野家家譜）。山野井家家譜の記事では120年余りの空白があるが、この間の山野井家屋敷の移動が城下町絵図に記録されている。「城下屋敷大絵図」をみると、山野井屋敷地②とは別に貼紙に記載された山野井惣兵衛の名が山野井屋敷地③（図10-17）に出てくる。山野井家の居住地が山野井屋敷地②から同屋敷③へ移動したことは明らかであろう。山野井屋敷③は「紀都会一覧」でも確認できる。ところが、山野井家は寛政3年（1791）に当主の「不慎之礼」によって7人扶持・小普請へと降格になった（山野井家家譜）。「城下地図」の山野井屋敷③地点には山野井家の名はなく、空白になっている。それは、山野井家が屋敷地③から他所へ移動したことを示している。牧野六兵衛が相対替の対象とした屋敷地

220 第Ⅱ部 近世城下町の構造と空間変動

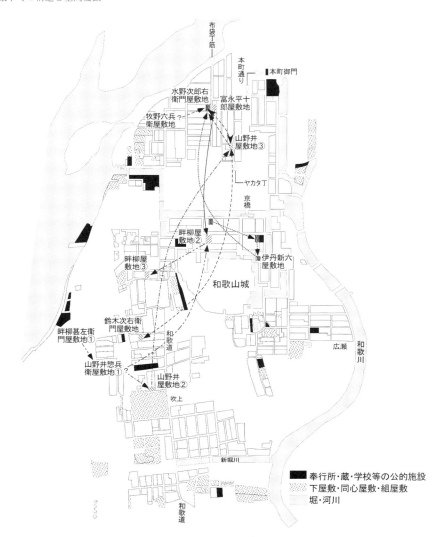

図 10-17 和歌山城下における屋敷地の移動 (2)

は、その年代から山野井屋敷③であったと考えられる。したがって、山野井家は牧野が拝領していた水野次郎右衛門上屋敷に居住地を変えていたことになる。水野次郎右衛門上屋敷に位置は、「紀都会一覧」でも「城下地図」でも確認できない。しかし、水野次郎右衛門上屋敷は、伊丹新六が文政 5 年（1822）に拝領している（伊丹新六家家譜）。「若府図」[23]によると、伊丹家の屋敷地は伊丹屋敷地④（図 10-17）にある。これによって、伊丹屋敷地④がかつての水野次郎右衛門上屋敷であり、山野井家が牧野六兵衛と相対替した屋敷地であったこと、文政 5 年以前に山野井家はさらに他の屋敷地に居住地を移動していたことが明らかになる。

　図 10-17 には山野井家の居住地の移動とかかわった諸家の、その後の居住地の移動を合わせて記載している。畔柳甚左衛門家は山野井屋敷地①から三之丸に移動した後、居住地を通丁に移している。三之丸の旧畔柳屋敷地に新たに入ったのは富永平十郎である。また、牧野六兵衛は山野井屋敷③に入った後、寛政 12 年（1800）に鈴木次右衛門屋敷と再び相対替を行って、居住地を移している。

最後に、やや特異な屋敷地の移動の例を挙げておこう。ここで取り上げるのは山名八左衛門家である。山名家系譜によれば、山名家は元和5年（1619）の徳川頼宣の和歌山入封とともに家禄1,000石で和歌山に入り、和歌山城内「丸之内」（三之丸）に屋敷地を拝領したという。その山名家は「紀都会一覧」までは三之丸の同じ場所に屋敷地を確認することができるが、「城下地図」では「山名八左衛門」の名を記載した貼紙が布袋丁筋北部の屋敷地に出てくる。山名家系譜・山名八左衛門の文化13年（1816）12月2日条には「其方儀借財差■必至及歎渋日々凌兼候由ニ而不勤之趣相聞候、勝手取締等之儀者従■被　仰出有之候処、件之次第不心得之儀ニ付屹度御咎可被　遊候得共、格別之御用捨以御役　御免小普請入被　仰付」という記載がある。家譜では山名家が困窮による不勤を咎められて小普請に降格したことを記載しているが、この処分によって屋敷地が三之丸から移動したことは記録していない。山名家の居住地の移動は絵図上で初めて確認できるのである（図10-17、X）。

7　おわりに

近世日本の大城下町の一つである和歌山を対象にして、和歌山城下の構造、とくに武家屋敷地域の身分制的空間構造をとらえ、同一の家による同一屋敷地の継続的な利用が進行するなかで、武士の階層的・職務的な変化に伴う居屋敷の移動がどのように行われ、武家屋敷地域における身分制的（階層的）秩序の維持がどのように図られてきたのかという問題をめぐって、検討・考察を進めてきた。和歌山城下の空間的構造の特徴は、城下町成立以前から立地していた既存集落を核にして、3本もしくは4本の南北方向の軸をつくりだし、南北方向に形成されたセクターとその間を埋める東西方向のセクターとを巧みに組み合わせた点にある。それは、城下を形づくる上で軸となった南北方向の複数のセクターを階層的に秩序づけ、東西方向の複数のセクターを南北に配置して階層化させるというものである。これは武家屋敷地域の分析から導き出されたものであるが、町屋敷地域もその構造のなか組み込まれている。

こうした構造のなかで、江戸時代中期以降和歌山城下では、家ごとにみれば俸禄の増減、家格の浮沈がある一方で、同一の家による同一屋敷の使用が広がっていく。家譜に基づく家ごとの屋敷地・添地の拝領・拝借、相対替、あるいは差上といった記事から見出された武家屋敷地域の身分制的な空間編制を維持するための方法は二つである。その一つは俸禄の増減、家格の浮沈、あるいは職務上の必要性にあわせて居屋敷を移動していく方法であり、二つ目は居屋敷を移動することなく、隣接する屋敷地あるいはその一部を拝領・拝借する方法であった。

居屋敷の移動は、作成年代の異なる城下町絵図を見比べれば移動の事実は容易に把握できる。また、移動者を家中の身分的階層構造の中に位置づけることができれば、移動前と移動後の屋敷地の身分制的位置づけを検討することも可能になり、さらに武家屋敷地域全体の身分制的構造を見通すことも可能になるかもしれない。ただし、その移動は家ごとの事情の変化を契機としていても、既存の空間的構造に適合するように行われるものであろう。居屋敷の移動は武家屋敷地域の身分制的な空間編制を維持するための有効な方法であるには違いないが、それだけでは構造的な変容に対する視点が抜け落ちていく恐れが多分にある。

武家屋敷地域の身分制的な空間編制の構造的な変容という点からいえば、隣接する屋敷地あるいは

222 第Ⅱ部 近世城下町の構造と空間変動

その一部を拝領・拝借、そして差上を行って、俸禄の増減、家格の浮沈、職務上の必要性を満たす屋敷規模へと可変的に対応するという第二の方法に、一層の注意をはらう必要がある。第二の方法は、本来的には一時的な対応措置であるといってよい。しかし、三の丸などで居屋敷が隣接する屋敷地を併せて巨大化し、その屋敷地が固定化されていく傾向が明らかに認められる。居屋敷の継続的仕様の傾向が強まるなかで、一時的であるはずの屋敷地の拡大が固定化していくことは、階層的に秩序立てられて配置された各セクターの内部的崩壊を招来する契機を含むもので、武家屋敷地域の空間編制原理をゆがめていく可能性をもっているからである。

　居屋敷を拡大するために行われた隣接屋敷地の併合を、絵図から読み取ることは可能であろう。しかしながら、屋敷地の部分として存在する添地の有無や拝領・差上に伴う動きまで読み取ることは困難である。本章では、「和歌山城下屋敷大絵図」に記載された情報をもとに、和歌山城下の全体的構造の把握を行ったが、「和歌山城下屋敷大絵図」に匹敵する城下町絵図は確認できていない。したがって、和歌山城下における武家屋敷地域の身分制的な空間編制の構造的な変容をとらえようとすれば、屋敷地の移動に関する記録の集積を進め、絵図と屋敷地の変化にかかわる記録を相互補完的に利用しながら、読み解く努力が必要になる。

注

1）和歌山県立文書館所蔵「紀伊家中家譜及び親類書上げ」．なお，本稿ではマイクロフィルムの紙焼きを利用した．

2）国立公文書館所蔵「和歌山県史料　仮名別諸士系譜」．

3）『紀伊続風土記　第一輯』巻之四，若山部・上（巌南堂書店 1975）．

4）和歌山県立図書館所蔵「和歌山城下屋敷大絵図」．本章「2・1）和歌山城下町絵図の概要」を参照．

5）『紀伊続風土記　第一輯』巻之五，若山部・下（巌南堂書店 1975）によれば，湊地区には 18 ヵ寺があった．

6）前掲5）．

7）和歌山県立図書館所蔵「和歌山町割之図並ニ諸士屋敷姓名附」．本章「3・2）②和歌山町割之図並ニ諸士屋敷姓名附」を参照．

8）前掲3），88 頁．

9）（　）内の町名は「和歌山城下屋敷大絵図」（和歌山県立図書館所蔵）による．ただし，「紀都会一覧」（和歌山県立図書館所蔵）には，広瀬通り丁・桶屋丁・八百屋丁という 3 町が記載されている．また，広瀬通り丁一丁目・広瀬通り丁二丁目に続き，その東に八百屋町を記載する絵図もあるなど，広瀬通り丁と八百屋町との記載が混乱している．

10）高市志友編：『紀伊国名所図会　初編』（復刻『版本地誌大系 9　紀伊国名所図絵』臨川書店，1996）．

11）前掲3），87 頁．

12）前掲9），「和歌山城下屋敷大絵図」による．

13）和歌山市立博物館「和歌山城下町絵図一覧」．

14）最も時代を下って作成された絵図は，「若山御城下絵図」（表 10-1，No.52）である．この絵図には「慶應元年乙丑九月」の年紀とともに，町奉行所が所蔵する絵図面を写した旨が記載され，末尾に「御軍事方」とある．凡例は「屋敷」（武家屋敷），「町家」，「神社」，「在領」の四つで，図中では寺院や耕作地にも彩色を施している．ただ，武家地には区画線がほとんどなく，記載された武士名は極めて少ない．むしろ，この絵図の特色は注記によって「在領」を湊領・今福領・中嶋中洲・明王院地に区別している点にある．一

般的に城下町絵図は武家屋敷（地）の配置と居住者名を主として作成されたものが多いが，この絵図には
そうした記載が少なく，別の目的で作成されたものと思われる．

15）家格や禄高に応じて配分される屋敷地の表間口や裏行，あるいは面積を規定した文書が残る城下町もあ
るが，和歌山城下の場合そうした記録は現時点では確認できない．

16）「和歌山古屋敷絵図」は村井家の17世紀中期の屋敷地を家譜と一致する位置に記載している．江戸時代
後期に作成された家譜の記載と絵図に記載の一致が，この図の信頼性を高めることにもなっている．

17）水野太郎作正実が官途名を美濃守から丹後守に変更した時期については家譜にも記載がなく，明らかで
はない．

18）「和歌山古屋敷絵図」には385区画に居住者名が記載されている．そのうち8区画が下屋敷であり，居住
者不記載や屋敷地の区画線さえなく街区だけの部分も少なくない．そこで，「和歌山古屋敷絵図」を検討対
象から除いた．

19）「上ヶ屋敷」，「上ヶ屋敷地」という表現も使用されている．

20）堀内　信編（1971）：『南紀徳川史（第十三巻）』名著出版，425-437頁．

21）鈴木四郎兵衛家の屋敷地拝領の記事は，18世紀中のものである．しかし，「和歌山町割之図並ニ諸士屋敷
姓名附」や「和歌山城下屋敷大絵図」で確認できる元禄期〜享保期の屋敷地拝領については，家譜に記載
がない．

22）和歌山市立博物館所蔵「士屋敷氏名入　和歌山城下図」．

23）和歌山市立図書館所蔵「若山図　全」．

引用・参考文献

安藤精一（1978）：和歌山　紀伊国名草郡若山城下図，原田伴彦・西川幸治・矢守一彦共編：『近畿の市街古
　　図　解説』鹿島出版会，21-24頁．

大類伸編（1968）：『日本城郭史料集』人物往来社．

後藤雄二（1981）：17世紀の仙台における侍の居住パターン，地理学評論54-9，513-529頁．

高市志友編：『紀伊国名所図会　初編』（復刻『版本地誌大系9　紀伊国名所図絵』臨川書店，1996）．

千森督子（1986）：紀州城下町に関する一考察－構成及び街区割，和歌山信愛女子短期大学・信愛紀要26，
　　34a-29a頁．

平井松午（2012）：洲本城下絵図のGIS分析，HGIS研究協議会編：『歴史GISの地平－景観・環境・地域構
　　造の復原に向けて－』勉誠出版，109-120頁．

平井松午（2014）：安政期の鳥取城下絵図にみる侍屋敷地の実像－GIS城下図の比較分析－」，平井松午・安
　　里　進・渡辺　誠編：『近世測量絵図のGIS分析－その地域的展開－』古今書院，175-197頁．

前田育徳会尊経閣文庫編（2000）：『尊経閣文庫蔵　諸国居城図』新人物往来社．

三尾　功（1994）：『近世都市和歌山の研究』思文閣出版．

水田義一（2003）：浅野期紀州藩の城下町プラン－和歌山，田辺，新宮，和歌山地理（23），1-10頁．

矢守一彦編（1981）：『浅野文庫蔵　諸国古城之図』新人物往来社．

矢守一彦（1970）：『都市プランの研究－変容系列と空間構成－』大明堂．

矢守一彦（1972）：『城下町』学生社，182-202頁．

矢守一彦（1988）：『城下町のかたち』筑摩書房，51-52頁，69-70頁．

渡辺理絵（2000）：米沢城下町における拝領屋敷地の移動－承応・元禄・享保の城下絵図の分析を通して－，
　　歴史地理学42-4，23-42頁．

『紀伊続風土記　第一輯』巻之五，若山部・下（巌南堂書店　1975）．

第 11 章　水戸城下における 17 世紀中頃と 19 世紀中頃における禄高別拝領屋敷地の分布

小野寺　淳・田中耕市・永井　博・小橋雄毅

1　はじめに

　水戸は 35 万石の水戸徳川家の城下町である。水戸藩の家臣の半数以上は江戸詰め、半数以下が水戸詰めであった。天保年間「水戸上下御町丁数調書」（茨城県立歴史館蔵）によれば、武士 753 戸、町人 1,833 戸と記されている。本章では、寛文 9 年（1669）写しと推定される「水戸上町図」「水戸下町図」（水戸市立博物館蔵「水戸城下絵図」）の拝領屋敷に記載された藩士名、元禄 12 年（1699）以降の家譜「水府系纂」（元禄 12 年〜慶応 3 年〈1699 〜 1867〉）ならびに「寛文規式帳」と「江水御規式帳」（茨城県史編さん近世史第一部会 1971）で補完して、藩士の録高などをデータ化した。さらに 17 世紀中頃の江戸前期は「水戸上町図」・「水戸下町図」記載の武士、19 世紀中頃の後期は「江水御規式帳」（天保 11 年〈1840〉）記載の武士を抽出して、水戸城下の武士の禄高と居住の関係を、GIS で分析することを目的とする。これまで、江戸時代後期になると、当初の身分制の中で割り当てられた拝領屋敷の屋敷割や居住者に、変化がみられることが指摘（服部 1966，渡辺 2008）されており、本章では水戸城下を事例に実証することを試みる。

　天正 19 年（1591）、佐竹氏は太田城から本拠を水戸城に移し、佐竹氏による本丸・二の丸・浄光寺曲輪などの造成が行われた。慶長 7 年（1602）に佐竹氏が秋田へ国替えとなり、武田信吉（家康五男）が水戸 15 万石に封ぜられた。その後、徳川頼宜（家康十男）をへて、慶長 14 年、徳川頼房（家康十一男）が水戸に転封（25 万石）、初代水戸藩主となった。翌年、伊奈備前守忠次は千波湖用水を開き、備前堀が完成する。寛永 2 年（1625）には水戸城の改修が開始（1638 年完成）され、また千波湖を干拓して田町を開設し、上町の商人を田町に移し、武家地と町人地からなる下町が形成されていく。これを「田町越え」と呼び、近世城下町水戸がほぼ完成する。

　やがて正保国絵図編纂事業の中で水戸城絵図も作成され、千波湖の中に上町と下町を往来する堤が築かれ、新道となった。また、寛文 2 年（1662）には下町の飲料水として笠原水道を創設、翌年に完成した。寛文 6 年には寺院整理による城下寺院の移転が行われた。徳川光圀は元禄 3 年（1690）に千波湖を通る新道を「柳堤」と名づけ、この頃に町名の改称と地区の整理が行われた。

　元禄 14 年、水戸藩の表高は 35 万石となる。水戸徳川家の藩主は江戸で居住することが多く、家臣もやがて江戸詰めと水戸詰めの交代が少なくなった。このため、9 代藩主徳川斉昭は江戸詰めの藩士の一部を水戸詰めとし、天保 7 年（1836）に城下外の西部に侍屋敷を整備して、屋敷割を行った（新屋敷、現在の新荘 1 丁目、3 丁目など）。また、弘道館開設のため、三の丸にあった 12 人の重臣屋敷を近隣に移し、三の丸には天保 12 年に弘道館仮開館、翌年には偕楽園開園となり、幕末を迎える。

226　第Ⅱ部　近世城下町の構造と空間変動

2　研究対象とする水戸城下の確定

1) 城絵図と城下絵図

　まず水戸城下のエリアを確定するため、水戸城下を描いた近世絵図の現存を調べ、水戸城・水戸城下絵図一覧を示した（表 11-1）。ただし、これらの中に水戸城下町全域を実測した江戸時代の測量図はなく、その多くは写図である。このなかで比較的正確な城下の図は、No.1「常陸国水戸城絵図」（以下、水戸城絵図）と No.21 の「水戸城下図」である。

　水戸城絵図（図 11-1）は、江戸幕府の国絵図編纂事業のなかで、水戸藩によって正保元年（1644）に作成された。この城絵図には水戸城の改修、さらに千波湖と那珂川の合流部を干拓した田町開設と、田町越えによる下町が表現されており、水戸城絵図はほぼ完成した近世水戸城下の構造を示すといえよう。

　水戸城絵図には、拝領屋敷に居住する武士名の記載はない。この城絵図をベースに、武家地の屋敷に武士名を記載した城下絵図が国立国会図書館蔵の No.2 と 3、水戸市立博物館所蔵の No.4 と 5 である。両図は正保 4 年（1647）～明暦元年（1655）とされているが、武士名より水戸市立博物館所蔵の両図は寛文 9 年（1669）頃の作成と推定され、江戸時代前期については水戸上町図と水戸下町図を研究対象とした。

　水戸城下の変遷の中で、近世後期の水戸城下における拝領屋敷の区画を比較的正確に描いたと考えられるのは、公益財団法人徳川ミュージアム所蔵の No.21「水戸城下図」である。この絵図に示された拝領屋敷の区画をもとに、現地で土地の高低、間口・奥行などを歩測によって調べ、デジタル版の水戸市都市計画図に拝領屋敷の区画を示した。「水戸城下図」には天保元年に酒井喜煕が作成したと記されており、その原本は雨宮端亭（1758 － 1832）作製の「水戸諸士宅地図」ではないかと推測される。清水正健著『増補水戸の文籍』（1934 年）によれば、「水戸諸士宅地図」は文化 9 年（1812）成ると記す。記載された武士名から、「水戸城下図」は文政 9 年（1826）と考えられ、いずれにしても、化政期の拝領屋敷の区画と判断してよいであろう。さらに、高倉逸斎『水府地理温故録』と石川久徴『水府地名考』ならびに堀口友一（1981）、江原忠昭（1985）を参照して町名などを確認した。以上より、化政期の水戸城下の土地区画を、平成 17 年の縮尺 1/2,500 の都市計画図（水戸市）に推定して作製したデジタル版水戸城下町マップ（図 11-2）を、GIS 分析のベースとすることにした。

　幕末の屋敷割を記載しているのが、表 11-1 中の国立公文書館所蔵の No.29「常陸国水戸図」である。太政官正院地志課・地理寮地誌課・内務省地理局旧蔵と記載されている。絵図には、小路ごとに町名が振られており、武家の屋敷地については一筆ごとに居住藩士の姓名が記載されている。一部の屋敷地には、居住者の禄高が記載されている例もある。製作時期は、「太田丹波守」「山野辺主水正」などの叙任関係年月から嘉永 5 年～安政 3 年（1852 ～ 56）と推定される。ただし、後年の加筆・修正の跡がみられる。絵図全体をみると、本丸や武家屋敷地は簡素に描かれている。このほかに、寺社の境内や鳥居、通りに設置されている門が描かれており、絵画的表現がなされているものもある。加えて、城下の南北にある千波湖と那珂川には、魚や鳥の姿が描かれている。本図は水戸上町図・水戸下町図と同様に、城下が東西に直線的に描かれており、実測図ではない。しかしながら、地図情報が多

第11章　水戸城下における17世紀中頃と19世紀中頃における禄高別拝領屋敷地の分布　　227

表 11-1　水戸城・水戸城下絵図一覧

資　料　名	原　図　年　代	所　蔵　先	法量 (cm)	備　　考
1. 常陸国水戸城絵図	正保元（1644）	国立公文書館	250.0 × 419.0	
2. 水戸図（上町）	正保4年（1647）〜明暦元年（1655）	国立国会図書館	114.0 × 150.0	写年代不詳
3. 水戸図（下町）	正保4年（1647）〜明暦元年（1655）	国立国会図書館	107.0 × 149.0	写年代不詳
4. 水戸上町図	正保4年（1647）〜明暦元年（1655）	水戸市立博物館		写年代不詳
5. 水戸下町図	同上	水戸市立博物館		同上
6. 常陸国水戸城下古代之図上町	寛文年間	茨城県立歴史館（寄託）	62.0 × 88.0	安永8（1779）写
7. 常陸国水戸城下古代之図下町	寛文年間	茨城県立歴史館（寄託）	62.0 × 88.0	同上
8. 常州水戸城図	寛文年間	茨城県立歴史館	80.0 × 110.0	写年代不詳
9. 水戸古図（川方本）	寛文年間	国立国会図書館	83.0 × 173.0	文政7（1824）写
10. 水戸古図（小田本）	寛文年間	国立国会図書館	76.0 × 109.0	文化9（1812）写
11. 古水戸屋敷割図	寛文年間	茨城県立歴史館	78.0 × 108.0	写年代不詳
12. 水戸城下之図	延宝7（1679）〜元禄元（1688）	水戸市立博物館	78.0 × 183.0	写年代不詳
13. 水戸絵図	延宝7（1679）〜元禄元（1688）	茨城県立図書館	84.0 × 197.0	写年代不詳
14. 水戸絵図	享保16（1730）〜延享元（1744）	水戸市立博物館	70.0 × 146.0	幕末写か
15. 水戸城下絵図	享保16（1730）〜延享元（1744）	大山守大場家保存協会	70.5 × 145.5	安永3（1774）写
16. 常州水戸絵図	明和6年（1769）〜安永3年（1774）	茨城県立歴史館	68.0 × 106.7	写年代不詳
17. 水戸御城下絵図	明和6年（1769）〜安永3年（1774）	水戸市立博物館	70.5 × 110.0	写年代不詳
18. 水戸城下絵図	明和6年（1769）〜安永3年（1774）	幕末と明治の博物館	63.0 × 163.0	写年代不詳
19. 水戸城下絵図	天明9（1789）	水戸市立博物館	39.0 × 85.5	近代以降
20. 水府武鑑御屋敷附	寛政5（1793）	茨城県立歴史館	24.5 × 11.3	
21. 水戸城下図	文政9（1826）	徳川ミュージアム	92.0 × 134.0	天保元（1830）写
22. 水藩画図	天保2（1831）	水戸市立博物館	28.0 × 77.4	天保11（1840）
23. 水戸城上市絵図写	天保2（1831）か	茨城県立歴史館	40.0 × 102.0	大正6（1917）写か
24. 天保時代水戸地図	天保期前半	水戸市立博物館	43.0 × 111.5	写年代不詳
25. 新荘地区新屋敷絵図	天保年間	林明日子家		
26. 常陸国水戸城絵図	天保11（1840）	徳川ミュージアム	106.5 × 150.0	写年代不詳
27. 水戸城下絵図写	天保12（1841）以降	水戸市立博物館	35.1 × 76.5	近代以降
28. 御家中屋敷帳	弘化2（1845）	茨城県立歴史館	14.2 × 37.2	
29. 常陸国水戸図	嘉永5（1852）〜安政3（1856）	国立公文書館	52.0 × 147.0	
30. 水戸城下絵図	安政5（1858）	茨城県立歴史館	39.5 × 52.5	大正6（1917）写
31. 檜物町裏三丁目絵図面	万延元（1860）	茨城大学図書館	33.2 × 24.0	
32. 本五町目本六町目絵図面	万延元（1860）	茨城大学図書館	33.2 × 24.0	
33. 白銀町絵図面	万延元（1860）	茨城大学図書館	33.2 × 24.0	
34. 裏五町目塩町絵図面	万延元（1860）	茨城大学図書館	33.2 × 24.0	
35. 本七丁目絵図面	万延元（1860）	茨城大学図書館	33.2 × 24.0	
36. 裏六町目裏七町目材木町絵図面	万延元（1860）	茨城大学図書館	33.2 × 24.0	
37. 下金町一〜四丁目絵図	万延元（1860）か	水戸市立博物館	34.0 × 24.0	
38. 水府家御屋敷割図	文久元（1861）	茨城大学図書館	76.0 × 165.0	
39. 水戸城実測図	明治年間	茨城県立図書館	142.0 × 154.0	

いことから、江戸時代後期の区画については「常陸国水戸図」も研究対象にすることにした。

2）千波湖の大きさ

　水戸城下の特色の一つは、城下に囲まれた千波湖の存在である。千波湖の大きさが特定されないと、水戸城下の範囲が特定できない。今回、千波湖土地改良区所有の測量図の利用が可能となり、千波湖の正確な規模と範囲が明確となった。内題「千湖分間全圖」（図 11-3）は、水戸徳川家の公益財団法

228　第Ⅱ部　近世城下町の構造と空間変動

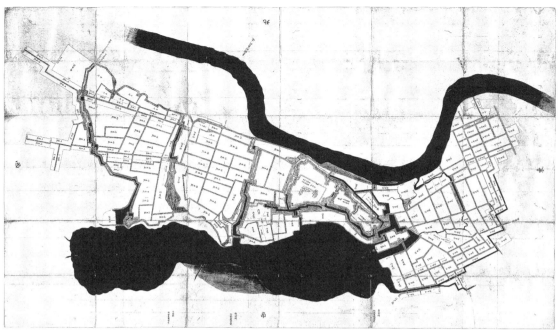

図 11-1　「常陸国水戸城絵図」（正保元年〈1664〉）
（国立公文書館蔵，寸法：250cm × 419cm）同館デジタルアーカイブ HP より引用．口絵 11 を参照のこと．

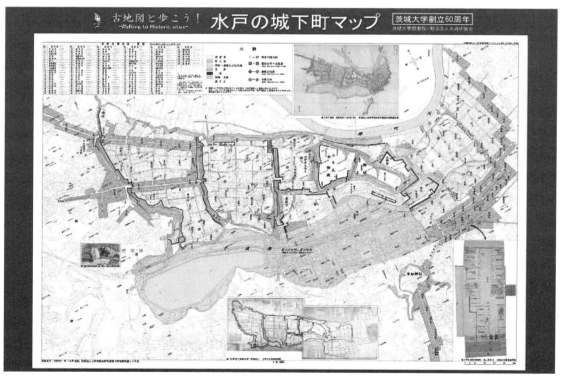

図 11-2　水戸市都市計画図に拝領屋敷の区画を示した「水戸の城下町マップ」
茨城大学図書館発行．

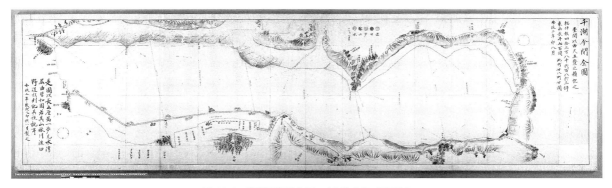

図 11-3 「千湖分間全圖」（安政 2 年〈1855〉）
（千波湖土地改良区蔵，水戸市立博物館保管，寸法：780cm × 2,970cm）

人徳川ミュージアムのホームページに同様の絵図が公開されたことから、千波湖土地改良区所有の図は藩政用の控図と考えられる。図右上に記された序には、「壱間以曲尺五里之積記之」と記載されている。図左下に記された跋文には「是圖以長五里為一歩　凡水湾屈曲皆如圖　若其山林川流田野道程則記　其梗概耳　安政二年歳次乙卯秋八月製之」と記され、安政 2 年（1855）8 月の作成であったことがわかる。また、5 里を 1 歩と記載しており、1 歩 6 尺（ただし、天保検地では 6 尺 5 寸）とすれば、縮尺は約 11,000 分の 1 である。なお、図の右上の序と左下の跋の傍らには方位円が押されている。

序には、千波湖の広さを「総坪数四拾三万八千六百八拾三坪　東西長千七百間此町弐拾八弐拾間」と記す。438,683 坪は 1,447,654m^2 の広さとなる。この絵図に描かれた千波湖の輪郭を現在の地形図に比定して GIS 上で計算すると、千波湖は 1,619,350 m^2 となり、現在の約 4.88 倍にもなる。

凡例には、黄色丸印は道、墨色丸印は田、薄墨丸印は芦、墨丸印は山、水色丸印は水、赤点は分間見通印と記されている。湖の広さを計測するため、湖内の 4 ヵ所に南北を通した朱線が引かれており、湖を五分割して面積を算出したことがわかる。この面積は、西から 75,396 坪、75,544 坪、77,002 坪 9 厘、81,413 坪 7 分 6 厘、91,336 坪である。さらに柳堤の内側を二分割した面積は、それぞれ 13,401 坪 6 分、24,590 坪と記されている。これらを合計すると 438,683 坪となり、序文に記載された総坪数と合致する。

さらに四つの朱線には、西から 337 間、192 間、82 間、290 間との記載があり、船上から間縄のようなもので距離を測ったと考えられる。湖岸の 9 ヵ所で 22 の方位を測定しており、それぞれ方位を記載している。湖岸から船までの座標と距離を計算するために三角測量を使い、船までの直線と湖岸がなす角度を測定する。湖岸で角度を計測した測定箇所間の距離を測り、正弦定理を利用して船までの距離を求めることができる。しかし、図には湖岸の測定箇所間の距離を記載しておらず、いかに面積を算出したかは今後の課題である。いずれにしても、本図をデジタル版水戸城町マップに反映させた。

3　GIS を援用した城下復原

次に拝領屋敷の区画を空間データ化するとともに、拝領屋敷の所有等の情報を付加していく。さらに、複数の時期の城下絵図を比較・分析するためには、拝領屋敷の区画ポリゴンの管理を工夫する必要がある。ここでは、後述する天保 11 年（1840）に近い屋敷割である嘉永 5 年〜安政 3 年（1852 〜

56）「常陸国水戸図」の空間データを作成する工程と管理方法について、(1) 絵図と地図の重ね合わせ、(2) 区画のポリゴン化、(3) 屋敷地ポリゴンのナンバリングの順で説明する。

1）絵図と地図の重ね合わせ

　分析対象とする No.4・5・29 の城下絵図は、ともに実測ではなく歪みも大きいため、GIS のジオリファレンス機能を用いての現代地図との重ね合わせは難しい。一方で、絵図に描かれている道や拝領屋敷のシマ（拝領屋敷が連なって形成される街区）の多くは、その形状から現在の水戸市で相当する道路や街区を見出すことができる。そのため、城下絵図における拝領屋敷のシマのポリゴンは、ジオリファレンス機能を使用せずに、現在の地図データから生成することにした。具体的には、城下絵図に描かれている道の交差点や曲がり角に相当する箇所を、現在の地図から特定して、GIS 上で拝領屋敷のシマのポリゴンを作成した。そのため、拝領屋敷地の区画の面積や道幅については、正確に再現することはできない。

2）区画のポリゴン化

　続いて、上記の手順で作成したシマのポリゴンに、拝領屋敷の境界線を加えていく。城下絵図には、それぞれの拝領屋敷の区画の大きさの情報は記されていないため、それを正確に区画ポリゴンに反映させることはできない。例えば、一つのシマに 5 軒の拝領屋敷が連なっている場合、区画の大きさに多少の差異はみられるものの、シマが 5 等分されて描かれていることが多い。実際には、5 軒の拝領屋敷の区画の大きさには差異があったとしても、それが絵図に反映されていない。さらに現在の地図の土地区画からも、当時の拝領屋敷の区画を類推することも難しい。そのため、絵図においてシマを等分して描かれている拝領屋敷は、そのままシマを等分して屋敷地ポリゴンを作成することにした。

　はじめに水戸上町・下町図から屋敷地ポリゴンを作成した後に、編集を加えて、水戸地図の屋敷地ポリゴンを作成した。この二時点間では、拝領屋敷の区画の分筆や合筆が散見されるため、必ずしも 1 対 1 で区画が対応しない。とくにどの区画が分筆されたのか、あるいはどれらの区画が合筆されたのかが明瞭ではないことが、ポリゴンを作成するうえで問題となる。例えば、水戸上町・下町図においてシマが 5 等分されていた拝領屋敷の区画が、常陸国水戸図では 6 等分されていることがある。この場合は、もとの五つの屋敷地を統合して 6 等分したことは考えにくく、特定の一つの屋敷地を二つに分筆したと考えるのが常識的であろう。

　しかし、およそ 180 年という長い時間を経る間に、各屋敷を所有する武家も入れ替わっており、どの屋敷地の区画が分筆されたのかを判別することができない。逆に、シマが 5 等分されていた屋敷地が 4 等分に合筆された場合も同様であり、どの区画が合筆されたのかがわからない。このような場合には、文政年間における屋敷地ポリゴンは、常陸国水戸図に描かれている通りに、シマのポリゴンを等分して作成した。

3）区画のポリゴン化屋敷地ポリゴンのナンバリング

　次に、作成した個々の拝領屋敷地のポリゴンを識別するために、9 桁のナンバリングを行った（図11-4）。このナンバリングによって、拝領屋敷地が含まれるシマや、二時点間における区割りの変更

第 11 章　水戸城下における 17 世紀中頃と 19 世紀中頃における禄高別拝領屋敷地の分布　231

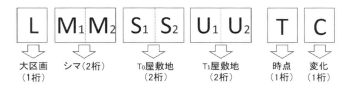

L（大区画）：大区画番号
M_1M_2（シマ）：シマ番号
S_1S_2（T_0屋敷地）：水戸上町図・下町図における武家屋敷地番号
U_1U_2（T_1屋敷地）：常陸国水戸図における武家屋敷地番号
T（時点）：水戸上町図・下町図（0）、常陸国水戸図（1）
C（変化）：分筆・合筆等の変化なし（0）、変化あり（1）

図 11-4　屋敷地ナンバリングのルール（1）

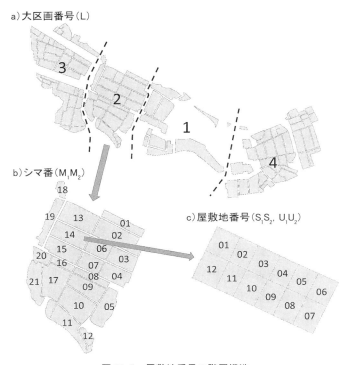

図 11-5　屋敷地番号の階層構造

の有無を一元的に把握することができる。まず、城下町を大きく三つの大区画に分割して、L 桁に 1 ～ 3 の番号を振り、それぞれの大区画の中のシマに 2 桁の番号（M_1M_2）を振った（図 11-5）。すなわち、各シマは先頭の 3 桁の番号（LM_1M_2）で表される。

次に、シマの 3 桁の番号に加えて、それぞれの拝領屋敷地のポリゴンの番号を追加する。上述の通り、二時点間で分筆や合筆が散見されるため、拝領屋敷地の区画は二時点でのそれぞれの番号を振ることにした。すなわち、水戸上町図・下町図における 2 桁（S_1S_2）の番号と、常陸国水戸図における 2 桁（U_1U_2）の番号の合計 4 桁の番号である。図 11-6 には、さまざまな区画の変更状況に応じてのナンバリング方法を例示した。仮に二時点間で区画の変更がなければ、同じ 2 桁の番号が二つ並ぶことにな

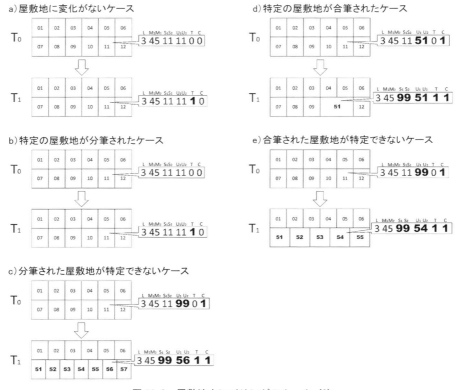

図 11-6　屋敷地ナンバリングのルール（2）

る。異なる時点において対応する区画が明瞭でない場合には 99 を入力する。例えば、水戸上町図・下町図における 15（S_1S_2）の拝領屋敷地の区画が、常陸国水戸図においてどの拝領屋敷地の区画に相当するかの対応関係が不明瞭の場合、U_1U_2 には 99 を入力した。

　先頭から 8 桁目の T 桁は、区画ポリゴンの時点を示し、水戸上町図・下町図の場合には 0、常陸水戸図の場合には 1 を入力する。末尾の桁は、水戸上町図・下町図から常陸国水戸図までの二時点間における区画の変更の有無を示し、変更がなかった場合に 0、変更があった場合には 1 を入力する。そして、ナンバリングを終えた拝領屋敷のポリゴンには、絵図から読み取った武家の情報を属性データとして追加した（図 11-7）。

4　本研究で利用する家譜

　城下町の拝領屋敷分布を考察するための基礎史料となる水戸藩士関係史料で、現在知り得るものは 3 種類で、本研究では以下の 3 種類を利用した。

1）水府系纂
　水戸藩の家臣の系図、家譜を編集したものである。延宝 6 年（1678）に 2 代藩主徳川光圀が用人山縣元綬に命じ、藩草創期からの家臣について編纂、「水城実録」としてまとめさせている。次いで元

第 11 章　水戸城下における 17 世紀中頃と 19 世紀中頃における禄高別拝領屋敷地の分布　233

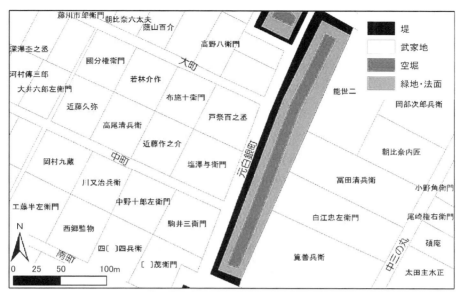

図 11-7　属性データを追加した拝領屋敷ポリゴンデータ

禄 14 年（1701）、3 代藩主徳川綱條は彰考館の佐野郷成に命じて、「水城実録」をもとに「水府系纂」の編纂を命じた。これは 2 年後に成ったが、さらに宝永 7 年（1710）、佐野に増補改訂を命じ、さらに正徳 2 年（1712）にに旧彰考館員の伴武平暢にも手伝いを命じた結果、享保 2 年（1717）に完成した。その後も家ごとに書きつがれ、最終的に慶応 3 年（1867）に目録 2 巻、正編 92 巻、附録 4 巻となった。

ほかに、9 代藩主徳川斉昭が彰考館員に命じ、藩初からの郷士、同心、手代、中間、諸細工人、水主などについてまとめさせた「水府系纂附録」がある。

編さんの引用書として、「彰考館所蔵系図纂」、「平家物語」、「東鑑」などのほか、「萬千代君古帳」、「元和年中大番帳」、「寛永三年御上洛行列」などの藩有の記録など 34 部があげられている。

内容は、頼房に最初に付された家臣たちである「慶長年中奉仕於伏見之輩（1・2 巻）」を冒頭に置き、以下「慶長十二年奉仕於駿府」「同十三年附属信吉十七騎與力之輩（3 巻）」「慶長十四年奉仕於駿府之輩（4 〜 8 巻）」「慶長年中奉仕於駿府之輩（9 〜 17 巻）」「元和元年奉仕於駿府之輩（18 〜 20 巻）」「元和年中奉仕於駿府之輩（21 〜 22 巻）」「元和四年奉仕之輩（23 〜 25 巻）」「元和年中奉仕之輩（26 〜 29 巻）」「寛永年中奉仕之輩（30 〜 41 巻）」というように、年号ごとに来仕した藩士の系図、家譜がまとめられている点に特色がある。途中で断絶した家についても記載されており、水戸藩士についての履歴調査の基本史料である。

原本は徳川ミュージアムに伝来しているが、欠本もある。なお、マイクロ撮影紙焼版は茨城県立歴史館で閲覧可能である。

2）寛文規式帳（成立 1669 年）

別名を「水府御規式分限」という。2 代藩主光圀時代の寛文 9 年（1699）に作成された。「家老」以下「方丈様」まで 117 種の職ごとに、原則として家臣の知行高・切米・扶持高と氏名が記載されている。

記載されたのべ人数は 1,564 人、兼帯を除いた実人数は 1,483 人となる。そのうち禄扶持高などが

わかるのは 1,009 人であるが、これについては大まかな分析がされている（茨城県史編さん近世史第一部会 1970）。それによると、記載の知行取は 63.2% にあたる 638 人で、うち 1,000 石以上約 4.1%、500 石以上約 5.2%、100 石以上約 87.3%、このほか約 3.4% となっている。また、切米・扶持方 371 人の高別は 52 種で、35 両 7 人扶持から 7 人扶持までの幅がある。原本は徳川ミュージアム所蔵。翻刻版は『茨城県史料　近世政治編 I』に収録されている。

3）江水御規式帳（成立 1840 年）

「江水」とは江戸と水戸の意である。江戸詰と水戸在勤の藩士について勤務地が区別できるように記載されている。天保 11 年（1840）5 月に、当時水戸藩に在籍した長嶋尉信によって筆写されたものである。

長嶋尉信は、通称治左衛門（のち二左衛門あるいは三太郎）、号は郁子園、二州、土浦藩領筑波郡小田村小泉吉則の二男として天明元年（1781）に生まれ、名主である長嶋家の養子となった。43 歳のとき江戸で暦数を学び、45 歳で隠居してからは農政研究に没頭、『不算得失』などの地方書を多く著した。天保 10 年、折から徳川斉昭による領内総検地の準備中であった水戸藩に招かれ、「御土地御郡方勤」として 10 両 5 人扶持の禄を給され、検地事業に従事した。その後、天保 12 年には土浦藩に招かれ、慶応 3 年（1867）に 86 歳で歿した。

記載内容は、家老以下の諸職ごとに江戸、水戸の勤務地の別を記号で示し、姓名、扶持高を記し、さらに主要家臣については役職就任年月をも記載しており、これは「水府系纂」の履歴記事とも一致するものが多い。ほかにも朱筆や青筆で多くの書き込みがある。手代や鷹司家に嫁いだ鄰姫（治紀娘）や高松藩主松平頼起に嫁いだ述姫（治保娘）などの付き人まで姓名を記載、奥付によるとのべ 3,550 人にのぼっている。原本は個人蔵であるが、昭和 46 年(1970)に茨城県史編さん近世史第一部会によって翻刻されたものが小冊子（茨城県史編さん近世史第一部会 1971）として刊行されている。

5　考察

1）拝領屋敷の変遷

以上の手順と家譜史料により、水戸城下の拝領屋敷と禄高を GIS によって地図化した。まず寛文 9 年（1669）から天保 11 年（1840）の約 170 年間に、下記のような変化を読み取ることができる。

図 11-8 には、寛文 9 年における禄高別拝領屋敷の分布を示した。城郭付近は家老を中心とした上級家臣、城下の西縁は下級家臣の屋敷が分布しており、禄高に応じた屋敷割りがほぼ維持されていたことが確認できる。

しかし、徳川斉昭によって推進された天保改革により、いくつかの変化がみられる。図 11-9 には、天保 11 年「江川御規式帳」記載の武士と「常陸国水戸図」の拝領屋敷を対照させて禄高別拝領屋敷の分布を示した。天保 12 年に重臣屋敷があった三の丸に弘道館が設置されるが、この前年を図示している。三の丸の屋敷地はなくなり、500 石以下の中級家臣の屋敷地が混在し、とくに図 11-10 に示した家老中山備前守の陪臣が集住していた備前町は、直臣と陪臣の混在が著しい。なお、天保初年の郡制改革（郡を四つに統合して奉行所を城下に集める）により、舌状台地の北端に北と東の郡奉行所、

第 11 章　水戸城下における 17 世紀中頃と 19 世紀中頃における禄高別拝領屋敷地の分布　235

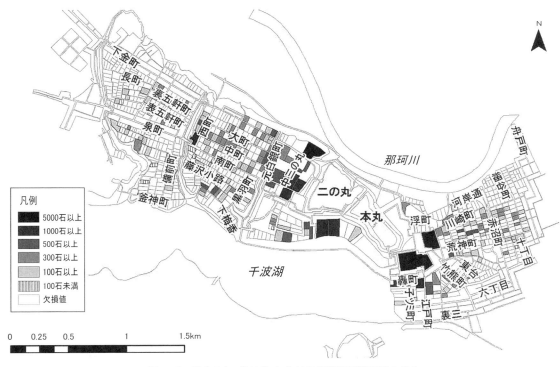

図 11-8　寛文 9 年（1669）における禄高別拝領屋敷の分布

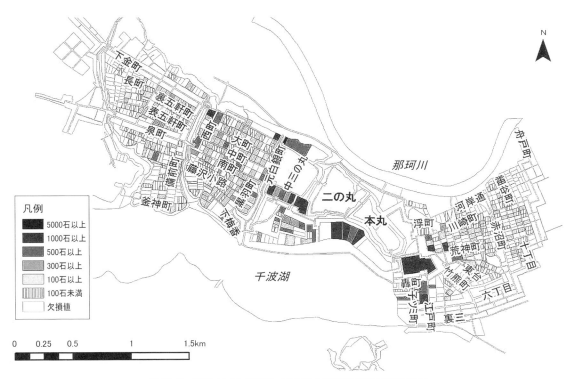

図 11-9　天保 11 年（1840）における禄高別拝領屋敷の分布

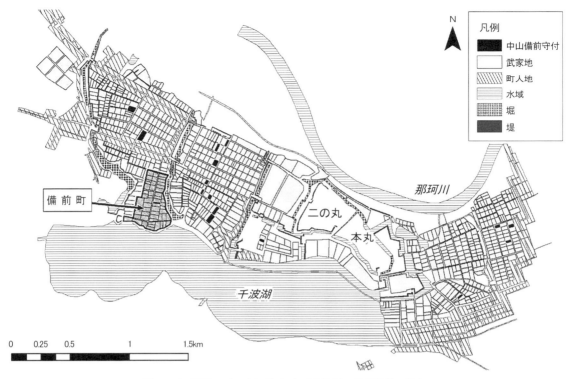

図 11-10　天保 11 年（1840）における陪臣の拝領屋敷の分布

南端に西と南の郡奉行所が建設され、これにより屋敷地の変更が行われた。

　また、天保改革では江戸詰藩士を水戸に移住させるために、城下隣接地に新たに屋敷地が造成された。新屋敷に居住したのは下級藩士であり、中級藩士は城下内に屋敷を与えられた（図 11-11）。例えば、大久保甚五左衛門忠臣は若年寄（御馬廻頭上座）で禄高 300 石、足高 100 石、役料 150 石、藤田主書貞正は用達、禄高 800 石、渡辺半助寅も用達、禄高 500 石、足高 300 石、役料 300 石、野中三五郎は重同で、禄高 1,000 石、役料 300 石であった。こうしたこともあり、水戸城下の上町、下町にそれぞれ配置された中級家臣の拝領屋敷地では、拝領した家臣の変動が著しいことがわかった。

2）水戸藩家臣の登用と絶家について

　拝領屋敷の区画と変遷について考察する際の前提条件として、水戸藩における家臣の登用と絶家の状況を、概観しておく必要がある。

　表 11-2 は、徳川御三家の禄高 100 石以上の家臣数を比較したものである。尾張藩が 17 世紀前半、紀伊藩が 18 世紀初頭、水戸藩が 17 世紀中頃の状況であるが、水戸藩は他 2 藩に比べ、明らかに 500 石取以上の家臣がきわめて少ないことがわかる。一方、28 万石という知行高の割に家臣数が多く、ほぼ倍の知行高（55.5 万石）の紀伊藩との差は少ない。これは水戸藩の特質といえるが、原因は明らかではない。水戸の城下絵図で、城の周辺部に高禄の家臣が必ずしも多くはないのはこのためである。

　次に家臣の登用と絶家について、藩主、年代ごとにまとめたのが表 11-3 である。表は知行を与えられた者のみで、このほかに切符を与えられた者（切米取）が多数いるが、江戸時代を通したデータ

第 11 章　水戸城下における 17 世紀中頃と 19 世紀中頃における禄高別拝領屋敷地の分布　237

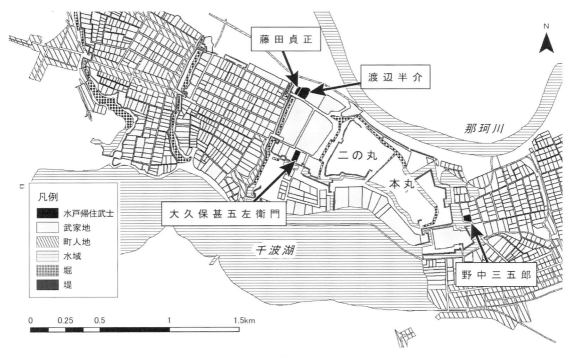

図 11-11　天保 7 年の改革で水戸城下へ移動した江戸詰の上・中級家臣の拝領屋敷

表 11-2　御三家の藩士構成の比較

	尾張藩 (寛永年間)	紀伊藩 (宝永年間)	水戸藩 (寛文年間)
1 万石以上	4	2	2
1000 石以上	85	68	28
500 石以上	77	120	31
100 石以上	762	470	491
計	928	660	552

(『水戸市史　中巻 (一)』より作成)

がないので、後者については割愛する。とりあえず全体の傾向を考えるうえでは十分であろう。また便宜上、4 代藩主宗堯までを前半、それ以降を後半として小計でまとめた。

　前半と後半のデータを比較してみると、前半は絶家率が 44％余であったのが、後半は 25％余に減少している。絶家の理由で最も多いのは無嗣断絶で、江戸時代を通しても 6 割以上を占めている。死に際して急いで養子をとる「末期養子」が厳しく規制されていた前半ではその傾向は顕著で、とくに宝永〜享保年間 (1704 〜 36) には絶家理由の 72％余となっている。後半は「末期養子」が緩和されたためか、かなり絶家が減少している。

　いずれにせよ、水戸藩では幕末に至るまでに半数近い藩士が入れ替わった。藩士数はさほど増減はないが、切米取 (おおむね 20 石以下) の割合が多くなっており、これが拝領屋敷の配置を禄高別にみた場合、半数近い藩士の入れ替わりが規則性のない一因になっているといえよう。

238　第Ⅱ部　近世城下町の構造と空間変動

表 11-3　水戸藩士（知行取）登用および絶家一覧

藩　主　名	年号	年　数	平　均	知行取	内絶家
頼房（慶長 8 〜）	慶長	19	14.4	176	78
	元和	9	21.2	187	86
	寛永	20	10.9	166	75
	正保	4	4.3	6	2
	慶安	4	4.0	6	3
	承応	3	7.3	10	3
	明暦	3	6.7	11	5
	万治	3	5.3	12	8
光圀（寛文元 .8.19 〜）	寛文	12	8.5	58	22
	延宝	8	5.4	17	6
	天和	3	7.0	8	3
	貞享	4	5.0	8	3
綱條（元禄 3.10.14 〜）	元禄	16	6.8	45	23
	宝永	7	12.6	7	2
	正徳	5	1.8	1	0
宗堯（享保 3.10.15 〜）	享保	20	4.9	32	14
小　計				750	333
宗翰（享保 15.5.2 〜）	元文	5	5.6	28	11
	寛保	3	5.7	17	8
	延享	4	7.3	29	17
	寛延	3	6.0	18	9
	宝暦	13	5.9	77	34
治保（明和 3.3.25 〜）	明和	8	7.3	58	26
	安永	9	5.3	48	9
	天明	8	3.8	30	6
	寛政	12	4.5	54	3
	享和	3	8.3	25	3
治紀（文化 2.12.10 〜）	文化	14	3.1	44	6
斉脩（文化 13.9.28 〜）	文政	12	5.8	70	10
斉昭（文政 12.10.17 〜）	天保	14	5.7	80	3
慶篤（弘化元 .5.6 〜）	弘化	4	5.3	21	0
	嘉永	6	2.3	14	0
小　計				613	155
合　計				1,363	488

（『水戸市史　中巻（一）』より作成）

6　おわりに

　江戸時代の水戸城下全域を実測した城下絵図が現存していないため、文政 9 年（1826）作成と考えられる城下絵図記載の武家屋敷の区画を、都市計画図に推定して作成した「水戸城下町マップ」のデジタル版をベースに、寛文 9 年（1669）写しと推定される「水戸上町図・下町図」（水戸市立博物館蔵）、ならびに幕末の嘉永 5 年〜安政 3 年（1852 〜 56）頃と推測される「常陸国水戸図」（国立公文書館蔵）の拝領屋敷の区画を、元禄 12 年（1699）以降の家譜「水府系纂」（元禄 12 年〜慶応 3 年）や「寛文規式帳」「江水御規式帳」（天保 11 年）記載の水戸城下居住藩士の禄高などをデータ化し、寛文 9 年と天保 11 年における水戸城下の武士の禄高と居住の関係を GIS で分析してきた。

　この結果、江戸時代後期になると三の丸の屋敷地はなくなり、500 石以下の中級家臣の屋敷地が混在化し、とくに家老中山備前守の陪臣が集住していた備前町では、直臣と陪臣の混在化が著しいことが明らかになった。この結果は、武家地再編に伴う不規則な拝領屋敷の変更であったといえよう。ま

た、天保初年の郡制改革により、舌状台地の北端に北と東の郡奉行所、南端に西と南の郡奉行所が新設され、これにより屋敷地の変更が行われたものと推測される。このような変化が生じた理由の一つは、水戸藩では幕末に至るまでに半数近い藩士が入れ替わり、藩士数にはさほど増減はないものの、切米取（おおむね 20 石以下）の割合が多くなり、これが拝領屋敷の配置を禄高別にみた場合、半数近い藩士が入れ替わったことにより、これが規則性のない一因になったと考えられる。もちろん、このほかの要因も検討する必要があるが、この点については今後の研究課題としたい。

引用・参考文献

茨城県史編さん近世史第一部会（1970）:『茨城県史料　近世政治編 I 』茨城県 .

茨城県史編さん近世史第一部会（1971）:『江水御規式帳』茨城県.

石川久徴（桃蹊）（1834）:『水府地名考』天保 5 年 .

江原忠昭（1985）:『改訂 水戸の町名－地理と歴史－』水戸市役所.

高倉逸齋（1786）:『水府地理温故録』天明 6 年 .

服部昌之（1966）: 城下町徳島における都市構造の変容過程, 地理科学 5, 23-36 頁 .

水戸市史編さん委員会（1968）:『水戸市史　中巻（一）』水戸市役所.

水戸市史編さん委員会（1976）:『水戸市史　中巻（三）』水戸市役所.

堀口友一（1981）:『今昔　水戸の地名』暁印書館.

渡辺理絵（2008）:『近世武家地の住民と屋敷管理』大阪大学出版会.

第12章　明和6年（1769）の米沢城下と原方集落における家臣の屋敷配置 - GIS城下図の分析を通して -

渡辺理絵・角屋由美子・小野寺　淳・小橋雄毅

1　はじめに

米沢は上杉氏15万石の城下町である。置賜盆地の南東部、松川（最上川）と鬼面川によって形成された扇状地の扇端に位置し、東端は松川によって区切られていた。永禄年間、伊達氏によって築城され、慶長3年（1598）には上杉氏の所領となった。当時の上杉氏は120万石で会津盆地の若松を本城とし、会津盆地・福島盆地・置賜盆地を領有していた。しかし、慶長6年には会津盆地を、さらに寛文4年（1664）には福島盆地を召し上げられ、置賜盆地15万石に減封された。にもかかわらず、上杉氏は家臣の召し放ちを徹底することはなく、会津・福島に配置していた家臣を、米沢城下を中心に置賜盆地内に収容した。

米沢城下は、本丸・二の丸を囲む内堀の外である三の丸を中心に上級・中級家臣の屋敷が割り振られ、東側の最上川近くに町人地を造成した。この町人地を取り囲むように、城下の北・東・南の外縁部に寺社地を配置した（図12-1）。

上杉家臣団の構成は複雑であった。上杉謙信と景勝の越後平定、領国拡大の過程において、越後、北信濃、北陸、関東の在地領主らが上杉氏の家臣に召し抱えられた。彼らは上杉氏にとって外様ではあるが、米沢藩においては上級武士に位置づけられた。また、謙信の旗本は馬廻組、景勝の旗本は五十騎組、直江兼続の家臣は与板組に配属され、三手組として中級武士とされる。会津120万石の時期には、それに見合う家臣数も必要であり、新規に武士を召し抱えた。この時期に召し抱えられた武士の多くは、与板組に属した（伊豆田・小野・青木　1991）。

三の丸を拡張しても、城下に収容しきれない下級武士は、城下外縁部の在郷に集落を設けて集住した。これらの下級武士は原方衆と呼ばれ、現在も南原の一部には、当時の景観を彷彿させる原方衆の屋敷（以下、原方集落とする）が残っている。原方衆は荒地の開墾に従事し、半農半士としての暮らしぶりであった。

このような米沢藩家臣団の特殊性は、他藩にはみられない二つの特色を見出せる。1点目は、家臣の城下と在郷という二元的配置であり、2点目は城下・在郷を合わせて3,661（明和期）を超える屋敷数の多さである。参考として、宝暦5年（1755）の金沢城下における屋敷数は1,086であり、いかに上杉家中の屋敷数が突出していたかがわかる（矢守　1970:295頁）。

このような特色を有する米沢を対象に、本章ではおもに城下および在郷における家臣の屋敷配置や明屋敷の分布について考察する。

242　第Ⅱ部　近世城下町の構造と空間変動

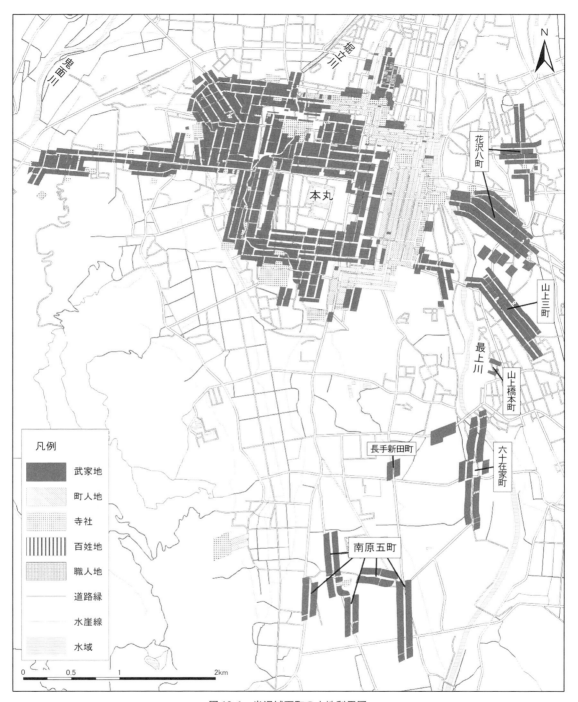

図 12-1　米沢城下町の土地利用図
表 12-1 の No.15・16・17 の「米沢御城下絵図」および「諸奉公人屋鋪絵図」より作図．

第 12 章　明和 6 年（1769）の米沢城下と原方集落における家臣の屋敷配置　243

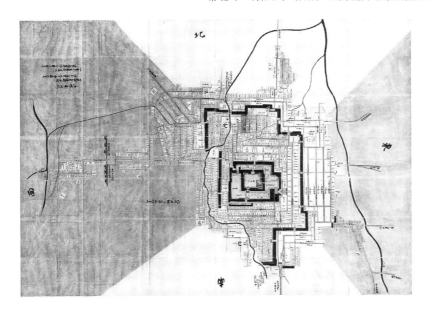

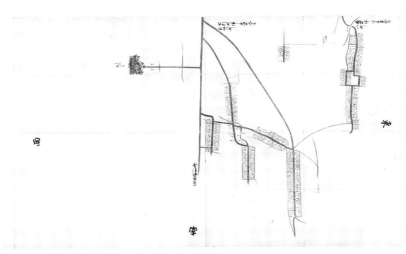

図 12-2　研究対象とした米沢城下絵図
左上は表 12-1 の No.15「米沢御城下絵図」（市立米沢図書館蔵，口絵 12 参照），左下は No.16
「諸奉公人屋鋪絵図」，右上は No.17「諸奉公人屋鋪絵図」（ともに米沢市上杉博物館蔵）．

2　米沢城下絵図の選定

　米沢の城下絵図類は 26 鋪の現存が確認でき、これらの多くは米沢市上杉博物館と市立米沢図書館に所蔵されている（表 12-1）。この中から本章では、No.15：明和 6 年（1769）「御城下絵図」、No.16：「諸奉公人屋鋪絵図　南原五町・六十在家・長手新田」、No.17：「諸奉公人屋鋪絵図　花沢八町・山上三町・橋本町共」の 3 鋪を研究対象絵図に選定した（図 12-2）。この理由は、以下の通りである。
　先述のように、米沢藩は 2 度の大規模な減封を経ている。そのたびに家臣の召し放ちを断行しなかっ

244　第Ⅱ部　近世城下町の構造と空間変動

表 12-1　武家の居住を示した米沢城下町絵図および原方絵図一覧表

(2002 年 12 月現在)

絵　図　名	推定年次	所　蔵　先	寸法（cm）	分類	記載範囲 城下	記載範囲 原方	公用図	備　考
1. 往古御城下絵図	寛永 17（1640）	上杉隆憲氏蔵	22.0 × 131.2	城下絵図	○		●	
2. 御城下絵図	承応 2（1653）	国司侃氏蔵	111.3 × 96.3	城下絵図	○			国目付来訪のため（A）
3. 御城下絵図（万治年中）	承応 2（1653）	上杉博物館 No.1874	177.0 × 134.7	城下絵図	○		●	国目付来訪のため（A）
4. 慶長六年米沢江御移国之上 屋敷割図面	承応 2（1653）	窪島氏蔵	－	城下絵図	○		●	
5. 御城下絵図（元禄 7 年）	天和 2（1682）	上杉博物館 No.1875	171.0 × 223.0	城下絵図	○		●	
6. 米沢城下家中絵図	元禄 10（1697）	上杉博物館 K 291-よ	194.0 × 119.0	城下絵図	○			
7. 米沢城下絵図（寛永 17 年）	元禄 13（1700）	栗野善雄氏旧蔵	－	城下絵図	○			
8. 旧米沢城下絵図	元禄 13（1700）	南陽市立結城記 念館	230.0 × 262.5	城下絵図	○		●	元禄度国絵図作製に 伴って（A・Y・W）
9. 町割図	享保 4（1719）	上杉博物館 K291-ま	137.0 × 163.0	城下絵図	○			
10. 米沢城下屋敷割図	享保 5（1720）	上杉博物館 K291-YO	172.0 × 160.0	城下絵図	○			
11. 御城下絵図	享保 10（1725）	上杉博物館 No.1877	205.0 × 278.0	城下絵図	○		●	巡検使へ提出のため
12. 御城下絵図（承応 2 年）	享保 10（1725）	上杉博物館 No.1873	206.0 × 280.0	城下絵図	○		●	巡検使へ提出のため
13. 御城下町割略御絵図	享保 10（1725）	上杉博物館 No.1880	117.0 × 147.0	城下絵図	○			
14. 御城下明細絵図	明和 3（1766）	山形大学附属博 物館	204.0 × 260.0	城下絵図	○			
15. 米沢御城下絵図	明和 6（1769）	米沢図書館郷土 本	199.0 × 272.5	城下絵図	○		●	大殿様所望につき（W）
16. 諸奉公人屋鋪絵図 【南原五町, 六十在家, 長田新田】	明和 6（1769）	上杉博物館 No.1882	116.0 × 186.0	原方絵図		○	●	大殿様所望につき（W）
17. 諸奉公人屋鋪絵図 【花沢八町, 山上三町, 橋本町共】	明和 6（1769）	上杉博物館 No.1883	88.0 × 59.5	原方絵図		○	●	大殿様所望につき（W）
18. 町割図	安永 7 〜天明 3 （1778 〜 1783）	米沢図書館 K291-ま	129.0 × 142.0	城下絵図	○			
19. 諸奉公人屋鋪絵図 【花沢, 山上】	文化 8（1811）	上杉博物館 No.1885	149.0 × 72.1	原方絵図		○	●	
20. 諸奉公人屋鋪絵図 【館山通】	文化 8（1811）	上杉博物館 No.1886	87.3 × 107.0	城下絵図	○※		●	
21. 御城下絵図	文化 8（1811）	上杉博物館 No.1887	212.0 × 134.0	城下絵図			●	大火によるものか（A）
22. 御家中原々町割帳	文政 6（1823）	岩瀬家所蔵文書 576	16.5 × 41.0 （帳面形式）	屋敷割図	○	○		組名が記載
23. 御城下並原々屋鋪割帳	文政 8（1825）	米沢図書館 K291-Ⅰ-2-1	23.8 × 32.6 （冊子形式）	屋敷割図	○	○	●	組名が記載
24. 御家中原々町割帳	天保 15（1844）	岩瀬家所蔵文書 577	16.3 × 41.8 （帳面形式）	屋敷割図	○	○		組名が記載
25. 御城下並原々屋鋪割帳	天保 15（1844）	米沢図書館 K291-Ⅰ-2-2	23.8 × 32.6 （冊子形式）	屋敷割図	○	○	●	組名が記載
26. 御城下並原々屋鋪割帳	弘化 3（1846）	上杉隆憲氏蔵	23.8 × 32.6 （冊子形式）	屋敷割図	○	○		組名が記載

注：絵図名の（ ）内は『上杉文書目録』に記された作成年を表す. －は原本未調査を意味する.（市立米沢図書館編：『上杉文書
　　目録』,『郷土関係寄贈寄託文書目録』,『絵図でみる城下町米沢』より作成）.
　　　○※は城下の一部を記載.
Y：矢守一彦（1973）：米沢城下絵図について－地図史的考察の試み－, 史林 56, 285-303 頁.
A：青木昭博（1992）：城下絵図の伝来と作製年代, 財団法人米沢上杉文化振興財団編：『絵図でみる城下町米沢』米沢市上杉博物館,
　　33-39 頁.
W：渡辺理絵（2000）：米沢城下町における拝領屋敷地の移動－承応・元禄・享保の城下絵図の分析を通して－, 歴史地理学 42-2,
　　23-44 頁.

たため、石高に比して武家地の面積が極端に突出する城下となった。下級武士は城下の西方に多く配置されたが、城下に収容しきれなかった下級武士は在郷の原方集落に居住した。

　このような城下町の構造は、米沢藩特有のものである。400年を経た現在においても、町並みが観城下南部の在郷に設けられた原方集落の南原では、谷地河原堤防（直江石堤）、ウコギ垣根の町並み、原方屋敷の景観が残り、今日、人気の観光スポットである。

　こうした現状をふまえ、GISによる城下絵図の学術的利用および観光への活用をも考慮した際、対象範囲は米沢城下のみならず、原方集落までも含むことが適当と判断した。表12-1にみる現存する城下絵図のなかで、原方衆の屋敷地が描かれる最初の絵図は、No.16、No.17である。これら明和6年に仕立てられた絵図は、第9代藩主上杉治憲（鷹山）の養父第8代藩主上杉重定の命によって作成された。幕府や国目付への提出など、城下絵図作成の明確な理由は不明であるが、明和4年（1767）に藩主となった治憲の米沢への初入部との関連が指摘されている。上杉鷹山治世の城下を描くものでもあり、より興味深い。このような理由から、本章では上記の3鋪を研究対象に選定した。ただし、現存する米沢の絵図には測量図はなく、これら3鋪もまた非測量図である。

3　上杉家中の身分と家禄

　上杉家中の身分と家禄を明らかにするためには、下記の3点が基本的な史料となる。まず、これらの史料が作成された経緯と記載内容を記述する。

1）『御家中諸士略系譜』（原本個人蔵；米沢市上杉博物館寄託）

　上杉家中、上・中級家至448家の家譜である。初名・身分・家督・役職・禄高・出世・致仕・没年などが記されている。出世による加増で禄高の変遷がみられる人物もいるが、それは個人の働きによるもので、家督相続時にほとんどリセットされる。このため、家臣の付加情報としては家督相続時の禄高を採用した。

　米沢藩では、4代藩主上杉綱憲の時代から記録方の手による家譜の編纂が始まり、家祖上杉謙信の年譜が元禄9年（1696）に完成して以来、最後の藩主上杉茂憲まで14代にわたり記録された。その過程で藩主家上杉家の系図の整備、家中由緒書の調査が進められた。『御家中諸士略系譜』は全20巻中、第2巻と第10巻を欠いているが、昭和54年（1979）に米沢温故会が翻刻刊行する際、「先祖書」「勤書」によってこれを補い、『上杉家御年譜』23巻・24巻にイロハ順で収録された。

2）「安永二年分限帳」（上杉文書958；米沢市上杉博物館蔵）

　分限帳は家臣団の名簿である。家臣の名前・禄高・役職・年齢等が記されている。会津120万石時代の慶長3年（1598）「会津御在城分限帳」から明治2年（1869）分限帳まで30余種を、米沢市上杉博物館と市立米沢図書館が所蔵している。選定した絵図は明和6年のものであったが、同年の分限帳が存在しないため近い年代の分限帳を採用した。記載順は、侍中座並・同組附・同家督年月・侍中本知本座・組離高家・奉行・江戸御家老・御城代・駿河守様御家老・郷村御用懸・御小姓頭・大殿様御小姓・御前様御伝役・奥御取次・御側衆・御膳番・御手水番・御小姓・御医師・御茶道・御小坊主・

246　第Ⅱ部　近世城下町の構造と空間変動

大殿様御用人（後略）と、上・中級家臣の情報に留まり、下級藩士についての記述はない。

3)「寛政五年分限帳」（市立米沢図書館蔵）

『米沢市史編集資料第 1 号』（米沢市史編さん委員会編 1980）で活字化され、平成 21 年（2009）には人名索引も作成されて容易に活用できる。全家臣に加え、扶持を受ける寺社・女中まで、5,053 件と豊富な情報を有する。しかし、明和 6 年より 24 年を経ており、合致する家臣名を多くは得られなかった。

　以上により、本章では『御家中諸士略系譜』を基本史料とした。しかし、この家譜は上・中級家臣のみであり、下級家臣（猪苗代組・組外・組付の三扶持方以下）については記載がない。そこで合わせて「安永二年分限帳」、「寛政五年分限帳」を参考とした。

4　GIS 城下図の作成方法

1) 絵図の幾何補正

　No.15・16・17 の絵図と平成 7 年修正の 2,500 分の 1 米沢市都市計画図を比較し、同一とされる地点をコントロールポイント（以下 CP と呼ぶ）に設定した（図 12-3）。城下域と原方集落に、合計 104CP を設定した。幾何補正には、ArcGIS10.2.1 のジオリファレンスツールを使用して幾何補正を行った。位置座標の変換は、絵図の直線性を保つため、一次多項式変換（アフィン変換）を採用した。この変換の特徴は線形変換と平行移動を組み合わせ、古地図を変形させるところにある（田中 2014）。図形の直線性が維持され、古地図の形状をある程度保持させながら歪みをもたせ、現代の地図に重ね合わせることができるため、古地図の GIS 分析では頻繁に用いられてきた。

　一方で、本事例のような非実測図への適用には限界も生まれる。本図を一次多項式変換によって変形させても現代の地図と高い精度で重なることはない（図 12-1）。そもそも、この方法は古地図の任意地点 x と現代の X を糸で結びながら、古地図を一定方向に伸縮させるようなものである。非実測図の場合、CP で結ばれた複数の糸の長さが均一になることはなく、糸の長さの分散は大きい。事実、本事例の RMS エラーの平均値は城下中心部が 161m、東部の原方集落が約 115m、南部の原方集落が約 89m であった（城下域；東西 4.7km、南北 2.5km、東部原方集落；東西 0.9km、南北 2.8km、南部原方集落；東西、南北 1.8km）。実測図を対象とした鳥取の当該値は 7.95m（東西 3.5km、南北 3.5km）、鶴岡では 1.96m（東西 2.2km、南北 1.8km）であり、本事例の RMS エラーの値がいかに大きいかがわかる（平井ほか編 2014）。一般に、絵図の縁辺部は情報量が少なく、CP が設定しにくいため、RMS エラーが大きくなる傾向になる。絵図の中心である本丸付近は城郭や堀、特徴的な道路の屈曲などが多く、都市計画図上でもその形跡が残っていることが多いが、城下の縁辺部は城郭や堀がなく、現在の地点と同定できる箇所が限定されるためである。こうした事情も考慮し、筆者らは RMS エラーの値を小さくする方法を模索した。ジオリファレンスツールの中には変換方法として二次多項式や射影変換なども用意されている。これらは古地図の歪みを大きくさせることで RMS エラーの平均値を極小にさせることができる。しかし、この種を採用すれば本図の城下の輪郭線は曲線状に歪み、後述する屋敷ごとのポリゴンを作成することは困難であった。

第12章　明和6年（1769）の米沢城下と原方集落における家臣の屋敷配置　247

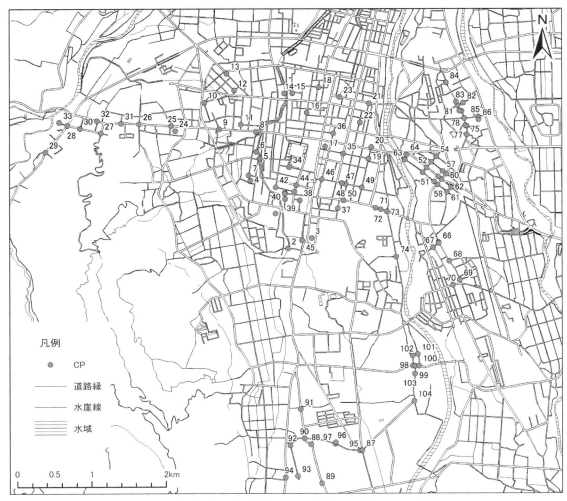

図12-3　明和6年（1769）絵図アフィン変換時のコントロールポイント

このため、本研究ではこうした限界を認識しつつも、一次多項式変換によって、現代の地図との重ね合わせを行った。したがって絵図と現代の地図の重ね合わせは厳密な意味では成功していない。

2）絵図ポリゴンの作成

都市計画図上に重ね合わせた絵図をもとに、武家地の屋敷割をトレースし、図12-1に示した凡例区分ごとにポリゴンデータを作成した。ポリゴンデータには、町ごとに3桁の番号を設定した。さらに、町の区画に対応した2桁の番号を設定した。二つの番号を合わせて5桁の番号とすることで、屋敷地の位置を識別することが可能である。

絵図に記載されている武士の氏名を分限帳で照合し、武士の氏名、身分、禄高、面積などの情報を、表計算ソフトで武士データとしてまとめた。ポリゴンデータと同様に、武士の氏名ごとに屋敷地の位置を識別できる5桁の番号を入力し、ポリゴンデータと武士データを結合する際の鍵とした。ポリゴンデータと武士データを結合し、作成した総ポリゴン数は4,693である。

248　第Ⅱ部　近世城下町の構造と空間変動

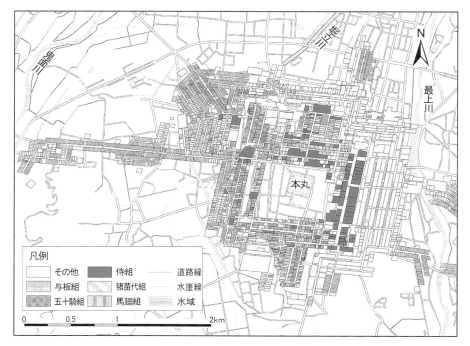

図 12-4　番組ごとの武士居住状況

5　禄高別拝領屋敷地の分布に関する考察

1）番組ごとの拝領屋敷の配置

　一般的に藩の支配機構といえば、軍事機構（番方・番組）と政治機構（役方）の2系統が存在したとされる。番組はいわば平時の常備軍であり、一般的に＜番頭－組頭－組士＞という結合関係を有した。これに対して、役方は行政や政務の職掌を司った（柴田 1991:275 頁）[1]。ただし、役方の人数は全家臣団の一部にとどまり、しかも家臣の相続や縁談、役職任免などについては、役方において事務処理がなされたが、役職ある者については番組の支配頭を通じて申請、伝達された。したがって、番組と役方は完全に分離独立しているわけではなく、あくまでも家臣団編成の基軸は番組に重点がおかれた。

　米沢藩においても、役方にあたる御近習衆や大小姓衆、中小姓衆、御右筆衆、奉行郡代年寄衆などは、それぞれの格に従って番組のなかから任命されている。

　米沢藩における武士身分は、侍組、三手組（与板組、五十騎組、馬廻組を合わせた総称）、扶持方の三つの番組に分かれていた。享保9年（1724）の三手組の知行取人数は516名であり、享保10年の分限帳にみる知行取人数874名の6割を充当する（藩政史研究会 1959:127頁）。

　三手組は、それぞれ最高支配役として「宰配頭」を1名置き、その直下に「三十人頭」を5名配置した。「宰配頭」は番頭に、「三十人頭」は組頭にあたる。三手組の組士数はおおよそ210〜290名であるから、一人の「三十人頭」が50〜60名の組士を管轄したことになる。各「三十人頭」の直下には、「百挺鉄砲組」や「足軽組」などが置かれた。

表 12-2 城下町・原方集落における屋敷数と明屋敷数

	屋敷数[1]	明　屋　敷	
	城下町域	城下町域	原方集落
元禄期 (No.8)	2,675	—	
享保期 (No.11)	2,442	121	—
文化期 (No.19・21)	2,382	160	118[2]
弘化期 (No.26)	—	216	—

No.は表12-1の絵図に対応．1) 明屋敷を含まず，2) 城下東方の花沢地区のみ，南側は絵図なし，—は不明．

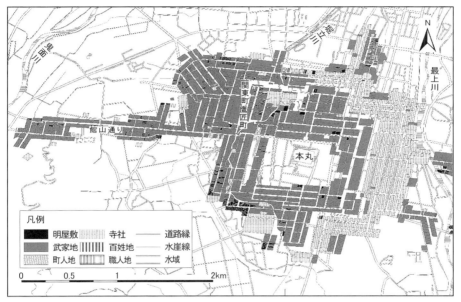

図 12-5　米沢城下町における明屋敷の分布

　城下建設当初、有事の場合に備えて家臣の屋敷は、同じ番組ごとに集めて配置したとされる（藩政史研究会 1963:310頁）。与板組は北部、五十騎組は西部、馬廻組は南部にあてがわれた。ただし、このような配置も、度重なる屋敷替えの結果、享保期ころまで徐々に弛緩していった（渡辺 2000）。明和期における番組の分布をみると、番組ごとの集住が保たれなくなったことが明らかである（図12-4）。

2）城下および郊外における屋敷の低密化

　表12-2は、表12-1の各城下絵図にみえる屋敷および明屋敷（空き家、絵図には「明屋鋪」と表記）の数を算出したものである。屋敷数とは武士名が記載された地所数のことで、御用屋敷や上・中・下屋敷は含んでいない。これによれば、元禄期の絵図に記載された屋敷数は2,675、享保期では2,442、文化期では2,382と、元禄期をピークに城下町域の屋敷数に減少がみられる。さらに絵図にみる限り、明屋敷数も増加の一途を辿っている。享保期では121、文化期では160、さらに弘化期では216であった（武家地のみの算出）。

　上記の明屋敷数に対して、明和期については米沢城下と原方集落の明屋敷の合計は444となる。その内訳は、以下の通りである。

250　第Ⅱ部　近世城下町の構造と空間変動

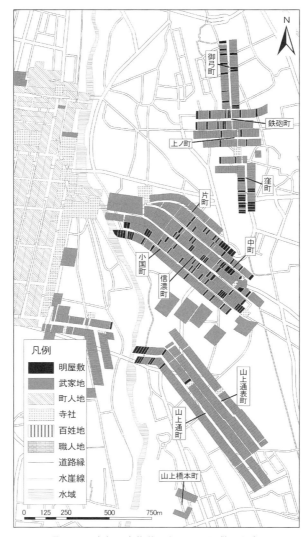

図 12-6　東部原方集落における明屋敷の分布

① 米沢城下町

　　武家地 2,838（上・中・下屋敷を含む）　うち明屋敷 238　明屋敷率 8.3%

② 東部原方集落

　　武家地 963（上・中・下屋敷を含む）　うち明屋敷 141　明屋敷率 14.6%

③ 南部原方集落

　　武家地 516（上・中・下屋敷を含む）　うち明屋敷 65　明屋敷率 12.5%

　明屋敷の発生は、三の丸内では北端の鷹匠町や関東町で見られるが、大半は三の丸外の西方、館山通りに面した町でみられる（図 12-5）。このような明屋敷の発生は、原方集落でも確認でき（図 12-6・12-7）、城下と在郷の原方集落双方で屋敷の低密度化が進行した。

　米沢藩は 2 度の減封に伴って、石高に見合わない家臣数を抱え、城下に収容不可能な家臣は在郷で

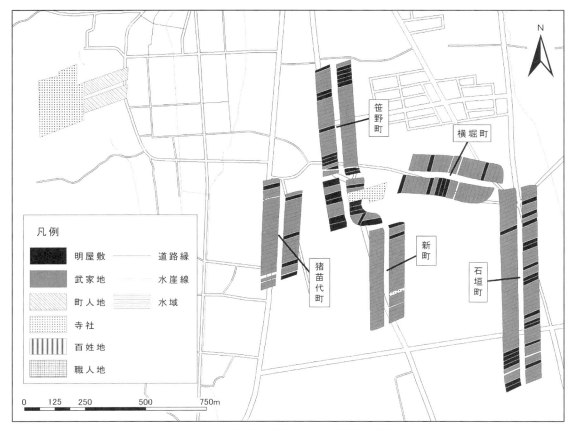

図 12-7 南部原方集落における明屋敷の分布

生活した実情を考えれば、このような屋敷数の減少や明屋敷の増加は矛盾するようにみえるが、米沢藩における藩内人口は元禄 6 年には 132,189 人、同 16 年には 127,062 人と減少し、寛政 5 年（1793）の 99,785 人まで減少傾向が続く。城下町および原方集落でみられた屋敷の低密度化の動きは、武家地のみで捉えられるものではなく、米沢藩の領内人口の動きと合わせて理解されなければならない。

6 結論

本章では、城下および在郷における家臣の屋敷配置および明屋敷の分布について、明和 6 年（1769）の GIS 米沢城下図からアプローチしてきた。その結果、18 世紀後半の城下では屋敷配置に番組ごとの集住はみられず、混住している状況が確認された。さらに城下および原方では明屋敷が目立ち、とくに原方では武家屋敷総数の 1 割超が明屋敷であったことが判明した。明屋敷は虫食い状に存在する場合と、一つの町の大半が明屋敷というように面的に存在する場合の 2 タイプがあり、両者の成因は異なると推測される。

さて、本章における GIS 城下図の利用は、おもに属性値の検索や表示というレベルに留まっており、GIS の特長の一つである空間解析は適応できなかった。それは、歴史 GIS に共通する課題、すなわち

付与できる情報に限界があること、適したベースマップが存在しないことなどが背景にある。また、本事例に限れば、利用した絵図が非実測図であることも大きい。歴史 GIS はさまざまな制約の中で、新たな地平を拓いていくことが求められる。そうしたなかで筆者らは、別の角度から歴史 GIS の有効性を模索している。

　それは歴史 GIS の"活用"という側面である。現在、本章で作成した GIS 城下図は、市民レベルでの公開を目指し作業を進めている。歴史ある米沢では、歴史や文化を取り上げた市民向け講座は、毎回多くの参加者を集めている。郷土、自身の祖先や出自への関心は強い。さらに、観光客向けにも GIS 城下図は魅力的である。自分が歩いている場所が、江戸時代にどこにあたるかという好奇心は誰もがもっている。また教育現場においても、「町の変遷」や「城下町の構造」などのテーマを扱う際には、有効なコンテンツとなろう。こうしたさまざまなニーズから、筆者らは市民や観光客、教育現場にとっての GIS 城下図の最適な利活用方法を示すことを計画している[2]。

謝辞

　絵図の人名翻刻およびデータ作成に際し、植木伸子・佐藤由美子の各氏、山形県立米沢女子短期大学学生の協力を得た。記して謝意を表します。

注

1) のちに，役方は番組をしのぐほど複雑化した機構を形成し，身分的な面で番組から役方が分離独立していく傾向が指摘される（鎌田 1974:3-103 頁）．米沢藩でもその傾向がみられる．
2) そうした取り組みの一つとして，2017 年 11 月 11 日米沢女子短期大学において「米沢城下絵図とデジタルマップ―その構築・分析・活用まで―」と題したシンポジウムを開催した．また，2018 年 4 月から米沢市上杉博物館「情報ライブラリー」内のパソコンで，『明和六年　米沢城下絵図デジタルマップ』の公開を開始した．本システムは絵図上の 3mm 程度の文字も拡大表示でき，城郭内の建物の様子なども高精細に写しだすことができる．江戸時代の絵図と現代の地図を並べて表示もでき，両方の定点比較も可能である．2019 年 4 月以降には本格的なインターネット公開を目指している．2018 年 4 月には報道向け説明会が開催され，NHK，山形新聞，米沢日報などに記事が掲載された．

引用・参考文献

伊豆田忠悦・小野　榮・青木昭博（1991）：藩体制の成立，米沢市史編纂委員会編：『米沢市史　第二巻　近世編 I』米沢市，111-197 頁．

鎌田　浩（1974）：熊本藩の支配機構，森田誠一編：『地方史研究叢書　肥後細川藩の研究』名著出版．

柴田　純（1991）：武士の日常生活，藤井譲治編：『日本の近世第 3 巻　支配のしくみ』中央公論社．

田中耕市（2014）：GIS を援用した実測図の精度評価法についての一考察，平井松午・安里　進・渡辺　誠編：『近世測量絵図の GIS 分析』古今書院，273-282 頁．

平井松午・安里　進・渡辺　誠編（2014）：『近世測量絵図の GIS 分析』古今書院．

藩政史研究会（1959）：藩政史料調査報告，史学雑誌 68-1，127 頁．

藩政史研究会（1963）：『藩制成立史の綜合研究　米沢藩』吉川弘文館．

矢守一彦（1970）：『都市プランの研究　変容系列と空間構成』大明堂．

米沢市編さん委員会編（1980）：『寛政 5 年分限帳―米沢市史編集資料第 1 号』米沢市．

渡辺理絵（2000）：米沢城下町における拝領屋敷地の移動－承応・元禄・享保の城下絵図の分析を通して－，歴史地理学 42-4，23-42 頁.

第 13 章　19 世紀末の関東地方南部における
天然痘罹患率・死亡率の都市村落間格差

川口　洋

1　はじめに

　工業化・都市化が本格化する以前の城下町を含む都市人口については、都市蟻地獄説あるいは都市墓場説と呼ばれる仮説をめぐり、国際的な視野のもとに議論が進んでいる（速水・内田 1971、速水 1974）。都市蟻地獄説の骨子は、以下 4 点に要約できる。①都市では普通死亡率が普通出生率よりも高いため、自然増加率は負となる。②一方、村落では普通出生率が普通死亡率を上回り、自然増加率は正となる。③村落の普通出生率は都市の普通出生率を上回り、都市の普通死亡率は村落の普通死亡率を上回る。④そのため、村落の過剰人口が恒常的に都市に流入して、都市人口を維持する機能を果たした。このうち、都市の高死亡率が強調される場合を都市の蟻地獄効果と呼ぶ（斎藤 1986:94 頁）。「蟻地獄」という語は、村落から都市に流入した人々を待ち受けていた死亡率水準の高さを象徴している。

　美濃国安八郡西条村における最初の観察結果が報告されてから半世紀近くを経て、都市蟻地獄説は定説となった印象を受ける。しかし、斎藤が指摘するように「直接的なエヴィデンス」が不足しているため、「西欧、とくにイングランドにおいてはともかく、徳川日本の場合にはまだ定説とはみとめがたい」段階にある（斎藤 1989:256 頁）。そのため、江戸時代後期の在郷町とその周辺村落を対象として、出生率・死亡率水準の都市村落間格差の検討が現在も進められている（髙橋 2005）。

　工業化・都市化が始動した後も、都市における高死亡率は社会問題となっていた。伊藤（1984）の分析によれば、1880 年代に至っても大部分の都市における死亡率水準は村落を上回っていた。しかし、死亡の中身、すなわち死因の都市村落間格差については着手されて間もない課題である。樋上（2016）は、明治期以降の大阪市とその周辺における乳幼児死亡の実態に迫る貴重な成果とみとめられる。

　一方、1880 年代に衛生統計の整備が本格化する以前の死因に関する分析が、日本で唯一行われた飛騨国高山周辺では、18 世紀中期から幕末まで天然痘が死因の第 1 位を占めていた（須田 1992：133-144 頁）。天然痘ワクチンの原苗となった痘痂が、蘭領バタビアから長崎にもたらされたのは嘉永 2 年（1849）夏である（アン 2013:147-173 頁、青木 2018）。そのため、嘉永 2 年以降の牛痘種痘法普及にともなう天然痘死亡率復原の意義と重要性は、従来から指摘されていた（田崎 2012:89-94 頁）。しかし、史料的制約のために本課題に関する研究は皆無であった。

　筆者は、牛痘種痘法の導入・普及にともなう、天然痘罹患率・死亡率の減少について検討を進めている。明治 9 年（1876）5 月に布達された天然痘予防規則（内務省甲第十六号）によって、種痘の接種が義務付けられる 1 年以上前に、県令・柏木忠俊が天然痘予防心得を布達した足柄県では、明治 8 年上半期に初種と再種が急速に普及した（Kawaguchi 2014）。そのため、天然痘罹患率・死亡率は明

256　第Ⅱ部　近世城下町の構造と空間変動

治 8 年下半期から明治 12 年末までに激減した可能性が高い（川口 2016）。しかし、種痘の普及過程や天然痘罹患率・死亡率の低下は全国一様ではなく、大きな地域差が観察できる（川口 2015）。そこで本章では、19 世紀末の天然痘罹患率・死亡率の都市村落間格差とその要因について検討したい。

2　主要史資料、史料分析システム、研究対象地域

1）府県統計書

　明治政府は、明治 12 年（1879）12 月に中央衛生会職制（太政官達第五十四号）、地方衛生会規則（太政官達第五十五号）、府県衛生課事務条項（内務省達乙第五十五号）、町村衛生事務条項（内務省達乙第五十六号）を布達して、府県庁に衛生課を設置し、郡区役所に衛生主務を定め、町村ごとに衛生委員を公選して、半年ごとに死因統計などを作成して、府県衛生課から内務省衛生局へ申達する業務を含む衛生事務を担当させた。ついで、明治 13 年 7 月 9 日に布達された伝染病予防規則（太政官布告第三十四号）にもとづき、医師が腸チフス、コレラ、発疹チフス、赤痢、ジフテリアおよび天然痘の 6 種伝染病を診断した場合、24 時間以内に患者所在の町村衛生委員会に通知することを義務付けた。明治 12 年末以降、感染症患者数・死亡数を把握するための法整備と地方行政組織の整備が全国的に本格化した。

　天然痘患者数・死亡数を記録した統計資料として、『府県統計書』、『衛生局年報』などがあげられる。数値の信頼性を確認するため、各資料の天然痘患者数と死亡数を比較した（表 13-1、13-2、13-3）。

　神奈川県全域における天然痘患者数・死亡数が記録されている資料は、『神奈川県統計書』と『衛

表 13-1　神奈川県における天然痘患者数

	神奈川県統計書（A）	衛生局年報（B）	両資料の差（A-B）
明治 13 年（1880）	0 人 （0 人）	0 人 （0 人）	0 人 （0 人）
明治 14 年（1881）	12 （1）	未掲載	－
明治 15 年（1882）	0 （0）	4 （0）	-4 （0）
明治 16 年（1883）	0 （0）	0 （0）	0 （0）
明治 17 年（1884）	494 （81）	493 （95）	1 （-14）
明治 18 年（1885）	1,803 （433）	1,216 （258）	587 （175）
明治 19 年（1886）	645 （115）	646 （114）	-1 （1）
明治 20 年（1887）	160 （39）	163 （38）	-3 （1）
明治 21 年（1888）	79 （17）	60 （17）	19 （0）
明治 22 年（1889）	7 （4）	8 （0）	-1 （4）
明治 23 年（1890）	7 （2）	3 （0）	4 （2）
明治 24 年（1891）	805 （235）	830 （236）	-25 （-1）
明治 25 年（1892）	2,711 （799）	2,773 （811）	-62 （-12）
明治 26 年（1893）	115 （29）	120 （29）	-5 （0）
明治 27 年（1894）	129 （20）	130 （24）	-1 （-4）
明治 28 年（1895）	10 （0）	9 （0）	1 （0）
明治 29 年（1896）	133 （18）	133 （18）	0 （0）
明治 30 年（1897）	932 （271）	950 （268）	-18 （3）
明治 31 年（1898）	4 （0）	3 （0）	1 （0）
明治 32 年（1899）	2 （0）	1 （0）	1 （0）
明治 33 年（1900）	2 （0）	1 （0）	1 （0）

・天然痘患者数（天然痘死亡数）を示した.
資料：『神奈川県統計書』,『衛生局年報』.

第 13 章　19 世紀末の関東地方南部における天然痘罹患率・死亡率の都市村落間格差　257

表 13-2　埼玉県における天然痘患者数

	埼玉県統計書（A）	衛生局年報（B）	両資料の差（A-B）
明治 13 年（1880）	未掲載	0 人（0 人）	―
明治 14 年（1881）	0 人（0 人）	未掲載	―
明治 15 年（1882）	0　（0）	0　（0）	0 人　（0 人）
明治 16 年（1883）	0　（0）	0　（0）	0　（0）
明治 17 年（1884）	1　（0）	1　（0）	0　（0）
明治 18 年（1885）	352　（68）	361　（71）	-9　（-3）
明治 19 年（1886）	764　（143）	746　（139）	18　（4）
明治 20 年（1887）	28　（4）	29　（4）	-1　（0）
明治 21 年（1888）	4　（0）	4　（0）	0　（0）
明治 22 年（1889）	2　（1）	4　（0）	-2　（1）
明治 23 年（1890）	11　（1）	11　（1）	0　（0）
明治 24 年（1891）	85　（11）	83　（9）	2　（2）
明治 25 年（1892）	841　（169）	840　（161）	1　（8）
明治 26 年（1893）	741　（171）	742　（172）	-1　（-1）
明治 27 年（1894）	113　（13）	111　（14）	2　（-1）
明治 28 年（1895）	5　（0）	5　（0）	0　（0）
明治 29 年（1896）	247　（49）	242　（51）	5　（-2）
明治 30 年（1897）	2,480　（567）	2,477　（567）	3　（0）
明治 31 年（1898）	0　（0）	0　（0）	0　（0）
明治 32 年（1899）	1　（0）	1　（0）	0　（0）
明治 33 年（1900）	2　（0）	2　（0）	0　（0）

・天然痘患者数（天然痘死亡数）を示した.
資料：『埼玉県統計書』，『衛生局年報』.

表 13-3　東京府における天然痘患者数

	東京府統計書（A）	衛生局年報（B）	東京府史	東京府統計書と衛生局年報との差（A-B）
明治 13 年（1880）	未掲載	1 人　（0 人）	2 人　（0 人）	―
明治 14 年（1881）	2 人　（0 人）	未掲載	1　（0）	―
明治 15 年（1882）	2　（0）	2　（0）	2　（0）	0 人（0 人）
明治 16 年（1883）	0　（0）	0　（0）	0　（0）	0　（0）
明治 17 年（1884）	9　（2）	10　（4）	9　（4）	-1　（-2）
明治 18 年（1885）	663　（190）	590　（158）	663　（190）	73　（32）
明治 19 年（1886）	550　（215）	713　（161）	550　（215）	-163　（54）
明治 20 年（1887）	115　（30）	107　（18）	115　（30）	8　（12）
明治 21 年（1888）	13　（1）	13　（1）	13　（1）	0　（0）
明治 22 年（1889）	42　（5）	42　（3）	42　（5）	0　（2）
明治 23 年（1890）	78　（11）	78　（9）	78　（11）	0　（2）
明治 24 年（1891）	1,068　（272）	1,073　（262）	1,074　（274）	-5　（10）
明治 25 年（1892）	6,375　（1,646）	6,482　（1,511）	6,436　（1,651）	-107　（135）
明治 26 年（1893）	167　（54）	210　（64）	210　（64）	-43　（-10）
明治 27 年（1894）	385　（108）	386　（93）	386　（108）	-1　（15）
明治 28 年（1895）	37　（5）	36　（3）	37　（5）	1　（2）
明治 29 年（1896）	2,495　（719）	2,503　（720）	2,503　（720）	-8　（-1）
明治 30 年（1897）	6,125　（2,066）	6,162　（2,071）	6,160　（2,071）	-37　（-5）
明治 31 年（1898）	21　（1）	21　（1）	21　（1）	0　（0）
明治 32 年（1899）	10　（0）	12　（0）	10　（0）	-2　（0）
明治 33 年（1900）	2　（0）	8　（0）	8　（0）	-6　（0）

・天然痘患者数（天然痘死亡数）を示した.
資料：『埼玉県統計書』，『衛生局年報』，『東京府史　行政篇第六巻』，502-506 頁.

生局年報』である。明治13年（1880）から同33年までの両資料の数値を比すると、21年間に両資料の天然痘患者数・死亡数が一致するのは3年間、天然痘患者数・死亡数の差が1人以上10人未満であるのが11年間である（表13-1）。明治18年・21年・24年・25年・30年の天然痘患者数、明治17年・18年・25年の天然痘死亡数は、両資料に10人以上の差異があり、とくに明治18年（1885）の両資料に掲載されている天然痘患者数は587人、天然痘死亡数は175人も異なる。

　埼玉県全域における天然痘患者数・死亡数が記録されている資料は、『埼玉県統計書』と『衛生局年報』である。明治13年から同33年に至る21年間のうち、両資料の天然痘患者数・死亡数が一致するのは9年間であり、両資料の差異が1人以上10人未満であるのが9年間である（表13-2）。明治19年（1886）の天然痘患者数は、両資料に18人の差がみられる。

　東京府全域における天然痘患者数・死亡数が記録されている資料は、『東京府統計書』、『衛生局年報』、および東京府（1937）『東京府史　行政篇第六巻』、502-506頁である。明治13年から同33年までの21年間に3資料の天然痘患者数・死亡数が一致するのは4年間、『東京府統計書』と『衛生局年報』の差が1人以上10人未満であるのが7年間である。明治18年・19年・25年・26年・30年の天然痘患者数、明治18年・19年・20年・24年・25年・26年・27年の天然痘死亡数は、両資料に10人以上の差異がある。とくに、明治19年の天然痘患者数は163人、死亡数は54人、明治25年の天然痘患者数は107人、死亡数は135人も、両資料に掲載されている数値が異なる。

　神奈川県・埼玉県・東京府では、『府県統計書』と『衛生局年報』に掲載されている天然痘患者数・死亡数の差が10人未満である年が、明治13年から明治33年に至る期間の過半数を占めるが、まったく一致する年はわずかである。神奈川県と東京府では、流行年に天然痘患者数・死亡数が100人以上も異なる年もみられる。『府県統計書』に掲載されている数値が、『衛生局年報』の数値を上回る年もあれば、逆の事例もみられる。両資料の数値に差異が生じた要因を府県公報、衛生月報、地方新聞などと比較して、検証する方法は確立されていない。そのため本章では、郡区市街単位に6種伝染病の患者数・死亡数が掲載されている『府県統計書』の数値にもとづいて、天然痘罹患率・死亡率を算出する。

　一方、天然痘罹患率・死亡率の分母となる現住人口は、長年にわたる明治期人口統計の問題点の整理にもとづいて、最新推計方法による修正現住人口が府県単位に公刊された（高橋2010）。しかし、郡区市街における現住人口の補正方法については未着手である。本章では、次善の選択となるが、『府県統計書』に記載されている郡区市街の現住人口を分母として、天然痘罹患率・死亡率を試算する。

2）種痘戸籍簿、種痘人員簿

　文部省医務局は、明治7年（1874）6月24日に布達された文部省布達第二十号にもとづき、馬喰町4丁目に牛痘種継所を開いて再帰牛痘苗の生産を始め、翌年12月までに各府県と病院学校に3,905管を配分した（内務省衛生局雑誌、第五号、1876、28頁）。ついで、同10月30日に種痘規則（文部省布達第弐拾七号）を布達して、府県の認定する種痘医以外の種痘接種を禁じ、善感・不善感を検診して、毎年2度ずつ府県から文部省に種痘接種者数を報告するよう求めた。

　種痘規則を受けた足柄県令・柏木忠俊は、明治8年1月に天然痘予防心得（足柄県布達第一号）を布達して種痘接種を勧め、接種状況を調査して報告するよう村に命じた。そのため、明治8年春に足

柄県下各村で「種痘人取調書上帳」が作成された。「種痘人取調書上帳」は、明治 8 年 1 月から 6 月までの各府県における種痘医数、初種接種者数、再種三種接種者数、および総人口に占める種痘接種者の構成比を記載した内務省衛生局雑誌、第二号、1876 所収の「明治八年自一月至六月　種痘一覧表」の基礎調査資料であった可能性がある。

　明治 8 年秋以降、府県衛生課から内務省衛生局に種痘接種者数を報告する半年ごとに、各町村では「種痘戸籍簿」、「種痘人員簿」、「種痘人員元簿」、「種痘連名簿」、「種痘接種連名簿」、「種痘接種人名調」などの表題をもつ帳簿が作成され、住民の種痘履歴が管理された。本章では、小田原市立図書館架蔵・石塚毅一家文書「種痘人員簿　第壱号、第弐号　明治廿年第一月　足柄下郡前川村」と「種痘戸籍簿　明治廿年第一月　足柄下郡羽根尾村」を次項で述べる「種痘人取調書上帳」分析システムに登録して分析する。同史料には、戸主の氏名、世帯構成員の名前、生年月日、天然痘済・初種済・再種済・三種済・未種痘の別、在村と不在の別、種痘接種年月日などが記録されている。

3）「種痘人取調書上帳」分析システム

　「種痘人取調帳」分析システムは、「宗門改帳」分析システム、寺院「過去帳」分析システム、「幕末維新期人口史料」分析システムとともに、「江戸時代における人口分析システム（DANJURO）」の主要構成要素である（http://kawaguchi.tezukayama-u.ac.jp）。本システムは、「種痘人取調書上帳」古文書画像データベース、「種痘人取調書上帳」分析プログラム、「種痘人取調書上帳」時空間分析プログラム、「種痘人取調書上帳」ライフパス分析プログラム、および検索利用マニュアルから構成されている（川口 2014、川口・加藤 2015、川口 2016）。Debian Linux Squeeze を OS とするホスティング・サーバー上に、MySQL を DBMS、PHP を開発言語として本システムを構築した。

　「種痘人取調書上帳」古文書画像データベースは、種痘履歴・天然痘病歴情報テーブル、集落位置情報テーブル、史料書誌情報テーブルの 3 テーブルから構成されている。「種痘人取調書上帳」古文書画像データベースの種痘履歴・天然痘病歴情報に関する画面構成は、①検索条件入力画面、②検索結果のブラウジング画面、③検索結果の詳細表示画面、④ download 項目の選択画面、⑤ download の実行画面である。2018 年 9 月には、旧足柄県下 17 ヵ村の史料が本データベースに登録されている。

　「種痘人取調書上帳」分析プログラムを用いて、天然痘済・種痘済・未種痘の年齢構成など 38 項目の人口学的指標を算出して、システム利用者側コンピュータ画面にグラフ表示することができる。「種痘人取調書上帳」分析プログラムは、①指標選択画面、②検索条件入力画面、③グラフの表示・データの download 画面から構成されている。

　「種痘人取調書上帳」時空間分析プログラムを用いて、天然痘患者数（性別）など 16 指標の分布図を利用者側のコンピュータ画面上に時系列アニメーション表示できる。分布図は、MySQL と PHP を用いて、「種痘人取調書上帳」古文書画像データベースから指標データを算出したのちに、グラフ描画 API である Google Chart Tools を用いてグラフ画像を生成し、これを Google Maps に貼り付けて作成した。「種痘人取調書上帳」時空間分析プログラムは、①指標選択画面、②検索条件入力画面、③主題図の表示画面、④主題図画面から構成されている。③主題図の表示画面下部にある分布図の画面表示ボタンをクリックすると、選択した指標を Google Maps 上に示した分布図が、利用者の指定した任意の期間ごとに時系列アニメーション表示される。

図 13-1　研究対象地域の概要

「種痘人取調書上帳」ライフパス分析プログラムは、関野 樹が開発を進めている時間情報解析ソフトウェア Web 版 HuTime をエンジンとして構築されている。システム利用者のコンピュータ画面に、利用者が条件指定した人物の出生・種痘履歴・天然痘病歴といったライフイベントが、年表空間のライフライン上に表示される。HuTime は http://www.hutime.jp/index.html から公開されている。

4）研究対象地域

すでに述べたように神奈川県、埼玉県、東京府の『府県統計書』には、郡区市街単位に天然痘患者数・死亡数と現住人口が掲載されているため、天然痘罹患率・死亡率の都市村落間格差を復原することができる。すなわち、東京、小田原、川越といった城下町起源の都市に加えて、横浜、八王子、神奈川、横須賀、浦賀、熊谷といった人口規模の異なる市街地と市街地周辺の郡部における天然痘罹患率・死亡率を比較することができる（図 13-1）。さらに、村ごとに種痘履歴を管理するために作成された「種痘戸籍簿」や「種痘人員簿」などを用いて、住民の天然痘病歴や種痘履歴を検討することも可能である。そこで本章では、所在が確認されている『府県統計書』が少ない千葉県を除き、統計資料などの保存状況が比較的良好な関東地方南部を研究対象地域として、天然痘罹患率・死亡率の都市村落間格差について検討したい。

3　19 世紀末における天然痘の流行

関東地方に位置する各府県の『府県統計書』に掲載されている天然痘患者数・死亡数を分子、高橋（2010）が算出した修正現住人口を分母として、府県別天然痘罹患率・死亡率を算出した（図 13-2、13-3）。

図 13-2、13-3 によれば、関東地方では明治 18 年（1885）・25 年・30 年に天然痘が流行した。19 世紀末の関東地方で最大規模の流行は明治 25 年に、これに次ぐ規模の流行は明治 30 年に発生した。明

第 13 章　19 世紀末の関東地方南部における天然痘罹患率・死亡率の都市村落間格差　261

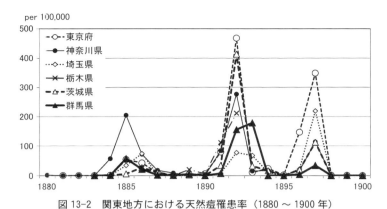

図 13-2　関東地方における天然痘罹患率（1880 ～ 1900 年）
資料：天然痘患者数は『府県統計書』、現住人口は高橋（2010）にもとづいて天然痘罹患率を算出した．

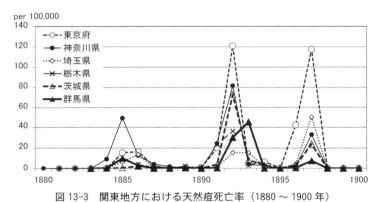

図 13-3　関東地方における天然痘死亡率（1880 ～ 1900 年）
資料：天然痘死亡数は『府県統計書』、現住人口は高橋（2010）にもとづいて天然痘死亡率を算出した．

治 25 年の流行は、天然痘罹患率・死亡率が明治 24 年から急増した栃木県、東京府、神奈川県から始まり、明治 25 年に関東地方一円に伝播した後、明治 26 年には罹患率・死亡率が最大となる埼玉県北部と群馬県を除いて終息に向かった。一方、明治 30 年の流行は、天然痘罹患率・死亡率が明治 29 年から急増した東京府から始まり、明治 30 年に関東地方一円に伝播して年内に終息した。

　明治 18 年に天然痘罹患率が対 10 万人比で 100 を超えた府県は、神奈川県に限定される。前節で述べたように、明治 18 年の『神奈川県統計書』と『衛生局年報』の天然痘患者数・死亡数には大きな差異がある。そのため、『神奈川県統計書』にもとづく天然痘罹患率は 205、天然痘死亡率が 49 となるのに対して、『衛生局年報』による天然痘罹患率は 138、天然痘死亡率が 29 となり、依拠する資料によって数値が大きく異なる。明治 18 年の流行は、前年から天然痘罹患率・死亡率が増加した神奈川県から開始したとみられるが、神奈川県を除き明治 25 年・30 年と比較すると小規模にとどまった。

4　神奈川県における天然痘罹患者・死亡者の年齢構造

　神奈川県については、天然痘が流行した明治 25 年（1892）と明治 30 年の『神奈川県統計書』にもとづいて、天然痘罹患者・死亡者の年齢構造を復原することができる（図 13-4、13-5）。

262　第Ⅱ部　近世城下町の構造と空間変動

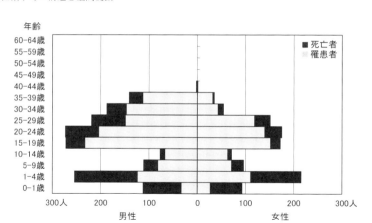

図 13-4　明治 25 年（1892）の神奈川県における天然痘罹患者の年齢構造
資料：『神奈川県統計書』.

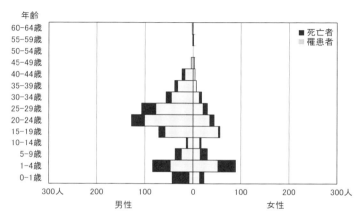

図 13-5　明治 30 年（1897）の神奈川県における天然痘罹患者の年齢構造
資料：『神奈川県統計書』.

　明治 25 年の神奈川県における天然痘罹患者 2,711 人のうち、9 歳以下の年齢階層は 881 人で 32.5%を占め、15-39 歳の罹患者は 1,679 人で 61.9%を占める（図 13-4）。明治 30 年の天然痘罹患者 930 人のうち、9 歳以下は 306 人で 32.9%を占め、15-39 歳の罹患者は 555 人で 59.7%を占めた（図 13-5）。天然痘罹患者の約 3 分の 1 が 9 歳以下、約 3 分の 2 が 15-39 歳の年齢階層に集中している。

　飛騨国大野郡宮村にある浄土真宗往還寺「過去帳」を分析した須田圭三（1992）によれば、明和 8 年（1771）から嘉永 5 年（1852）に至る 82 年間の天然痘死亡者のうち、数え歳 2 歳までの乳幼児が 30%を占め、これに 10 歳までの小児を加えると 90%を超えた。牛痘種痘法導入以前の天然痘死亡者は、数え年 10 歳以下の年齢階層に集中していた。内務省衛生局（1912）：『衛生局第八次年報』によれば、明治 15 年（1882）の神奈川県における 15 歳以下の年齢階層における種痘済人員は 86.9%、天然痘済人員は 1.7%、未種痘人員は 11.3%に達していた。19 世紀末の神奈川県では、明治 8 年から本格化した種痘の普及により、天然痘罹患年齢が押し上げられたために、15-39 歳の年齢階層に天然痘罹患者が集中したとみられる。

　一方、明治 25 年の天然痘死亡者 799 人のうち、4 歳以下の乳幼児は 379 人で 47.4%を占める（図

13-4）。これに 5-9 歳の死亡者を加えると 433 人で、天然痘死亡者の 54.2% を占める。明治 30 年の天然痘死亡者 271 人のうち 4 歳以下の乳幼児は 118 人で 43.5% を占めた（図 13-5）。これに 5-9 歳の死亡者を加えると 146 人で、天然痘死亡者の 53.9% を占める。19 世紀末の神奈川県における天然痘死亡者の過半数は、9 歳以下の年齢階層であり、とくに 4 歳以下の乳幼児が犠牲となった。

　天然痘死亡数を天然痘患者数で除し 1000 を乗じて求めた天然痘致命率は、明治 25 年の生後 1 年未満の男児が 705‰、女児が 710‰、明治 30 年の生後 1 年未満の男児が 814‰、女児が 391‰に達した（図 13-4、13-5）。1-4 歳の天然痘致命率は、明治 25 年の男児が 512‰、女児は 484‰、明治 30 年の男児が 441‰、女児は 416‰となる。5-9 歳の天然痘致命率は、明治 25 年の男児が 261‰、女児が 260‰、明治 30 年の男児が 351‰、女児は 500‰に達する。19 世紀末の神奈川県における天然痘致命率は、4 歳以下の年齢階層で 400‰を超える高水準を示した。

　明治 8 年（1875）の足柄上郡 7 ヵ村の「種痘人取調書上帳」によれば、百日咳、吐乳、青便といった症状のみられる乳幼児への種痘接種は延期されている（Kawaguchi 2014）。足柄上郡の村々と同様、神奈川県全域で病弱な乳幼児への種痘接種が延期されていたとすれば、4 歳以下の病弱で種痘未接種の乳幼児が、明治 25 年・30 年の天然痘流行時の神奈川県におけるおもな犠牲者であったとみられる。

5　天然痘罹患率・死亡率の都市村落間格差

　19 世紀末の関東地方における天然痘罹患率・死亡率が最も高かった明治 25 年（1892）とこれに次ぐ明治 30 年について、『府県統計書』に掲載されている郡区市街ごとに階級区分図を作成して、都市村落間の天然痘罹患率・死亡率を比較した（図 13-6 ～ 13-9）。

　図 13-6 によれば、明治 25 年の東京市における天然痘罹患率は、隣接する荏原郡、北豊島郡、南豊島郡、南葛飾郡の約 2 ～ 6 倍であった。神奈川町では橘樹郡（神奈川町を除く）の約 4 倍、小田原では足柄下郡（小田原町を除く）の約 2.5 倍、八王子町では南多摩郡（八王子町を除く）の約 6.5 倍、川越町では入間・高麗郡（川越町を除く）の約 5 倍、熊谷町では大里・男衾・幡羅・榛沢郡（熊谷町を除く）の約 1.5 倍も高率であった。このうち熊谷町を含む埼玉県北部では、他地域よりも天然痘の伝播が遅れ、明治 26 年に天然痘罹患率・死亡率が最大となる（図 13-17）。明治 26 年の熊谷町の天然痘罹患率は、熊谷町を除く大里・男衾・幡羅・榛沢郡の約 5.8 倍も高率であった。一方、横浜市と久良岐郡、横須賀町・浦賀町と両町を除く三浦郡では、天然痘罹患率の都市村落間格差が明瞭ではない。

　図 13-7 によれば、明治 25 年の東京市における天然痘死亡率は、隣接する荏原郡、北豊島郡、南豊島郡、南葛飾郡の約 2 ～ 10 倍であった。神奈川町では橘樹郡（神奈川町を除く）の約 5.5 倍、小田原では足柄下郡（小田原町を除く）の約 2 倍、八王子町では南多摩郡（八王子町を除く）の約 8 倍、川越町では入間・高麗郡（川越町を除く）の約 3 倍も高率であった。一方、横浜市と久良岐郡、横須賀町・浦賀町と両町を除く三浦郡、熊谷町と熊谷町を除く大里・男衾・幡羅・榛沢郡では、天然痘死亡率の都市村落間格差が明瞭ではなかった。このうち天然痘の伝播が遅れた熊谷町における明治 26 年の天然痘死亡率は、熊谷町を除く大里・男衾・幡羅・榛沢郡の約 11.5 倍も高率であった。

　図 13-8 によれば、明治 30 年の東京市における天然痘罹患率は、隣接する荏原郡、北豊島郡、南豊島郡、南葛飾郡の約 2.5 ～ 4 倍、川越町では入間郡（川越を除く）の約 12.5 倍、熊谷町では大里郡（熊谷

264　第Ⅱ部　近世城下町の構造と空間変動

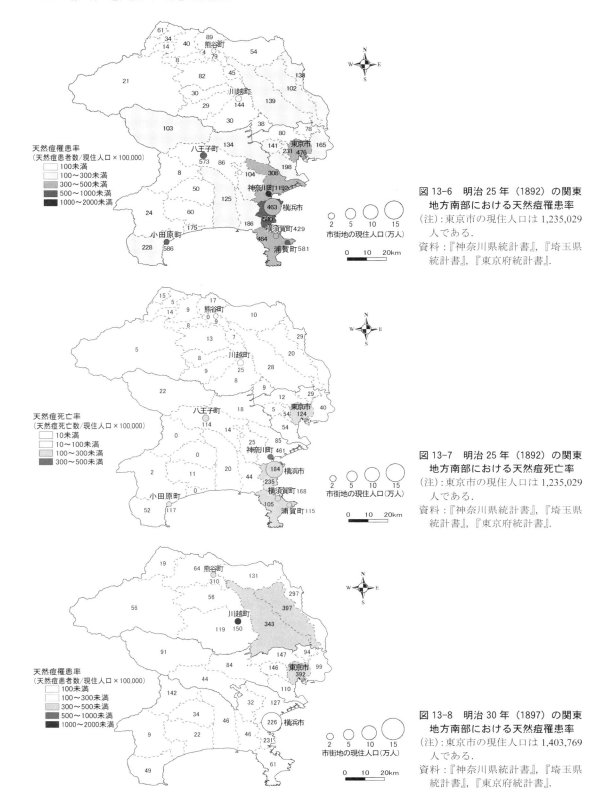

図 13-6　明治 25 年（1892）の関東地方南部における天然痘罹患率
（注）：東京市の現住人口は 1,235,029 人である．
資料：『神奈川県統計書』，『埼玉県統計書』，『東京府統計書』．

図 13-7　明治 25 年（1892）の関東地方南部における天然痘死亡率
（注）：東京市の現住人口は 1,235,029 人である．
資料：『神奈川県統計書』，『埼玉県統計書』，『東京府統計書』．

図 13-8　明治 30 年（1897）の関東地方南部における天然痘罹患率
（注）：東京市の現住人口は 1,403,769 人である．
資料：『神奈川県統計書』，『埼玉県統計書』，『東京府統計書』．

第13章　19世紀末の関東地方南部における天然痘罹患率・死亡率の都市村落間格差　265

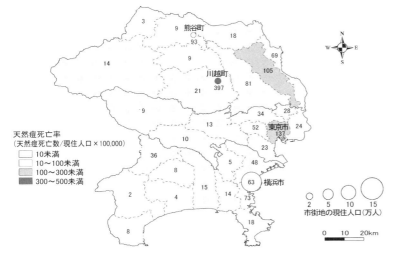

図13-9　明治30年（1897）の関東地方南部における天然痘死亡率

（注）：東京市の現住人口は1,403,769人である．

資料：『神奈川県統計書』，『埼玉県統計書』，『東京府統計書』．

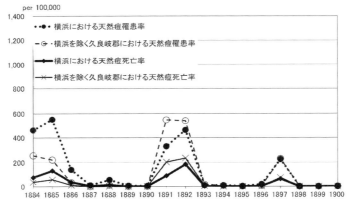

図13-10　神奈川県久良岐郡における天然痘罹患率・死亡率
資料：『神奈川県統計書』．

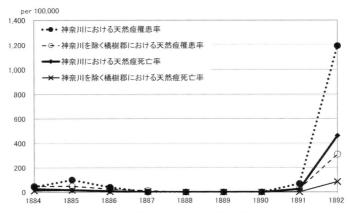

図13-11　神奈川県橘樹郡における天然痘罹患率・死亡率
資料：『神奈川県統計書』．

266　第Ⅱ部　近世城下町の構造と空間変動

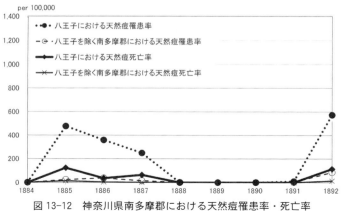

図13-12　神奈川県南多摩郡における天然痘罹患率・死亡率
資料：『神奈川県統計書』.

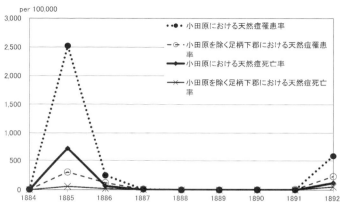

図13-13　神奈川県足柄下郡における天然痘罹患率・死亡率
資料：『神奈川県統計書』.

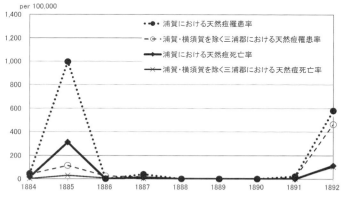

図13-14　神奈川県三浦郡（浦賀町と三浦郡（浦賀・横須賀を除く））における天然痘罹患率・死亡率
資料：『神奈川県統計書』.

第13章　19世紀末の関東地方南部における天然痘罹患率・死亡率の都市村落間格差　267

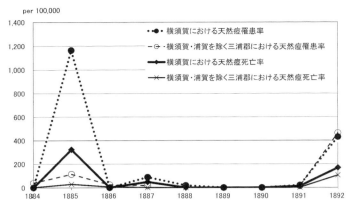

図13-15　神奈川県三浦郡（横須賀町と三浦郡（浦賀・横須賀を除く））における天然痘罹患率・死亡率
資料：『神奈川県統計書』.

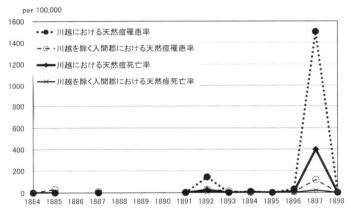

図13-16　埼玉県入間郡（高麗郡を含む）における天然痘罹患率・死亡率
資料：『埼玉県統計書』.

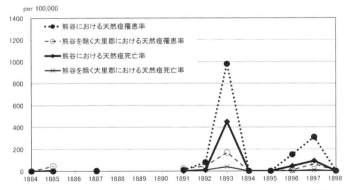

図13-17　埼玉県大里郡（男衾郡，幡羅郡，榛沢郡を含む）における天然痘罹患率・死亡率
資料：『埼玉県統計書』.

268　第Ⅱ部　近世城下町の構造と空間変動

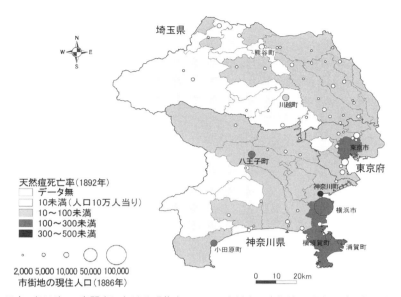

図 13-18　明治 19 年（1886）の南関東における現住人口 2,000 人以上の市街地と明治 25 年（1892）の天然痘死亡率
　　注：明治 19 年（1886）の東京 15 区における現住人口は 1,121,883 人である．
　　資料：市街地の現住人口は，内務省総務局戸籍課（1888）：『市街名邑及町村二百戸以上戸口表』，
　　　　　天然痘死亡率は明治 25 年の各『府県統計表』から算出した．

町を除く）の約 5 倍も高率であった．横浜市における天然痘罹患率は，隣接する橘樹郡の約 2 倍高率であったが，久良岐郡と同水準であった．

　図 13-9 によれば，明治 30 年の東京市における天然痘死亡率は，隣接する荏原郡，北豊島郡，南豊島郡，南葛飾郡の約 3 ～ 6 倍，川越町では入間郡（川越町を除く）の約 19 倍，熊谷町では大里郡（熊谷町を除く）の約 10 倍も高率であった．横浜市における天然痘死亡率は，隣接する橘樹郡の約 1.5 倍高率であったが，久良岐郡と同水準であった．

　神奈川県久良岐郡については明治 17 年（1884）から 33 年までの 17 年間，神奈川県橘樹郡・南多摩郡・足柄下郡・三浦郡については明治 17 年から明治 25 年までの 9 年間，埼玉県入間郡（高麗郡を含む）・大里郡（男衾郡、幡羅郡、榛沢郡を含む）については，明治 17 年から明治 31 年に至る 15 年間の天然痘罹患率・死亡率を観察できる（図 13-10 ～ 13-17）．

　明治 17 年から明治 33 年に至る 17 年間の年平均天然痘罹患率・死亡率を対 10 万人比で示すと，横浜市の 135：36 に対して，久良岐郡では 110：37 となる（図 13-10）．明治 17 年から明治 25 年に至る 9 年間の年平均天然痘罹患率・死亡率を対 10 万人比で示すと，神奈川町の 179：67 に対して，神奈川町を除く橘樹郡では 53：14（図 13-11），八王子町の 176：35 に対して，八王子町を除く南多摩郡では 19：4（図 13-12），小田原町の 367：98 に対して，小田原町を除く足柄下郡では 75：15（図 13-13），浦賀町の 187：50，横須賀町の 191：61 に対して，浦賀町と横須賀町を除く三浦郡では 84：16（図 13-14、13-15）である．明治 17 年から明治 31 年に至る 15 年間の年平均天然痘罹患率・死亡率を対 10 万人比で示すと，川越町の 165：43 に対して，川越町を除く入間郡（高麗郡を含む）では 20：3（図 13-16），熊谷町の 152：54 に対して，熊谷町を除く大里郡（男衾郡、幡羅郡、榛沢郡を含む）では 36：7 であった（図 13-17）．明治中期以降も，天然痘罹患率・死亡率の水準は，横浜市と久良

岐郡を除き、同一郡内の都市村落間で大きな格差がみられた。

　内務省総務局戸籍課(1888)『市街名邑及町村二百戸以上戸口表』に掲載されている、明治19年(1886)における現住人口2,000人以上の市街地を図13-18に示した。神奈川県久良岐郡には横浜区のほかに金沢、南多摩郡には八三子町のほかに日野、橘樹郡には神奈川町のほかに川崎、三浦郡には横須賀町と浦賀町のほかに三崎、堀内および逸見、埼玉県入間郡（高麗郡を含む）には川越町のほかに所沢と入間川、大里郡（男衾郡、幡羅郡、榛沢郡を含む）には熊谷町のほかに深谷といった市街地が確認できる。東京15区周辺の荏原郡には品川、大森、大井、北豊島郡には下板橋、金杉、王子、千束、南豊島郡には内藤新宿、南足立郡には千住といった市街地が分布する。このような中小市街地における天然痘患者数・死亡数や現住人口は、『府県統計書』に掲載されていない。東京市、小田原町、八王子町、神奈川町、川越町、熊谷町で観察されたように、これらの中小市街地においても、周辺村落より天然痘罹患率・死亡率が高かったとすれば、天然痘罹患率・死亡率の都市村落間格差は、『府県統計書』から得られる数値よりもさらに大きかったものとみられる。

6　天然痘罹患率・死亡率に都市村落間格差が生じた要因

　天然痘罹患率・死亡率に都市村落間格差が生じた要因として検討を要するのは、次の3点とみられる。①種痘接種率の都市村落間格差、②人口密度と死亡率との関係を定式化したファーの法則、③村落から市街地への人口移動と種痘接種との関係。このうち、①については手がかりとなる資料を発見できなかったため、本節では②と③について中間的な報告を行う。

1）ファーの法則

　天然痘は患者の飛沫によってヒトからヒトに空気感染することが多く、水泡液や瘡蓋の接触によって感染する場合もみられる（酒井 1993:94頁）。ヒトの飛沫は、直系10ミクロン以上の小水滴で、患者から半径1mの範囲にしか飛ばないが、飛沫の一部は乾燥して直系5ミクロン未満の飛沫核となり、小さな埃と同様に1m以上飛ぶ（井上 2006:26-34頁）。そのため、人口密度と天然痘死亡率との関係が注目される。

　人口密度と死亡率との関係は、ファーの法則として定式化されており、次のように説明されている。19世紀後半のイギリスにおける死亡率は、人口密度の10分の1乗根に比例しており、50年間の死亡率水準低下は冪数_{べきすう}の変化ではなく、乗数の低下に反映した（斎藤 1989:241-242頁）。19世紀末の日本の都市でも、イギリスと同様、人口密度と死亡率との間に弱い正の相関がみられることが確認されている（伊藤 1984）。

　ここでは、市街地における人口密度と天然痘死亡率との間に相関がみられるか検討する。陸軍省軍務局（1891）『明治二十四年　徴発物件一覧表』には、明治23年末における市街地の現住人口と市街地の縦横長が、「間」を単位に掲載されている。市街地の縦横長の精度は不明であるが、縦横長の積を市街地面積と仮定して、『明治二十四年　徴発物件一覧表』に掲載されている数値をもとに、明治23年の東京市15区（麹町区、神田区、四谷区、日本橋区、京橋区、芝区、麻布区、赤坂区、牛込区、小石川区、本郷区、下谷区、浅草区、本所区、深川区）と関東地方19市街地（横浜区、八王子町、

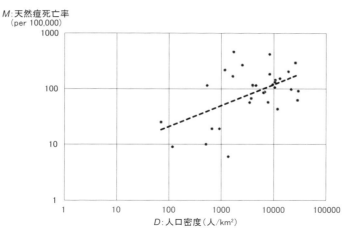

図 13-19　関東地方の都市における天然痘死亡率と人口密度との関係
資料：人口密度は『明治二十四年　徴発物件一覧表』，天然痘死亡率は明治 25 年の各『府県統計書』から算出した．

浦賀町、横須賀町、神奈川町、小田原町、川越町、熊谷町、前橋町、高崎町、桐生町、水戸市、栃木町、宇都宮町、眞岡町、大田原町、鹿沼町、足利町、日光町）の人口密度を算出した。次に、『府県統計書』から明治 25 年（1892）の市街地における天然痘死亡率を求めた。そのうえで、明治 23 年末の市街地人口密度と明治 25 年の天然痘死亡率を対数変換して、回帰分析を行った（図 13-19）。

図 13-19 から、人口密度を説明変数、天然痘死亡率を被説明変数とする次の回帰式が得られる。

$$\text{Log } M = 3.6419 + 0.3788 \text{ Log } D \qquad R^2 = 0.2869 \qquad M：天然痘死亡率 \quad D：人口密度$$

市街地の人口密度と天然痘死亡率との間に弱い正の相関がみられた。しかし、回帰式の決定係数（R^2）が 0.2869 と低いため、都市村落間格差の生じた理由について、さらなる検討が必要である。

2）村落から都市への人口移動

1880 年代以降、各『府県統計書』に掲載されている関東地方における市街地の現住人口は増加を続けている。市街地の人口増加は、自然増加に加えて社会増加によるものとみられる。たとえば、『神奈川県統計書』によれば、明治 18 年（1885）の横浜区では、現住人口の 29.7% が入寄留であった。そこで、「種痘人員簿　第壱号、第弐号　明治廿年第一月　足柄下郡前川村」と「種痘戸籍簿　明治廿年第一月　足柄下郡羽根尾村」を「種痘人取調書上帳」分析システムに登録して、種痘履歴、天然痘履歴などを分析した。

明治 20 年の前川村における 55 歳未満の記載人口 1,187 人のうち、天然痘済の者は 16.2%、初種・再種・三種接種済の者は 63.0%、種痘未接種の者は 1.45%、不在者は 19.5% であった。羽根尾村では、55 歳未満の記載人口 217 人のうち、天然痘済の者は 23.5%、初種・再種・三種接種済の者は 57.7%、種痘未接種の者は 0.5%、不在者は 18.4% であった。羽根尾村や前川村における不在者の行方を知る手がかりとなる「前川村分戸長役場　送籍幷受籍　明治十二年ヨリ」（小田原市立図書館架蔵、石塚毅一家文書）などの分析結果を待たなければならないが、不在者のなかには小田原町、横浜市、東京市を含む周辺市街地に転出した者もいた可能性を否定することはできない。

第13章　19世紀末の関東地方南部における天然痘罹患率・死亡率の都市村落間格差　271

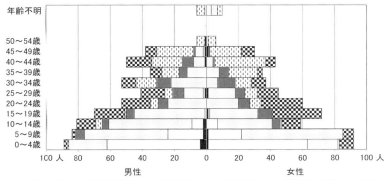

図 13-20　明治 20 年（1887）の神奈川県足柄下郡前川村における種痘・天然痘履歴別年齢構造
資料：「種痘人取調書上帳」分析システムを用いて作成．

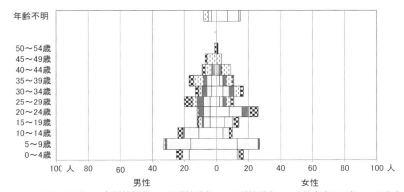

図 13-21　明治 20 年（1887）の神奈川県足柄下郡羽根尾村における種痘・天然痘履歴別年齢構造
資料：「種痘人取調書上帳」分析システムを用いて作成．

　種痘・天然痘履歴別年齢構造を示した図 13-20 によれば、前川村は次の三つの年齢階層に分けることができる。まず、4 歳以下の年齢階層は、初種接種済の者が卓越している。次に、5-34 歳の年齢階層は再種接種済の者が多く、これに三種接種済の者を加えると各年齢階層の過半数を超える。さらに、35 歳以上の年齢階層では天然痘済の者が多く、とくに 40-54 歳の年齢階層では男女ともに天然痘済の者が卓越する。種痘未接者は少数で、14 歳以下の年齢階層に確認できる。三種接種者は、5 歳以上の年齢階層に幅広くみられるが、再種接種者と比較するときわめて少ない。不在者は 49 歳以下の年齢階層に幅広くみられ、15-44 歳の年齢階層に比較的多い。このような年齢構造の特色は、羽根尾村とほぼ共通とみられる（図 13-21）。

　前川村と羽根尾村における不在者の年齢階層と図 13-4、13-5 で確認できる明治 25 年・30 年の神奈川県における天然痘罹患者が集中している年齢階層は、ほぼ重なっている。不在者の種痘履歴や天然痘病歴は史料に記録されていないが、不在者のなかに再種を接種されていない者や種痘未接者が含まれていた可能性も否定できない。今後、不在者の移動先、種痘履歴、天然痘病歴を追跡することにより、村落から都市に転出した青壮年とその子どもが、天然痘流行時に罹患したか検討する必要がある。

272　第Ⅱ部　近世城下町の構造と空間変動

7　おわりに

　近代移行期の城下町を含む都市人口に関して、都市蟻地獄説で強調されている都市における高死亡率の要因となる死因の都市村落間格差は着手間もない課題である。とくに天然痘をはじめとする感染症罹患率・死亡率の都市村落間格差に関しては未着手とみられる。本章では、19世紀末の神奈川県、埼玉県および東京府における天然痘罹患率・死亡率の都市村落間格差について検討した。主要史料は、『府県統計書』、「種痘戸籍簿」、「種痘人員簿」などである。

　『府県統計書』の整備が本格化した1880年代から19世紀末までの期間に、関東地方で天然痘が流行したのは、明治18年（1885）・25年・30年である。最大の犠牲者を出したのは明治25年、これに次ぐ流行が明治30年に発生した。

　明治25年・30年の神奈川県では、天然痘罹患者の3分の1が0-9歳、3分の2が15-39歳の年齢階層に分かれている。天然痘死亡者の過半数は0-9歳の年齢階層に集中しており、4歳以下の乳幼児の天然痘致命率は400‰を超えていた。足柄上郡の村々では、百日咳、吐乳、青便といった症状のみられる乳幼児への種痘接種が延期されていた。神奈川県全域でも病弱な乳幼児への種痘接種が延期されていたとすれば、種痘未接種の乳幼児が天然痘流行時のおもな犠牲者であった可能性がある。

　一方、19世紀末の城下町を起源とする川越、小田原を含む関東地方南部における市街地では、同一郡内の村落と比較して天然痘罹患率・死亡率が著しく高率であった。天然痘罹患率・死亡率の都市村落間格差の背景として、①種痘接種率の都市村落間格差、②人口密度と死亡率との関係を定式化したファーの法則、③村落から市街地への人口移動と種痘履歴との関係などについて検討する必要がある。このうち①については、手がかりとなる資料を発見できなかった。

　②について、明治23年（1890）末の市街地における人口密度と明治25年の市街地における天然痘死亡率を対数変換して回帰分析を行った。その結果、市街地の人口密度と天然痘死亡率との間には、弱い正の相関がみられたが、人口密度だけで市街地の天然痘死亡率を説明できないことが確認された。

　③について、明治20年（1887）の足柄下郡前川村・羽根尾村では、55歳未満の人口のうち18-19%が不在であり、不在者は15-44歳の年齢階層に集中していた。不在者の移動先が、小田原町、横浜市、東京市などの市街地であった可能性も否定できない。両村における不在者の年齢階層と、明治25年・30年の神奈川県における天然痘罹患者が集中している年齢階層がほぼ重なっているため、村落から市街地に転出した青壮年とその子どもが、天然痘流行時のおもな罹患者であったか確認する必要がある。

　今後の課題として、①19世紀末の天然痘罹患率・死亡率の都市村落間格差が、関東地方南部以外の地域でみられるか確認すること、②天然痘罹患率・死亡率の都市村落間格差がいつまで継続したのか確認すること、③種痘接種率の都市村落間格差を復原することのできる資料を発見すること、④人口密度を算出するため、正確な市街地面積を記録した資料を発見すること、⑤村落から転出した不在者の移動先と種痘履歴、天然痘病歴を追跡することなどがあげられる。

謝辞

　本研究には、2013 〜 2016 年度科学研究費補助金（基盤研究（A））、研究代表者：平井松午、課題番号：25244041、2016 〜 2019 年度科学研究費補助金（基盤研究（B））、研究代表者：川口　洋、課題番号：16H02918 の補助を受けた。小田原市立図書館郷土資料室には、史料調査にご協力いただき、多くの示唆をいただいた。神奈川県、埼玉県、東京府、千葉県、茨城県、栃木県、群馬県の『府県統計書』（複写版）は、麗澤大学人口・家族史プロジェクトのアーカイブズから御提供いただいた。篤く感謝したい。

引用・参考文献

青木歳幸（2018）：牛痘伝来再考，青木歳幸・大島明秀・W. ミヒェル編著：『天然痘との闘い　【九州の種痘】』岩田書院，63-79 頁.

アン・ジャネッタ著, 廣川和花・木曾明子訳（2013）:『種痘伝来　日本の開国と知の国際ネットワーク』岩波書店.

伊藤　繁（1984）：明治期都市人口の自然変動，経済研究 35-2，176-181 頁.

井上　栄（2006）：『感染症　広がり方と防ぎ方』中公新書.

Kawaguchi, Hiroshi, 2014, Faith healing and vaccination against smallpox in nineteenth-century Japan, in *Environmental History in East Asia*, ed. Tsui-jung Liu, Routledge, pp.273-295.

川口　洋（2014）：「種痘人取調書上帳」分析プログラムの開発，情報処理学会シンポジウムシリーズ「人文科学とコンピュータシンポジウム　論文集」2014-3，81-86 頁.

川口　洋・加藤常員（2015）：歴史 GIS を用いた足柄県における牛痘種痘法の普及過程の検証，情報処理学会シンポジウムシリーズ「人文科学とコンピュータシンポジウム　論文集」2015-2，85-90 頁.

川口　洋（2015）：統計資料から読み解く環境史−人口増加開始期の衛生・医療環境−，SEEDer12，40-47 頁.

川口　洋（2016）：「種痘人取調書上帳」分析システムを用いた明治初期の足柄県東部における天然痘死亡率の推計，情報処理学会シンポジウムシリーズ「人文科学とコンピュータシンポジウム　論文集」2016-2，221-226 頁.

斎藤　修（1986）：都市化の歴史人口学−比較研究の課題と展望−，社会経済史学 52-4，93-121 頁.

斎藤　修（1989）：都市蟻地獄効果説の再検討−西欧の場合と日本の事例−，速水　融・斎藤　修・杉山伸也編著：『徳川社会からの展望−発展・構造・国際関係−』同文館，239-262 頁.

酒井シズ（1993）：『日本疾病史』放送大学教育振興会.

須田圭三（1992）：『飛騨の疱瘡史』教育出版文化協会.

高橋眞一（2010）：明治前期の地域人口動態と人口移動，高橋眞一・中川聡史編著：『地域人口からみた日本の人口転換』古今書院，15-45 頁.

髙橋美由紀（2005）：『在郷町の歴史人口学−近世における地域と地方都市の発展−』ミネルヴァ書房.

田崎哲郎（2012）：『牛痘種痘法の普及』岩田書院.

速水　融・内田宣子（1971）:近世農民の行動追跡調査, 研究紀要（徳川林政史研究所, 昭和 46 年度），217-256 頁.

速水　融（1974）:近世後期地域別人口変動と都市人口比率の関連，研究紀要（徳川林政史研究所, 昭和 49 度），230-244 頁.

樋上恵美子（2016）：『近代大阪の乳幼児死亡と社会保障』大阪大学出版会.

掲載図表一覧

口絵（カラー図版）

口絵 1　図 1-3　首里那覇鳥瞰図／単視点Ｃ型式

16「沖公文図」（「首里那覇鳥瞰図」沖縄県公文書館岸秋正文庫蔵）／18「琉球漫録付図」（『琉球漫録』沖縄県公文書館蔵）／19「那覇歴博善秀図」（「首里那覇鳥瞰図屏風」那覇市歴史博物館蔵）／20「立正大善秀図」（「首里那覇古繪地圖」立正大学図書館田中啓爾文庫蔵）／21「沖県図善秀図」（「首里那覇図」沖縄県立図書館蔵）／24「沖県図友寄図」（「那覇絵図」沖縄県立図書館蔵）／25「美ら島麻有信図」（「首里城周辺の図」一般財団法人沖縄美ら島財団蔵）／28「九博宗教図」（「自首里王城至那覇港之図」九州国立博物館蔵）／29「沖博美宗教図」（「首里那覇鳥瞰図」沖縄県立博物館・美術館蔵）／30「美ら島宗教図」（「首里那覇鳥瞰図」一般財団法人沖縄美ら島財団蔵）

口絵 2　図 1-8　古い形の正殿が模写・踏襲された首里城の図

「伝呉著仁図」（「首里那覇全景図屏風」沖縄県立芸術大学附属図書・芸術資料館蔵，古写真）／「沖縄志図」（伊地知 1877:『沖縄志』所収）／「友寄首里城図」（「首里城図」沖縄県立図書館蔵）／「美ら島麻有信図」（「首里城周辺の図」一般財団法人沖縄美ら島財団蔵）

口絵 3　図 3-2　「長府城下町屋敷割図」（下関市立歴史博物館蔵）

口絵 4　図 2-11　「臼杵城図」（表 2-1，通番 13）（臼杵市蔵）

口絵 5　図 4-5　「阿州御城下絵図」（徳島県立博物館蔵，74/L-04-000028）

口絵 6　図 5-5・7　「尾張国犬山城絵図」（左図）と城郭（右図，拡大図）（犬山城白帝文庫60　2070）

口絵 7　図 6-3　「新発田御家中町惣絵図」（新発田市立歴史図書館蔵）

口絵 8　図 8-6　明和 8 年～安永年間（1771 ～ 81）頃の大組別の屋敷主の分布

口絵 9　図 8-7　元文 5 年（1740）頃の下級武士・又内等の屋敷

口絵 10　図 10-10　和歌山城下における武家屋敷地の規模別分布

口絵 11　図 11-1　「常陸国水戸城絵図」（国立公文書館蔵，正保城絵図（諸国城郭絵図）169-0335-35）

口絵 12　図 12-2　「米沢御城下絵図」（市立米沢図書館蔵）

序章　近世城下絵図の分析と課題－歴史 GIS からのアプローチ－

図序 -1　城下絵図にみる表記の違い　3 頁

①「淡路国津名郡須本之図」（国立公文書館蔵，『日本輿地図』177-1-172）／②「須本御城下町屋敷之図」（国文学研究資料館蔵，蜂須賀家文書 1217-3）／③「洲本之図」（国文学研究資料館蔵，蜂須賀家文書 1205）／④「淡路御山下絵図」（国文学研究資料館蔵，蜂須賀家文書 1230-1）

図序 -2　寛永期と明治初期の洲本 GIS 城下町図　4 頁

図序 -3　安政期の鳥取城下屋敷割図（立川町一丁目付近）　6 頁

①「鳥取城下全図」（鳥取県立博物館蔵）／②「鳥取市街実測地図（4）」（鳥取県立図書館蔵）／③「鳥

取城下全図」（鳥取県立図書館蔵）

図序 -4　卯垣村地内受領主の受領地（下）と実際の居住地（上）　9 頁

第 1 章　首里那覇鳥瞰図の年代設定と描かれた景観の虚実

図 1-1　首里那覇鳥瞰図／単視点 A 型式　21 頁

　　　 6「殷元良模写図」（「琉球図」西尾市岩瀬文庫蔵，寅 78）／ *9*「慎克熈図」（「首里那覇泊全景図」沖縄県立芸術大学附属図書・芸術資料館蔵，古写真）／ *42*「石洞美図」（「琉球那覇市街図」石洞美術館蔵，3967）

図 1-2　首里那覇鳥瞰図／多視点 B 型式　22 頁

　　　 10「伝呉著仁図」（「首里那覇全景図屏風」沖縄県立芸術大学附属図書・芸術資料館蔵，古写真）／ *11*「浦添美図」（「琉球交易港図屏風」浦添市美術館蔵）／ *12*「滋賀大図」（「琉球貿易図屏風」滋賀大学経済学部附属史料館蔵）／ *13*「京都大図」（「琉球進貢船図屏風」京都大学総合博物館蔵）／ *43*「沖博美図」（「首里那覇港図屏風」沖縄県立博物館・美術館蔵）／ *44*「那覇歴博図」（「首里那覇鳥瞰図（伊江家資料）」那覇市歴史博物館蔵伊江家資料，05002161）

図 1-3　首里那覇鳥瞰図／単視点 C 型式　23 頁

　　　 16「沖公文図」（「首里那覇鳥瞰図」沖縄県公文書館岸秋正文庫蔵，T00016942B）／ *18*「琉球漫録付図」（『琉球漫録』沖縄県公文書館蔵）／ *19*「那覇歴博善秀図」（「首里那覇鳥瞰図屏風」那覇市歴史博物館蔵）／ *20*「立正大善秀図」（「首里那覇古繪地圖」立正大学図書館田中啓爾文庫蔵，TKm291-99-1）／ *21*「沖県図善秀図」（「首里那覇図」沖縄県立図書館蔵，1001999448）／ *24*「沖県図友寄図」（「那覇絵図」沖縄県立図書館蔵，1001999455）／ *25*「美ら島麻有信図」（「首里城周辺の図」一般財団法人沖縄美ら島財団蔵）／ *28*「九博宗教図」（「自首里王城至那覇港之図」九州国立博物館蔵）／ *29*「沖博美宗教図」（「首里那覇鳥瞰図」沖縄県立博物館・美術館蔵）／ *30*「美ら島宗教図」（「首里那覇鳥瞰図」一般財団法人沖縄美ら島財団蔵）

図 1-4　*10*「伝呉著仁図」の部分　24 頁

　　　「伝呉著仁図」（「首里那覇全景図屏風」沖縄県立芸術大学附属図書・芸術資料館蔵，古写真）

図 1-5　首里那覇鳥瞰図各型式のサイズ分布　27 頁

図 1-6　多視点鳥瞰図（*10*「伝呉著仁図」）と測量絵図（「間切図」）の対応　28 頁

　　　「伝呉著仁図」（「首里那覇全景図屏風」沖縄県立芸術大学附属図書・芸術資料館蔵，古写真）／「間切図」（「間切集成図」沖縄県立博物館・美術館蔵）

図 1-7　王府作製図による首里城正殿・奉神門の変遷　29 頁

　　　「首里城（古）絵図」（伊從 2007:41 頁，図 3）／「首里古地図」（一般財団法人沖縄美ら島財団蔵）／「首里城正殿前城元設営図」（沖縄県立芸術大学附属図書・芸術資料館蔵，古写真）

図 1-8　古い形の正殿が模写・踏襲された首里城の図　30 頁

　　　「伝呉著仁図」（「首里那覇全景図屏風」沖縄県立芸術大学附属図書・芸術資料館蔵，古写真）／「沖縄志図」（伊地知 1877:『沖縄志』所収）／「友寄首里城図」（「首里城図」沖縄県立図書館蔵）／「美ら島麻有信図」（「首里城周辺の図」一般財団法人沖縄美ら島財団蔵）

図 1-9　*5*「久茂地村屋敷図」（1741 年）の地区割りと屋敷配置　31 頁

　　　「久茂地村屋敷図」（沖縄県立図書館蔵）

図 1-10　琉球国末期〜明治期の久茂地村風景　32 頁

　　　「沖公文図」（「首里那覇鳥瞰図」沖縄県公文書館岸秋正文庫蔵），「美ら島宗教図」（「首里那覇鳥瞰図」一般財団法人沖縄美ら島財団蔵）

図1-11 「久茂地村屋敷図」と明治期の測量図　33頁

「久茂地村屋敷区」（沖縄県立図書館蔵）／「琉球那覇港及首里城間之図」（沖縄県立博物館・美術館蔵）／「那覇區全圖」（立正大学図書館田中啓爾文庫蔵）

図1-12 久茂地川埋立前と埋立後の久茂地村風景　33頁

「慎克熙図」・「伝呉著仁図」（「首里那覇泊全景図」・「首里那覇全景図屏風」沖縄県立芸術大学附属図書・芸術資料館蔵，古写真）

表1-1 首里那覇鳥瞰図および関係図一覧　16頁

表1-2 首里那覇鳥瞰図の景観年代編年　18-19頁

第2章　絵図に見る臼杵城下町の変遷－絵図資料論の観点から－

図2-1 16世紀末の臼杵城・臼杵町推定復元図（神田 2013:290頁を引用・加筆）　39頁

図2-2 17世紀初めの臼杵城・同城下推定図（臼杵市教育委員会編 2011:9頁を引用・加筆）　40頁

図2-3 臼杵城下町内の武家地・町人地分布（岡村作成，ベースの絵図は整理番号15「臼杵城下絵図」臼杵市蔵，通番21）　40頁

図2-4 「本城二三之曲輪共ニ破損所之覚」（臼杵市蔵，通番4）　46頁

図2-5 「豊後国臼杵（三之丸造成届出図）」（臼杵市蔵，通番10）　46頁

図2-6 「豊後国臼杵城破損之覚」（臼杵市蔵，通番12）　46頁

図2-7 「寛永臼杵城下絵図」（臼杵市蔵，通番16）　47頁

図2-8 「臼杵藩領図・国絵図写」（臼杵市蔵，通番33）　47頁

図2-9 「臼杵城三の丸造成計画図下図」（臼杵市蔵，通番9）　48頁

図2-10 「臼杵城下絵図」（臼杵市蔵，通番25）　49頁

図2-11 「臼杵城図」（臼杵市蔵，通番13）　49頁

表2-1 臼杵城城下関係絵図リスト　42-45頁

第3章　長府城下町の重層的景観－古代国府・中世府中・近世城下町－

図3-1 古代国府と中世府中の概念図　55頁

図3-2 「長府城下町屋敷割図」の拡大図（下関市立歴史博物館蔵）　57頁

図3-3 檀具川以北の町人町と侍町の混住地域　60頁

図3-4 檀具川以南の侍町　61頁

第4章　徳島城下町の町割変化－近世城下絵図の比較分析・GIS分析－

図4-1 「御山下画図」（忠英様御代御山下画図）（国文学研究資料館蔵，蜂須賀家文書1227）　64頁

図4-2 富田・西富田・佐古「屋敷割之絵図」（国文学研究資料館蔵，蜂須賀家文書1216-4）　68頁

図4-3 「阿波国徳島城之絵図」（国立公文書館蔵，正保城絵図（諸国城郭絵図）169-0335-53）　69頁

図4-4 渡辺吉賢・森 幸安の徳島城下絵図　72頁

A 「阿州徳島図」（大阪歴史博物館蔵，歴4410）／B 「徳島之地図」（国立公文書館蔵，『日本輿地図』177-1-175）

図4-5 「阿州御城下絵図」の徳島橋付近拡大図（徳島県立博物館蔵，74/L-04-000028）　74頁

図4-6 「阿州御城下絵図」の幾何補正（国土地理院基盤地図情報）　75頁

図4-7 「阿州御城下絵図」をベースとした明治初期の徳島城下町　77頁

図4-8 寛永18年（1641）の町割とその後の侍屋敷・郷町の拡大（下図は「阿州御城下絵図」徳島県立博物館蔵）

79 頁

図 4-9　佐古町の景観（下図は「名東郡佐古村・蔵本村分間絵図」徳島県立図書館蔵）　80 頁

図 4-10　東富田地区における「屋敷拝領不仕諸士」屋敷（年貢地建家）の広がり（下図は「名東郡富田浦・東富田・西富田・新町分間絵図」徳島県立図書館蔵）　81 頁

表 4-1　徳島城下屋敷割絵図一覧　71 頁

表 4-2　「阿州御城下絵図」にみる土地利用　78 頁

第 5 章　尾張犬山城下絵図の系譜とその特性 − 17 世紀後期における犬山城下町の空間構造 −

図 5-1　犬山城・城下絵図の系譜　90 頁

図 5-2　「犬山御城破損所之絵図」にみる城郭の描写（犬山城白帝文庫 60　2005-1 〜 2）　91 頁

図 5-3　「犬山御城当分之絵図」にみる城郭の描写（犬山城白帝文庫 F84（138））　92 頁

図 5-4　「犬山城絵図」にみる城郭の描写（犬山城白帝文庫 F83（155-2））　93 頁

図 5-5　「尾張国犬山城絵図」にみる城郭の描写（犬山城白帝文庫 60　2070）　94 頁

図 5-6　「犬山御城当分之絵図」（犬山城白帝文庫 F84（138））　95 頁

図 5-7　「尾張国犬山城絵図」（犬山城白帝文庫 60　2070）　97 頁

図 5-8　寛文 8 年（1668）「犬山御城当分之絵図」による犬山城下町の復原　99 頁

図 5-9　天和元年（1681）「尾張国犬山城絵図」による犬山城下町の復原　100 頁

表 5-1　犬山城・城下絵図一覧　89 頁

第 6 章　越後国新発田城下町絵図とその GIS 分析

図 6-1　天保年間頃の新発田藩領　105 頁

図 6-2　「御家中絵図」（新発田市立歴史図書館蔵）　107 頁

図 6-3　「新発田御家中町惣絵図」（新発田市立歴史図書館蔵）　108 頁

図 6-4　新発田城下の範囲　114 頁

図 6-5　「城下家中屋敷割図」の足軽町部分（新発田市立歴史図書館蔵，清水園展示）　116 頁

図 6-6　「新発田御家中町惣絵図」のアフィン変換（2 回目）　118 頁

図 6-7　「新発田御家中町惣絵図」のアフィン変換（3 回目）　118 頁

図 6-8　3 回目アフィン変換の各 CP の RMS エラー　118 頁

図 6-9　文字記載寸法と絵図上寸法との比較（下図は「新発田御家中町惣絵図」新発田市立歴史図書館蔵）　120 頁

図 6-10　新発田城下町各所における文字記載と絵図上計測の寸法誤差のばらつき　121 頁

表 6-1　新発田城下絵図一覧　109 頁

表 6-2　「新発田御家中町惣絵図」二之丸・三之丸屋敷地の人名とその経歴　111 頁

表 6-3　二之丸居住者　116 頁

表 6-4　新発田城下町各所における文字記載と絵図上計測の寸法誤差　121 頁

第 7 章　名所図会資料に対する歴史 GIS 分析

図 7-1　旧国別にみる近世における名所地誌本の編纂動向　128 頁

図 7-2　17 世紀における編纂動向　130 頁

図 7-3　18 世紀前半における編纂動向　130 頁

図 7-4　18 世紀後半における編纂動向　130 頁

図 7-5　19 世紀における編纂動向　130 頁

図 7-6　『犬山視聞図会』に取り上げられる場所の分布　140 頁

図 7-7　『犬山視聞図会』に取り上げられる城下町周辺部分　141 頁

図 7-8　『犬山視聞図会』に描かれる「針綱神社」（国立公文書館蔵『犬山視聞図会』）　142 頁

図 7-9　『犬山視聞図会』に描かれる「鎮妖火頌并序」（国立公文書館蔵『犬山視聞図会』）　142 頁

図 7-10　『犬山視聞図会』に描かれる「犬山城」（国立公文書館蔵『犬山視聞図会』）　142 頁

図 7-11　『犬山視聞図会』に描かれる「紀伊守家信相抱野呂助左衛門図」（国立公文書館蔵『犬山視聞図会』）
　　　　　142 頁

図 7-12　『犬山視聞図会』に描かれる「大縣社」ほか（国立公文書館蔵『犬山視聞図会』）　142 頁

図 7-13　『尾張名所図会』に描かれる「針綱神社祭礼」（愛知県立図書館蔵『尾張名所図会』後編「巻の六」）
　　　　　142 頁

表 7-1　近世日本における地誌・名所案内記の編纂動向　129 頁

表 7-2　近世において「○○図会」と冠される名所地誌本の一覧　132-133 頁

表 7-3　『犬山視聞図会』に立項される項目と挿絵　138-139 頁

表 7-4　『尾張名所図会』に立項される犬山城下町および周辺領域に関する項目と挿絵　144-145 頁

第 8 章　佐賀城下町の空間構成とその GIS 分析の試み

図 8-1　近世前期の佐賀城下町（佐賀市教育委員会編 1991：図 2-2-1 に加筆）　155 頁

図 8-2　武家屋敷から役所（公用地）への転換（「元文佐賀城廻之絵図」／「文化御城下絵図」ともに公益財
　　　　　団法人鍋島報效会蔵）　158 頁

図 8-3　『屋鋪御帳扣』の記載内容（一部）（財団法人鍋島報效会編 2012a:15 頁）　160 頁

図 8-4　屋敷記載順の変更例（鬼丸南横小路）　160 頁

図 8-5　佐賀城下町の土地利用　162 頁

図 8-6　明和 8 年〜安永年間（1771 〜 81）頃の大組別の屋敷主の分布　163 頁

図 8-7　元文 5 年（1740）頃の下級武士・又内等の屋敷　165 頁

図 8-8　明和 8 年〜安永年間（1771 〜 81）頃の下級武士・又内等の屋敷　165 頁

図 8-9　屋敷帳による地区分け（財団法人鍋島報效会編：『屋鋪御帳扣』）　166 頁

図 8-10　元文 5 年（1740）の鬼丸地区　168 頁

図 8-11　文化年間（1804 〜 18）の鬼丸地区　168 頁

図 8-12　幕末の鬼丸地区　168 頁

表 8-1　現存する佐賀御城下絵図一覧　154 頁

表 8-2　身分別の屋敷地平均面積　166 頁

表 8-3　「元文屋敷帳」の下級武士・又内・職人等の屋敷数　166 頁

表 8-4　「明和屋敷帳」の下級武士・又内・職人等の屋敷数（明和 8 年〜安永年間）　166 頁

第 9 章　近世後期の佐賀城下町における町屋地区とその変容－竈帳と町絵図を用いた GIS 分析の試み－

図 9-1　「嘉永竈帳」の内容（三好編 1991:43 頁）　174 頁

図 9-2　竈主の身分別分布　179 頁

図 9-3　竈主の職業別分布　179 頁

図 9-4　「紺屋町絵図」貼紙下の文字の判読（公益財団法人鍋島報效会蔵）　180 頁

図 9-5　「紺屋町絵図」における貼紙による変更（西五丁目）　180 頁

表 9-1　佐賀城下町の町絵図　175 頁

表 9-2　「紺屋町絵図」に描かれた区画数　181 頁

表 9-3　「紺屋町竈帳」と「紺屋町絵図」との人名の照合　182 頁

第 10 章　城下町絵図からみた近世和歌山の構造－武家屋敷地域の空間編制とその維持をめぐって－

図 10-1　元禄～正徳ごろの和歌山城下　187 頁

図 10-2　浅野家初期における町屋敷地域の整備　190 頁

図 10-3　「和歌山城下屋敷大絵図」部分（和歌山県立図書館蔵）　193 頁

図 10-4　「和歌山古屋敷絵図」部分（和歌山県立図書館蔵）　194 頁

図 10-5　「和歌山古屋敷絵図」の広瀬屋敷地区　197 頁

図 10-6　「和歌山町割之図並ニ諸士屋敷姓名附」部分（和歌山県立図書館蔵）　198 頁

図 10-7　「紀都会一覧」部分（和歌山県立図書館蔵）　199 頁

図 10-8　「和歌山城下地図」部分（和歌山県立図書館蔵）201 頁

図 10-9　和歌山城下武家屋敷地の街区別平均面積と順位　202 頁

図 10-10　和歌山城下における武家屋敷地の規模別分布　206 頁

図 10-11　武家屋敷地における居住者の継続性　208 頁

図 10-12　村井太左衛門家の屋敷移動　210 頁

図 10-13　村上与兵衛家の屋敷地変化　212 頁

図 10-14　山高庄右衛門家の拝領屋敷地　213 頁

図 10-15　和歌山城下における屋敷地の移動（1）216 頁

図 10-16　村田・広井・中川家三方相対替の至る経緯　218 頁

図 10-17　和歌山城下における屋敷地の移動（2）220 頁

表 10-1　和歌山城下絵図　192 頁

表 10-2　和歌山城下における武家屋敷地の平均面積　203-204 頁

第 11 章　水戸城下における 17 世紀中頃と 19 世紀中頃における禄高別拝領屋敷地の分布

図 11-1　「常陸国水戸城絵図」（正保元年〈1644〉）（国立公文書館蔵，正保城絵図）　228 頁

図 11-2　水戸市都市計画図に拝領屋敷の区画を示した「水戸の城下町マップ」（茨城大学図書館発行）　228 頁

図 11-3　「千湖分間全圖」（安政 2 年〈1855〉）（千波湖土地改良区蔵，水戸市立博物館保管）　229 頁

図 11-4　屋敷地ナンバリングのルール（1）231 頁

図 11-5　屋敷地番号の階層構造　231 頁

図 11-6　屋敷地ナンバリングのルール（2）232 頁

図 11-7　属性データを追加した拝領屋敷ポリゴンデータ　233 頁

図 11-8　寛文 9 年（1669）における禄高別拝領屋敷の分布　235 頁

図 11-9　天保 11 年（1840）における禄高別拝領屋敷の分布　235 頁

図 11-10　天保 11 年（1840）における陪臣の拝領屋敷の分布　236 頁

図 11-11　天保 7 年の改革で水戸城下へ移動した江戸詰の上・中級家臣の拝領屋敷　237 頁

表 11-1　水戸城・水戸城下絵図一覧　227 頁

表 11-2　御三家の藩士構成の比較　237 頁

表 11-3　水戸藩士（知行取）登用および絶家一覧　238 頁

掲載図表一覧　281

第 12 章　明和 6 年（1769）の米沢城下と原方集落における家臣の屋敷配置－ GIS 城下図の分析を通して－

図 12-1　米沢城下町の土地利用図　242 頁

図 12-2　研究対象とした米沢城下絵図（「米沢御城下絵図」市立米沢図書館蔵／「諸奉公人屋鋪絵図」／「諸奉公人屋鋪絵図」ともに米沢市上杉博物館蔵）　243 頁

図 12-3　明和 6 年（1769）絵図アフィン変換時のコントロールポイント　247 頁

図 12-4　番組ごとの武士居住状況　248 頁

図 12-5　米沢城下町における明屋敷の分布　249 頁

図 12-6　東部原方集落における明屋敷の分布　250 頁

図 12-7　南部原方集落における明屋敷の分布　251 頁

表 12-1　武家の居住を示した米沢城下町絵図および原方絵図一覧表　244 頁

表 12-2　城下町・原方集落における屋敷数と明屋敷数　249 頁

第 13 章　19 世紀末の関東地方南部における天然痘罹患率・死亡率の都市村落間格差

図 13-1　研究対象地域の概要　260 頁

図 13-2　関東地方における天然痘罹患率（1880 ～ 1900 年）　261 頁

図 13-3　関東地方における天然痘死亡率（1880 ～ 1900 年）　261 頁

図 13-4　明治 25 年（1892）の神奈川県における天然痘罹患者の年齢構造　262 頁

図 13-5　明治 30 年（1897）の神奈川県における天然痘罹患者の年齢構造　262 頁

図 13-6　明治 25 年（1892）の関東地方南部における天然痘罹患率　264 頁

図 13-7　明治 25 年（1892）の関東地方南部における天然痘死亡率　264 頁

図 13-8　明治 30 年（1897）の関東地方南部における天然痘罹患率　264 頁

図 13-9　明治 30 年（1897）の関東地方南部における天然痘死亡率　265 頁

図 13-10　神奈川県久良岐郡における天然痘罹患率・死亡率　265 頁

図 13-11　神奈川県橘樹郡における天然痘罹患率・死亡率　265 頁

図 13-12　神奈川県南多摩郡における天然痘罹患率・死亡率　266 頁

図 13-13　神奈川県足柄下郡における天然痘罹患率・死亡率　266 頁

図 13-14　神奈川県三浦郡（浦賀町と三浦郡（浦賀・横須賀を除く））における天然痘罹患率・死亡率　266 頁

図 13-15　神奈川県三浦郡（横須賀町と三浦郡（浦賀・横須賀を除く））における天然痘罹患率・死亡率　267 頁

図 13-16　埼玉県入間郡（高麗郡を含む）における天然痘罹患率・死亡率　267 頁

図 13-17　埼玉県大里郡（男衾郡，幡羅郡，榛沢郡を含む）における天然痘罹患率・死亡率　267 頁

図 13-18　明治 19 年（1886）の南関東における現住人口 2,000 人以上の市街地と明治 25 年（1892）の天然痘死亡率　268 頁

図 13-19　関東地方の都市における天然痘死亡率と人口密度との関係　270 頁

図 13-20　明治 20 年（1887）の神奈川県足柄下郡前川村における種痘・天然痘履歴別年齢構造　271 頁

図 13-21　明治 20 年（1887）の神奈川県足柄下郡羽根尾村における種痘・天然痘履歴別年齢構造　271 頁

表 13-1　神奈川県における天然痘患者数　256 頁

表 13-2　埼玉県における天然痘患者数　257 頁

表 13-3　東京府における天然痘患者数　257 頁

〔執筆者一覧〕

編　者　平井 松午（徳島大学総合科学部）
　　　　1954 年　北海道帯広市生まれ　専門　歴史地理学・歴史 GIS
　　　　主な研究テーマ　土地開発史，近世絵図研究，GIS を用いた地域分析
　　　　主な著書　『近代北海道の開発と移民の送出構造』札幌大学経済学部附属地域経済研究所
　　　　（共編著）『近世測量絵図の GIS 分析－その地域的展開－』古今書院
　　　　（共編著）『絵図学入門』東京大学出版会

執筆者（五十音順）
　　　　安里　　進（沖縄県立芸術大学附属研究所）
　　　　礒永 和貴（東亜大学人間科学部）
　　　　出田 和久（京都産業大学文化学部）
　　　　岡村 一幸（臼杵市教育委員会）
　　　　小田 匡保（駒澤大学文学部）
　　　　小野寺　淳（茨城大学教育学部）
　　　　川口　　洋（帝塚山大学文学部）
　　　　小橋 雄毅（国際航業株式会社）
　　　　角屋 由美子（米沢市上杉博物館）
　　　　田中 耕市（茨城大学人文社会科学部）
　　　　塚本 章宏（徳島大学総合科学部）
　　　　永井　　博（茨城県立歴史館）
　　　　根津 寿夫（徳島市立徳島城博物館）
　　　　長谷川 奨悟（佛教大学宗教文化ミュージアム）
　　　　堀　　健彦（新潟大学人文学部）
　　　　南出 眞助（追手門学院大学国際教養学部）
　　　　宮崎 良美（公益財団法人尼崎地域産業活性化機構，
　　　　　　　　　　奈良女子大学古代学・聖地学研究センター）
　　　　山村 亜希（京都大学大学院人間・環境学研究科）
　　　　渡部 浩二（新潟県立歴史博物館）
　　　　渡邊 秀一（佛教大学歴史学部）
　　　　渡辺 理絵（山形大学農学部）

近世城下絵図の景観分析・GIS分析

2019 年 3 月 30 日　初版第 1 刷発行
編　者　平井 松午
発行者　株式会社 古今書院　橋本 寿資
印刷所　株式会社 理想社
製本所　渡邉製本 株式会社
発行所　株式会社 古今書院
〒 101-0062　東京都千代田区神田駿河台 2-10
Tel 03-3291-2757 / Fax 03-3233-0303
振替 00100-8-35340
©2019　HIRAI　Shogo
ISBN978-4-7722-3190-9 C3021
http://www.kokon.co.jp/
検印省略・Printed in Japan

いろんな本をご覧ください
古今書院のホームページ

http://www.kokon.co.jp/

★ 800点以上の**新刊・既刊書**の内容・目次を写真入りでくわしく紹介
★ 地球科学やGIS，教育など**ジャンル別**のおすすめ本をリストアップ
★ **月刊『地理』**最新号・バックナンバーの特集概要と目次を掲載
★ 書名・著者・目次・内容紹介などあらゆる語句に対応した**検索機能**

古 今 書 院

〒101-0062　東京都千代田区神田駿河台 2-10
TEL 03-3291-2757　FAX 03-3233-0303

☆メールでのご注文は order@kokon.co.jp へ